甲午海战

陈悦

著

中华书局

图书在版编目(CIP)数据

甲午海战/陈悦著. —北京:中华书局,2024. 11. —ISBN 978-7
-101-16056-7

Ⅰ. E295. 2

中国国家版本馆 CIP 数据核字第 2024HH4612 号

书 名	甲午海战	
著 者	陈 悦	
责任编辑	杜艳茹	
策划编辑	吴冰清	
装帧设计	王铭基	
责任印制	管 斌	
出版发行	中华书局	
	(北京市丰台区太平桥西里 38 号　100073)	
	http://www.zhbc.com.cn	
	E-mail:zhbc@zhbc.com.cn	
印 刷	北京盛通印刷股份有限公司	
版 次	2024 年 11 月第 1 版	
	2024 年 11 月第 1 次印刷	
规 格	开本/710×1000 毫米　1/16	
	印张 35¼　插页 2　字数 500 千字	
印 数	1-5000 册	
国际书号	ISBN 978-7-101-16056-7	
定 价	88.00 元	

谨以此书纪念甲午海战 130 周年

◎ 船政后学堂驾驶班第一届学生合影。甲午战争中北洋海军各舰舰长多来自该班，史称"一校一级战一国"。

序　一

1894—1895 年的中日甲午战争，是中国近代史上的重大事件，也是 19 世纪末的世界大事。1894 年 7 月，日本明治政府经过充分准备后发动侵略朝鲜和中国的战争，长期武备不修的清政府应对失措，最终酿成了甲午惨败的椎心教训。这场战争虽然失败，但彻底惊醒了沉睡中的国家和民族，鸣响了发奋图强的号角。尤其值得重视的是，这场战争中，中华各民族爱国将士和广大民众以不同方式奋起抵御，谱写了可歌可泣的历史篇章，这是不容遗忘的民族精神，而这一点在甲午海战场上表现得尤为集中、充分，这也使得甲午海战长期以来成为甲午战争历史中备受关注的方面。

有关甲午战争历史的研究，从甲午战争结束后即已开始，姚锡光、张荫麟、王芸生、易顺鼎、洪弃生、池仲祐、王钟麒、王炳耀、王信忠等前辈学人进行了各种具有开创和奠基意义的论述与研究。中华人民共和国成立后，甲午战争史研究长期是近代史研究中的热点，山东和辽宁是研究甲午战争的两个重要地区，戚其章先生从深耕甲午威海之战研究，进而对甲午战争史、甲午战争与国际法等领域进行全面拓展。戚俊杰先生对甲午战争史研究的推动和丁汝昌研究具有独创性。我本人和孙克复先生曾编著《甲午中日海战史》《甲午中日陆战史》和《甲午中日战争人物传》，在上世纪产生一些影响。近几十年来，涌现出一批中青年研究者，如姜鸣、许华、苏小东、王记华等，他们梳理甲午战争资料，从不同视角研究甲午战争诸问题，取得不同凡响的成绩。

陈悦是甲午战争史领域新一代研究者的代表之一，他从北洋海军史，尤其是舰船技术史、海军技术史方面入手，独辟蹊径，重新观察和分析甲午战争历史，提出了很多具有独到之处的见解。我和他认识，是在 2002 年威海市组织的"定远"舰复制工程专家咨询会上，屈指算来，竟已有 22 年之久。这 22 年来，陈悦在甲午战争史研究方面始终勤奋，论著迭出，成果众多，某些方面对甲午战争史的叙事产生了重要影响。陈悦为人谦虚、热情，乐于分享研究成果和研究材料，勇于更新观点，团结带动了一批历史爱好者关注、投身甲午战争研究，为甲午战争的研究、普及工作增添了重要活力。

《甲午海战》是陈悦较早的著作，也可算是成名作，最早出版于 2008 年，2014年进行过修订。2014 年 7 月 24 日陈悦以之赠阅，我读后有些心得。该书以北洋海军在甲午战争中的军事行动为主线，重点突出丰岛、黄海、威海三场海战，并兼顾了和海战有关的陆上战役，是有关甲午战争的全景式研究作品。这本书在总结前人研究成果的基础上，重视中外史料对比，重视技术分析，重视细节研究，勇于提出新观点、新见解，且文字生动，可读性很强，是研究和介绍甲午战争的一部优秀书籍，初版时即引起了甲午战争学术界的好评。今年是甲午战争 130 周年纪念，陈悦告诉我又对这本书进行了大幅的修订，将近十年来的新研究成果融汇其中，即将在中华书局出版，这是一件可喜可贺之事，我向他的新成果问世表示祝贺！

甲午战争研究界同人熟知，陈悦在 2019 年因福建省福州市的人才引进，举家从山东威海迁居福州，全面投入福建船政历史研究和文化建设工作，仅仅用了五年时间，即取得了煌煌成绩，无论是学术研究、博物馆建设、文化挖掘乃至文艺创作和文旅运营，均可圈可点，而本书的出版，则显示着陈悦同时仍然保持着对甲午战争历史的持续研究，令人欣慰。

福建福州的马尾是中国近代海军的摇篮，1866 年闽浙总督左宗棠开创船政，设厂造船，兴办学堂。甲午战争中北洋海军的大量军官出身于该地，大量的水兵也籍隶福州府的侯官、闽县等地。在福州马尾的马限山麓，还有一座供奉着中法战争、甲午海战中海军殉国将士牌位的昭忠祠，至今纪念不绝。从某种意义上来说，地处东南的福州也和甲午战争有着千丝万缕的联系，想必，陈悦对于此会有更深的感受。

希望陈悦继续保持对甲午战争进行深入持续研究，取得更多的成果，予有厚望焉。

关捷

甲辰年于大连雪梅园

序 二

今年是甲午战争 130 周年。

和 2014 年甲午战争 120 周年的气氛有所不同，那时恰逢农历甲午，甲午战争过去了整整两个甲子。人民海军在停泊威海码头的航母保障舰 88 舰上，前所未有地举行了甲午战争史研讨会和隆重的海上祭奠仪式。数十位将军出席了活动。中国社会科学院和山东省人民政府在刘公岛主办了国际学术讨论会，事后出版了 3 卷论文集。各地也出版了许多图书，进行了各种形式的纪念活动。在此之前，甲午战争 90 周年、100 周年、110 周年，都举办学术活动，也都出版论文集。而今又是十年过去，2024 年，类似往常 10 年一办的大型学术研讨会没有举办。

在中国近代史的研究领域中，甲午战争曾是个热闹的江湖。时下研究的风气有了很大变化，以重大历史事件为中心所架构的宏大课题，被更多维更琐细的研究所取代，新一代的年轻学者也更愿意开辟新的空间。但甲午战争毕竟是中国近代洋务自强从兴到衰的历史转折，承载着百余年来中国人心中的伤痛，是一个值得从各个方面反复审视和不断发掘的大题库。所以，无论被热情关注也好，冷淡清净也罢，陈悦始终日复一日、持之以恒地探索着北洋海军历史的方方面面，不断地修订以往的作品。本书最早在 2008 年由吉林大学出版社出版，名为《碧血千秋——北洋海军甲午战史》，纪念北洋海军成军 120 周年，我为其作序。后来他根据研究的发展，进行内容上的增订，易名《甲午海战》，在 2014 年由中信出版社出版，以纪念甲午战争 120 周年。今年，作者又根据最近十年来的新史料、水下考古队研究发现，以及新的研究结果，再次修订，由中华书局出版。在纪念这场历史事件 130 周年的时候，这是一本值得期待的作品。

本书内容上概括了甲午战争中丰岛海战、黄海海战、威海刘公岛保卫战等三次重要海上战役，同时用较多的笔墨描绘了牙山之战、平壤战役、金州旅顺战役等与海战关联的主要陆上战役，体现了作者在甲午战争研究中对海军、海战的重点关注，以及对战争全局的把握。我曾在《碧血千秋》的序中说："甲午战争中北洋海军的历史成果很多，基本叙事的架构早已形成。要发出别人没有发过的声音，形成有鲜明特点、有说服力的一家之言，其实困难很大。陈悦早年对近代军舰发展史所做的扎实研究，使得他在研究海战时，就能有效发挥出自己的长处。同时，他注重认真阅读史料，并认真发掘史料，他的专业阅读量，其实已经赶上甚至超过了专业研究者。"在修订中，陈悦将近年来对黄海海战中"致远"舰冲击日舰问题、"经远"舰最后沉没地问题的研究成果均作了体现，在威海保卫战部分作了大幅的修改，这种锲而不舍的钻研，勇于推翻自我旧论，自我更新的精神，正是陈悦治学的特色。他还在附录部分发布了依据海峡两岸所藏甲午战争史料整理的北洋海军殉国将士名录，较以往增补了百余人名字，也使得本书增添了新的学术分量。

5年前，陈悦移居福州，参加了马尾中国船政文化城的规划建设。福建船政是中国近代造船工业和中国近代海军的源头，也是陈悦研究海军史的一块值得开拓的新领域，通过他的参与和策展，船政铁胁厂、绘事院等建筑得到保护和展示利用，中国船政文化博物馆新馆也建成开放。这是一个高质量的爱国主义教育场馆，向世人介绍当年左宗棠、沈葆桢是如何筚路蓝缕开创洋务自强事业，给陈腐的旧体制旧文化吹进工业文明的新鲜空气。他们开创造出最早的新式工业和新式教育，并培养出第一代海军、造船和外交留学生。在福州土地上的耕耘，必然会丰富和提升陈悦对近代海军发展的全局整体把握，同时也能从研究中深刻认识到，旧时代旧文化在近代化事业推进中的阻滞和腐蚀作用，这和中法战争、甲午战争中两支中国新式舰队的失败有着千丝万缕的联系。

今年4月22日，我在马尾观赏了陈悦担任总监制的中国第一部折叠渐进式多维体验剧《最忆船政》，在幕终时分，剧场舞台背后的大门打开了，滔滔流淌的闽江及停泊在岸边的人民海军054A"资阳"舰出现在观众面前。这一刻，船政学子所掀开的中国近代海军的第一篇章就和当下中国的民族复兴大业联系在一起。第二天是海军节，我和陈悦来到昭忠祠，这里祭祀着在马江之役和甲午之役牺牲的中国海军官兵，马江烈士埋骨处石碑前，摆放着民众自发奉献的鲜花和"辽宁""山东""福建"号航母的照片，远去的历史，又一次和当代海军的发展出现在一起，甲午战争的惨烈失败，从来没有泯灭中国人发展海军、向海图强之心，他们薪火相传，继续努力。在回溯那段历史、缅怀前辈英烈的时候，建议将《甲午海战》列入大家的读书计划。

姜鸣

2023 年 8 月 23 日

今日亦为中法马江之战一百四十周年纪念日

目录

第二章　**大海战** / 095

第三章　远东直布罗陀的陷落 / 255

第四章　日落威海卫 / 315

第五章　龙旗凋零 / 413

附录 / 483

后记 / 543

引 子

发生于 1894—1895 年的中日甲午战争，是近代中国命运的重要转捩点。近代中国寻求自强的洋务努力，经此一战前功尽弃，近代日本则借着此战的胜利而迅速崛起。追溯近代中国在甲午战争中失败的历史，看着一场场战斗的惨痛失利，看着一个个耳熟能详的中国地名落入侵略者手中，心情无疑会是极为沉重的，那是一种如同揭开伤疤时所带来的锥心刺骨。然而，如果忍住悲痛，仔细观察甲午，就在这生死存亡的关头、万马齐喑的至暗时刻，中华民族其实显现出了最可宝贵的品质，无畏的牺牲勇气，坚毅的抗争精神，都充盈在这场战争中。

与甲午战争陆地战场兵败如山倒的局面截然不同，正如当时日本方面自己所述的那样，日本在海上遇到了真正的敌手。1888 年创立的北洋海军，是当时中国唯一一支高度近代化的武装力量。其军官群体主要由船政后学堂等新式海军大学培训出来的专业人员组成，其中不乏具有在英国海军留学经历的佼佼者，其士兵群体的情况也与当时清王朝的陆军截然不同，北洋海军的士兵都需要经历专门的技能教育，而后按照严格的标准层层考核，逐渐选拔递升后才能派任舰上工作。在全盛时期，这支海军被誉为"亚洲第一"，拥有包括亚洲第一巨舰"定远"级铁甲舰在内的诸多留名世界舰船史的战舰，拥有训练水平媲美欧洲列强国家的海军官兵，每年北上南下巡弋在海参崴至新加坡间的辽阔海域，猎猎龙旗，昭示着中国海上力量的存在。

然而不幸的是，这支海军的全盛时刻也就是她衰落的开始。清王朝对于海军建设的目标短视地停留在"防御"，海军建设战略模糊不清，缺乏科学规划，这使得北洋海军自建军以后迅速陷入停滞的深渊。清王朝认为海军建设已有所成，1890 年批准了户部的上奏，在撙节国家经费开支时，将海军发展经费视为可以节约之费，下令海军暂停购买外洋船炮，亲手掐灭了北洋海军武备更新的希望之火。就这样，原本的亚洲第一海军迅速落后。

与此同时，与近代中国原本从同一起跑线出发建设海军的日本，则用倾国之力在不断奋起直追。日本明治维新开始后，即将"开拓万里波涛、布皇威于四方"的扩张侵略政策定为国策，意在学习西方先进国家，掠夺落后的邻国，以此作为日本国家崛起的途径。侵略朝鲜、中国，是日本明治政府的坚定目标，为此不断持续投入，加强军武建设。至1894年甲午战争爆发前夕，日本陆军已经完成了全面的近代化，战斗力及兵力规模都在清王朝主力的陆军部队之上，日本海军的舰队规模、舰船质量也全面超越了中国北洋海军，一举成为亚洲第一。

就在这样的局势下，北洋海军面临了与日本海军的恶战……

◎ 北洋海军编队航行。

第一章

不平静的半岛

……中国并没有触怒任何人，她没有任何过失，从来不喜欢战争而宁愿忍受牺牲，她只是一个老大的病夫，过了若干世纪的太平岁月，无形消失了活力，现在正当她慢慢复苏的时候，却被这短小精悍全副武装的日本扑到身上……[1]

——清末中国海关总税务司赫德

东学之变

公元 1894 年，中国农历甲午年。

这一年的春夏之际，因为不堪忍受政府的残酷压榨，朝鲜半岛爆发了大规模的东学农民起义。起义者将朝鲜近代以来痛苦命运的根源归结为吏制的腐败和政治黑暗，以及西方列强尤其是邻国日本长久以来的欺凌，提出了发扬传统的儒家东学，驱逐抵制东西洋西学，"主击倭洋"的宗旨，将维护儒家经典和民族传统作为起义的理论基础。在"除暴救民""逐灭洋倭"等口号号召下[2]，东学徒众席卷城市，一路打击贪官，开仓放粮，响应者甚众，半岛为之震动。

5 月 31 日，起义军更是攻克了朝鲜南方重镇全州，兵指首都汉城（今首尔），形势咄咄逼人[3]。遭遇席卷而来的起义，朝鲜李氏王朝政府曾迭次派兵镇压，还出动经中国武装和训练的西式新军——京军壮卫营前往戡乱，甚至请求清政府派出驻朝的北洋海军"操江""平远"等军舰支援协同，但都归于无效，一一铩羽而归。为尽快收拾近乎溃烂的局势，防止列强趁机插足干涉朝鲜内政，在时任清政府驻朝总理交涉通商大臣袁世凯的居间建议下，朝鲜政府经过权衡，决定向清廷照会乞援，请求宗主国直接出兵帮助戡定内乱，绥靖局势。

朝鲜自古以来曾长期是向中国岁修职贡的属国，过问这个传统属邦的内政，在清政府看来无疑是天经地义的权利，但是紧邻着朝鲜半岛的东瀛岛国日本也对这块三韩之地窥伺已久。自明治维新踏上近代化之路伊始，日本就将侵略扩张视作自身快速崛起的捷径，提出"开拓万里波涛，布国威于四方"的国家战略，将朝鲜乃至中国作为其扩张的目标，急欲挑战原有的以中国为中心的东亚格局。早在 1874 年，日本明治政府就悍然出兵中国台湾，挑起了台湾事件。1875 年又在朝鲜沿海制造江华岛事件，逼迫朝鲜政府签署不平等的《日朝修好条规》，借此挑战东亚世

◎ 东学起义领袖全琫准（左起第三人）被捕照片。全琫准领导了甲午年的东学农民起义，1895 年被日军捕获后遭处死。

界以中国为中心的"天朝"秩序。此后，日本视朝鲜半岛为向中国大陆扩张的天然跳板，不断尝试彻底控制朝鲜政府。1882 年借朝鲜国内发生壬午兵变的机会，鼓动生事。1884 年借着清政府与法国发生战争之机，更是直接在朝鲜挑起甲申政变，企图利用朝鲜政府亲日派，以及大院君李昰应与国王李熙、王后闵氏之间的矛盾，促成朝鲜政府脱离清政府，成立亲日政权。但是由于清政府在两次事件中都采取了针锋相对的强硬措施，加之朝鲜政府内亲华派的极力抵制，日本始终未能得逞。

当时的清政府上下尽管目睹日本接连挑起衅端，开始意识到日本"终为中国永久大患"，但出于珍惜中法战争结束后难得的和平局面的考虑，以及对日本自古以来的轻视，而且直接主管北洋方向外交事务的李鸿章也主张持重，因而在对日外交上采取了尽可能妥协的和平政策。面对早已磨刀霍霍的东邻，清政府还是一厢情愿地抱着东亚兄弟同文同种，应当共同团结抵御西洋外侮的幻想。

1885 年，为了解决前一年朝鲜甲申政变的遗留问题，中日两国代表李鸿章、伊藤博文在天津谈判，于 4 月 18 日签订了《天津会议专条》（又称《中日天津条

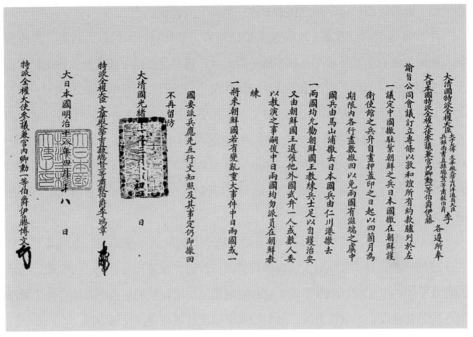

◎《天津会议专条》中文本。

约》)。《天津会议专条》的内容并不多，共只有约文三条，但其意义非同一般。其中第一、第二条都是由日本方面提出，内容是约定中日两国都不在朝鲜驻军、都不再派出教习训练朝鲜军队，表面看来是公允、对等的条文，实则是直接挑战了清政府和朝鲜之间的宗藩关系，贬损了清政府在朝鲜的宗主权。但本着息事宁人的态度，试图借此消弭中日间因朝鲜而再起争端的根源，清政府大幅让步，对日方提出的这两条都予以接受。

更为失计的是，除了日方提出的两条之外，《天津会议专条》中由中方代表李鸿章拟订提出的第三条为后来甲午日本挑起战争埋下了祸根。

《天津会议专条》第三条的约文内容是："将来朝鲜国若有变乱重大事件，中日两国或一国要派兵，应先互行文知照，及其事定，仍即撤回，不再留防。"[4]对于拟订、设计此条，并通过谈判使日本接受一事，李鸿章颇为得意，在向清廷汇报定约情况的奏折中曾有说明："句酌字斟，点易数四，乃始定议。夫朝廷眷念东藩，虑日人潜师袭朝，疾雷不及掩耳，故不惜縻饷劳师，越疆远戍。今既有先互知照之约，若将来日本用兵，我得随时为备，即西国侵夺朝鲜土地，我亦可会商派兵，互相援助，此皆无碍中国字小之体而有益于朝鲜大局者也。"[5]

在当时的李鸿章看来，这一条文设计精妙，是针对日本的极大约束。按照此条，朝鲜未来发生意外事变，日本倘若要出兵，需要提前向中国通报，如此就防止了日本擅自出兵朝鲜，而且给了清政府处置应变的时间。而且李鸿章还认为，借着此条，未来如果有西方列强入侵朝鲜，日本还要承担有某种和中国联手保卫朝鲜的义务。而李鸿章没有考虑到的是，这一条内容实际上是给予了日本一个重要的把柄。即，清王朝认可朝鲜如果出现事变，日本具有可以出兵，甚至是单方面出兵朝鲜的权力。至于出兵前的"知照"，只是程序设定，并未说明可以否决其出兵行动的约束力。

自1885年中日天津定约后，随着清王朝北洋舰队的快速编练，中国海上力量一度超越日本，日本咄咄逼人的对外政策似有收敛，在清政府看来，仿佛周边已是四海升平。到了19世纪90年代，清政府更是沉溺于和平的假象，直接停止了北洋海军的装备建设。而就在此时，日本的海军建设狂飙突进，反超中国。

早在1894年朝鲜半岛爆发东学农民起义时，清政府预感到朝鲜政府可能无法招架，会前来乞援。围绕这一问题，清政府内就是否可以出兵朝鲜已经先期进行讨论。普遍的意见是，如果中国军队直接进入朝鲜半岛，大有可能会刺激到日本，难保不会引发什么不测事端。但是如果置藩属的乞求于不顾，似乎又不符合驾驭万邦的祖制，有伤天朝上国的体面，而且还会在国际上动摇朝鲜是中国传统藩属国的既有事实。

左右为难之际，当时在第一线主管朝鲜事务的官员，少年气盛的驻朝总理交涉通商大臣袁世凯致电北洋大臣李鸿章，积极主张出兵入朝。袁世凯声言，根据他自己与日本驻朝外交官员的接触情况来看，日本"重在商民，似无他意"，信誓旦旦保证日本绝对不会就中国的出兵行动别生枝节。受袁世凯错误判断的左右，当6月3日朝鲜王朝的乞援照会正式递达到北京，清政府便做出决策，放心大胆地出兵朝鲜。负责北洋一带以及朝鲜对外交涉和海防事务的北洋通商大臣、直隶总督李鸿章，自然成为出兵计划的具体执行者。经奏准，就在朝鲜政府乞援的当天深夜，李鸿章即命令直隶提督叶志超调度北洋陆军精锐两千余人，准备赴朝。同时分别电令轮船招商局派出商船北上听用，北洋海军提督丁汝昌派出军舰护航。

仅用两天时间，中国赴朝的先头部队就束装准备完毕。6月6日，从天津芦台等地调集的直隶练军以及天津武备学堂见习军官共计 910 人，由山西太原镇总兵聂士成率领，乘坐火车到达天津大沽。下午 6 时全军连同所带的九十余匹军马、4 门金陵机器局造 2 磅（60 毫米口径）山炮以及弹药、帐篷等物资都登上招商局"图南"号商船，当日晚间 7 点在北洋海军"超勇"号巡洋舰的护航下，作为先头部队开赴朝鲜牙山湾内的白石浦里登陆[6]。中国驻日本公使汪凤藻随即将出兵情况通报日本政府。

两天后，直隶提督叶志超统率赴朝军的主力 1555 人在山海关集结完毕，携带 4 门 87 毫米口径臼炮，分乘轮船招商局派出的"海晏""海定"两艘商船先后开赴朝鲜[7]。与此同步，除在东学农民起义爆发时就派驻仁川观察局势的"平远""操江"舰之外，北洋海军又派出"济远""扬威"舰于 6 月 5 日赶赴朝鲜沿海，控制局势，保护通商口岸。一时间龙旗猎猎，水陆并进，这是中国自明末援朝战争以来，又一次大规模的用兵朝鲜半岛。

1894 年 6 月赴朝清军一览

时间/乘船	指挥官	部队	人数	随带重要装备物资
6 月 6 日 "图南"	聂士成	古北口练军右营	500 人	60 毫米口径炮 4 门、双轮炮车 4 辆、60 毫米炮弹 800 发、步枪子弹 21 万发、军马 90 匹、帐篷 98 架、红铜大锅 40 口
		武毅军副中营	200 人	
		武毅军老前营、炮队	200 人	
		天津武备学堂学生	10 人	
6 月 8 日 "海晏" "海定"	叶志超	正定练军中营	500 人	87 毫米口径臼炮 4 门、87 毫米炮弹 400 发、12 磅火箭 200 枝、火箭发射架 2 座、步枪子弹 34 万发、帐篷 109 架
		正定练军右营	500 人	
		正定练军前营	210 人	
		正定练军左营	210 人	
		亲兵（马步）小队	80 人	
		山海关武备学堂学生	25 人	
		文武官员	30 人	

然而清政府完全没有预料到的是，自己所采取的这一系列行动，其实正一步步陷入日本政府布设下的圈套。对朝鲜半岛图谋已久的日本，从壬午、甲申两次事变

被挫败后，就积极扩充军力，一直在等待合适的机会再掀波澜，实现控制朝鲜、进犯亚洲大陆的企图。

仇日的东学起义发生后，日本政府立即判断这是挑起事端的难得良机。为将清政府拖入朝鲜半岛，制造挑起侵略战争的借口，日本驻朝外交官员曾多次会见袁世凯，进行诱惑欺骗，积极怂恿清政府向朝鲜出兵。随着朝鲜东学起义的不断扩大发展，6月2日，日本内阁会议正式通过出兵朝鲜的决定，计划以保护侨民的名义向朝鲜派出军队，并据此制造机会干涉朝鲜内政，排挤中国在朝鲜的势力，日本国内立即开始了海陆军的动员。

在得知朝鲜向中国乞援，并预判清政府会向朝派出军队后，日本更是在6月5日根据5月19日颁行的《战时大本营条例》，设立了以明治天皇为核心的战时大本营，东瀛三岛的战争机器已经完全运转起来。就在战时大本营设立的同一天，正在国内休假的日本驻朝鲜公使大鸟圭介奉命立即从横须贺军港乘坐"八重山"号通报舰，随带1名外务参事官、21名警察以及从横须贺海兵团抽调的60名官兵，赶往朝鲜。6月9日，即清军聂士成部登陆朝鲜牙山的两天后，"八重山"舰到达仁川。10日下午6时，不顾中朝两国的强烈抗议，大鸟圭介率日本军警悍然进入朝鲜京城。紧随其后，由日本陆军少将大岛义昌率领的混成旅团（以驻广岛的日本陆军第五师团第九旅团为主编成）也从本土出发，源源不断地登陆朝鲜半岛。其先头部队乘坐"和歌浦丸"在巡洋舰"高雄"护卫下，于6月12日到达朝鲜仁川，后续部队则在6月15、27日分两批全部到达，兵力上完全超过了驻朝的中国军队，而且控制了朝鲜京城、仁川等重要城市，势头咄咄逼人，朝鲜局势在一夜之间发生了剧变。

对于此举，日本政府对外宣称《天津条约》的第三条是为其国际法依据。

© 1894 年 6 月 12 日，日本混成旅团先头部队在朝鲜仁川登陆。

增兵三韩

与野心勃勃的日本不同，清政府当时出兵的目的仅仅是为了回应朝鲜政府的请求，平息东学农民起义而已，因而派出的总兵力只有 2465 人。清军到达朝鲜后，颇有一番上国天兵降临的做派，军容纪律异常整肃，一路上张贴告示，宣抚招安，赈济贫苦民众，很受朝鲜百姓的欢迎，"见大兵至，咸扶老携幼来观"。出于对宗主国军队的敬畏，加之农忙时节将至，东学起义军闻风而散，双方没有发生任何战斗。6 月 12 日，正当清军主力部队还在牙山湾忙于登陆时，东学起义军就已与朝鲜王朝政府达成妥协，主动撤出占领的全州等地，起义就此烟消云散。

眼见出兵任务轻松完成，清军似乎可以顺利班师回朝，但是不请自来的日军使得半岛局势趋于复杂，两千多名在朝的中国军人陷入了进退两难的尴尬境地。为防不测，提督叶志超一面将军队集中在牙山湾畔的小城牙山待命，一面紧急向国内报告局势动态，请求指示。

究竟应当如何应对眼前这场突如其来的变局，清政府中枢也没有定见。自朝鲜乞援开始，清政府的决策主要依赖北洋大臣、直隶总督李鸿章的判断和策略。李鸿章筹办淮军和北洋海军日久，对当时的国防底细究竟如何心知肚明：北洋沿海地区堪当近代战争的陆军——淮军总兵力不过只有三四万人，其中还得除去大量用于炮台要塞驻守防御的兵力，实际真正能够抽调作战的机动兵力非常有限；（同时期日本的新式陆军总兵力在 24 万以上，甲午战争中直接投入中国战场的达 15 万以上。）而北洋海军的舰只在当时更是普遍舰龄已老，样式落后，炮位单薄，缺乏新式快船、快炮。深知此时日本的军力已非昔日可比，"北洋所有之实力，以之自守，尚可勉足敷用；战于境外，虽蕞尔日本，胜算亦所难必"，因而在对日策略上，李鸿章始终采取带有妥协性质的守势，一厢情愿地寄希望于外交折冲。

回应突然而起的朝鲜变局，李鸿章首先采取了外交谈判的办法，鉴于东学党事变事实上已经平息，提议中日两国同时从朝鲜半岛撤军，结果招致日本"我断不能撤现驻朝鲜之兵"的照会答复，即日本所谓的《对中国第一次绝交书》。继而，日本政府抛出中日联合改革朝鲜内政的主张，对于这一矛头直刺中朝之间藩属关系的提议，中朝两国都予以断然反对。直接外交谈判不成，李鸿章转而选择国际调停，希望通过与列强驻华使节会商，借助列强的影响力，尤其是当时在远东拥有较大实力的英俄两国从中斡旋，劝说日本从朝鲜撤军。早已完成战争准备，在朝鲜半岛的兵力完全处于优势的日本自然对此了不在意，发出对中国的第二次绝交书，黑白颠倒，蛮横地称："……讵料清国政府定然不依，惟望撤兵，我政府实深诧异……总而言之，清国政府有意滋事也。则非好事而何乎？嗣后因此即有不测之变，我政府不任其责！"[8]至此，李鸿章主张的和平解决策略完全落空。

早在日本发出第一次绝交书时，当时清政府内除洋务派之外的另一支重要政治力量开始积极活动，主要由御史、言官构成的清流党乃至"帝党"人物纷纷上书请战。

清流言官几乎全是传统知识分子出身，对当时的国际局势，中日两国的实力对比，乃至近代军事一概懵懂，仅从传统的名教仁义道德层面出发，认为日本的行为无法容忍，保护属国是清政府天经地义的事情，主张针锋相对，立刻增兵朝鲜，对一心想保和局的李鸿章提出了措辞严厉的指责。

在这一官面的主张下，潜藏着一层不易窥破的特殊目的。清王朝自光绪帝即位后，即出现了愈演愈烈的"帝后党争"，镇守直隶的李鸿章被视作"后党"的重要实力派人物，长期为"帝党"人物所忌。此时日本在朝鲜生事，在一些"帝党"中人看来，正是让李鸿章将其麾下海陆军队送上前敌"整顿"的好时机。

随着与日本谈判的失利，加上日本持续不断对朝增兵，清政府内主战派的声势越来越大，占据上风，清廷中枢的对外策略发生转变。日本发出《第二次绝交书》后，7月16日，清廷严谕李鸿章立即进行军事准备："现在倭韩情事已将决裂，如势不可挽，朝廷一意主战。李鸿章身膺重寄，熟谙兵事，断不可意存畏葸，著懔遵前旨，将布置进兵一切事宜迅筹复奏。若顾虑不前，徒事延宕，徇致贻误事机，定惟该大臣是问！"[9]

此时到达朝鲜的日本军队兵力已近万人，"分守汉城四路各要害，每日由水陆运弹丸雷械甚多"，抢占了地利、先机。而中国在李鸿章主和与清流派主战的摇摆不定间，两千多清军不战不走，茫然无措，白白错失了宝贵的时机，整个朝鲜半岛局势处在战争的边缘。清政府一力主战的严令下达后，李鸿章才开始匆匆准备备战事宜，从北洋各处抽调精锐，增兵朝鲜。

李鸿章的战略部署主要分为两个方向。首先是北路，鉴于当时日本实际上已经控制了朝鲜首都京城的事实，决定迅速进军大同江畔的朝鲜第二大城平壤，依托大同江天险，阻止日军北上，进而以此为后方，挥师南进驱逐日军。7月21日派遣原驻扎天津小站的总兵卫汝贵部淮系盛军步骑13营计6000人，以及驻扎旅顺口的总兵马玉昆部毅军6营2000人，先海运至鸭绿江口的大东沟登陆，然后从陆路经朝鲜边境重镇义州开赴平壤。（原计划直接海运经大同江登陆平壤，但是因为日本海军在朝鲜沿海活动频繁，而且大同江口被布设了大量水雷而作罢。）此外，经电商盛京将军，派遣提督左宝贵部奉军（含靖边军）3500人、都统丰升阿部盛军由东北陆路进入朝鲜，赶赴平壤，总计北路兵力11500人。

南路方面，李鸿章原计划将深陷日军势力后方的牙山驻军海运北上，从大东沟登陆后会同北路各军一起进驻平壤，但是统帅叶志超担心当时日本海军已经麇集仁川一带，海运风险过大，建议仍然坚持驻扎在日军后方，一旦战争爆发可以"梗日兵南路"。李鸿章很快采纳了这一建议，增调了吴育仁部仁字营以及天津练军2500人，由记名总兵江自康率领，冒险直接海运牙山，以加强牙山守军实力。为增加安全性，李鸿章没有选择使用招商局的商船运输，而是通过津海关道、总理后路转运事宜盛宣怀重金租赁了2艘英国印度支那轮船公司的商船"高升""飞鲸"，以及1艘德国商船"爱仁"，期望借助这些船只的欧洲身份，能让日本军队有所顾忌[10]。

◎ 英国《伦敦新闻画报》新闻画：在天津塘沽码头集结登船的援朝清军。

护航牙山

    1894 年 7 月 19 日，李鸿章致电在威海刘公岛的北洋海军提督丁汝昌，正式通报租用三艘英国商船，及调派招商局"镇东"商船，于当月 21—24 日每日开航一艘运兵牙山的计划，要求海军"酌派兵船数只，届期往牙山海口外游巡"，特别强调"须俟四船人马下清后，再巡洋而归"。值得注意的是，李鸿章还注明"无需兵船护行"，由于战事尚未实际爆发，李鸿章的命令只是要求北洋海军军舰在牙山湾外守护，因而军舰担负的是登陆场警戒任务，而非运兵船航行中的护航[11]。

    7 月 20 日，具体组织运兵调度事宜的盛宣怀电告丁汝昌，通报了更为详细的运输计划。即由于朝鲜牙山湾内水深不够，商船无法直接驶入靠岸，需要在湾外用小舢板、驳船换乘转运，上驶 70 里后才能抵岸登陆。但是牙山口内当时只有 30 艘驳船，每船仅能载运 30 人，如果三艘商轮一起驶到，势必会阻滞在牙山湾外等待转运，难免遭到日军的偷袭，因而决定调整运兵时间，21 日开"爱仁"，23 日开"高升"，25 日开"飞鲸"，每艘间隔一天，以便驳运。通报最后，盛宣怀再次强调，"贵部驻牙，须俟各船卸完，方能放心"，即北洋海军派往牙山巡防的军舰，必须守护三批运兵船都卸载完毕[12]。然而就在当天，朝鲜局势进一步恶化，已经重兵控制汉城外围的日本准备发难，向朝鲜政府发去了最后通牒，勒令 23 日之前朝鲜必须发出照会驱逐在韩的中国军队，并宣布废除与中国之间的藩属关系，战事一触即发。

    根据李鸿章的命令和盛宣怀的通报，丁汝昌立刻做出部署。自从朝鲜东学党起义发生后，作为当时中国唯一的国家海军，和平时代本就航迹繁忙的北洋舰队更显忙碌。

    早从 6 月中旬朝鲜局势紧张开始，直至 7 月中下旬，北洋海军进行了一段为期

◎ 英国商船"高升"轮。

大约一个月的紧张备战。由于所装备的舰船、武备普遍老旧，北洋海军的备战行动主要着眼于加强装备战斗力。

军舰长期处在水中，水线之下的舰体表面不可避免地出现附着海生物以及局部锈蚀等问题，会迟滞军舰的航速，影响舰体的寿命，因而必须要定期进入干船坞，离水维护，将水线下的舰体表面刮磨干净，重新刷漆。北洋海军以往是每年制定计划，安排各军舰逐月陆续入坞刮洗。1894年6月中下旬开始，随着朝鲜局势日益吃紧，北洋海军做出决策，在较短的时间内对所属部分亟待入坞的主力军舰集中刮洗坞修。而当时中国北方能够满足北洋海军舰船坞修的干船坞仅有旅顺大船坞一座，各舰船必须排队挨次进坞。为了节省时间，北洋海军提督丁汝昌经请示李鸿章，决定各舰刮洗完船底后只油刷快干油漆，以便尽快出坞，为下一艘军舰的入坞腾出时间，力争做到每五天时间完成一艘军舰的坞修。7月1日，"致远"舰首先入坞，随后"来远""经远""平远""定远"等舰依次到达旅顺入坞，至7月下旬左右大致有该4艘军舰完成了坞修作业[13]。

和坞修工作同步，北洋海军的一些主力军舰还进行了备战改造和添加火炮的行动。其中进行备战改造的主要是北洋海军的核心主力——铁甲舰"定远""镇远"，二舰分别在旅顺和威海刘公岛由两地的机器局施工，经北洋海军德籍洋员哈卜门（Heckman）指导，将主炮台的封闭式炮罩拆卸上岸，从而拓展主炮台的视界，同时解决火炮发射时炮烟弥漫在炮罩内不易散出的问题。为了防范炮罩拆除之后，处于露天状态的主炮会发生锈蚀，又由旅顺机器局制作了专门的帆布罩[14]。

北洋海军军舰加装火炮的作业开始于 7 月的中旬。7 月 17 日李鸿章指示将原本用于胶澳炮台的 10 门格鲁森 53 毫米口径火炮、8 门哈乞开斯五管 37 毫米口径机关炮及其弹药全部调拨给北洋海军使用，另由旅顺机器局迅速赶造上述火炮的舰用炮架[15]。7 月 21 日，北洋海军派出的"康济"舰在胶州湾领到这批火炮弹药，立刻运回威海，充实北洋海军部分主力军舰的火力[16]，其中的格鲁森 53 毫米炮分别加装上"定远""镇远""经远""来远"等舰，哈乞开斯 37 毫米五管炮的具体加装情况不详。

此外，由于经费紧张，北洋海军为了节省开支，自 1890 年后，有部分舰艇就处于长期封存状态。随着朝鲜局势吃紧，丁汝昌经报请李鸿章批准后，与大沽船坞和旅顺基地协商，从 7 月 1 日开始陆续安排了鱼雷艇"福龙""右一"，蚊子船"镇北""镇东"等舰艇的启封就役、编派人员的工作。

甲午战前，北洋海军的燃煤供应主要依赖唐山开平煤矿，而开平煤矿所产的燃煤只能通过铁路运输到天津，再海运到达北洋海军的威海、旅顺、大连湾等基地，一旦中日发生战事，海运受到威胁，北洋海军就会有燃煤供应被切断的危险。而且，形势更为严峻的是，天津大沽口一带每年的冬季会封冻，届时轮船海运就只能被迫停止，倘若中日两国发生战事，而战事又拖延到了冬季还没有结束，那么北洋海军就将遇到燃煤断供的可怕局面。考虑到上述问题，北洋大臣李鸿章于 6 月中旬下令开平煤矿紧急向旅顺、威海两地各输送、囤积数万吨燃煤，以备不时之需，同时另向朝鲜的仁川、牙山两地运储一定数量的燃煤。随后即由开平煤矿所属的"北平""永平""承平""富平"四艘运输船，以及开平煤矿租用的英国商船"飞鲸"、北洋海军派出的运输舰"利运"等轮流转运。

当时开平煤矿的新任总办、原醇亲王府管家张翼为盈利考虑，将开平矿所产的优质燃煤出售商用，库存的燃煤多是散碎的劣质煤。当李鸿章要求开平矿紧急向威海等地囤积大批燃煤时，仓促之间，开平矿根本无法完成，只得把一些积压的劣质煤也凑数运给海军，"煤屑散碎，烟重灰多，难壮汽力，兼碍锅炉"。北洋海军提督丁汝昌多次就燃煤的质量问题向开平煤矿提出交涉和批评，然而并无积极效果。

7 月 21 日下午 6 时，德国商船"爱仁"号从大沽口起航，搭载了记名总兵江自康统带的淮系仁字正营 500 人、谭清远统带的仁字副营 500 人，以及帮助搬运物资的夫役 150 人，共计 1150 人，按原定计划开往朝鲜增兵牙山，揭开了增兵的序幕。

第二天上午 9 时，在轮机的轰鸣声中，丁汝昌选派的北洋海军"济远""广乙""威远" 3 艘军舰也起航开赴牙山，担负登陆场的警戒任务[17]。在"济远"舰的飞桥甲板上，作为这支编队队长的"济远"舰管带方伯谦遥望着渐渐后退远去的刘公岛，神情格外凝重。因为感受到局势的严峻，出发之前"广乙"舰管带林国祥曾请示提督丁汝昌，询问如果遇到日本海军挑衅应当如何应对，丁汝昌的指令非常明确：还击[18]。

让人难以想象的是，"济远"等 3 艘军舰出发后仅几个小时，李鸿章突然得到了一份重要情报，中国驻日本长崎领事馆密电称，日本海军主力 12 艘军舰已于 20 日离开佐世保军港，去向不明。李鸿章当即电令丁汝昌率北洋海军主力大队准备起航前往牙山，保护运兵船："统大队船往牙山一带海面巡护，如倭先开炮，我不得不应。"[19] 从后来日本舰队的动向来看，20 日前后并未有大队日本军舰离开过佐世保军港，这显然是一个错误的情报，阴差阳错中仿佛是上天给了中国一次特别的关

◎ 北洋海军穹甲巡洋舰"济远"。

◎ 跟随北洋海军一起操巡的广东水师鱼雷巡洋舰"广乙"。

◎ 北洋海军炮舰"威远"。

照，试想，如果当天北洋海军主力真的全部出发护航，数日后那场海战的结局就很难逆料了。

遵照这一指示，丁汝昌立刻制定出巡计划，并向李鸿章做出了报告。

丁汝昌准备只留下近海防御铁甲舰"平远"和蚊子船以及两艘鱼雷艇协助防守威海，其余北洋海军的全部主力军舰倾巢而出前往朝鲜，具体包括铁甲舰"定远""镇远"，巡洋舰"致远""靖远""经远""来远""超勇""广甲""广丙"，鱼雷艇"福龙"和"左一"，同时计划随带开平矿务局的运煤船"承平"一起出发。对于大队出海后的行动方略，丁汝昌认为，中日舰队此时在牙山一带相遇，大战必然不可避免，准备持主动攻击策略，"倘倭船来势凶猛，即行痛击而已"[20]。

7月22日入夜，北洋海军主力舰队在威海湾中枕戈待发，只等李鸿章的批准电令到来就将驶往朝鲜牙山。无法料到的是，在这军情万急的关键时刻，李鸿章竟然对丁汝昌的报告产生了出人意料的理解。

当天，丁汝昌向李鸿章汇报出巡计划的电文中，有这样一段文字："牙山在汉江口内，无可游巡，大队到彼，倭必开仗，白日惟有力拼，倘夜间暗算，猝不及防，只听天意。"李鸿章收到电报后，竟然对这段文字的含义产生了误读。

丁汝昌电文中所称的"牙山在汉江口内"一句，本意是说朝鲜的牙山城位于汉江口海域内。在当时，中国没有海湾这一地理名词，对江河口的水域统称为"口"，诸如长江口、珠江口等等，"口"字所指的地理区域非常广大，例如长江口可以一直涵盖到浙江沿海，此处的"汉江口"实际就是现代所称的朝鲜半岛西海岸的江华湾，牙山确实正位于江华湾之内。

对于"口"字的这种宽泛定义，在清末本属于约定俗成，然而李鸿章鬼使神差地竟作了错误的理解。在当时李鸿章看来，"汉江口"就是汉江的江口，如此一来，"牙山位于汉江口内"这一句话的意思就变成了牙山城位于汉江之内，这显然是个荒唐的错误概念。据此，李鸿章7月23日中午给丁汝昌回电，直接指出"牙山并不在汉江口内，汝地图未看明"。

李鸿章之所以对丁汝昌报告中的"牙山在汉江口内"产生错误理解，通过李鸿章回电中的其他内容可以略有感知。回电里，李鸿章对丁汝昌报告中的"大队到彼，倭必开仗""倘夜间暗算，猝不及防，只听天意"等文字产生了严重的不满，认为这是丁汝昌故意夸大敌情，畏缩怯懦的表现，措辞严厉地就此逐条斥责，批评丁汝昌:"大队到彼,倭未必即开仗,夜间若不酣睡,彼未必即能暗算,所谓'人有七分怕鬼'也。"**21**

日本悍然出兵入朝后,李鸿章寄希望外交解决、不想酿成战争的态度,深为丁汝昌所知,丁汝昌对北洋海军能力的担忧,也为李鸿章所了解。当李鸿章下令丁汝昌准备率领海军大队赴牙山,应对可能大举到来的日本舰队时,尽管丁汝昌的准备和态度实际上非常积极,然而李鸿章凭着既往的印象,本就对丁汝昌不放心,丁汝昌报告中"只听天意"等消极字眼,更使李鸿章深信自己的感觉,认为丁汝昌胆小畏缩,正是在这复杂的心情下,"牙山在汉江口内"被李鸿章错误理解。最后,李鸿章在电报里下令取消丁汝昌率主力军舰赴牙山的计划:"暂用不著汝大队去。"

面对日本军舰大举入朝的威胁,李鸿章突然取消丁汝昌率海军大队赴朝的计划,除了对丁汝昌的不放心外,另外还有一层无法摆上台面的用意,即直到此时,李鸿章仍然没有放弃外交解决朝鲜争端的幻想。丁汝昌电报中的主战态度,使得李鸿章还担心丁汝昌带领大队军舰去朝鲜会挑起和日本舰队的战斗。对此,一位北洋海军军官有十分到位的认识:

> 傅相之意,恐兵轮益多,酿祸愈易,虽曰中东龃龉显成战局,然犹按兵未动,挽回和局殊非难事,况各国从中力为排解,讲信修睦,亦指顾间事耳,何必举动张皇,激成事变。**22**

北洋海军主力全部开赴牙山的行动就此被李鸿章下令取消。对李鸿章来电的批评,丁汝昌并不服气,随后连续发送两封电报,就"牙山在汉江口内"等问题进行解释澄清。私下里,丁汝昌还对李鸿章出尔反尔的命令感到不满。在给旅顺船坞工程总办龚照玙的信里,丁汝昌曾大发牢骚:

> 海军进止,帅意日一变迁,殊令在下莫计所从也。昨者之电,意在令昌亲带大队赴牙,今日之电,复又径庭。**23**

而就在这一天的傍晚,日本联合舰队大队已经从佐世保出发,开往朝鲜西海岸。

联合舰队启航

近代早期的日本和邻国中国一样，也是落后封闭的古国，奉行闭关锁国的保守政策，仿佛是一架停止摆动的老朽雕花座钟，在风起云涌的西方工业文明时代已经到来时，昏昏然犹不自觉。直到 1853 年美国海军准将马休·佩里率领的蒸汽舰队成功轰开日本国门，当时主政日本的幕府政权才开始感受到西方新式武器的威力和由此带来的沉重危机感。目睹中国在鸦片战争中的遭遇，前车之覆，后车之鉴，幕府开始学习西方，进行西化改革，而这样的转变，大海另一边的中国还需要等待漫长岁月。

与后来中国洋务运动兴起时的出发点非常类似，幕府改革的一项重要目标即是加强军事实力，尤其是关系到抵御外侮的近代化海防实力。黑船东来事件发生后不久，幕府开始采取了一系列大踏步的改革措施，首先于 1853 年 9 月，解除自德川家康时代以来造船不得过 400 吨的禁令；随后在荷兰帮助下设立了日本第一所近代化海军军官学校——长崎海军讲习所，培养近代化海军人才；为获取西式舰船装备，一面向荷兰等西方国家购买，一面在长崎设立了长崎制铁所（即现代日本三菱长崎船厂的前身）尝试自造。至 1863 年左右，初步建立起了一支小规模的近代化舰队。在幕府大力建设近代化海军的同时，佐贺、萨摩等实力较强的藩属也各自扩充近代化海防力量，设船厂、建学校、购军舰，拥有了一批不亚于幕府的近代化舰船装备。日本海军由此发端。

1867 年，日本孝明天皇去世，年仅 16 岁的太子睦仁继位。在萨摩、长洲等受西化影响很深的藩属联合下，为推翻飞扬跋扈的幕府将军政权体制，将权力名义上归还给天皇，树立天皇权威，日本国内爆发了倒幕战争，战争最后以传统幕府政治的垮台和新生的维新政治的开始而落幕。旨在彻底学习西方，脱亚入欧的明治维新开始。

维新运动后的日本对外政策，具有浓烈的侵略特性。由于生为岛国，无论自守或外攻，海军都是位处第一线的军种，因而明治天皇谕令"海军为当今第一急务，务必从速建立基础"。1872年2月，日本正式设立统一管理海军建设的中央机构——海军省，并确定抛开荷兰，改为师法当时世界的海上霸主英国，建立近代化海军。

筹建海军初见成效后，日本的侵略性就立刻表现出来。1874年日本悍然入侵中国领土台湾，初试锋芒，妄想腐朽的清政府会如同鸦片战争时面对英法列强一样，在一击之下立刻妥协。孰料当时日本在中国眼中只是个蛮夷小国，这种行径被中国朝野视为孟浪可笑。清政府采取了强硬措施，出动福建船政水师的大批西式军舰，并派出经过西法训练的淮军登陆台湾抗衡，最终兵不血刃成功逼退了日本军队。经过这场失败，日本始明白想要战胜中国，必须具备足够雄厚的实力作为基础，痛感海军舰船实力单薄，决定不惜一切，加速海军建设。

1875年，经时任海军大辅川村纯义等游说推动，日本政府批准实施第一期海军军备扩张，从英国订造3艘二等铁甲舰"扶桑""金刚""比叡"，耗资约3115839日元，折合中国银两约为近300万两。同时，在日本国内的横须贺造船所等造船机构建造"清辉""天城""磐城"等一批新式炮舰。

1883年，日本开始第二期海军军备扩张，仍然由时任海军卿的川村纯义提案，在英国订造巡洋舰"浪速""高千穗"和鱼雷艇"小鹰"，在法国订造巡洋舰"亩傍"，从智利海军转买了1艘撞击巡洋舰（"筑紫"），于日本国内建造"葛城""武藏"等炮舰。1884年中国北洋海军的一等铁甲舰"定远""镇远"服役，中国海军战力超过了日本海军。日本海军为了快速反超，在1885年大幅调整海军扩张计划，在国内发行了高达1700万日元的海军公债，又建造了三景舰"松岛""严岛""桥立"，以及"八重山""千代田""秋津洲"等一大批新式军舰。

1890年，日本开始施行议会制度，内阁各省的重要预算均需交由议会审议裁定，日本海军建设进入了议会时代。当年，海军大臣向第一次帝国议会提交海军扩张七年计划，以中国北洋海军和英国海军中国舰队作为联合假想敌，准备分七年时间建成总排水量20万吨规模的海军舰群，由于所涉及的资金需求过于庞大，议会对该方案进行了大幅砍削缩减，最终仅批准订造新式巡洋舰"吉野""须磨"，鱼

◎ 日本海军巡洋舰"吉野"。

雷炮舰"龙田"，以及 2 艘鱼雷艇。

　　并不甘心的日本海军省，随后在 1891 年向第二次帝国议会提交了包括建造 4 艘铁甲舰在内的海军扩张九年计划。由于众议院讨论时对海军扩张计划持否定的态度，时任海军大臣桦山资纪当场以粗俗言语抨击议员，导致众议院议员辞职，桦山资纪事后也被解除职务，酿成了政治风波。随后日本第三次帝国议会对讨论未决的海军九年计划予以整体否决。时至 1892 年，新任海军大臣仁礼景范向第四次帝国议会提交了新的海军扩张计划，议会则做出不裁决的处理。对这一事态深感忧虑的明治天皇在 1893 年 2 月 10 日向议会发出措辞强硬的诏敕，要求议会重新审议，慎重决断，最终议会表决通过订造铁甲舰 2 艘（"富士""八岛"）、巡洋舰 1 艘（"明石"）、通报舰 1 艘（"宫古"）的计划。

　　1894 年，南美洲国家阿根廷、智利在国际市场上透露有意变卖其海军军舰的信息，其中阿根廷计划出售 3 艘海军军舰，智利计划出售 1 艘。获得消息后，日本海军省原准备全部购入，经与内阁磋商谈判，最终决定只购买智利海军出售的 1 艘巡洋舰（"和泉"），是为甲午战争爆发前日本海军最后的购舰行动[24]。

　　至甲午战争爆发的 1894 年 7 月，日本海军共有大型军舰 31 艘、鱼雷艇 23 艘

（另有 3 艘已经下水，正在舾装），总数多于北洋海军。全部 31 艘大型军舰中，能够出海作战的军舰共 28 艘。反观北洋海军，其大型军舰共 29 艘（含在编军舰，以及外省借调军舰），能够出海作战的只有 15 艘，约只有日本海军的半数。在鱼雷艇方面，北洋海军可用的出海鱼雷艇仅有 7 艘，尚不及日本海军的三分之一。

不仅可以用于海战的舰艇数量大大超过北洋海军，甲午战争爆发时日本海军舰艇的质量也高于北洋海军，尤其在充当舰队主力的巡洋舰方面表现得最为突出。

按照英国海军的舰种分类标准，日本海军可以出海作战的 28 艘大型军舰中，包括 3 艘铁甲舰、10 艘巡洋舰、15 艘炮舰。其铁甲舰全部是 1875 年第一次海军军备扩张期间从英国购买，甲午战争前已属于老旧军舰。日本海军的 15 艘炮舰多为日本本国建造的产物，其中 19 世纪 70 年代建成的 3 艘，80 年代建成的 9 艘，90 年代新造的 3 艘。作为日本海军中坚骨干的 10 艘巡洋舰里，除了和中国北洋海军的"超勇""扬威"巡洋舰同型的"筑紫"号购买较早外，剩余的 9 艘巡洋舰之中，在 19 世纪 80 年代后期建成的为 3 艘（"浪速""高千穗""高雄"），90 年代建成的达 6 艘之多（"松岛""严岛""桥立""千代田""吉野""秋津洲"）。从体量看，10 艘巡洋舰中只有"筑紫""高雄"排水量低于 2000 吨，其余 8 艘之中，2000 吨级 1 艘，3000 吨级 3 艘，4000 吨级 4 艘，总体规模超过了排水量多在 2000 吨上下的北洋海军巡洋舰群。按照总体进行测算，日本海军主力的 28 艘军舰中，建成于 1888 年及之后的新舰多达半数，且多为战斗力凶猛的新式巡洋舰。除大型军舰外，日本海军在甲午战前已经服役的鱼雷艇共计 23 艘，除 5 艘是 19 世纪 80 年代建成的外，其余全是 1892 年后建成的崭新型号。相较于军舰老旧的北洋海军，日本海军在舰船装备方面可谓是十分新锐。

甲午战争前，日本海军实施军政、军令分开的管理模式。作为政务机构的海军省，下辖名为镇守府的各地方机构（横须贺、吴、佐世保），全国军舰均籍隶于各镇守府，由镇守府管理所辖军舰的人事、供应、修理维护。作为军令机构的海军军令部则管理军务，负责制定海军的作战、防备等军事行动计划，辅佐海军大臣执行军事指挥工作，类似于海军的总参谋部。此外，日本海军的作战单位称为常备舰队，即常设的舰队，每年从各镇守府选调军舰编入常备舰队，作为海军的机动作战单位。

1894 年 6 月朝鲜发生东学起义后，为配合侵略政策，日本海军也开始积极着手战争准备，初期的重心主要是快速将当时主力尚停泊在中国福州闽江一带的常备舰队聚拢到朝鲜近海[25]，以及催动各镇守府让正在修理维护的军舰快速入列。7月，日本海军在常备舰队之外，又将各镇守府执行警备任务的军舰新编成警备舰队，后更名为西海舰队。7月19日，根据1884年日本海军制定的舰队规范，常备舰队和西海舰队统编，并称联合舰队，由常备舰队司令长官伊东佑亨兼任联合舰队司令长官，另调派海军战术专家、海军大学校长坪井航三担任常备舰队司令官。

与此同时，日本海军常备舰队从6月27日开始至7月23日，在位于九州的军港佐世保进行了为期近一个月的强化战术训练，一方面着重进行火炮炮术训练，以图尽快提升各舰炮术人员对新装备的操作熟练程度，由于海军省批准用于训练的炮弹数量十分有限（中大口径火炮每天每门炮只有10发炮弹定额），实际上主要采取空炮射击。与北洋海军炮术训练主要是对专用靶标进行射击的情形完全不同的是，日本军舰在佐世保采取的空炮射击训练，是以各军舰互相作为目标的对抗性训练，"此舰向彼舰，彼舰向此舰以空炮进行射击训练"[26]。

日本军舰集训的另一项重要内容就是加强编队战术训练。坪井航三认为日本海

◎ 日本广岛甲午战争战时大本营旧址。陈悦摄。

军未来作战时应以不变应万变,只采用易于掌握的纵队阵形作战。为了尽快让新编入常备舰队的军舰熟悉这种战术,坪井航三或是直接用实舰编队出海训练,或是让各舰舰长分乘汽艇,用汽艇航行来模拟编队阵形,并且常将舰队军舰分为两组,不断进行高强度的编队对抗性演习[27]。

就在日本海军舰队编为联合舰队的 7 月 19 日当天,日本大本营向海军省下达训令,告以战争即将爆发,要求海军联合舰队设法前往朝鲜西海岸,袭击中国的运兵船和军舰,同时通报了间谍网获得的中国运兵船出发日期等重要情报。

7 月 20 日,日本驻朝鲜公使大鸟圭介向朝鲜王国政府递送最后通牒,要求朝鲜政府必须在 7 月 23 日之前,就是否主动和中国断绝外交关系,是否主动宣布驱逐在朝鲜的清军等事项向日本作出明确的答复,即将 7 月 23 日定做战争的可能爆发日。7 月 22 日傍晚 5 时,新任海军军令部长桦山资纪亲自赶到佐世保,向联合舰队将校作战前训示。当天午夜到来时,朝鲜政府未就日本的战争威胁作任何回复。7 月 23 日零点过后,在朝鲜的日本陆军混成旅团开始在汉城武装行动,于清晨攻占景福宫,控制朝鲜国王,上午 11 时扶植起傀儡政府,事实上挑起了甲午战争。

同是在 7 月 23 日这一天的上午 11 时,在佐世保整训了近一个月的日本联合舰队奉命出动,航向朝鲜西海岸,准备占领预定的临时根据地,剑指中国北洋海军。出发之前,联合舰队特别向各舰下达了战斗规则、战斗中特别信号等适应作战需要的战斗条令。

出港时,联合舰队依照第一游击队—本队—第二游击队—鱼雷艇队、"比叡"—"爱宕""摩耶""门司丸"的顺序鱼贯而行。日本海军军令部长桦山资纪乘坐"高砂丸"在佐世保港外为舰队送行。每当一队军舰到来,"高砂丸"上就升起旗语:"为帝国海军争荣誉!"各队军舰由领队舰以旗语作答,第一游击队旗舰"吉野"答语:"全力以赴。"本队旗舰"松岛"答语:"一定争取荣誉。"第二游击队旗舰"葛城"答语:"等待我们凯旋。"最后一队军舰的先导舰"爱宕"答语:"谨志不忘。"纷纷向佐世保告别。此时夕阳西下,云霓漫天,庞大的舰队渐渐消失在海平线上[28]。

同一时刻,招展的龙旗下,"济远""广乙""威远"组成的中国军舰编队正航行在威海通向牙山的航道上。

遭　遇

　　牙山是朝鲜忠清南道的一座小县城，北侧是重要港口城市仁川和首都汉城，南扼南方重镇大田、全州，战略位置十分重要。县城往西的白石浦里小镇濒临一个狭窄的海湾，即牙山湾，由于水深较浅，大船无法驶入。牙山湾口外是海域较为开阔的南阳湾，水深足够，且海底砂土条件较好，是优良的避风锚地。7 月 22 日由威海刘公岛启航的中国护航舰队，在队长方伯谦率领下于 23 日抵达牙山口外南阳湾锚地。24 日清晨 4 点，远方海面传来阵阵轮机声，21 日由大沽出发的英国商船"爱仁"号按时赶到这里，与护航舰队顺利会合[29]。方伯谦随即派出蒸汽小艇前往白石浦里通知。

清军牙山运输舰船航行时间表[30]

日期　＼　船名	"爱仁"	"飞鲸"	"高升"	"操江"
7 月 21 日	下午从大沽出发	——	——	——
7 月 22 日	——	下午 5 时 30 分从大沽出发		——
7 月 23 日	——	——	上午 9 时 50 分从大沽出发	——
7 月 24 日	凌晨 4 时抵达牙山，上午 8 时返航	下午 2 时抵达牙山	——	凌晨 3 时由烟台开威海，下午 2 时威海开牙山
7 月 25 日	下午抵烟台	上午 10 时从牙山返航	中午在丰岛海面被日舰击沉	中午在丰岛海面被日军俘虏

续表

日期＼船名	"爱仁"	"飞鲸"	"高升"	"操江"
7月26日		上午9时抵威海卫		凌晨4时被拖航到群山浦

早上6时，30艘驳船陆续开到，围在"爱仁"轮周边进行过驳作业。面对不可预测的战争，别离祖国的仁字营一千多名官兵大都彻夜未眠，此时在官弁的催促下开始分批从舷梯下到小小的木质驳船内。这些驳船都是人力划桨的木船，航行缓慢，前往70里外的白石浦里小镇来往一次会耗费很长时间，于是护航的3艘军舰纷纷将各自的蒸汽小艇放至海中，帮助拖带航行，以加快登陆效率，"小火轮照料装运，拖带驳船，将兵丁、军装、马匹、大米各等件运驳上岸，并派船上水手帮同起卸"。上午8时，太阳完全升起时，首批登陆部队以及随带的160箱弹药全部上岸，完成运输任务的"爱仁"轮鸣响汽笛，向护航舰队话别返航[31]。

当天"爱仁"轮从外海进入牙山湾时，曾隐约见到海湾口不远处似乎有一艘日本军舰[32]。而停泊在海湾内的"广乙"舰，也注意到似乎有一艘日本军舰在海湾口出没[33]。这一迹象显然引起了牙山护航小队的注意，方伯谦于清晨命令"威远"舰前往各国舰船聚泊的仁川，负责打探消息，向国内发送平安电报，另外将当时孤身驻扎在仁川的北洋海军"扬威"号军舰换防回威海。

根据最初拟定的运输计划，第二艘从大沽出发的运兵船原本应该是"高升"号，但是在大沽装运过程中发生混乱，原计划由"高升"搭载的义胜营两哨、芦防马队以及大批火炮、马匹误装上了"飞鲸"轮，遂将错就错，不按最初制定的运兵时间表，于7月22日下午5时30分由"飞鲸"改作第二艘运兵船先开航牙山[34]。"高升"则作为第三艘出发，出发时间提前到7月23日[35]。

24日下午2时，英国商船"飞鲸"到达南阳湾锚地，船上除搭载芦台防军一部200人、义胜前营200人以及随带的马夫、夫役、管账等人员300人以外，主要装运了大量物资，包括47匹战马以及4个营的粮饷、火炮、军械、营幕帐篷等，卸载到小驳船上非常不易[36]。正当过驳工作在忙碌进行时，"广乙"舰上的一些官兵突然发现南洋湾外有艘日本军舰出现，随即转舵而去不见踪影[37]。这个不同寻常的情况当天早间已被第一艘运兵船"爱仁"注意，此刻再度出现越发显得情势诡异[38]。下午5时30分，"威远"舰从仁川返回，从"威远"不同寻常的高航速上，南阳湾内正在忙碌的人们更感觉到了一丝不祥的气息。

"威远"舰带回了令人震惊的消息："韩王已被倭奴所虏。"[39]战争事实上已经爆发！之前日本大军进占朝鲜，向李氏王朝下达最后通牒，要求23日前宣布断绝与中国的藩属关系，下照会驱逐在韩中国军队。22日期满当天，朝鲜政府未予明确答复。恼羞成怒的日本占领军即按照预定部署，在朝鲜亲日分子的勾结下，于23日凌晨派出主力攻入朝鲜王宫景福宫，拘捕了亲华的朝鲜国王李熙和王后闵氏，随后扶植起以大院君李昰应为首的亲日傀儡政权。除了这一消息外，"威远"舰管带林颖启还从驻泊在仁川的英国舰队得到一个更惊人的情报，即"倭大队兵船明日即来"。

突遭剧变，当时摆在中国护航舰队面前的只有两条路：一是继续执行命令，在牙山湾等待最后一艘运兵船"高升"号的到来，但这样势必要冒被日本舰队大队攻击的风险。另外一条就是不顾原先的命令，当机立断走为上。方伯谦选择了后者，紧急离开朝鲜这块是非之地。

船政建造的"威远"号，因为战力较弱，航速也慢，被方伯谦命令于当夜9时15分先行返航回国[40]。"济远""广乙"则继续留在原地，等待"飞鲸"号卸载完毕后再返回。因为"飞鲸"装载的马匹物资较多，驳运工作异常费事，直到25日凌晨1时才卸载了一半，方伯谦认为不能再拖延，决定军舰先返航，又因为"广乙"舰的蒸汽小艇帮助拖带驳船上驶白石浦里未回，护航编队只得在口外继续等待。拂晓4时，"广乙"的蒸汽小艇返回，方伯谦赶忙下令"广乙"收回小艇，一起返航[41]。"济远"编队的离去使得牙山湾失去警戒防护，而"飞鲸"轮的卸载活动就在这种环境下至当天上午9时15分才结束[42]。

1894年7月25日，星期三，中历光绪二十一年六月廿三，天气晴，气温26摄氏度，微风，清晨5时日出。这一天将是中国海军史上痛苦难忘的日子。

迎着初升的朝阳，"济远""广乙"鼓轮疾驶，希望避开传闻中今天将会到来的日本大队军舰。方伯谦站在领队舰"济远"的飞桥上，迎着暖暖的海风手把罗经亲自指挥航行，在他身后，一名北洋水师学堂的见习军官在匆匆着笔，记录航海日志：

上午四点，起锚，同"广乙"开行。

5时30分，意外事情发生，"济远"舰桅盘上传来大声报告，瞭望兵发现西南方向的天边有几缕煤烟[43]。不过紧张的局势和眼前出现的诡异情形，都没有引起队长方伯谦的警惕，"济远"舰上没有做任何作战准备，甚至连遮阳用的天幕都没有拆除。此时的方伯谦，只是一心希望赶快返回威海，不想发生任何节外生枝的事情。

7时，"济远""广乙"到达丰岛附近，即将驶出南阳湾。丰岛是密布南洋湾外的众多小岛中的一个，北阔南狭，全岛最宽处1388米，最高处海拔174米，刚好处在南洋湾入口的中心位置，异常险要。丰岛东南岛礁密布，大船无法航行，只有西北与公景岛之间的航道水深较深，是进入南阳湾上溯牙山白石浦里的必经之路。

随着编队通过丰岛、公景岛之间的狭窄航道，西南方的目标逐渐清晰起来，一直在努力辨识目标的瞭望兵确认，前方煤烟下的白色目标就是日本军舰！"一'吉野'、一'浪速'、一不知名。"飞桥上手握望远镜也在辨识远方目标的队长方伯谦下令，编队进入备战状态。

7时15分，"济远""广乙"二舰做好了应战准备，一旦受到挑衅，将毫不犹豫地进行还击[44]。

"济远"舰的瞭望兵没有看错，前方海面上出现的正是日本联合舰队第一游击队的"吉野""浪速"，而那艘他不熟悉的军舰则是日本3月刚刚建成的巡洋舰"秋津洲"号。包括"吉野""秋津洲""浪速"在内的日本联合舰队大队自7月23日下午离开佐世保后，联合舰队司令长官伊东祐亨为谨慎起见，并没有率领大队直扑仁川一带，而是督率联合舰队本队与第二游击队等舰只，在朝鲜西海岸南方的群山浦暂时停泊待机，另派常备舰队司令官坪井航三率领第一游击队的"吉野""浪速""秋津洲"3舰北上，实施前出侦查搜索，并寻找此前在这一海域活动的日本军舰"八重山""武藏"。

25日清晨4时30分，第一游击队到达朝鲜泰安半岛南方的安眠岛附近时，在瓮岛海域没有遇到据说在该处活动的日本驻朝军舰"八重山"及"武藏"，坪井航三考虑到在朝鲜牙山湾附近也有一座岛屿叫作瓮岛，遂下令第一游击队将编队航速提高至12节，驰往牙山湾一带侦查寻找[45]。

◎ 日本巡洋舰"浪速"。

    可能由于山影阻隔，日本舰队发现北洋海军编队比"济远"舰的瞭望兵发现西
南方有烟尘晚了近一小时。6时30分，第一游击队航行至丰岛西南方的长安堆暗
沙附近时，"吉野"舰前桅上桅盘里的瞭望兵才发现丰岛方向有两艘蒸汽船只正在
驶出，身份不明。正在飞桥上监督航行的"吉野"舰大副通报司令长官坪井航三，
此刻在这里出现蒸汽轮船。坪井航三当即判断目标是中国军舰，由"吉野"舰发出
信号旗语，要求全舰队加强警戒，下令编队的航速提高至接近编队的最大航速15
节，加速朝目标方向航去。旗舰"吉野"的号手吹响"战斗"号，舰尾的露天指挥
台上，两名日本信号兵紧张地穿缀着几面信号旗，随后一组"战斗开始"信号旗语
从露天指挥台迅速升起到后桅的斜桁上。后续的"秋津洲""浪速"两艘军舰上随
后也接连响起了凄厉的"战斗"号声，身着白色夏季制服的水兵和身着深蓝色军
服、腰挎倭刀的军官纷纷奔向各自的战斗位置，日本海军等待已久的战斗时刻就要
来到了[46]。

    事后，日本政府曾百般抵赖，诡称丰岛海战的起因是中国军舰的挑衅，不向日
本军舰回礼，而且首先开炮攻击，日本海军在忍无可忍的情况下才被迫采取还击措
施。但随着对史料的系统分析，可以发现一个巨大的阴谋。

    7月20日，日本政府通过间谍获悉中国将在21、22、23日分别运兵朝鲜，明
白了中国第一艘出发的运兵船最快也得在24日左右才能抵达朝鲜，于是日本政府

◎ 日本巡洋舰"秋津洲"。

在 20 日当天向朝鲜政府下达最后通牒，要求 23 日前宣布断绝与中国的藩属关系、驱逐中国军队，恰好为日方自己预留了 23 日一天作为应变部署的机动时间。深知朝鲜政府很可能不会答应要求，22 日日本大本营向联合舰队下达作战命令，要求作好准备，随时待发。

22 日夜间日本政府仍未得到朝鲜政府的答复，23 日凌晨早已准备多时的日本军队即攻入汉城，扶植亲日傀儡政权，同日中午联合舰队向牙山出发。24 日，"八重山"舰侦察到牙山口附近中国舰船停泊情况。25 日，第一游击队到达牙山，挑起战争。又是同一天，日本胁迫朝鲜傀儡政权发出照会，宣布请求日军帮助驱逐在朝的中国军队。至此，连环套环环相扣，日本巧妙地摇身一变，竟然成了代朝鲜政府驱逐中国军队的"义士"，而原本应朝鲜请求而来的中国军队，却变成了非法滞留者。

日本政府处心积虑，计划周密，而清政府堕人术中，步步被动。

7 时 20 分，"济远"舰的瞭望兵确定判断出日本军舰的身份之后不久，日本军舰也准确辨认出远方驶来的是中国北洋海军的"济远""广乙"两艘巡洋舰，"即时下战斗命令"**47**。

此时，双方相距 5000 米……

不宣而战

如同一场引人至深、扣人心弦的默片哑剧，又如同一切阴谋上演前的那片刻宁静，此时的丰岛附近海面，尽管已充满了雷暴将要到来前的惊心动魄，空气中都能感觉到浓烈的战争气息，但是舞台上的两个主角却都只是在默默注视着对方的动作，似乎谁也拿捏不准火候，不敢轻易打破这让人窒息的沉静。

龙旗下的中国军舰虽然明知日舰来者不善，但是两国尚未正式决裂，本着不能衅自我开的宗旨，下一步形势变化的主动权并不在他们手中。面对着 3 艘强大的日本巡洋舰，中国护航编队队长副将方伯谦心中默默祷告，祈祷眼前的一切都是场虚惊，希望日本人不要挑衅，希望日本军舰能转舵而去。两艘中国军舰继续朝前航行，没有任何谋略处置，只是被动地等待着命运的裁判。

日本海军第一游击队 3 艘军舰劈波斩浪高速驶来，气势夺人，然而军舰上的气氛也并不轻松。肩负着挑起战火重任的司令坪井航三少将，注视前方渐渐驶来的两艘桅杆上飘扬着龙旗的军舰，神情略显紧张。虽然自己方面拥有的 3 艘军舰是当时世界性能一流的巡洋舰，但坪井航三并无法确定的是，在己方军舰占领优势阵位之前，中国军舰会不会先声夺人。他深知在远距离上中国军舰那些大口径火炮将占有射程优势，而自己目前所处的阵位并不利于发挥舷侧火力的优势。同时，和当时任何一名日本海军军官一样，坪井航三也无法预测中国海军的战斗能力。北洋海军

◎ 日本海军第一游击队司令官坪井航三。

尽管自 1888 年以后逐渐衰败，但是曾经拥有独冠东亚、近似欧洲的声誉，在未真正交手之前，这支长期活跃于东亚的龙旗海军的战斗素质究竟如何，还是一个待解的谜。

1894 年 7 月 25 日上午 7 时以后，中日舰队在朝鲜丰岛附近海面互相发现时，日本第一游击队以纵队队形航行，处于丰岛外侧的开阔海域；同样成纵队而来的中国护航军舰编队，正接近丰岛和公景岛间的狭窄海域，双方大致是呈迎头并进的姿态。第一游击队的编队航速较快，如照直继续航行下去，双方必然会在丰岛附近的狭窄海域近距离遭遇。因为日方军舰体量较大，且编队内的军舰数量多，在狭窄海域交战显然不利于编队展开作战和机动航行。战术素养颇高的坪井航三考虑及此，果断下令第一游击队掉头转向而去，计划等到中国牙山护航编队从狭窄海域驶出后，再转向返回，利用航速高的优势快速占领中国军舰编队的侧翼位置后再发起攻击。从当时的形势看，这确是一步能直接扼住中方军舰咽喉的好棋。

上午 7 时 30 分左右，日本第一游击队的航迹开始变化，"吉野"舰飞桥下方装甲司令塔内的操舵兵接到指令，8 柄液压舵轮随即飞快地转动，舰首激起阵阵浪花，开始向右后方进行 16 点（180 度）大回转，在海面上划出一个大大的"n"字形轨迹，调转航向背离中国舰队而去[48]。根据日本海军战前的指令，考虑到在硝烟弥漫、弹片四溅的战场上，旗语指挥系统的可靠性有限，为保证舰队在战时不至于失去统一指挥，编队军舰都必须紧随前一艘军舰的动作运动；但是可能这次调转航向的机动来得过于突然，当转向命令下达后，尾随"吉野"之后的"秋津洲"舰并没有立即执行转向动作，引发第一游击队编队内的一阵混乱。

与对北洋海军疑惧不已的军官略同，由于短时间扩充添置了一大批新军舰，日本海军人员进行了大幅扩增，当时日本舰队各舰都有大量新编配的士兵，技术熟练程度远低于中国军舰上那些服役时间在五六年以上的同行。日本政府战前充分利用舆论媒体，长期大肆夸大中国海军的战力，为穷兵黩武发展海军铺平民间舆论道路，然而这一伎俩随之带来了很多负面作用。日本军舰上在"北洋海军威胁"中成长起来的这代年轻水兵，此刻心中不仅夹杂着对自我技术熟练程度的一丝不自信，更笼罩着对即将到来的战斗的恐惧，以及长久以来形成的对中国海军畏之如虎的心理。不安的气氛，在日本士兵中四处蔓延。

紧随在"吉野"之后的"秋津洲"舰上，舰长上村彦之丞海军少佐对这种气氛极为不满。毕业于日本海军兵学校，有着长期海上经验的上村彦之丞，为人粗鲁好斗。为缓解水兵的紧张情绪，上村彦之丞站在飞桥上，带着浓浓的关西口音对着水兵大喊："把你们的手放在股胯那里摸摸看，如果缩小了就打不了仗了。"当"秋津洲"露天甲板上笼罩在一片哄笑声中时，前方的"吉野"舰开始进行大回转。

旗舰竟然不战而背离中国军舰而去，让一心好战的上村彦之丞感到万分不解，认为肯定是司令官坪井航三怯懦畏战。不甘心眼前的战机被白白放弃，上村彦之丞不顾海军森严的等级制度，下令悬起旗语，质问旗舰为什么调转航向。

当时日本第一游击队的司令官和三位舰长相互间实际处于一种不信任状态。

常备舰队司令坪井航三出生于 1843 年，日本长州藩人，早年加入长州藩海军，参加过日本戊辰内战，1871 年曾短暂在美国太平洋舰队旗舰上见习，并于 1872 年赴美国留学中学课程。坪井航三尽管没有经历过系统的海军军官教育，但任职经历丰富，对海军战术颇有心得，是日本海军当时的战术专家。不过，由于坪井航三籍贯是长州藩，在萨摩藩人占据主流的海军中处于外来者的尴尬地位。

第一游击队的三位舰长则全是萨摩藩出身。"浪速"舰长东乡平八郎生于 1847 年，早年加入萨摩藩海军，参加过阿波冲、宫古湾海战，1871 年被派往英国留学海军。"吉野"舰长河原要一和"秋津洲"舰长上村彦之丞分别生于 1850 年

◎ "秋津洲"舰舰长上村彦之丞。

◎ "浪速"舰舰长东乡平八郎。

和 1849 年，是明治政府的海军军官学校——海军兵学寮同学。河原要一为第二期毕业生，毕业后曾在德国海军巡洋舰见习。上村彦之丞和河原要一同届入学，但是由于成绩太差，连续降班留级，直到 1877 年才在第四期中勉强毕业，其在校期间和同学山本权兵卫等结拜，是海军兵学寮学生中的萨摩党核心人物。

1894 年 7 月，坪井航三出任常备舰队司令，后统领联合舰队第一游击队。对于这位长州藩出身的司令，三位萨摩藩出身的舰长都怀有不服气的保留态度，尤以脾气急躁、举止粗鲁的上村彦之丞表现得最为直接、外露。7 月 25 日坪井航三下令紧急转向后，上村彦之丞非但不执行，反而质问司令官，明显使坪井航三作为司令官的权威被挑战和羞辱。

坪井航三对上村彦之丞无礼的举动极为不快，但出于保持编队统一动作的大局考虑，只得耐心地作出解释，由"吉野"舰航海长的亲自督导，信号兵将内容复杂的旗语升上"吉野"舰前桅的斜桁："目前舰队所处位置不利于机动作战！"继而挂起命令："跟随旗舰航行！"桀骜不驯的"秋津洲"被一下子弹压住，老老实实跟着"吉野"转向，上村彦之丞落得老大没趣[49]。"秋津洲"之后的"浪速"舰也随之转向，她的舰长东乡平八郎海军大佐的好战程度，一点也不比上村彦之丞弱，但这位后来被誉为日本海军军神的将领更充满了狡黠的智慧，他的好战和心狠手辣将在另外一个场合表现。

对调转航向迷惑不解的，除了"秋津洲"上的上村彦之丞外，还有远处中国军舰"济远"上的方伯谦。从发现日本军舰开始就一直在飞桥上紧张地观察日本舰队动作的方伯谦，突然看到日本舰队掉头而去，认为眼前的情景表明这几艘日本军舰并不是来作战的，可能和昨天出现在南阳湾外的那艘探头探脑的日本军舰一样，只是先头的侦察分队而已，看来这次自己又交了一步好运，必须尽快加大航速离开这是非之地。日本军舰离去的喜讯顿时在"济远""广乙"两艘中国军舰上传开，方伯谦长长地舒了一口气。

轻松的气氛只持续了片刻，没过多久转向而去的日本舰队又"旋转取势而来"[50]。几乎与"济远""广乙"驶出狭窄航道同时，日本第一游击队又向右进行了 180 度大回转，转划出一个"U"字，和中国军舰拉开一定间距后，重新转向而来，运用高航速直插中国军舰编队的侧翼，和中国护航舰队形成两条略呈平行的战列线，坪井航三谋划的有利攻击阵位已经成功夺取[51]。

日本海军的机会终于来到，3艘日本军舰的桅杆上都飘扬起血红的战斗旗，坪井航三和河原要一离开飞桥甲板，进入飞桥下由装甲保护的司令塔。上午7时43分半，"吉野"舰装备的武式测距仪显示双方距离逼近到了3000米，进入了坪井航三此前整训时反复强调，要求日军各舰注意的舰炮射击有效射程范围内，坪井航三当即命令开火。

或许是太过紧张，在"吉野"舰首6英寸（152毫米）口径主炮炮位负责指挥的分队长吉松茂太郎海军大尉临阵似乎还不相信战争将会就此爆发，得到命令后并未执行，而是派炮台副岛内恒太海军少尉候补生"到司令塔询问一下是真的要开炮吗？"岛内候补生不敢怠慢，飞也似的跑到司令塔附近请示。正站在司令塔顶部露飞桥上的测距仪旁督战，准备观察修正弹着点的"吉野"舰炮术长加藤友三郎海军大尉对此急得破口大骂，"混蛋！回去告诉他赶紧开火！"[52]

短暂的混乱很快过去，日本海军对战斗的恐惧此后将逐渐消失，变得气壮如牛、肆无忌惮，黄海海战、对马海战、珍珠港……直到在第二次世界大战中被彻底击得粉碎。伴随着震耳欲聋的巨响，一团白烟从"吉野"舰舰首6英寸主炮炮口升腾而起……北洋海军和日本海军经历了近20年的明争暗斗，终于到了刺刀见红的开战时刻[53]。

第一游击队

"济远""广乙"两艘中国军舰面对的，是 3 艘日本海军精锐中的精锐。

第一游击队旗舰"吉野"号，是 1893 年刚刚竣工的新锐穹甲巡洋舰，由英国著名舰船设计师菲利普·瓦茨（Phillip Watts）设计。"吉野"舰舰体为首尾楼船型，干舷较高，外形修长优美，排水量高达 4158 吨，全长 118.26 米，长度超过了当时中国体形最大的军舰"定远"级铁甲舰。甲板宽度为 14.2 米，吃水 5.2 米，水线附近纵贯全舰敷设了穹甲甲板，穹甲中央隆起的部位厚 1.75 英寸，两侧坡面斜向水线下的部分厚度为 4.5 英寸。"吉野"舰的动力系统足以傲人，采用了 2 台往复式蒸汽机，配合 12 座圆形燃煤锅炉，可以获得 15000 马力的澎湃动力，驱动 2 个螺旋桨，航速高达惊人的 23 节，是当时世界上航速最快的水面军舰。

与航速同样令世人瞩目的是她强大的武备。"吉野"舰大量装备了当时被中国称为快炮的大口径速射炮。主炮选用 4 门英国阿姆斯特朗公司生产的 6 英寸 40 倍口径速射炮，有效射程 8600 米，射速 7 发/分钟。其中 2 门分别安装在军舰首尾楼甲板上，另外 2 门的安装位置比较特殊，分别布置在首楼末端主甲板两侧的耳台内，显然也是受到一点船头对敌作战时获得最大火力的传统设计思路影响，因为这样"吉野"舰在舰首方向就可以得到 3 门 6 寸主炮的火力。为了使安装在耳台内的这 2 门 6 寸炮的前向射界更为开阔，首楼尾部各向内侧削去了一块，这一独特的设计也是"吉野"的重要外观特征。

从安装了 6 寸主炮的耳台再往后，军舰两舷还有多达 8 个耳台，各配置 1 门 4.7 英寸（120 毫米）40 倍口径速射炮，形成密集的舷侧火力，这些速射炮同样是英国阿姆斯特朗公司制造，有效射程 7000 米，理论射速 10 发/分钟。这些可怖的大口径速射炮均采用了厚度为 4.5 英寸的后部敞开式炮罩进行防护。除此之外，"吉野"舰的武备还有密布军舰各处的 22 门 47 毫米口径单管机关炮，多达 5 具 18 英寸口径鱼雷发射管，以及舰首水下锋利如刃的撞角。似乎是嫌上述武器的威力还不够，瓦茨给"吉野"舰还配备上了刚刚问世不久的专用火炮测距仪，这意味着"吉野"舰火炮的测距、瞄准将更为准确便捷，战力倍增[54]。

　　紧随在"吉野"之后，由脾气暴躁的上村彦之丞担任舰长的"秋津洲"舰是日本自行建造的第一艘穹甲巡洋舰。根据重金聘请的法国舰船设计师白劳易（Louis Emile Bertin）的计划，"秋津洲"原本应该是"松岛"级的第四艘军舰，但是"松岛""严岛""桥立"在建造、服役过程中不断暴露出来技术问题，经海军舰政局局长佐双左仲造船少监的一力坚持，日本方面毅然放弃法式前议，另起英式炉灶，改为建造一艘英式的穹甲巡洋舰。

　　重新开始设计的"秋津洲"，选型上参考了英国阿姆斯特朗公司为美国海军建造的"巴尔地摩"号（Baltimore）穹甲巡洋舰，并在"巴尔地摩"舰的设计师、白劳易的英国老师威廉·怀特爵士（William White）帮助下进行了全面的改良设计，最后于 1890 年由日本横须贺海军造船厂建造，1894 年甲午战争爆发前夕完工。新设计的"秋津洲"号，排水量 3100 吨，舰长 91.7 米，宽 13.14 米，吃水 5.32 米，动力系统为 2 台水平三胀往复式蒸汽机和 4 座燃煤锅炉，双轴推进，功率 8400 匹马力，航速 19 节。

　　"秋津洲"的武备配置为日本海军开创了一个新时代，彻底抛弃了大口径火炮的思路，而开始全部采用速射炮，这一点对于日本海军之后选购"吉野"舰有着积极的影响。根据原设计，"秋津洲"舰计划装备 10 门阿姆斯特朗 4.7 英寸 40 倍口径速射炮，但是担心这类火炮威力不足，而将其中 4 门改换成了阿姆斯特朗 6 英寸 40 倍口径速射炮，分别安装在首尾楼末端的耳台内，与"吉野"的主炮布置法略似。首尾楼甲板上则各安装了 1 门 4.7 英寸口径速射炮，剩余的 4 门 4.7 英寸口径速射炮布置在军舰中部舷侧的耳台内。此外的武备还有 8 门 47 毫米口径单管机关炮，4 具 14 英寸口径鱼雷发射管。从问世后的服役情况来看，"秋津洲"尽管存在着航海性能不佳的缺点，但作为日本国内自行建造的军舰，能够达到如此水准，已经足够令大海彼岸的中国为之汗颜。

　　"秋津洲"舰的外形和"吉野"有着很多相似之处，船型上同样选用了首尾楼式，外形高大美观，军舰的重要特征双桅双烟囱也完全一致。不过"吉野"舰的司令塔和飞桥布置在首楼甲板上，而"秋津洲"舰由于首楼短，便将司令塔和飞桥改设在前桅之后。由于担心直接安装在主甲板上高度不够，便在主甲板两舷横向架设了一个平台，再在之上设置司令塔、飞桥等建筑。"秋津洲"舰的防护与"吉野"也非常接近，全舰10门大口径速射炮，都由厚4.5英寸的后部敞开式炮罩进行防护，位于水线附近的穹甲甲板厚度则为3英寸。

仿佛是刻意在展示日本海军巡洋舰的发展史，紧随"吉野""秋津洲"两艘新式穹甲巡洋舰之后的，是由东乡平八郎担任舰长的"浪速"号，这艘军舰恰好是日本海军拥有的第一艘穹甲巡洋舰。与同级姊妹舰"高千穗"一起于1885年在英国阿姆斯特朗公司订造，设计师还是著名的威廉·怀特。"浪速"舰在设计上很大程度参考了后来成为日本军舰"和泉"的智利海军"埃斯美拉达"号穹甲巡洋舰，可以视作是其改进型，而"埃斯美拉达"的最初参考母型则是中国的"超勇"级撞击巡洋舰。

"浪速"舰的体量与"秋津洲"舰相近，排水量3650吨，舰长91.4米，宽14米，吃水6.1米。动力系统采用2台水平往复式蒸汽机和6座燃煤锅炉，功率7604匹马力，航速18节。受当时同在阿姆斯特朗船厂建造的中国"致远"级穹甲巡洋舰的影响，英国建造的"浪速"也选择了德国克虏伯架退炮作为主要武备，但由于"浪速"的舰体尺寸大大超过"致远"，装备的火炮数量更多。"浪速"舰的主炮选用2门克虏伯公司生产的260毫米35倍口径大炮，有效射程12200米。火炮分别安装在军舰首尾的2座露炮台内，射界240度，每门炮备弹100发。非常特殊的是，"浪速"舰的主炮炮位选用了法式的前部敞开式炮罩进行防护，厚度为1.5英寸。与英式的后部敞开式炮罩恰好相反，这种"障后而露前"的炮罩后部完全封闭，而将前部大面积敞开，以此来方便观察、瞄准。

除了首尾的主炮，作为舷侧战术复兴的象征，"浪速"两舷共设计了多达6座耳台，各安装1门150毫米35倍口径克虏伯炮，型号与中国军舰"定远""济远"等装备的相同。这些火炮每门备弹75发，选用了厚度为1.5英寸的后部敞开式炮罩防护，射界130度。大口径火炮以外，"浪速"舰还装备了2门57毫米单管机关炮、10门诺典费尔德四管机关炮、4门10管格林炮，以及4具14英寸鱼雷发射管。

"浪速"舰的舰型属于平甲板型，外形高大，外部的主要特征是双桅单烟囱。2

座主炮台之间的主甲板是主要活动空间，两侧密布耳台、火炮，因此两舷设计了高大的舷墙以作遮护。"浪速"舰装甲司令塔的布置和后来的"秋津洲"舰很相像，也是位于前桅杆之后，坐落在横跨两舷的安装平台上，司令塔装甲厚度为 1.5 英寸。由于采用了特殊的穿甲防护设计，拥有密集的舷侧火力，以及当时罕见的 18 节高航速，"浪速"在竣工时也曾一度被誉为世界上最优秀的巡洋舰。

相对 3 艘如狼似虎的日本军舰，2 艘中国巡洋舰无论在外形尺寸还是先进程度上，都显得过于弱小。

编队中实力最强的领队舰"济远"，是十余年前在德国伏尔铿造船厂诞生的穿甲巡洋舰，排水量仅有 2300 吨，舰长 71.93 米，宽 10.36 米，吃水 5.18 米，新造时测得航速 16.5 节，此时显然更慢。低于水线的穿甲显露出设计上带有的试验品特性，而舰上的大口径火炮仅有安装在首尾的 2 门 210 毫米、1 门 150 毫米克虏伯旧式架退炮，另装备了 4 门金陵机器局造舷板炮、2 门 47 毫米口径哈乞开斯单管机关炮、9 门 37 毫米口径哈乞开斯单管机关炮，以及 4 具鱼雷发射管。尽管"济远"是德国造船工业第一艘穿甲巡洋舰，诞生时受到各国瞩目，但是试验舰的身份让她摆脱不了被新技术急速淘汰的命运，此刻她显然无法和日本第一游击队的任何一艘军舰相比拟。

跟随在"济远"之后的巡洋舰"广乙"更为弱小，这艘军舰是战前广东水师派出北上支援的国产军舰，福建船政建造，排水量只有 1000 吨，航速和"济远"相同，武器装备为 3 门 120 毫米 40 倍口径的江南制造局造速射炮、4 门 37 毫米口径哈乞开斯五管速射炮，以及分别安装于舰首和甲板上的 4 具 14 英寸鱼雷发射管。

两艘显得弱势无助的中国军舰，将在强敌面前接受历史无情的考验[55]。

喋血丰岛

　　一些重要的历史关头往往会发生意想不到的事情。不知道是因为水兵过于慌乱紧张，还是指挥官出于别有用心想要引诱中方首先攻击，根据"济远"舰的航海日志记载，"吉野"舰第一发射出的竟然是空炮，"四十三分半，倭督船放一空炮"。虽然没有造成实际的攻击，却震碎了一些中国军官的幻梦。炮声响起后，方伯谦立刻和飞桥上的军官进入身后装甲厚度为 1.5 英寸的司令塔，透过如同碉堡枪眼一样的观察窗紧张地注视着海面上事态的发展。日本军舰转向回来时，方伯谦一直悬着的心仿佛就快要停止跳动了。7 时 45 分"吉野"舰炮声再起，这次射出的是真正的钢铁榴弹，炮弹落在"济远"舰舰首附近海中，激起冲天水柱，随之"吉野"左舷的大小火炮也都纷纷轰鸣起来[56]。

◎ "济远"舰舰长方伯谦。

　　"开放！"7 分钟过后，1894 年 7 月 25 日 7 时 52 分，负责"济远"舰前主炮位督战的枪炮二副柯建章按照北洋海军的专用军语下达了开火命令，210 毫米口径克虏伯大炮发出怒吼，中国海军开始进行还击[57]。顾不得火炮发射后带来的呛人烟雾和剧烈震荡，柯建章大声地继续着口令"装炮！"水兵们用力将被后坐力推到下炮架末端的大炮推回发射位置，下一发炮弹也从炮台地板上的弹药舱开口中被提升了上来。中国军舰本来炮位就单薄，此刻要想获得战果，必须竭尽全力提高火炮发射的速度。

　　7时55分，一直跃跃欲试的"秋津洲"舰开始向中国军舰开火。一分钟后，殿后舰"浪速"也进入有利攻击位置，加入战斗。一时间丰岛附近海面炮声四起，陷入战云硝烟之中，大海为之沸腾。中日丰岛海战爆发[58]。

　　据日本海军战后的统计数字显示，由于当天丰岛附近海况较好，舰体摇摆程度不大，火炮瞄准容易，因而日本军舰火炮装填、发射速度都极快。6英寸口径速射炮的射速达到了每分钟4发，4.7英寸口径速射炮的速度更是达到惊人的每分钟7发，综合第一游击队3舰，一侧作战时可以获得5门6英寸口径炮（"吉野"3门、"秋津洲"2门）、7门4.7英寸口径炮（"吉野"3门、"秋津洲"4门），以及2门260毫米口径克虏伯和3门150毫米口径克虏伯火炮的火力，约计每分钟17门大口径火炮共可以投射八十余发炮弹[59]。

　　在如此可怖的火力打击下，"济远"舰上的北洋海军官兵不稍退避，英勇还击。重翻甲午战争的历史，会看到一个事实，北洋海军在真正的海战到来时，大部分官兵都表现出了极高的战斗素质，日本方面出现的紧张慌乱，在中国军舰上却找不到任何踪影。在比日本军舰恶劣得多的战斗环境下，中国的水兵和军官们战斗牺牲，令人尊敬，这一部分要归功于专业和严格训练，一部分则是因为官兵们都是长久在自己的军舰上服役，长期的历练，对自己的职责所在异常熟悉，加之对日本海军的枕戈待旦，一旦战斗爆发，所能迸发出的战斗精神是可想而知的。

　　"开放！""装炮！""推炮向外！"……枪炮二副柯建章挥舞着军刀指挥水兵作战。猛然间，日舰发射的一枚炮弹击穿了"济远"前主炮的炮罩，在炮罩里四散的炮弹破片产生了灾难性的后果。遮护在"济远"舰210毫米主炮上的全封闭穹盖式炮罩厚度仅有1.5英寸，抵挡敌方军舰桅杆上的小口径速射炮尚能应付，但对于大口径炮弹而言这个厚度显然太薄。尽管炮罩挡不住大炮弹，却能拦住飞散的破片，结果炮弹爆炸后产生的破片在炮塔内四处反弹，许多水兵被击中倒下。柯建章，这位福建籍，没有海军学校学习资历，凭着实干从基层水兵一级级考升选拔出来的军官不幸被破片击中胸部，当场壮烈牺牲。在日本军舰弹如雨注的攻击中，"济远"舰的前主炮寂静了下来。

　　短暂的沉默很快就被打破，一位年轻的海军军官从人群中挺身而出，"召集炮手装弹窥准"。19世纪中后期的军舰，指挥系统原始，一旦战斗爆发，弹雨纷飞中，传话筒、旗语、传令兵等通信手段往往都无法使用，舰上各处就会陷入各自孤

◎ "济远"舰的前主炮。照片摄于该舰被俘编入日本海军后。

立，失去统一指挥的境地。为确保在这种情况下军舰仍能继续作战，战斗开始前，各高级军官会分赴重要部位督战，一般舰长在装甲司令塔内负责掌握军舰的航行、队列，至于各处的炮位，都由相关负责督战的军官控制，根据形势各自为战。这种情况下，督战军官的勇敢与否对战力的发挥会起到很大影响作用。

黄承勋，湖北京山人，天津北洋水师学堂驾驶班毕业，1890 年分配至"济远"舰实习。"济远"舰受命出航朝鲜行前，舰队中的朋友们在刘公岛上为他饯行，黄承勋激动地对一位担任医官的挚友说道："此行必死！他日骸骨得归，惟君是赖。莫逆之交，爰以敦托。"遍观中外战史，我们经常可以看到一种现象，很多战前就立下马革裹尸之志的将士，在面临生死抉择的一刻，大多都能做出大义凛然的行动。接替前主炮的指挥后，黄承勋一面安排包扎伤员，一面激励士气，督促继续装弹开炮，然而很快又一枚炮弹击中了"济远"舰前主炮塔，黄承勋的手臂被破片打断，顿时倒地。身旁的水兵将他扶起，准备送入甲板下医伤，黄承勋用力摇着头说

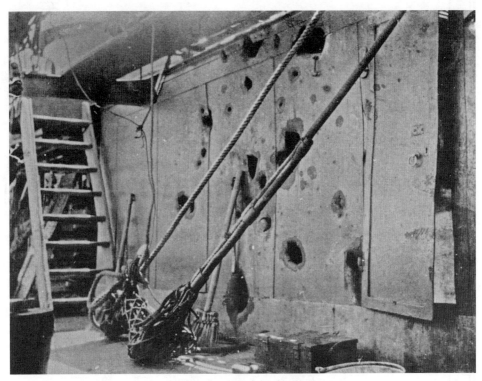

◎ 丰岛海战后拍摄的"济远"舰司令塔下方厨房侧壁的战伤。

道："尔等自有事，勿我顾也。"言罢就停止了呼吸，殉国时年仅 21 岁。这位浑身是血的年轻军官静静地躺着，未能合上的双目似乎还在默默督促身旁那些满眼热泪的水兵们继续战斗……[60]

　　日舰炮火除了集中攻击"济远"舰炮台外，还攻击军舰的中枢指挥部位——装甲司令塔。"济远"舰在设计时为了避开前方巨大的主炮台遮蔽，将司令塔高高安置在飞桥之上，虽然这样可以获得良好的视界，但将如此重要的部位大面积暴露在外，战时的危险性是可想而知的。日舰的炮弹不断在飞桥附近爆炸，弹片打在司令塔上发出雨点般的声响，司令塔内管带方伯谦和大副沈寿昌并肩站立，指挥军舰依既定航线往威海方向航行。方伯谦显然并不想转舵与日舰厮杀，只是想边招架边走。突然一声惊天裂地的巨响，司令塔内被烟雾和碎屑包裹，一颗日本炮弹击穿了 1.5 英寸厚的塔壁，散入司令塔内的破片击中了大副沈寿昌的头颅，脑浆迸裂，不幸捐躯。同时阵亡的还有管旗头目刘鹍、军功王锡山等[61]。

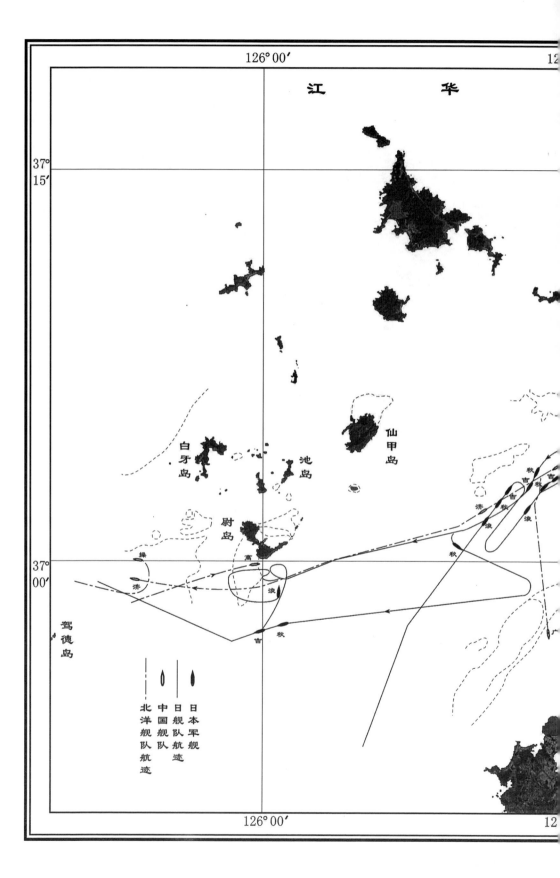

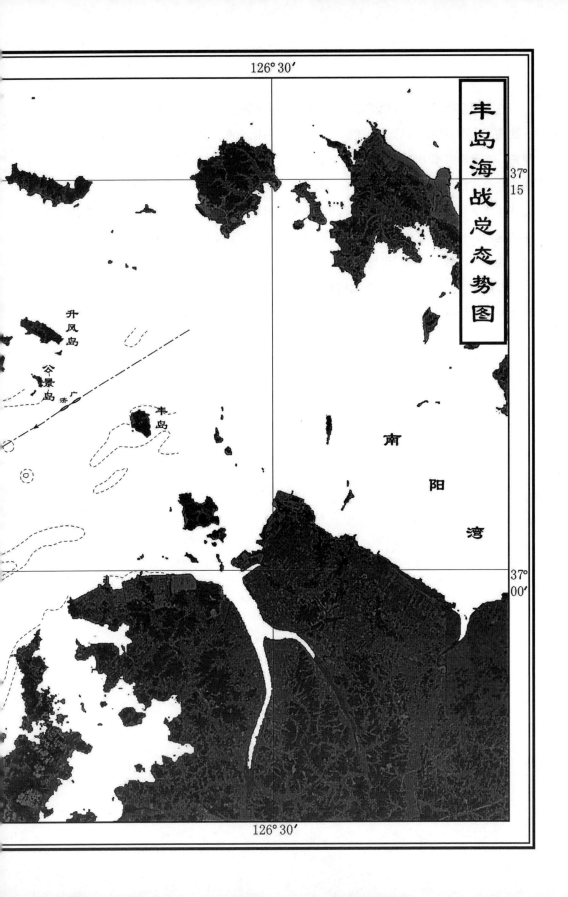

126° 30′

升风岛
公景岛 广赤

丰岛

南阳

湾

37°
15

37°
00′

126° 30′

丰岛海战总态势图

被震倒在地的管带方伯谦在水兵搀扶下站立起来，面无人色，他的脸上、军服上溅满了大副的脑血。这位福建船政后学堂第一期毕业，有着首届留学英国资历的舰长，在北洋海军中向来以"聪明"著称。此前他所作的处置均无可异议，但从大副沈寿昌阵亡后，情况发生了转变。这位家产丰厚，善于经营个人生活的将领，尽管是船政学堂的高才生，又在海军历练多年，但好学生未必就是好战士。可能在战斗初起时，他心中也涌动着成为海战英雄的豪情，但当大副的脑血溅洒在他身上时，战场的残酷、无情与可怖全部展现了出来。

方伯谦走出司令塔，到了"济远"舰的舵机舱。舵机舱位于穹甲甲板之下，就是全舰装甲最厚处。

"广乙" 舰

　　高级军官前仆后继纷纷阵亡的"济远"舰，在日本第一游击队（简称一游）3艘军舰猛烈火力的围攻下显得岌岌可危，日本海军官兵终于发现中国军舰原来是那样弱势。然而就当此时，一游的阵列突然出现混乱，谁都未曾想到，紧随在"济远"之后的小型巡洋舰"广乙"，这艘无论防护还是火力都弱于"济远"的军舰，没有沿用"济远"边招架边走的招数，竟然掉转航向，高速冲向日本舰队，直逼领队舰"吉野"。

　　7时58分，在祖籍广东的华侨管带林国祥指挥下，"广乙"舰冲向"吉野"，舰首的鱼雷发射室内，鱼雷军官正在督导水兵准备发射鱼雷[62]。火炮武备单薄的"广乙"舰舰型属于鱼雷巡洋舰，并列在舰首左右的2具鱼雷发射管，是她最大的威势武器。此刻管带的用意非常明显，一是冲乱日舰阵形，缓解"济远"遭受的压力，另外则是借机使用鱼雷兵器发起突击。

　　目睹突然从硝烟中冲出的中国军舰"广乙"，坪井航三和河原要一都对这艘小军舰不要命的举动感到震惊，急忙下令向左侧转舵规避，利用"吉野"舰航速快的特点高速脱离。"吉野"舰在海面画出一个大圈，避开了"广乙"，恰好变成了和正在往威海方向航向的"济远"舰同向航行的形势[63]。

◎ 甲午战争中任"广乙"舰管带的海军军官林国祥。

　　攻击"吉野"未果的"广乙"转而冒着弹雨冲向日本舰队的二号舰"秋津洲"，逼近至距离"秋津洲"舰尾600米时准备发射鱼雷。上村彦之丞在司令塔内突然得到近距离发现"广乙"来袭的报告。遇到一位同样充满战斗精神的中国舰长，上村彦之丞显得格外兴奋，下令暂时不管"济远"，改为全力攻击"广乙"舰。几名传令兵迅速奔向各处炮位，"秋津洲"舷侧的120毫米口径速射炮和47毫米口径机关炮开始不断倾泻弹雨。由于双方距离很近，"广乙"的飞桥很快被击中，一名机关炮手坠落牺牲，紧接着一根桅杆被打断，随即又有炮弹击中了"广乙"舰的鱼雷发射室，击毁了鱼雷发射管，幸而鱼雷未被引爆。不久一颗开花弹在主甲板上炸开，官兵死伤二十余人，操舵手也在战斗中阵亡。"秋津洲"战后的弹药消耗统计里，记载了共发射6英寸口径速射炮弹45发、4.7英寸口径速射炮弹120发、小口径速射炮弹248发[64]，其中的很大部分显然都是射向"广乙"的。弱小的"广乙"尽管不断中弹，依然不屈不挠与"秋津洲"进行周旋[65]。

　　丰岛海面上因炮战而起的烟雾越来越浓，咫尺莫辨，传统的信号旗语已失去作用。为报知自己的位置，召唤己方军舰加入战斗，"秋津洲"舰拉响汽笛，很快得到尾随其后的"浪速"舰响应，于是两艘大型的穿甲巡洋舰不顾"济远"，合力围攻"广乙"[66]。面对如狼似虎的强敌，"广乙"舰并没有退缩，反而巧妙地变化阵位，突击到了距离"浪速"舰尾仅三四百米处。被惊出一身冷汗的东乡平八郎下令一面转舵避让，一面用左舷火力猛烈射击，短短几分钟内，"浪速"共向"广乙"射出了260毫米直径炮弹2发、150毫米直径炮弹4发、57毫米直径炮弹7发、其他小口径机关炮弹232发[67]。几乎同时，"广乙"舰的一颗炮弹击穿了"浪速"左舷，在舰体内部通过，击毁了后部的备用锚，击伤了锚机。

◎"广乙"舰搁浅自毁后，日军拆卸获得的舾板铭牌。

　　但由于距离近，在"秋津洲""浪速"舰压倒性的火力打击下，"广乙"舰单薄的舰体无法长时间抵御这种毁灭性的炮火。舱面的设施几乎一扫而空，舵机被打坏"不堪行驶"，全舰160名官兵，伤亡 32 人[68]，舱面人员几乎无一幸免。继续战斗，突破日本军舰的围击显然已经不可能，而附近的朝鲜港口又都距离过远，管带林国祥被迫下令转舵向近处海岸浅水方向撤退，准备抵岸后登陆前往牙山，找叶志超部陆军会合。望着不断翻滚着浓烟向西方海岸蹒跚而行的"广乙"舰，"秋津洲""浪速"整队准备追击，两艘军舰上欢声雷动。

　　然而就在此时，远处的"吉野"突然发出收队集合的信号。

"尾炮奏捷"

　　"秋津洲""浪速"与"广乙"舰在激烈炮战的时候，先前因为躲避"广乙"的鱼雷攻击而转舵驶离编队的"吉野"舰上，瞭望兵从烟雾的间隙中发现了正在向东北方高速驶逃的"济远"。

　　原来在"广乙"舰冲乱第一游击队阵形，吸引住日本舰队火力时，方伯谦非但没有考虑驶近配合"广乙"作战，反而利用这一机会，趁着战场上弥漫的硝烟，急速驶离战场，完全忘记了作为编队队长的责任，甚至已经忘记了作为一名军人的天职。但后来方伯谦的作战报告竟称开战后"'广乙'早已遁逃矣"。百年之后，当翻看到这颠倒黑白的记载时，仍不免使人为之激愤不已，而现代一些为方伯谦翻案辩护者，罔顾历史事实，诡称"济远"坚持作战，使"广乙"获得撤退机会，更令人不知所谓。对"济远"舰的这番举动，"广乙"舰官兵战后曾有十分愤慨的回忆，"广乙行至日船对面，该船骤开一炮以击广乙，济远钢皮轮在前见之，并不回轮助战，即加煤烧足汽炉逃遁回华" **69**。

　　发现正在逃离战场的"济远"，坪井航三认为这艘仍然具有战斗力的军舰更有攻击价值，遂下令"秋津洲""浪速"放弃追击"舰体全毁"的"广乙"，向"吉野"靠拢集合后一起追击"济远"舰。"济远"飞速向蔚岛附近的浅水区撤逃，寄希望密布的岛礁、浅沙，能阻吓住对朝鲜近海水文陌生的日本军舰，而在"吉野"率领下，一游3舰"各取适当位置"，穷追不舍。

　　河原要一在海战之后提交给联合舰队司令的"中弹情况报告"中，记录了此后追击时"吉野"曾被"济远"尾炮造成的几次损害，这也是整个丰岛海战中，"吉野"所受的全部损伤：

　　8 时 10 分，"济远"舰舰尾 150 毫米主炮发射，炮弹在"吉野"舰舰首右侧数十米处的海面上爆炸，飞溅的弹片将"吉野"的一些信号绳索打断。

　　8 时 20 分，"济远"再射出一颗 150 毫米炮弹，打在海面上后跳起，从"吉野"舰右舷穿入，击碎了一部发电机，但是炮弹并未爆炸。

　　此后不久，又一颗 150 毫米炮弹射向"吉野"，在飞桥附近发生爆炸，所产生的破坏后果是，击碎了飞桥上用来存放望远镜的木盒。

　　另据河原要一记录，在这些射击之外，还有几发炮弹落在舰首、舰尾附近海中，未造成损害。

　　但这一幕，在中国方面的一些资料里，却被演义成另外的模样。方伯谦监督记录的"济远"舰航行日志里称："……我船后台开四炮，皆中其要处，击伤倭船，并击死倭提督并员弁数十人，彼知难以抵御，故挂我国龙旗而奔。"丰岛战后在为方伯谦鸣"冤"的《冤海述闻》描绘得更为具体："方管带发令将船前转看瞄准，猝发后炮，一发中其望台下，该船（"吉野"）火药炮子震裂，翻去望台，歼其提督员弁二十七人，并水勇无算；再发中其船头，火起水进；又发中其船身，船便倾侧，升白旗龙旗而遁。"而北洋海军提督丁汝昌，在根据询问方伯谦和"济远"的一些官兵后，作出的官方报告中也传达了类似信息，但是较为含蓄。不过，丁汝昌的报告提到了两名普通水兵的名字：王国成、李仕茂，称他们是这几次炮击的功魁。现代中国人耳熟能详的水兵王国成发炮击退日舰的故事，就发端于此。

　　对照日方的中弹记载和此后的历史事实，不难发现，除了 3 次击中"吉野"得到中日资料互相印证以外，在攻击效果方面，中国记录里所谓的击死倭提督、翻去望台、"吉野"挂白旗龙旗而逃，都纯属子虚乌有。"吉野"舰在丰岛海战结束后，仍然在朝鲜沿海活动，甚至一度出现在了中国成山头附近，直到黄海大战爆发，都未有进入船坞修理的记录；坪井航三更是活到了 1898 年，击死倭提督无从谈起。之所以中国资料里出现如此失实的记载，不外乎几个原因。首先，在数千米距离上，由于视力所及，对于攻击效果难以作出准确判断。其次，无法排除方伯谦以此来为逃离战场的事实作遮掩。"济远"舰航海日志中，将发生在上午 8 时后的尾炮攻击事件，改写到了 4 小时以后的中午 12 时，即后来的"吉野"停止追击"济远"之前，造成"济远"始终在战斗，并用尾炮击退敌舰的假象。令人感慨的是，在获悉丁汝昌的汇报后，北洋大臣李鸿章就十分敏锐地觉察到"一炮如此得力，果各船大炮齐发，日虽有快船、快炮，其何能敌？"但一个多世纪来，很多有关甲午战争的论述著作对王国成发尾炮击伤"吉野"一事，却不详加考证，而反复引用，口传百遍，讹传竟变成了既成事实。今天当我们通过对照日方海战报告，认真回溯分析历史后，可以大致拼合起散落在时间沙滩上的历史碎片，1894 年 7 月 25 日上午 8 时过后的近半个小时内，在"济远"舰尾炮台内上发生的故事已经逐渐面目清晰[70]。

面对汹汹追击而来的日本军舰"吉野"，本着各炮位及时掌握战机，各自为战的战时制度，山东文登籍的水兵王国成倡首，水兵李仕茂等响应，用 150 毫米口径尾炮连续射击"吉野"。他们这一英勇的举动值得后人尊敬，其中体现的高超射术也一定程度反映了北洋海军士兵的战术素养，但是这一行动所获得的战果，以及在海战中的意义如何也必须实事求是，对于任何一件历史资料，都必须严谨地审视。

◎"济远"舰 150 毫米口径舰尾炮。

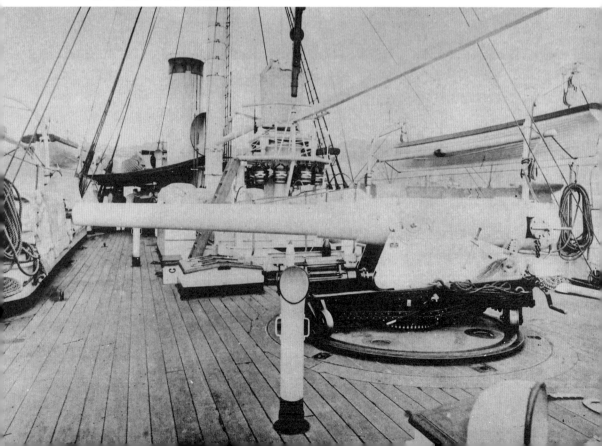

"高升""操江"

　　"济远"的尾炮击敌不久，中日两国军舰上的瞭望兵都发现了西南方海平线上出现了两柱煤烟。坪井航三作出一个用意不明的决策，命令第一游击队各舰自由运动。早就对被召回追击"济远"耿耿于怀的上村彦之丞，立刻指挥"秋津洲"转向，继续追击已经远去的"广乙"，似乎对曾受到这艘小巡洋舰的挑战感到羞辱，非要除之而后快。"浪速"则在东乡平八郎指挥下继续高速追击"济远"，相反"吉野"却放慢了脚步，任由"浪速"超越自己，坪井航三明显是对那两道身份不明的煤烟产生了顾忌[71]。

　　谜底很快揭开，远处两缕煤烟下的舰船渐渐清晰起来，一艘是红色涂装的运兵商船"高升"，另外一艘采用维多利亚涂装的是北洋海军的"操江"号运输舰。

　　排水量1335吨的"高升"号，是支援牙山计划中最后出发的一艘英国商船，也是载运士兵人数最多的一艘，7月23日上午9时50分离开大沽后一直在茫茫大海上航行。运输舰"操江"则是于7月24日下午2时从威海出发，前往牙山运送信函、军饷，到达丰岛附近海面的时间略晚于"高升"。可能是注意到了前方海面上不寻常的情况，"操江"舰转舵改向西航行。"高升"则在英国籍船长高惠悌命令下，照直按原定计划，向南阳湾航行。在那个女王统治海洋的时代，英国人的自负是举世皆知的，飘扬的米字旗在他们看来是通行世界的法宝。

　　"高升"号搭乘的中国陆军部队计有统带官吴炳文率领的义胜前营300人、骆佩德统领的通永练军左营500人、许天才统领的仁字军亲兵前营炮队100人、张砚田统领的北塘水雷营35人，以及其他哨官16人，仁字军营务处、文案、军械、管账、夫役等165人，连同营官等合计1119人，统由仁字军营务处帮办高善继节制，随行还携带了炮队的12门行营炮。除了这批中国陆军军人外，还有一名特殊的乘

◎ 北洋海军"操江"舰。

客，德国人冯·汉纳根（von Hanneken）。汉纳根是前任中国海关税务司德璀琳的女婿，因为这层关系，从德国陆军退役后就来到中国，成为李鸿章的军事顾问，曾负责旅顺基地炮台工事的设计监造，这次随中国军队前往朝鲜的使命与他军事顾问的身份有关联。

"高升"号即将抵达南阳湾时，很多中国官兵拥挤在甲板上呼吸新鲜空气，欣赏如画的海景。上午8点左右，从南阳湾的丰岛附近海面突然驶出一艘军舰，10分钟后又有军舰跟随驶出，引来满船的议论，不祥的空气笼罩着这艘没有武装的商船。

9时左右，第一艘军舰经过"高升"号舷侧，"……最前一只船，挂有日本旗，其上还有一面白旗招展。该船很快地向我们方面开过来，经过我们时，它把旗降落一次，又升上去，以表示敬意"。这艘被"高升"号判断为日本军舰的船，实际就是逃跑中的"济远"。

上午8时53分时，在"浪速"舰不尾追炮击中，管带方伯谦竟然下令在桅杆上升起惨淡的白旗，继而又升起一面血红的日本海军旗，以示降服，这是中国海军史上无比耻辱的时刻。当看见前方驶来的运兵船"高升"时，方伯谦已经完全忘记了自己此行的使命就是保护运兵船，竟飘扬着日本海军旗和白旗，从"高升"轮边飞速驶过，将全无武装，满载同胞手足的运兵船抛弃在了身后。一名以战斗为天职的军人，在国家最需要他挺身而出的时刻，为了苟全性命，竟然做出如此不堪的举动。

挂着日本海军旗和白旗的"日本军舰"升旗降旗的举动，使得"高升"轮误以为这是艘向自己行海上礼节的日本军舰："现在看见这只日本船驶过我们的船时，以旗来向我们行敬礼，我们对于他们和平的意旨感到安慰。"**72**

"高升"号继续往牙山湾方向航行，很快与日本军舰"浪速"相遇。由于"秋津洲"在远处追击"广乙"，"吉野"又迁延在后，"浪速"舰面对眼前的两个目标有点不知如何是好。舰长东乡平八郎认为"济远"升了白旗已经降伏，于是将注意力集中到满载中国士兵的运输船，暂停俘虏"济远"，而向"高升"逼近。

9时15分，"浪速"舰的斜桁上挂起国际通用信号"立即停轮"，并鸣两声空炮示警。船长高惠悌相信日本军舰不敢对一艘英国船只作出过分的举动，而下令放慢速度，"高升"号慢慢停止了下来，停泊在距离"浪速"四分之一海里处。

9时30分，"浪速"挂出"停止不动，否则后果自负"的信号。在"浪速"之后航行的"吉野"也注意到了这幕突发事件，追赶了上来，并用远距离信号召唤"秋津洲"会合。发现"广乙"已向海岸搁浅，确认这艘军舰已失去作战能力后，"秋津洲"遂急速驶来。3艘日本军舰汇聚到了一起，旗语不断升起落下，似乎在商量着什么。

9时47分，坪井航三重新安排了任务，由"浪速"俘虏"高升"，"将商船带赴本队，向司令长官报告"，"吉野"和"秋津洲"则分别追击"济远""操江"。

9时50分，日本军舰分头行动。"吉野"举目寻找"济远"时大吃了一惊，利用"浪速"截击"高升"的这段时间，"济远"竟然已经逃离到距"吉野"7海里（12964米）处，远离了丰岛海域**73**。

感觉到不安的"高升"轮挂出信号，询问"我们是否能继续航行？""浪速"回答"下锚，否则一切后果自负"。10时左右，"浪速"掉转航向，停泊到距离"高升"400米处，将右舷对向"高升"，一门门黑洞洞的炮口对这艘落入虎口的商船虎视眈眈。东乡平八郎命令放下蒸汽舢板，由海军大尉人见善五郎到"高升"号上直接下达命令。

人见善五郎登船后，命令"高升"号尾随"浪速"航行。船长高惠悌认为从天津出发时，两国尚未开战，对日本人的举动表示抗议，但最后却表示"如果你命令，我没有别的选择余地"。人见善五郎借此认为"高升"号已经屈服，随即返回报告，东乡平八郎遂下令"高升"号起锚随行。当从翻译口中得知英国船长想屈服后，全船一千余名中国陆军官兵顿时激动起来，统带官高善继表示绝不屈服，"我辈同舟共命，不可为日兵辱"，"我辈自请杀敌而来，岂可贪生畏死？吾家世受国恩，今日之事，有死而已"，其他官兵也纷纷响应，一面看守住操舵室，一面要求船长立刻将此信息传达给日本军舰。

船上的特殊客人汉纳根也激动了起来，劝说船长立刻通知日舰再谈判一次。于是"高升"号升起信号，称有紧急事情商议。人见善五郎乘坐小艇靠近"高升"舷侧，汉纳根与之进行交涉，告知"船主已经失去自由，不能服从你们的命令。船上的士兵不允许他这么做。军官和士兵都坚持让他回到原出发港口去。船长和我都认为，即使已经宣战，这也是一个公平合理的要求。因为我们出发时还处在和平的时期"。

中午 12 时半，东乡平八郎在飞桥上得到了这一信息，显得对漫长的谈判没有了耐心，面色阴沉地下令用信号旗通知"高升"号上的欧洲人立刻离船，高惠悌回复信号"我们无法离开"。"浪速"舰缓缓开动，桅杆上升起血红的战斗旗，如同检视猎物，寻找最佳下口位置一般，绕行了"高升"一周，然后停泊在距离 150 米处。下午 1 时，仿佛要展示卖弄一下最新式武器的威力，一枚 14 英寸鱼雷从"浪速"右舷的鱼雷发射管中喷薄而出，跃入水中，向停泊中的"高升"飞速游去，时间一分一秒过去，"高升"号依然静静的停泊着，鱼雷竟然不知去向。如此距离上失手，东乡平八郎恼怒不已，立刻不管不顾，只要击沉就行，下令舷侧火炮齐射。刹那间如同天崩地裂一般，"高升"号的锅炉被击中爆炸，船身下沉，锅炉中散露出来的蒸汽、煤灰弥漫在空间，如同炼狱一般。对这艘全无武装的商船，"浪速"竟然发射了 2 枚 260 毫米炮弹、9 枚 150 毫米炮弹。正从牙山湾内驶出返航的"飞鲸"轮，目睹了着悲惨的一幕。

面对强敌，"高升"轮上中国的陆军士兵们没有其他武器，只有握着手中的步枪不屈地进行还击。下午 1 时 46 分，"高升"轮完全沉入水中，附近的海面上全是漂浮挣扎的中国士兵，"浪速"舰上的小速射炮开始对着海中射击，短时间内发射了 1125 颗炮弹，同时放下一艘舢板，搜救欧洲人，射杀活着的中国士兵。东乡平

◎ 西方新闻画："浪速"舰击沉"高升"轮。

八郎站在飞桥上，冷漠地注视这这场大屠杀，中国陆军士兵的鲜血染红了整片海面，仿佛是满海的血泪。"高升"轮搭载的 1119 名中国官兵仅 252 人生还，其余均化作了海上的累累国殇。英国船长高惠悌被日本舢板救起，而德国人汉纳根则和很多士兵一起泅水到荒岛上，后被从附近经过的德国军舰"伊利达斯"（Iltis）、英国军舰"播布斯"（Porpoise）、法国军舰"利安门"（Lion）救起，送回烟台。

　　"浪速"意图俘虏"高升"的同时，丰岛海战场上还有两个局部在进行。

　　运输舰"操江"原本位于"高升"之后 3 英里外，上午 9 时看到"高升"被日本军舰拦截，见势不妙即转向航行。航行中目击了"济远"逃跑以及此后"吉野"追击"济远"的情况。"见'济远'兵船突由一岛之后傍岸驶出向北而行，与一日本兵船开炮互击。"**74**

　　由于"济远"与"操江"大致方向都是往西方驶逃，因而"吉野"追击"济远"的过程，实际也对"操江"充满威胁。"上午十一点三十分钟，该船（'济远'）驶近'操江'，突改向西偏北二度由'操江'船头驶过，相离约半英里。'济远'选白旗，白旗之下悬日本兵船旗，舱面水手奔走张皇。"**75**此时"济远"改道向西北，而"操江"的航向是西南，"吉野"遂不顾"操江"继续追击"济远"，跟随在"吉野"之后的"秋津洲"于 11 时 37 分向西南追击"操江"。11 时 40 分"秋津洲"向"操江"发出停航信号，并放空炮警告，逼近 4000 米时用 120 毫米口径炮试射一颗实弹，管带王永发惊慌得没有任何主张，下令降旗投降。经搭乘"操江"的丹麦籍电报局雇员弥伦斯提醒，舰上携带的密码本和重要文件全部焚毁，但是 20 万两饷银尚未来得及投入海中，"秋津洲"即派出舰员登上"操江"加以控制**76**。

由于"济远"逃出过远，"吉野"用了一个多小时于 12 时 38 分才追近至距离"济远"2800 米处，用右舷火炮向"济远"接连射出 6 颗炮弹，"济远"还击了二三发，继续右转向浅水区逃跑。12 时 43 分，"吉野"舰因为担心驶离战场过远，前方水文情况不明，且考虑到当天需要赶回本队报告，遂结束追击转向往"秋津洲"方向会合**77**。

"吉野""浪速""秋津洲"会合，一起押送"操江"向本队锚地航行，离开丰岛海域。7 月 28 日早晨 6 点，日本佐世保军港一片盛装，通报舰"八重山"运载着被俘的中国"操江"舰官兵抵港，"船近码头即放汽钟、摇铃、吹号筒，使该处居民尽来观看"，中国官兵被迫列队穿越大街小巷，在日本百姓的嘲笑、辱骂中默默行进，"使之游行各街，游毕方收入监，以示凌辱"。

中国军舰"广乙"离开战场后，最终在朝鲜西海岸泰安县的十八家岛附近海岸抢滩搁浅，为免遗舰资敌，管带林国祥下令点燃弹药舱，自焚军舰。英勇作战、遍体鳞伤的"广乙"舰在烈焰中涅槃，幸存的官兵们向牙山方向跋涉，去寻找附近的中国陆军。之后或通过雇朝鲜渔船，或在朝鲜地方官帮助下雇船，以及在英国领事帮助下乘英国船，分三批辗转回国，其中 9 名士兵被朝鲜地方官派船在 8 月 4 日送至山东成山头，鱼雷大副张浩率领的 54 名官兵乘坐朝鲜民船在 8 月 9 日到达成山头，舰长林国祥等 18 人则被英国军舰"阿察"（Archer）送回烟台。

扔下"广乙""操江""高升"，绝尘逃逸远去的"济远"舰则于次日清晨 6 时抵达威海刘公岛。管带方伯谦如同英雄一般趾高气扬地走下军舰，在他的报告下，丰岛海战被描画成了一次重大的"捷音"。

初升的朝阳下，一名年轻军官的遗体被他的朋友和水兵们簇拥着从"济远"舰的主炮台抬出……

◎ "操江"舰战俘抵达日本。

东京《时事新报》7月29日报道:"日清两国于是开战,清舰首先发炮,我舰应战。""昨晨自釜山到达之电报,所传一大快报称:二十五日上午七时于丰岛附近,由于清国军舰向我发炮挑战,我军舰还击应战,击沉清军一千五百人乘坐之运送船一艘,捕获清军舰'操江','济远'向清国,'广乙'向朝鲜西岸逃遁"。

光绪二十年七月十一日军机处电寄谕旨:"奉旨:……管驾'济远'之方伯谦,于牙山接仗时,鏖战甚久,炮伤敌船,尚属得力,著李鸿章传旨嘉奖……"

宣　战

　　1894 年 7 月 28 日，紫禁城的太和殿前韶乐声声，紫烟缭绕，光绪皇帝 24 岁的生日大典在这里举行，百官朝贺如仪。紫禁城高高的红墙外，自皇城通往西郊颐和园的道路两侧，为庆祝即将到来的太后万寿而进行的点景美化工程也在忙忙碌碌地进行着。古老的北京沉浸在充满节庆气氛的盛世景象中，同治朝以来经过近三十年洋务运动的努力成果初现，有关"同光中兴"的盛世论调充盈着当时的中国社会。在这片怡然的景色中，唯有总理各国事务衙门前突然架设出的几门冷冰冰的克虏伯行营炮，给京城带来了一点不和谐的气息。

　　隔着茫茫大海，数千里之外的朝鲜半岛上战云密布，海军在丰岛海面发起突然袭击的同时，日本陆军也开始磨刀霍霍。由于挟持控制了朝鲜政府，日本军队的这些行动对外都理直气壮打着"为韩廷驱逐妨碍朝鲜独立之清军"的口号，名义上持有朝鲜政府的授权。

　　驻扎在小城牙山的叶志超、聂士成部中国军队，近在朝鲜首都汉城肘腋，梗扼日本陆军的后方，成为日本陆路战场第一步意图袭取的目标。

　　丰岛海战爆发的当天，由旅团长大岛义昌少将率领，屯扎在汉城近郊龙山的日本混成旅团主力倾巢出动，顶着炎炎烈日直扑牙山方向。计有步兵第十一、二十一联队的 4 个大队，骑兵第五大队第一中队，炮兵第五联队第一中队，工兵第五大队第一中队，以及附属的辎重、医护部队，总兵力四千余人，重武器为 8 门行营炮。

　　虽然处心积虑扶持傀儡政权，拿到了所谓朝鲜政府的授权，但是四处暴虐屠杀反抗者的日本军队，在当地百姓眼中依然是不折不扣的侵略者，简直是明季以来倭寇的再现。日军所到之处韩民纷纷躲避，夫役、补给均无从征集，"（韩民）争相逃避，应者极少"，行军速度异常缓慢，负责全军先锋的二十一联队第三大队大队

◎ 在朝鲜集结的日本混成旅团。

长古志正纲少佐甚至为此急得引咎自杀[78]。而这恰好与朝鲜百姓自发为中国军队引路报信，提供补给，帮助运输辎重，一幅拥戴上国天兵的景象成了鲜明的对比。

　　驻防牙山的中国军队，除最初派赴朝鲜平定东学党之乱的以外，还有新由商船"爱仁""飞鲸"运到的仁字军以及武毅军等部，统由直隶提督叶志超统帅。预感日军将要进逼开衅，鉴于牙山无险可守，叶志超命令总兵聂士成率 5 营约 2000 人前出至汉城通向牙山间的要地成欢驻守，而自己则率剩余的叶玉标营退守牙山附近的天安，本就单薄的兵力由此更形分散[79]。

　　7 月 28 日深夜，日本混成旅团前锋到达成欢外围的安城渡附近，准备展开发起攻击。第二天凌晨渡河时，日军突然遭到埋伏在渡口对面村庄中的中国军队伏击，由天津武备学堂见习军官于光炘率领的数十名官兵利用黑夜，依托民宅，从门缝、窗户中狙击日军，使得日军一片混乱。而中国军队事前蓄水制造出的沼泽地，又给日军带来极大的伤亡和迟滞。这场半小时的接触战，日方损失较大，共被击毙中队长松崎直臣大尉以下多人，沼泽地中淹死时山龚造中尉以下 29 人。但设伏的中国军队最后因为众寡悬殊，后援不继，被迫撤退，指挥官于光炘在混战中不幸中弹牺牲。

◎ 日军在汉城郊外举行仪式庆祝成欢之战获胜。

　　夺取安城渡要隘后，日军于 29 日凌晨 5 时集中兵力向成欢的中国守军发起攻击。首先占领制高点，用行营炮居高临下反复轰击，继而步兵跟进冲锋，左右包抄合围，接连攻占中国军队的壁垒。反观中国军队，虽然竭力作战，但兵力仅及日方的半数，战术死板，装备的火炮数量也少，且射术不佳，在日军猛烈炮火的轰击下伤亡惨重，被迫于凌晨 5 时 50 分左右突围退却。成欢落入敌手，失去前方屏障的牙山成为空城，随后不久也被占领[80]。

　　成欢之战，中国陆军战术素养低下，军官缺乏近代战争知识的弊病暴露无遗，尽管拥有先进的连发步枪，但使用的却是僵硬呆板的线式战法，完全不懂得散兵机动战术。尽管拥有不落后于日本的行营火炮，但却不知道集中使用火力，而且还将行营炮散落布置在第一线步兵线上，既发挥不了战力，还容易被敌方摧毁，且步兵一旦溃散，大炮也就随之弃之于敌。而日军先施以密集炮火准备，继之以步骑兵左右合击的机动战术，此后一再使用，屡试不爽，几乎成了甲午战争陆地战场上用以击溃中国陆军的法宝。

　　相继发生的海陆两次交战在中国朝野引起了极大反响。清政府判断日本击沉"高升"号的行为会触怒英国，认为中国将能获得世界舆论的同情，而由方伯谦等前敌将领谎报的丰岛、成欢两次大捷，又使得清政府对自身的实力作出了错误估计，认为蕞尔小国日本实际不堪一击，主战派声音日益高涨。中历光绪二十年七月初一日，公元 1894 年 8 月 1 日，清政府明发上谕，正式对日本宣战：

> ……朝廷办理此事实已仁至义尽，而倭人渝盟肇衅，无理已极，势难再予姑容。著李鸿章严饬派出各军，迅速进剿，厚集雄师，陆续进发，以拯韩民于涂炭……[81]

同日，对这一局面等待已久的日本政府也立刻向中国宣战，中日甲午战争爆发。除俄国以外，英、法、德、美等列强宣布中立。

清流党

丰岛海战爆发的消息传到国内的当天，威海卫的老百姓都注意到了一幅不寻常的景象，停泊在刘公岛旁海中的北洋海军战舰纷纷起锚开航，鱼贯向威海湾外驶去。从朝鲜东学党事发开始，海军舰船频繁出航在这里已经不是什么稀奇的事，但是像这样的大队行动，至今还是第一回，从舰队急匆匆的脚步里，有心人已经可以看出事态的不同寻常。

北洋海军提督丁汝昌站在旗舰"定远"宽阔的飞桥上，面色黯淡，眼神中透着若有所思，任凭海风将衣襟不断吹起而屹立不动。这位被后人讥讽为无知无能的海军统帅，对自己属下舰队的真实状况心知肚明，建军以来屡次关于添设快船快炮的请求，韩变以来与各处交涉弹药、煤炭，以及舰船改造的电报，都能看出他对这支军队所抱有的责任感。

和舰队中很多军官一样，丁汝昌也深知这支曾经赢得过亚洲第一桂冠的舰队已经衰老了，荣耀的光彩已渐渐褪去，眼前他统辖的军舰几乎都是 19 世纪 90 年代之前的产物，在新设计、新战术面前已属淘汰。而大海对面长久以来被龙旗海军视为假想敌的日本海军，近几年来倾力猛增新舰，快船快炮已独冠东亚，甚至连欧美一些列强也为之侧目。

对日本海军暴行的同仇敌忾，是毋庸置疑的，而与这支海军交战的胜算究竟有多大，丁汝昌的心中有一个极大的问号。但他对上司必须要服从，对下属又要竭尽全力调和。他既要完成一名军人的职责，歼除可恶的日本海军，又要面对朝廷和恩相李鸿章的重托，不能让被整个国家视为珍宝的战舰稍有损失；既要出巡朝鲜海面，震慑日本海军，又要保证不能让一艘日本舰船进入渤海湾……纠缠在这些既要又要中，丁汝昌显得疲惫不堪。

7月26日，北洋海军9艘主力军舰由丁汝昌亲自统率，开往朝鲜汉江外海巡弋。丰岛海战之后北洋海军的第一次大规模出巡，意图是寻找日本舰队踪迹，为丰岛海战中损失的舰船复仇，"原冀截冲寇船，麋其一二冠军者歼击之，庶微足雪死士之冤仇，泄臣民之公愤"[82]。不过令人难解的是，在当时日本舰船来往穿梭的朝鲜汉江口、仁川港，北洋舰队历时两天的搜寻竟然一无所获，使人不由得不对这次东巡的内情产生一些置疑。

29日回航威海后，丁汝昌在写给同僚的书信中道出了谜底，称这次出巡"意欲直捣汉江，又虑中其暗伏。特以战舰无多，不得不加珍惜耳"[83]。汉江口的仁川港当时是日本联合舰队的锚地，储存有大量军火物资，同时也是日本陆军重要的登陆港口之一，联合舰队的主力经常在此处游弋。如果当日北洋海军主力突入仁川，势必会有所得，之所以出现一无所获的局面，很可能是这次出巡仅仅只到了汉江外海。李鸿章在舰队行前特别下达给丁汝昌的一份电令，显然发生了极大作用："汝即带九船开往汉江洋面游巡迎剿，惟须相机进退，能保全坚船为妥，仍盼速回。鸿。"[84]

北洋大臣李鸿章坚持的是一种"游弋渤海内外，作猛虎在山之势"[85]的守势战略，耗费十余年时间，使用近2000万金钱打造起来的这支舰队，是当时中国唯一的一支国家海军，也是近代化程度最高的一支武装力量。深感海军建设的来之不易，深知北洋海军战力单薄，更深恐在对日作战中战舰轻易损失，令日本海军更肆无忌惮，使得渤海门户失去屏障，李鸿章将对日作战的希望主要寄托于规模更大的陆军。而在他眼中过于弱势、贵重的海军，能够显示一种力量的存在，保持战略上的威慑，使得日本在海上始终有所顾忌就足够了。李鸿章这一备受现代中国人诟病的战略思想，在第一次世界大战中英德两国海上角逐中却也得到了运用。面对强大的英国皇家海军，相对弱势的德国海军采取的恰好是这种尽量保存舰队实力，不与优势敌军决战，避免轻易损失，战时用以威胁牵制敌人，战争结束时可作为谈判的筹码的"存在舰队"战略。面对力量过于强大的敌手，未尝不是一种无奈却务实的选择。

但海军的寻敌不遇，在主战的清流党眼中是绝对无法容忍的行为。清流党，是晚清政坛上一支奇特的政治力量。不同于今天人们对于政党的理解，清末的清流党并没有专门的组织，也无一定的宗旨目标，甚至很多时候和被他们讥为杂流、浊流的洋务派还经常有千丝万缕的联系。清流党的成员基本都是由传统科举考试系统产生的官宦文人，这些历经寒窗，满腹八股应试技巧的官员，醉心于迂腐的名教道德文章，而昧于世界局势，但却左右着中国社会的舆论走向，引导着传统知识阶层的价值取向。清流党以臧否人物，议论时政为能事，好物议，工于用词遣句是他们的专擅，对近代洋务事业则一无所知，更担心由洋务改革带来的社会结构变化会触及他们自身的既得利益，因而对于洋务事物往往持一种近乎天生的排斥态度，具体操办洋务建设的李鸿章和淮系，更是他们敌视的对象。

在当时对外交涉问题上，与洋务派所采取的妥协但务实的态度不同，清流党人"大都与外国人少有接触，对于中西实力之悬殊，颇无所知，亦几于无法想象。惟见外人之活跃强横，无孔不入，而我方则迁就屈辱，勉求息事，愤懑莫名，遂自然归咎于当轴大臣之畏怯无能，甚而诋为汉奸。中外有事，此辈攘臂言战，迨事不利，则归之于用人不当，惟其不审外敌之强，故亦不知中国之弱与危"[86]。从中日朝鲜交恶开始，清流党就积极主张对日采取强硬态度，构成了清政府中主要的主战派，受清流领袖翁同龢影响极深的光绪帝载湉，则成为主战派的最高支持者。

这派势力对中日两国力量对比懵懂无知，对外策略上大都凭着自我的想象和一腔愤懑。对于李鸿章所持的妥协态度他们极为不满，高声主战，但却并不知道究竟该如何作战，甚至提出了征集全国拖网渔船堵塞日本长崎港口，困死日本海军的"策略"，与鸦片战争时代寄希望马桶秽物能降服英国舰队的颠顶愚昧如出一辙。近半个世纪过去，中国传统知识阶层的思想竟丝毫没有进步，令人浩叹。另一方面主战派则对李鸿章多方攻击，或称其胆小怯懦，或称别有用心，更有称李鸿章年老昏聩，性情乖戾，要求清廷予以撤换。但由于李鸿章威望较高，而且是高层官场无法或缺的对外交涉人物，得到慈禧太后的倚重支持，一时难以撼动，于是矛头就集中转向李鸿章的部属幕僚，杀鸡儆猴，以抗日之名，行架空削弱淮系力量之实。具体执行李鸿章守势战略，且操控当时国家最新锐的武装力量——海军的丁汝昌，自然成了清流党欲除之而后快的重要目标。

夹缝中的海军提督

位于山东半岛最东端的威海卫是北洋海军的重要屯泊基地，与作为维修保养基地的旅顺势同掎角，一起扼守着渤海门户。威海湾内水面开阔，湾口有刘公岛屏障，刘公岛南北各有水道进出，但是刘公岛南侧与威海湾陆地之间的海面过于开阔，防守不易。由于担心日本海军采用鱼雷艇编队利用黑夜或雾天偷袭，丁汝昌率领舰队第一次东巡归来后就立刻着手巩固威海基地防务，与天津、旅顺等地的机器局协商调集水雷各件，并在威海本地赶造挡雷链、木桩等，加强海湾口防御系统。孰料这些举措竟被清流主战派视为怯懦行为，在身边清流人物有关丁汝昌"首鼠不前，意存观望，纵敌玩寇"的一片舆论喧哗中，年少的光绪皇帝深受影响。

8月2日，清廷就丁汝昌出巡无功一事正式电诘李鸿章，同日李鸿章下令丁汝昌率领舰队再次出巡，同时以前次丁汝昌急速返回威海是为布置防务为由向清廷做出解释。清廷则顺势抓住丁汝昌布置威海防务一事大做文章，于次日严辞斥责"前据电称：丁汝昌寻日船不遇，折回威海，布置防务。威海僻处东境，并非敌锋所指，究竟有何布置？抑借此为藏身之固"，命令李鸿章立刻调查丁汝昌"有无畏葸纵敌情事"，如有则应尽快撤换[87]。

北洋海军于8月2日出发的这次东

◎ 北洋海军提督丁汝昌。

巡，目的地从上次的汉江口外改到了朝鲜北部的大同江一带，出巡的真实用意也与一直以来的普遍理解有所不同，海军的这次行动主要目的并不在于搜寻歼击弱势日本军舰，实际是为了配合当时陆军正在进行的紧急开赴平壤的行动，屏护大同江口濒海地域的安全，防止日本军队乘间进入大同江登陆抢占平壤，是一次海陆协同行动，因而这次历时两天的东巡在歼除日舰方面依然没有任何战果。此举随即又引起了清流主战派新一轮的攻击，"近日参劾该提督怯懦规避，偷生纵寇者，几乎异口同声"[88]，清政府高层中清流派甚嚣尘上的局面由此可以见一斑。

远处天津的李鸿章无法直接参与辩论，只能通过奏章、电报等书面形式为属下解释。李鸿章明白丁汝昌是因为执行自己的指令，以保船为先，避免与优势敌军交战。但在暗涌四伏、政敌如林的官场上，李鸿章也只得顺势将责任归结给丁汝昌，严辞斥责以作应付，要求他"振刷精神，训励将士，放胆出力"[89]。

作为李鸿章的嫡系部下，丁汝昌深知朝廷中清流主战派势力的强大，以及老上司此时所处地位的为难，也明白那些汹汹而来的指责，表面抨击的是自己，实际的用意是对李鸿章交攻。但那些措辞激烈，乃至言语恶毒的人身攻击，难免不会在丁汝昌心中留下负面影响。

8月7日在向旅顺船坞工程总办龚照玙交涉弹药、水雷的信件中，丁汝昌作了如下的心迹表露"在水军能出海远行之船，合坚窳计之，现仅得有十艘。此外势皆勉强，岂能足恃？兹者，似以东路辽阔之海，概以系之轻减数舶之师，不计数力，战守皆属，虽绝有智虑者亦为之搔首也。数战之后，船若有一须修，复力单而无补。存煤及军械数本不丰，再冀筹添，立待断难应手。后顾无据，伊谁知之！事已至此，惟有驱此一旅，搜与痛战，敢曰图功先塞群谤，利钝之机听天默运而已"[90]。既有面对汹汹议论的悲愤，也颇有几分听天由命的无奈。

一个国家的前敌海军将领，在大战临头、外敌叩门之际，却遭到了最高权力阶层的猜忌、拆台，乃至无理的诽谤谩骂，而这却并不是因为他个人的能力问题，只是批评者们想借此更换海军提督，夺取被淮系控制的海军力量，架空削弱李鸿章的实力。一场本应同仇敌忾的对外反侵略战争，竟然在不知不觉中成了派系争斗内耗的舞台。

受到李鸿章斥责后第二天，8月8日，丁汝昌召集北洋海军各舰管带，以及洋员顾问，在刘公岛海军公所内讨论制定下一步的行动计划。次日即率"定远""镇

远""致远""经远""靖远""来远""平远""广甲""广丙""扬威"共 10 艘主力
军舰以及"福龙"等 2 艘鱼雷艇再次出巡，意在有所斩获，以消弭清流主战派的口
实。从意图上看，仍然不想与日本联合舰队的主力发生交锋，而是想集中己方优势
力量，寻机歼除弱势的敌方舰船，以达到逐步削弱日本海军的目的。鉴于日军兵锋
向平壤、大同江一线推进，联合舰队军舰也屡有出没，北洋舰队于 10 日抵达大同
江口外海，但并未发现日舰踪影，11 日派出"广甲"及 2 艘鱼雷艇进入大同江内
仔细侦察[91]。

　　出人意料的是，就在北洋舰队主力军舰驶出威海基地的次日，8 月 10 日清晨，
威海湾内警讯大作，海湾外竟出现了由 29 艘日本军舰组成的庞大舰队！

烟锁渤海

　　如同北洋海军出巡其实并不是主要为了寻歼日本军舰一样，日本联合舰队在大东沟海战爆发之前很长一段时间的行动，也并不像今人想象的那么如狼似虎，意气风发。自丰岛海战偷袭中国运兵船得手后，担心北洋舰队大队会出海决战复仇，仍然摸不透中国海军实力和战略思想的联合舰队，尽管实际在武备上远远胜过北洋舰队，但采取的却是一种略似中国的守势战略。整个舰队主力收缩在朝鲜仁川一带沿海，来往于朝日之间，忙于充当陆军运兵船的护卫而已，并不敢轻易北进与北洋舰队主力接触，这可能也是北洋舰队后几次出巡没有遇到日本军舰的原因之一。

　　但是进入 8 月以后，日本海军的战略突然发生了转变。频繁在烟台、威海两地间活动的日本间谍宗方小太郎于 8 月 6 日向国内递交了战争以来的第十一号报告。在这份主要针对海军战略所作的报告里，宗方小太郎首先分析了中国海军的情况，判断中国海军"已舍去进取之策，改为退守之计"，献策日本联合舰队应该立刻放弃株守朝鲜近海的思想，改为"突入渤海海口，以试北洋舰队之勇怯。彼若有勇气，则出威海、旅顺作战。彼若不出，则可知其怯，我若进而攻击威海、旅顺，则甚为不利，应将其诱出洋面，一决雌雄" [92]。

　　和这份报告提出的作战思想异常巧合的是，8 月 6 日根据日本大本营部署，日本联合舰队司令长官下达攻击北洋海军基地威海，与北洋海军主力进行决战的命令，"联合舰队司令长官伊东海军中将判断敌主力必然在威海港内，遂决定以全舰队出击，引诱敌舰队出港决一雌雄"。7—8 日联合舰队军舰陆续集中至朝鲜大东河口。9 日上午 9 时，由"小鹰""第七号""第十二号""第十三号""第二十二号""第二十三号"等 6 艘鱼雷艇，以及"山城丸"号鱼雷艇供应舰组成的鱼雷艇部队率先从朝鲜大东河口锚地出发，高速驶向威海。"松岛""千代田""严岛""桥立""比叡""扶桑""吉野""浪速""高千穗""秋津洲""武藏""金刚""高雄""大和""葛城""天龙""赤城""大岛""爱宕""筑紫""摩耶""鸟海"等本队、第一、第二、第三游击队22艘军舰随后于10时跟进出发，整个联合舰队几乎倾巢出动**93**。

9日午夜，联合舰队先头的鱼雷艇部队因为航速较高，率先到达山东半岛东端的成山头附近海域，随后隐蔽向威海湾东口航进，意图潜入威海湾，利用黑夜掩护向港内的北洋舰队发起偷袭。10日凌晨2时35分，6艘日本鱼雷艇航行到扼守在威海湾东口海中的日岛附近时，被北洋海军的巡逻小艇发现，港内警报大作火箭冲天，日岛、刘公岛、威海南帮炮台乃至蚊子船，以及因为锅炉存在故障，留守在港内的"超勇"号撞击巡洋舰纷纷鸣响大炮，开火射击，北洋海军的枕戈待旦由此可见一斑。在中国海陆的炮火声中，日本鱼雷艇队认为已经失去偷袭的条件，担心遭到损失，返航退往位于北纬35度51分，东经126度91分的隔音岛锚地**94**。

继鱼雷艇队之后出发的联合舰队大队军舰于10日清晨到达，"松岛"等本队及第一游击队主力军舰停泊在威海湾外待机，"金刚""大和"等第二、第三游击队的二线军舰以单纵队队形向威海湾东口进攻，意在以二线的军舰作饵，将北洋海军主力诱出威海湾后进行突击。上午7时零3分，日本舰队与威海海岸炮台距离7000—9000米左右时开始交火。由于发现威海港内没有北洋海军主力踪影，只看到"超勇"和3艘蚊子船，炮战至上午9时30分左右，日本舰队撤退，双方射击时距离过远，均未有大的损失**95**。

日本联合舰队因为北洋海军主力不在威海基地，并未达到最初引诱中国舰队出港进行主力决战的目标，于是重新退回执行护送陆军登陆朝鲜的行动。而日本海军竟然出现到威海湾外的敌情，引致清政府高层中枢一片哗然，清流党自然而然将此事归结为丁汝昌胆小，断定海军前一日的出巡是为了躲避日本舰队。有关日舰在旅顺、山海关，甚至大沽口出没的谣言也随之四起，一时间整个北洋沿海草木皆兵，清廷为之震动，严令海军立刻返回，拱卫京畿门户。"丁汝昌所带兵舰现在何处？著李鸿章严饬令速赴山海关一带，遇贼截击。"**96**8月12日，正在海洋岛一带巡弋的北洋舰队主力接到了由海关巡船"金龙"号转递的谕令，于13日清早6时回到威海，经过紧张的补给工作，10舰2艇于14日再次启航，在丁汝昌统率下开始丰岛海战以来的第四次出巡**97**。

◎ 停泊在旅顺基地的北洋海军军舰。

　　北洋舰队这次出巡的范围收缩到了渤海湾之内，目的变成肃清谣言中出没在各处港口的日本军舰。舰队在庙岛群岛、秦皇岛、山海关、旅顺、大沽一带进行了长时间巡弋，期间还为由大沽装运军械、煤炭前往旅顺的"图南""四平"号轮船提供护航。此后一直到 22 日才由旅顺返回威海，在旅顺基地维护修理完毕的"济远""威远""康济""镇边"等舰艇也随之返回[98]。

　　北洋舰队主力回到威海的第二天，清廷一改以往通过李鸿章指挥丁汝昌的办法，直接电谕丁汝昌："……威海、大连湾、烟台、旅顺等处，为北洋要隘、大沽门户，海军各舰应在此数处来往梭巡，严行扼守，不得远离，勿令一船阑入，倘有疏虞，定将丁汝昌从重治罪……"[99]对海军完全外行的清廷中枢直接向海军下达了不得越出旅顺、威海一线的战略命令，比李鸿章采取的守势战略更为极端，一纸电文正式将北洋海军锁死在了渤海湾内。由此可以看出，左右清廷政令的清流主战派对于李鸿章的守势战略并无任何认识和挑剔，其攻击的焦点完全在于替换海军提督而已。

　　此后，清流党对丁汝昌的攻击并未告一段落，反而越演越烈，至 8 月 25 日达到高潮。当天三名御史、侍郎集中火力同时上折弹劾丁汝昌，称丁汝昌"退缩不前，巧滑推宕"；"我军之所以怯，非水师尽无用也，提督不得其人"；"水陆各军莫不同声痛恨丁汝昌之畏葸无能"；"始终以刘公岛为藏身之所，迨倭船扰威海、旅顺等处，犹复销声匿迹，不敢与较"[100]。同日，军机大臣翁同龢在廷议讨论上述三份奏折时也激烈辩论，坚持将丁汝昌革职。"易、高两折参丁汝昌，余与李公（李鸿藻）抗论，谓不治此人罪，公论未孚。既定议，额相（额勒和布）犹谓宜令北洋保举替人乃降职，余不可。孙君（孙毓汶）谓宜电旨，不必明发，余又不可。乃列奏片，谓丁某迁延畏葸，诸臣弹劾，异口同声云云。"[101]26 日，光绪帝明发上谕革去丁汝昌海军提督的职务，清流党对于李鸿章淮系的政治攻势获得初步成功[102]。

被逼至墙角的李鸿章于 29 日上奏清廷辩论，长篇痛陈海军的苦衷，指出装备落后等一系列问题，同时阐述自己的战略思想"倘与驰逐大洋，胜负实未可知，万一挫失，即赶紧设法添购，亦不济急。惟不必定于拼击，但令游弋渤海内外，作猛虎在山之势，倭尚畏我铁舰，不敢轻与争锋"[103]。不知道是否是受到李鸿章充满感情的文字影响，还是出于平衡朝廷中各派势力考虑，在决定丁汝昌去留的最后一刻，已经在颐和园宣称不问政事的慈禧太后竟出面过问了此事[104]。9 月 1 日清政府收回前命，下令丁汝昌暂免处分[105]。

在中国为着派系争斗，将前敌的海军提督逼在夹缝之中，将海军困锁在内海之时，日本联合舰队则在忙着护送运兵船向朝鲜运兵。自 7 月 25 日丰岛海战爆发以来，一直至 9 月 12 日，联合舰队先后护送日本陆军数万人到达朝鲜。一时间身着黑色军服的日本陆军云集仁川、釜山、汉城等要地，朝鲜局势更趋恶化。

血战平壤

　　与茫茫大海上如同捉迷藏一般的舰队角逐相比，陆地战场上的情况要直接明朗得多。占领牙山、击败朝鲜南部的中国军队以后，日本陆军的目标就指向大同江畔的北方重镇平壤，旨在一举夺取中国军队在朝鲜北方最大的集结地。而早在中日谈判决裂时，就已派出的预定进驻平壤的中国北路陆军，却因为清政府在和战之间的犹豫不决，迟迟停留在中朝边境上待命，直到丰岛海战爆发后，才重新开始迈动步伐。

　　8月4日，即丁汝昌率领海军舰队在大同江外海游弋时，由卫汝贵统率的盛军6000人、马玉昆统率的毅军2000人，在朝鲜地方官员欢迎下终于到达平壤城，开始着手布置防务。剩余的左宝贵部奉军3500人，丰升阿部奉天练军和吉林练军1500人分别于6日、9日先后抵达平壤，北路诸军终于会齐。原先驻守牙山的叶志超、聂士成部自成欢战败后，也于21日、28日绕经朝鲜东海岸辗转到达平壤。至8月末，平壤城内中国军队总兵力达到约一万五千余人，装备行营炮32门，机关炮6门，集结起了甲午战争爆发以来中国陆军规模最大的兵团，而这几乎是当时北洋淮军精锐的近半数兵力[106]。但是驻守平壤的这5支军队分属于淮军的几大派系，互相之间并不熟悉。早年被李鸿章评价为"果毅勇为，骁勇敢战"的总统帅叶志超尽管在镇压太平军、捻军起义时身先士卒，作战勇猛，以至留下了"叶大呆子"的诨号，但是几十年来的太平岁月和荣华富贵，年轻时为求功名富贵的向上朝气早已磨灭，加之亲历牙山之败，对于日本陆军战斗能力之强有了感性的认识，更成了惊弓之鸟。大战未至，败迹已现。

　　8月31日，随着从海路运到朝鲜的兵力日益增多，为彻底将中国军队击溃，控制整个朝鲜半岛。日本陆军开始了向平壤的进军。日方用于进攻平壤的军队主要为最先进入朝鲜的大岛混成旅团、新近登陆的第五师团，以及第三师团的一个混成旅团等，总兵力为一万六千余人，由第五师师团团长野津道贯中将统一指挥。日本军队出发前即按照包抄战略，分为三路行动，相约于 9 月 15 日前抵达平壤城下，发动总攻[107]。

9 月 6 日，中国斥候骑兵发现日本先头部队踪迹，叶志超和诸将经过商议，决定出动平壤中国守军的八成兵力，前出半道邀击日军先头部队，乘其立足未稳之际挫其锐气。9 月 7 日深夜，七千余名中国士兵在行军中途安排宿营时，突然有人高喊发现日军，黑夜中不辨目标，各军胡乱开火，互相攻击，"彼此自攻，互相击杀，混战一时许，带伤者、轰毙者，兼有之。及闻确报，始知敌人尚远。杯弓蛇影，自启惊魂，致有屈死之魂。四顾惨然，追悔莫及"[108]。受到这次挫折，叶志超打消了前出作战的念头，草草命令各军回防，从此蛰伏不出，被动待攻，全军士气低落。

平壤是朝鲜北方重镇，地处平原，宽阔的大同江从城东南缓缓流过，成为保护平壤的一道天堑。平壤城四周筑有高约 10 米、基础厚 7 米、顶部厚 2 米的城墙，中国军队到达后，更进一步增筑了大量半永久性的工事、炮台，整体防御条件较为优良。14 日午夜，日军进攻平壤的各路部队汇聚大同江南岸，相约以三路同时出击。15 日凌晨 4 时 30 分，平壤之战在城外大同江南岸的船桥里桥头堡一带打响，大岛义昌混成旅团首先发起攻击，驻守该处的淮军骁将马玉昆营和盛军一部拼死还击，大同江北岸的中国炮兵也纷纷开炮助战。巩固阵地之余，中国军队积极向日军发动反击，连夺日方两道战壕，血战至下午 2 时 30 分，日军被迫撤离战场，两千两百余名中国陆军军人面对三千六百余名日军，英勇作战，毙伤日军四百三十余人。

比船桥里之战稍晚，日军第五师团主力五千四百余人从平壤西南渡过大同江，在师团长野津道贯亲自指挥下向北岸的中国军队阵地发起进攻。负责守卫该处的卫汝贵部盛军作战英勇，接连向日军发动两次骑兵冲锋，前赴后继，阵亡将士一百七十余人，此后则坚守阵地"死力据守，如铁壁铜墙"。战至中午，日军付出较大伤亡后无任何进展，被迫停止攻击，在这一方向上也遭到挫败。

平壤城北部玄武门外的牡丹台是全城的制高点，也是日军进攻的重要方向。日本陆军在此共投入了近七千八百余兵力，几乎占了进攻平壤兵力的一半，而守卫此处的中国军队仅有奉军左宝贵部及仁字军江自康部共二千九百余人。从 15 日拂晓开始，北部战场就陷入了激战，中国陆军将士尽管奋勇作战，但无法抵御日军的优势兵力和密集炮火，苦战至上午 8 时 30 分牡丹台阵地陷落。溃散的中国军队退向平壤北部外围的最后一道防线玄武门，依托厚达 80 厘米的城墙垛口进行还击。

弹雨纷飞中，尸体枕藉的城墙上，突然站出一位高大的中国军官，奉军统领高州镇总兵左宝贵头戴顶戴花翎，身穿御赐黄马褂，手持步枪，大声激励他的士兵们作战。作为一名高级军官，他深知失去了牡丹台制高点的平壤城防御已经到了存亡关头。部下劝这位山东籍的回族将领换掉朝服冠带，以免敌人注目，左宝贵回答："吾服朝服，欲士卒知我先，庶竟为之死也。敌人注目，吾何惧乎！"随着战斗趋于白热残酷，城头上的中国官兵伤亡也越来越多。左宝贵亲自接替身旁一位阵亡的军校见习生，操作哈乞开斯 37 毫米口径五管机关炮，先后发开花弹 36 颗[109]，而自己也身中两枪，守备杨建胜"劝其暂下，宝贵斥之"，[110]不久，弹片击中左宝贵胸部，不幸殉难，成为甲午战争中中国陆军阵亡级别最高的军官。左宝贵属下的将士付出极大伤亡，但终于兵力不济，15 日午后玄武门失守，平壤外城被攻破一个缺口。

◎ 平壤之战被俘的清军。

◎ 1894 年 12 月 9 日，日本东京祝捷会展示牙山和平壤之战掳获的清军军旗、服装。

15 日午后 4 时开始，平壤一带下起了倾盆大雨，中日双方暂时停止战斗。以牡丹台、玄武门失守，"北门咽喉既失，子药又不齐全，转运不通，军心惊惧，设敌兵连夜攻打，何以防御！不如暂弃平壤，增彼骄心，养我精锐，再图大举，一气成功"为由 [111]，中国守军统率叶志超下令趁雨夜放弃平壤北撤，还竟然荒唐地预先通知日军"愿退仗休让……望勿开枪" [112]，且在平壤各城门高树白旗。夜晚 8 时，大雨倾盆，平壤中国守军蜂拥出城，结果遭到预先得到通报的日军伏击，死伤惨重，"尸积如山，道路为之埋没，溪流为之变成红色" [113]。重镇平壤仅仅坚守了不到一天就拱手易主，而朝鲜战场上的上万淮军精锐也在雨夜奔逃中一哄而散。

9 月 16 日上午 10 时，日本军队由平壤南城入城，奏响《君之代》国歌，三呼天皇万岁，"原通清军之韩人，早已四方逃散。受其影响，无知平民也扶老携幼，哭泣着向城外逃去……" [114]

护航大东沟

　　中日两国陆军在平壤城爆发激战当天，北洋海军处在一片忙碌中，目的恰恰是为了运送陆军增援平壤。

　　早在9月7日，负责守卫平壤城的直隶提督叶志超电告李鸿章，报告日本陆军向平壤开进的动态，并提出对平壤后路重镇安州防守兵力薄弱的担忧，请求李鸿章继续向平壤增兵。面对这十万火急的军情，次日李鸿章即电令驻守大连湾的淮军将领刘盛休，命其所部铭军精锐4000人必须在5日内集结完毕，乘船从大连湾出发，由海路开赴中朝边境的大东沟登陆，再从陆路渡过鸭绿江进入朝鲜，增援平壤后路[115]。考虑到丰岛之鉴，为保证这次大规模海上运兵行动万无一失，9月9日盛宣怀致电丁汝昌，命令北洋海军全队准备护航[116]。

　　9月10日丁汝昌向盛宣怀电报北洋海军的护航工作安排：

　　　　9月11日，北洋海军的"致远""靖远""来远"3舰先行从威海出发，护卫来威海稽查海防事务的湖南巡抚吴大澂返回天津，而后3舰直接从天津开往旅顺口，确保13日如期到达旅顺。

　　　　9月12日，丁汝昌亲率北洋海军主力大队从威海出发，直航旅顺。

　　　　9月13日，北洋海军主力大队和由天津开来的"致远"等3舰在旅顺会齐，进行补充燃煤、淡水等工作，而后一起开往大连湾与运兵船队会合出发。

　　　　9月14日，北洋海军主力护卫运兵船队出发。

　　　　9月15日，北洋海军主力护卫运兵船队抵达大东沟，开始登陆。

　　　　9月16日，北洋海军主力返航威海。[117]

　　除此，对于护航的具体部署丁汝昌也做了考虑，计划等大队到达大东沟之后，以主力军舰停泊在外海警戒，"兵船大队停大鹿岛、大东沟居中处，备倭外窥"，其余的蚊子船、鱼雷艇等进入大东沟内驻扎警戒。在完成这次护航后，北洋海军大队将顺道开赴大同江口再执行一次巡海[118]。盛宣怀当日就此回电，特别强调届时海军必须在大东沟等待陆军完全登陆后才能返航[119]。

12日清晨，"致远"等3舰按部就班抵达大沽口外，吴大澂转乘港口的小轮船上溯入天津内河，完成护卫任务的"致远"等舰即于清晨5时30由大沽开航旅顺，以确保13日能够全军会合。恰当此时，大沽口的守将罗荣光正急得五内俱焚。就在得到北洋海军将有舰只到达天津的消息后，盛宣怀考虑到旅顺存储的海军弹药有限，为使海军此次出航尽量带足弹药，紧急安排天津机器局赶制了一批，定于12日清晨由海关的轮船帮助运到大沽口，刚好运上"致远"等舰带往旅顺。为确保这一计划，盛宣怀于11日下午2时15分致电大沽守将罗荣光，让其看到"致远"等舰到达后即派员上船接洽，让3艘军舰等弹药运到后再开航旅顺。未料，"致远"等舰为保证回航时间，在大沽口外随即就返航，罗荣光根本未及通信。6时海关从天津机器局运送弹药的轮船赶到大沽时，"致远"等舰已经远去，北洋海军与近在咫尺的一次弹药补给失之交臂[120]。

9月12日，农历中秋佳节将至，月色皎洁如水，海面上闪烁着星星点点迷人的银光，柔和的波涛声中，黄海之滨的小城威海已进入了甜美的睡梦中。深夜里，刘公岛方向突然传出一阵阵低沉的机器轰鸣，在宁静的夜里格外刺耳，佳节之际，北洋海军乘着夜色启程了。"超勇""扬威"号撞击巡洋舰，"平远"号近海防御铁甲舰，"广丙"号鱼雷巡洋舰，"镇中""镇边"号蚊子船，以及"福龙""左一"号头等鱼雷艇首先离开威海卫，朝向旅顺驶去。海军提督丁汝昌则率领剩下的主力舰只随后出港，准备先绕道成山头一带巡弋后，再前往大连湾会合，清廷"勿令一船阑入"的严令如同一把利刃，高悬在丁汝昌头上，使得他不得不事事谨慎小心。刘公岛的岸边、铁码头上站满了送别的人群，有留守的海军将士、守卫刘公岛的陆军官兵以及岛上的百姓和海军家眷，正在离去的这支舰队与他们相伴了将近十度寒暑，每一艘战舰都与这方土地这个国家有着血脉联系，军舰上是他们的亲人、同学、朋友。战舰黑色的身影一艘艘逐渐消失在夜幕中，威海湾内重新归于宁静，但送行的人群迟迟没有散去……

9月13日早晨7时，北洋海军主力舰队抵达旅顺口外，与从大沽驶来的"致远"三舰顺利会合，恰在这时，一个突然来到的军情将北洋海军的行动时刻表搅得一片混乱。

甲午战争开战后，鉴于北洋海军的燃煤和弹药供应不足、效能不良，北洋大臣李鸿章设法筹措购买了一批优质无烟煤，并进口了部分新式克虏伯炮弹。这批重要的军事物资计划在 9 月 13 日前后由德国商船"爱仁"号从上海运往威海。就在 13 日的早晨，威海刘公岛、成山头均观测到有两艘日本军舰（"吉野""高千穗"）在近海出没，警讯当即传往相关各处，轮船招商局总办盛宣怀得知后立刻致电上海，命令"爱仁"暂停发船[121]。然而这一重要的变化竟然没有及时通报给丁汝昌。13 日早晨北洋海军主力舰队在旅顺得到威海、成山头发现日本军舰出没的紧急军情，为了确保计划中将在 14 日到达威海的"爱仁"号的航行安全，丁汝昌只得打乱原定的护航时间表，立刻率领舰队返航威海，在威海一带搜寻日舰，并停泊在上海至威海航路的必经之地成山头海域，准备迎接、护卫"爱仁"号。

9 月 14 日，丁汝昌率北洋海军主力舰队在成山头海域坐等一天，直到深夜 11 时仍然没有看到"爱仁"号的踪影。总查汉纳根向丁汝昌提议，建议干脆暂时不管护航运兵行动，直接率领主力舰队开向朝鲜白翎岛海域，而后折向大同江口，再执行一次巡海行动，"如果在执行护送运输船的任务之前，首先找到和击溃日军舰队，我军此后就能自由出没海上，可以确实控制住前往大东沟的海上运输线"。丁汝昌则不愿意影响到运兵朝鲜的大局，决定不能再坐等"爱仁"，当即率领舰队重新开往旅顺。这次意想不到的波折，使得北洋海军护航大东沟的行动总体向后推延了两天。尽管历史不容假设，但倘若北洋海军此前没有出现折返威海迎候"爱仁"的行动，那么极有可能后来的 9 月 17 日并不会发生大海战，中日两国海军可能又会是一次擦肩错过。

北洋海军主力军舰装满煤后的编队续航天数大致是 3—4 天。由于 9 月 13 日舰队临时折返威海、成山头，将耗用大量燃煤，如要按计划继续回到大连湾护航商船前往大东沟，必需再追加补给一次燃煤。因而 9 月 13 日从旅顺前往威海之前，丁汝昌紧急致电开平矿务局总办张翼，要求无论如何必须保证在 9 月 15 日送一船燃煤到达大连湾。当时矿务局的"开平""承平"运输船运煤未归，"永平""富平"分别在 9 月 12 日和 13 日运煤前往刘公岛，已经别无船只可派，于是张翼通过中国电报总局总办盛宣怀紧急与刘公岛水陆营务处道员牛昶昞协商，当"永平"号 14

日下午 4 时 30 分抵达威海湾时，立刻命令该船将燃煤火速运往大连湾。"永平号"终于赶在 15 日早晨将燃煤送抵了大连湾[122]，由代替刘盛休部铭军驻防大连湾的赵怀业部怀字军帮助卸载赶运。

1894 年 9 月 15 日大连湾内的景象，如同是一幅波澜壮阔的图画。当天上午 10 时左右，北洋海军主力已经全部到达大连湾，在提督丁汝昌的安排下，舰队开始忙碌的装煤作业，鱼雷艇、蚊子船停靠在栈桥旁边，陆军士兵、水兵、民夫将一辆辆满载的煤车沿着栈桥上的轨道推往各艘军舰的附近，直接转运到军舰上，而"定远""镇远"等吃水较深的大型军舰，只能停泊在海中，由运煤船靠近进行过驳。

"定远"舰上，分布在主甲板两侧的铁质填煤口盖都被打开，水兵们将一包包煤炭倒入煤舱，煤屑在空气中弥漫。提督丁汝昌认真检视着属下的工作，嘴角边掩饰不住一丝苦笑，这种苦涩的表情也重复出现在北洋海军的其他军舰上。明眼人一下子就能看出，正在装上北洋海军战舰的并不是块状燃烧值高的优质煤，而全是如同散沙的劣质碎煤。北洋海军的燃煤，主要由唐山开平煤矿供应，但是久而久之，煤矿总办对于本就给价不高，而且还经常欠款的海军供货，失去了兴趣，改而将优质煤高价出售给商人牟利，而用劣势的碎煤应付海军。

丰岛海战后的 7 月 30 日，丁汝昌曾激愤地致书煤矿总办张翼"煤屑散碎，烟重灰多，难壮气力，兼碍锅炉……专留此种塞责海军乎？"[123]称此后如果再运送这样的煤给海军，将全数退回，并禀报李鸿章。然而煤矿对此了不在意，虽然经过多次交涉，仍然以碎煤充数，甚至还称海军如果需要块煤，可以自己从碎煤里筛选拣用。直到 9 月 12 日，丁汝昌仍在与矿务局交涉，"迩来续运之煤仍多散碎，实非真正'五槽'（开平煤矿出产的优质煤名称）。……俟后若仍依旧塞责，定以原船装回，次始得分明，届时幸勿责置交谊于不问也"[124]。此时在大连湾装上北洋海军战舰的就是这些碎煤。

与燃煤问题同样严重的还有弹药问题。北洋海军使用的炮弹，大致可分为开花弹和实心弹两种。开花弹即榴弹，是当时世界海军作战时主要使用的弹种，头钝壁薄，弹头内装有炸药，击中敌舰后能产生爆炸，依靠爆炸产生的冲击波和破片对敌方舰船、人员造成杀伤。而实心弹又称填沙弹、穿甲弹，弹头较尖。由于当时德国克虏伯公司尚未研制出安装在弹头底部的引信，克虏伯大炮配用的穿甲弹干脆不装引信，内部填充砂土，这种炮弹击中敌舰，能穿透船体，"砸"坏军舰，主要依靠击穿敌舰水线导致大量进水来获得攻击效果。近现代以来，一些有关甲午战争的著作中所称的装填砂土的劣质炮弹，其实就是标准的克虏伯实心弹，所谓的用砂土混充炸药的说法，是对近代海军兵器不了解而产生的误读。

北洋海军建军以后的弹药供应，主要由天津机器局负责，然而天津机器局由于技术能力不足，一直无法生产高装药的大倍径开花炮弹，仅能制造填充砂土的实心弹。朝鲜东学党事起以后，因为时势紧迫，急需准备大量作战使用的开花弹，而又受户部停止购买外洋军火的禁令限制，无法从国外购买弹药，开花弹严重缺乏的北洋海军不得不要求天津机器局试造。在不具备技术条件的情况下临阵磨枪，结果天津机器局应急生产出的开花弹普遍存在弹带外径过大、无法装入炮膛，以及炮弹引信质量低劣等问题，"中国所制之弹，有大小不合炮膛者；有铁质不佳，弹面皆孔，难保其未出口不先炸者。即引信拉火，亦多有不过引者"[125]。大东沟海战开战时，中国军舰弹药舱里满的大多就是天津机器局生产的带有缺陷的开花弹，以及不能爆炸的实心弹，这些炮弹即使能命中敌舰，是否能造成大的破坏，还是一个大问题。而真正能在海战中发挥作用的弹药则是各艘军舰从国外购买时一并配套带回的，经过历年的消耗数量已经极为有限，而且质量也同样不容乐观。从单纯的表面数字看，北洋海军的弹药数量似乎非常充裕，但如果检寻其中具体能用的弹药，其匮乏程度就令人不寒而栗了。

北洋舰队的补给工作进行了将近一天，从大连湾炮台方向开来的铭军部队也源源不断集结到大连湾的柳树屯栈桥一带。

大东沟运兵商船集结出发情况

日期 ＼ 船名	"图南"	"新裕"	"镇东"	"海定"	"利运"
9 月 11 日					下午 6 时从旅顺开大连湾
9 月 12 日	从大沽开大连湾	从大沽开旅顺	从大沽开旅顺	从大沽开大连湾	
9 月 13 日		早晨 6 时 30 分到达旅顺	上午 8 时到达旅顺		
9 月 14 日	抵达大连湾			抵达大连湾	

续表

船名 日期	"图南"	"新裕"	"镇东"	"海定"	"利运"
9月15日		上午10时由旅顺开大连湾	上午9时由旅顺开大连湾		
9月16日	由大连湾开大东沟	由大连湾开大东沟	由大连湾开大东沟	由大连湾开大东沟	由大连湾开大东沟

甲午战争开始后，轮船招商局的船只大部分北调帮助军运，此次运兵大东沟的商船主要是招商局的船只。9月12日，招商局的"图南""海定"商船满载赵怀业部新募的怀字军从大沽开往大连湾，接替将要赴大东沟登陆的铭军的防务。同时出发的还有招商局"镇东""新裕"，这两艘船满载军服、步兵用的子弹，以及运到朝鲜就地铸钱的铜料，到达旅顺卸载部分物资后也开抵大连湾。此外原本在旅顺上坞的北洋海军"利运"运输舰也被征调，11日从旅顺直驶大连湾。

9月15日，5艘商船全部在大连湾集结完毕，装兵行动立刻开始。由于人数众多，且随行还携带有大量的辎重、马匹、火炮等物资，整个登船行动一直忙碌到午夜才基本完成。丁汝昌立即命令舰队出发，旗舰"定远"鸣响汽笛，9月16日凌晨1时许，大连湾内的庞大舰队起锚出发[126]。以铁甲舰"定远""镇远"为首，"致远""经远""靖远""来远""济远""广甲""超勇""扬威""平远""广丙""镇中""镇边"等主力各舰，以及鱼雷艇"福龙""左一""右二""右三"依次进发。满载陆军士兵的"利运""新裕""图南""镇东""海定"5艘运兵船则沿着护航舰队开辟的航迹以单纵队前进，船上四千余名陆军官兵不知道，此刻千里之外的平壤城已经沦陷。值勤官手中油灯微弱的灯光下，磁罗经的指向非常明晰——东北。在那个方向的海岸线上，有这次舰队行动的目的地——大东沟。

旗舰"定远"的主甲板下，位于军舰尾部装修考究的会议室内，提督丁汝昌、右翼总兵刘步蟾，以及8月23日刚刚任命来担任北洋海军总教习的德国人汉纳根和北洋海军提督督标的幕僚军官在电灯光下召开会议，舷窗外大连湾海岸的影迹已经渐渐退后远去，代之为茫茫一片黑色的世界。日本联合舰队出没在大同江的消息已经不是新闻，那支行踪诡秘的白色舰队此刻会在哪里？这支貌似强大，实则内部问题重重的龙旗舰队，是否能安然返回渤海湾，继续执行"作如虎在山之势"的纸老虎战略？整个舰队各艘军舰上，高级军官们的脑海里都反复被这个问题所纠缠。

甲午战争爆发后，中国方面规模最大的一次海上运兵行动正式开始了。

寄大连湾交海军提督丁，光绪二十年八月十六日亥刻

龚道十五电："金龙"午前探水回营，该船主称：大同江内，并未见倭人形迹，铁岛上亦未见倭人扎营，江西之海港枯潮水深仅六七尺，不能泊大船且险云。是大同江内外，尚无倭船，汝护送运船前去，勿太疑虑，俟铭军起岸，仍回威、旅，再护送运船一二次。平壤被围，安州吃紧，后路仍必须再添兵，以顾大局，免深入东省为要。鸿。**127**

注　释

1. 对外贸易部海关总署研究室编:《中国海关与中日战争》,科学出版社,1958年,第 71 页。

2. [苏] 提亚加伊:《1893—1895 年朝鲜农民起义》,读书·生活·新知三联书店,1959 年,第 95 页。

3. [韩] 金恩正、文炅敏、金元容:《东学农民革命 100 年》,日本つぶて書房,2007 年,第 188—192 页。

4.《附中日约款三条》,顾廷龙、戴逸主编:《李鸿章全集》第 11 册,安徽教育出版社,2008 年,第 61 页。

5.《日本议立专条折》,顾廷龙、戴逸主编:《李鸿章全集》第 11 册,第 60 页。

6. 日本参谋本部:《明治二十七八年日清战史》第 1 卷,东京印刷株式会社,1904年,第 78 页。

7. 日本参谋本部:《明治二十七八年日清战史》第 1 卷,第 78—79 页。

8.《日本使臣小村照会》,中国史学会主编:《中日战争》第 2 册,上海人民出版社,1957 年,第 618 页。

9.《军机处寄李鸿章谕旨》,中国史学会主编:《中日战争》第 2 册,第 620 页。

10. 关于增兵方案,见《寄译署》《寄朝鲜成欢交叶提督》,顾廷龙、戴逸主编:《李鸿章全集》第 24 册,第 133—134、145 页。

11.《寄丁军门》,顾廷龙、戴逸主编:《李鸿章全集》第 24 册,第 145 页。

12. 盛档《甲午中日战争》上,上海人民出版社,1980 年,第 10 页。

13.《致龚鲁卿》光绪二十年五月廿七日、六月初一日,丁汝昌:《往来要信底簿》第 5 册,天津图书馆藏。

14.《致龚鲁卿》光绪二十年六月十三日,丁汝昌:《往来要信底簿》第 5 册,天津图书馆藏。

15. 盛档《甲午中日战争》上,第 1 页。

16. 盛档《甲午中日战争》上,第 13 页。

17. 盛档《甲午中日战争》上,第 14 页。

18. [日] 川崎三郎:《日清战史》第 1 卷,日本博文馆,1896 年,第 275—276 页。

19.《寄刘公岛丁军门》,顾廷龙、戴逸主编:《李鸿章全集》第 24 册,第 153 页。

20.《丁提督来电》,顾廷龙、戴逸主编:《李鸿章全集》第 24 册,第 157 页。

21.《复丁提督》,顾廷龙、戴逸主编:《李鸿章全集》第 24 册,第 158 页。

22.《甲午日记》,中国船政文化博物馆编:《船政》第 2 辑,福建人民出版社,2023 年,第 146 页。

23.《致龚鲁卿》光绪二十年六月廿一日,丁汝昌:《往来要信底簿》第 5 册,天津图书馆藏。

24.《海军》第 2 卷,日本诚文图书,1981 年,第 62—63、95—100、123—126 页。

25. 日本海军军令部:《廿七八年海战史》上卷,日本春阳堂,1905 年,第 37、38、64 页。

26.《伊东海军中将关于黄海海战的演说》,[日] 川崎三郎:《日清战史》第 3 卷,第 127 页。

27. 日本海军军令部:《廿七八年海战史》上卷,第 77 页。

28. 日本海军军令部:《廿七八年海战史》上卷,第 82—83 页。

29.“爱仁”抵达牙山的时间,见《满德上李鸿章禀》,盛档《甲午中日战争》下,上海人民出版社,1982 年,第 80 页。

30. 本表综合《信义洋行满德禀帖》《“飞鲸”航海日志》《“高升”船长供述》《“操江”乘客弥伦斯报告》等资料制作。

31.《满德上李鸿章禀》,盛档《甲午中日战争》下,第 81 页。

32.《满德上李鸿章禀》,盛档《甲午中日战争》下,第 80—81 页。

33.《“广乙”兵轮战事》,《中倭战守始末记》,沈云龙主编:《近代中国史料丛刊三编》第 32 辑,台湾文海出版社,1987 年,第 34 页。

34. 盛档《甲午中日战争》上,第 17—18 页（104）、（105）、（106）。“飞鲸”从大沽出发时间,见《瓦连航海日记摘抄》,盛档《甲午中日战争》下,第 82 页。

35.《盛档甲午中日战争》上,第 21 页（125）、（126）。

36. 据盛档《甲午中日战争》上,第 15 页（89）、17 页（104）,“飞鲸”所载为 100 匹军马。但据《瓦连航海日记摘抄》,盛档《甲午中日战争》下,第 82 页所载，军马的实际装运数量为 47 匹。

37.《广乙兵轮战事》，《中倭战守始末记》，沈云龙主编:《近代中国史料丛刊三编》第 32 辑，第 34 页。

38. 7 月 24 日凌晨"爱仁"轮抵达南阳湾口时，船员发现了很不正常的现象。"当未进口时，遥见隐隐有倭兵船一艘停泊。俟出口时，该倭船即未见。"《满德上李鸿章禀》，盛档《甲午中日战争》下，第 81 页。

39.《瓦连航海日记摘抄》，盛档《甲午中日战争》下，第 82 页。

40.《瓦连航海日记摘抄》。盛档《甲午中日战争》下，第 82 页。"威远"返航的时间还有 7 月 23 日晚 11 时（《冤海述闻》）、7 月 24 日凌晨 2 时（《"广乙"兵轮战事》）等不同记载。

41.《"广乙"兵轮战事》，《中倭战守始末记》，沈云龙主编:《近代中国史料丛刊三编》第 32 辑，第 34 页。

42.《瓦连航海日记摘抄》，盛档《甲午中日战争》下，第 82 页。

43.《济远航海日志》，转见戚其章:《走近甲午》，天津古籍出版社，2006 年，第 81 页。

44. 另据当时在"济远"舰的管轮洋员哈富门后来追忆，当时"不虞其有战事，一切均未预备"，"济远"舰是在日军开火之后才仓促布置炮位。见《纪济远兵船两次开仗情形》，《中倭战守始末记》，沈云龙主编:《近代中国史料丛刊三编》第 32 辑，第 44 页。

45.《联合舰队出征第二回报告》，日本海军军令部:《廿七八年海战史》上卷，第 84—85 页。

46. 日本海军军令部:《廿七八年海战史》上卷，第 85 页。

47.《东乡平八郎击沉高升号日记》，中国史史学会主编:《中日战争》第 6 册，第 32 页。

48. 日本海军军令部:《廿七八年海战史》上卷，第 88 页。

49. [日] 黛治夫:《海军炮战史谈》，日本原书房，1972 年，第 82 页。

50.《冤海述闻》，中国船政文化博物馆藏。

51. 日本海军军令部:《廿七八年海战史》上卷，第 88 页。

52. ［日］黛治夫：《海军炮战史谈》，第 83 页。

53. ［日］黛治夫：《海军炮战史谈》，第 83 页。

54. Peter Brook, *Warships for Export Armstrong Warships 1867-1927*, 1999, pp.79-80.

55. 中日双方军舰的技术资料，见 *All The World's Fighting Ships 1860-1905*, Conway Maritime Press, 1979;《世界の艦船》增刊第 44 集《日本軍艦史》，1995 年；陈悦：《北洋海军舰船志》，山东文艺出版社，2023 年。

56.《济远航海日志》，转见戚其章：《走近甲午》，第 81 页。另见日本海军军令部：《廿七八年海战史》上卷，第 88 页。

57. 日本海军军令部：《廿七八年海战史》上卷，第 88 页。

58. 日本海军军令部：《廿七八年海战史》上卷，第 88 页。

59. ［日］黛治夫：《海军炮战史谈》，第 83—84 页。

60. 柯建章、黄承勋阵亡情形，见《甲申、甲午海战海军阵亡死难群公事略》，张侠编：《清末海军史料》，海洋出版社 1982 年，第 366 页。炮台中弹情况，见 W. Laird-Clowes, "The Naval War Between China and Japan," Thomas Allnutt Brassey, *The Naval Annual 1895*。

61.《甲申、甲午海战海军阵亡死难群公事略》，张侠编：《清末海军史料》，第 366 页。

62. 日本海军军令部：《廿七八年海战史》上卷，第 89 页。

63. 日本海军军令部：《廿七八年海战史》上卷，第 89 页。

64.《聯合艦隊出征报告》，影印本。

65.《广乙兵轮战事》，《中倭战守始末记》，沈云龙主编：《近代中国史料丛刊三编》第 32 辑，第 34 页。

66. 日本海军军令部：《廿七八年海战史》上卷，第 89—90 页。

67.《聯合艦隊出征报告》，影印本。

68. 陈悦：《中日甲午黄海大决战》，台海出版社，2019 年，第 126 页。

69.《广乙兵轮战事》，《中倭战守始末记》，沈云龙主编：《近代中国史料丛刊三编》第 32 辑，第 34 页。

70. 陈悦：《丰岛海战济远舰尾炮退敌说辨伪》，《大连近代史研究》第 4 卷，辽宁人民出版社，2007 年。

71. 日本海军军令部:《廿七八年海战史》上卷，第 91—92 页。

72.《汉纳根大尉关于高升商轮被日军舰击沉之证言》，中国史学会主编:《中日战争》第 6 册，第 19—20 页。

73. 日本海军军令部:《廿七八年海战史》上卷，第 93—94 页。

74.《弥伦斯致博来函》，盛档《甲午中日战争》下，第 146 页。

75.《弥伦斯致博来函》，盛档《甲午中日战争》下，第 146 页。

76. 日本海军军令部:《廿七八年海战史》上卷，第 95 页。

77. 日本海军军令部:《廿七八年海战史》上卷，第 95—96 页。

78. 戚其章主编:《中日战争》第 8 册，中华书局，1994 年，第 19 页。

79. 民国参谋本部第二厅第六处编:《甲午中日战争纪要》，1935 年，第 9 页。聂士成:《东征日记》，中国史学会主编:《中日战争》第 6 册，第 9 页。

80. 聂士成:《东征日记》，中国史学会主编:《中日战争》第 6 册，第 9—10 页。戚其章主编:《中日战争》第 8 册，第 21—27 页。

81. 中国史学会主编:《中日战争》第 6 册，第 16—17 页。

82.《致刘芗林》，戚俊杰、王记华编校:《丁汝昌集》，山东大学出版社，1997 年，第 210 页。

83.《致刘芗林》，戚俊杰、王记华编校:《丁汝昌集》，第 210 页。

84.《寄丁提督》，顾廷龙、戴逸主编:《李鸿章全集》第 24 册，第 166 页。

85. 中国史学会主编:《中日战争》第 3 册，第 72 页。

86. 石泉:《甲午战争前后之晚清政局》，生活·读书·知新三联书店，1997 年，第 10 页。

87.《发北洋大臣电》，中国史学会主编:《中日战争》第 3 册，第 19 页。

88.《译署来电》，顾廷龙、戴逸主编:《李鸿章全集》第 24 册，第 205 页。

89.《寄丁提督》，顾廷龙、戴逸主编:《李鸿章全集》第 24 册，第 207 页。

90.《复鲁卿》，戚俊杰、王记华编校:《丁汝昌集》，第 213—214 页。

91.《寄译署》，顾廷龙、戴逸主编:《李鸿章全集》第 24 册，第 230 页。

92.《宗方小太郎日记》译本，戚其章主编:《中日战争》第 6 册，中华书局，1993

年，第 114—115 页。

93. 日本海军军令部：《廿七八年海战史》上卷，第 115—116 页。

94. 日本海军军令部：《廿七八年海战史》上卷，第 117 页。

95. 日本海军军令部：《廿七八年海战史》上卷，第 118—119 页。中方关于此次威海炮战的情况，见顾廷龙、戴逸主编：《李鸿章全集》第 24 册，第 218 页。

96.《军机处电寄李鸿章谕旨》，中国史学会主编：《中日战争》第 3 册，第 33 页。

97.《寄译署》，顾廷龙、戴逸主编：《李鸿章全集》第 24 册，第 233 页。

98.《寄译署》光绪二十年七月十四、《丁军门由榆关来电》七月十六日、《复译署》七月二十一日，顾廷龙、戴逸主编：《李鸿章全集》第 24 册，第 233、241、255—256 页。

99.《德宗实录》，光绪二十年七月。

100. 三份弹劾丁汝昌的奏折，见中国史学会主编：《中日战争》第 3 册，第 53—58 页。

101. 陈义杰点校：《翁同龢日记》第 5 册，中华书局，1997 年，第 2722 页。

102. 光绪二十年七月二十六日上谕，中国史学会主编：《中日战争》第 3 册，第 65 页。

103.《直隶总督李鸿章复奏海军提督确难更易缘由折》，中国史学会主编：《中日战争》第 3 册，第 71—73 页。

104. 翁同龢七月廿七日日记："昨丁汝昌革职之旨呈诸东朝（太后），以为此时未可科以退避，姑令北洋保替人来再议，事格不行矣。"陈义杰点校：《翁同龢日记》第 5 册，第 2723 页。

105.《军机处寄北洋大臣李鸿章上谕》，中国史学会主编：《中日战争》第 3 册，第 78—79 页。

106. 关于四路大军人数，见［日］石原贞坚：《绘本海洋岛激战实记》，1895 年，第 55—56 页。

107. 戚其章主编：《中日战争》第 8 册，第 28—31 页。

108. 栾述善：《楚囚逸史》，戚其章主编：《中日战争》第 6 册，第 180 页。

109. 赵恭寅：《沈阳县志》，第 3 页。

110. 左宝贵传，载《费县志》第 11 卷。

111. 栾述善:《楚囚逸史》，戚其章主编:《中日战争》第 6 册，第 180 页。

112. [日] 川崎三郎:《日清战史》第 2 卷，日本博文馆，1897 年，第 173 页。

113. 戚其章主编:《中日战争》第 8 册，第 59 页。

114. 戚其章主编:《中日战争》第 8 册，第 59 页。

115.《寄金州铭军刘统领》，顾廷龙、戴逸主编:《李鸿章全集》第 24 册，第 311 页。

116. 盛档《甲午中日战争》上，第 137 页。

117. 盛档《甲午中日战争》上，第 137 页。

118.《寄译署》，顾廷龙、戴逸主编:《李鸿章全集》第 24 册，第 323 页。

119. 盛档《甲午中日战争》上，第 138 页。

120. 盛档《甲午中日战争》下，第 552 页。

121. 盛档《甲午中日战争》上，第 144 页。

122.《张翼致盛宣怀函》(二)、《盛宣怀致张翼函》(一)、《盛宣怀致张翼函》(二)、《张翼致盛宣怀函》(一)，盛档《甲午中日战争》下，第 206—207 页。

123.《致张燕谋》，戚俊杰、王记华编校:《丁汝昌集》，第 211 页。

124.《致张燕谋》，戚俊杰、王记华编校:《丁汝昌集》，第 216—217 页。

125.《沈寿堃呈文》，盛档《甲午中日战争》下，第 403 页。

126.《海定轮船装运兵弁、军械节略》，盛档《甲午中日战争》下，第 331 页。

127.《寄大连湾交海军提督丁》，顾廷龙、戴逸主编:《李鸿章全集》第 24 册，第 335 页。

第二章

大海战

　　乱战，是意奥利萨海战之后 19 世纪世界海军战术领域出现的一个新名词。这种战术的大致样式是，采用整体编队阵形接近敌舰队后，再化为分散的战术分队，多点突破敌方舰船编队，进行混战，依靠撞角、鱼雷等近战武器在乱中取胜，"数群攻敌，或一群分应，求乱敌阵"。

大东沟

　　翻开中国辽阔的版图，从辽东半岛顶端的旅顺口、大连湾开始，沿着海岸线一路绵延北上，很快就能见到一条长久以来充当着国境界线使命的大河。因江水颜色恰似鸭头的颜色而得名的鸭绿江，发源自壮美的长白山南麓，碧绿的江水流过东北大地后便滚滚汇入黄海。这条碧绿江水的入海口处西侧，有一条安静的河沟——大东沟。大东沟内河道畅通，较易船只行驶，到了入海口处，河岸突然曲折，形成了一个犹如"?"形的拐弯，恰为大东沟内遮挡风浪，使大东沟成了辽东北侧海岸上难得的避风港，而且从外海方向看过来，不明就里的人还不太容易发现此处实际上

◎　大东沟一带简图。日本陆军工兵大尉伊集院兼雄于 1882 年春天侦察绘制。

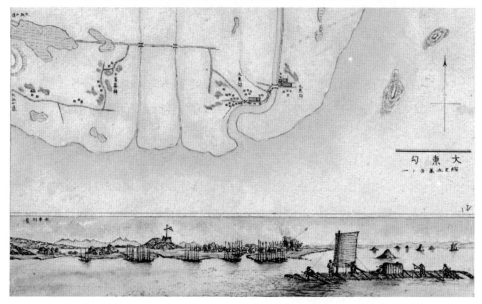

有一条河沟。从明清时代开始，大东港（今为辽宁省东港市）就已是中国北方一个重要的渔港、商埠。随着港口设施不断完善、贸易日益繁忙，洋务运动兴起后，清政府更在这里设立了海关加以征税管理，因而大东沟就成了在鸭绿江附近停泊靠船的要地。

1894 年朝鲜东学事起以后，中日两国军队在朝鲜半岛互相抗衡，为了向朝鲜增派兵力，当时中国军队共有两条开进通道可供选择。首先是海路，即由旅顺、大连湾、大沽口、山海关等处使用商船，直接横越黄海，将陆军运送至朝鲜仁川、牙山登陆。这种方式较为便捷、高效，因而从最初应朝鲜政府请求派兵镇压东学党起义开始，中国军队入韩大都是采取海路。但是自从日本联合舰队在朝鲜丰岛附近海面偷袭中国海军舰只，挑起丰岛海战之后，黄海海面局势顿时紧张，出于安全起见，直接横越黄海的海上运输线被迫放弃。

增兵朝鲜的另一个选择就是陆路，经由东北越过鸭绿江进入朝鲜境内。选择这一方式尽管整个行军过程中不存在遭遇突然袭击的风险，但是赴朝军队，尤其是从北洋沿海出发的淮军，需要千里迢迢长途跋涉，加上大量的军械、辎重辗转运输，费时费力，既严重迟滞了进军速度，又对战力的保存极为不利，显然不适用于形势瞬息万变的战争时期。

面临这两难境地，紧邻朝鲜本土，且位于中国海岸线一侧的避风港大东沟的战略地位开始重要起来。经过仔细权衡海陆两条运兵路线的利弊，北洋大臣李鸿章谋划制定了一个变通折中的方案。首先仍发挥海路运兵便捷快速的优势，同时考虑到规避横穿黄海直航朝鲜的风险，改为先采用商船运载陆军从各处集结到旅顺、大连湾，然后沿辽东海岸航行北上，到达大东沟登陆，再从此处渡过鸭绿江进入朝鲜，而后陆路行军二百余公里开赴平壤一带。这一方案相较原先直接从海路或陆路运兵计划多了几分中庸色彩，平衡兼顾了安全和效率两方面的因素，很快即开始在援朝计划中使用，鸭绿江口的大东沟从而成为运兵途中重要的海陆中转站。

1894 年 9 月 16 日午后，经过大半天的航行，甲午战争爆发以来中国规模最大的一支护航、运兵船队由大连湾平安到达了大东沟口外，旗舰“定远”的横桁桁端随即升起了“尽快卸船”的号令，登陆活动立刻开始。此时正值海水涨潮，满载着提督刘盛休部四千余名铭军官兵和大量武器辎重的“利运”“新裕”“图南”“镇东”“海定”5 艘运兵船乘着潮水驶入大东沟内。由中国东边道道台和朝鲜义州地方官征集的数百艘小型木质民船早已集结待命，一看运兵船到来，立刻围绕到运兵船左右进行过驳作业，5 艘运兵船上的人员物资都必须转运到这些小小的木船中，然后再上行到达大东沟内里深处岸边登陆。北洋海军吃水较浅的蚊子船"镇中""镇南"，以及鱼雷艇"右二""右三"随同运兵船一起进入大东沟，帮助拖带木船上驶，同时协助沿途照料护卫。

　　为确保整个登陆行动万无一失，近海防御铁甲舰"平远"与鱼雷巡洋舰"广丙"，鱼雷艇"福龙""左一"被编为一队，配置在大东口入海处，担负警戒、守卫任务。"定远"舰率领的 10 艘北洋海军军舰组成的护航舰队主力则在大东沟口西南方 10 海里处下锚驻泊，邻近西侧大洋河口外的大鹿岛，扼守在海洋岛方向通向大东沟的深水航道上，保护着舰队归航的后路，显然提督丁汝昌已经看出了这处位置的重要性[1]。

　　大东沟内，潮水般的陆军人流从运兵船慢慢注入海面上一艘艘小小的民船，这

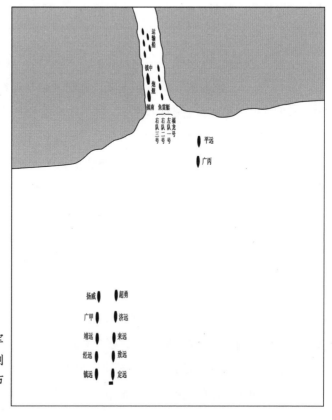

◎ 北洋海军"福龙"艇军官蔡廷干战后根据回忆绘制的北洋海军大东沟登陆场布置图。

些民船大都被三三两两用缆绳连接在一起，再由鱼雷艇拖曳着向上游对岸的义州方向驶去。由于鱼雷艇仅有 2 艘，更多民船都必须依靠风帆或自己人力划桨驶行。经过水路的艰苦跋涉，船近岸边，陆军士兵便纷纷跳入浅水，脚踩泥滩涉水上岸。相比起人员来，随行的四五百匹军马，以及大量的火炮、弹药、粮草辎重转运起来就更为艰难，一时间大东沟水道人声鼎沸、战马嘶鸣，被战时特有的紧张忙碌的气氛所包裹。看到天色渐晚，却才只有少数军队登陆上岸的情况，坐镇在"定远"舰上的北洋海军提督丁汝昌担心这样大规模的登陆活动拖延时间过久，特别是拖延至次日白昼，会旁生枝节，下令必须连夜加速登陆。

夜幕逐渐降临，已经登陆上岸的军队开始架设营幕帐篷，大东沟岸上燃起了星星点点的炊火，尚在舟中的士兵则继续聚集在船舷边，在军官的催促下加快换乘的动作。

"平远""广丙" 2 舰在大东沟入海口默默注视着这片忙碌的场景，而此时护航舰队的主力都静静远泊在大东沟外的海中深水处，军舰外表上被称作维多利亚式的黄黑二色涂装已渐渐在暮色中成了模糊的一片，只有皎洁的月光多情地在黑夜里勾勒出她们的轮廓。

各艘军舰都严格按照《北洋海军秋季操单》的规定，于当天 17 时准时晚饭，17 时 30 分，随着尖锐的银笛哨音，各舰开始整理索具、打扫舱面，18 时 30 分水兵们在低级军官和士官的督率下，沐浴在晚霞中进行一天中最后一次操练。当士官们手中怀表的指针指向 19 时 20 分时，所有不当值的水兵都开始前往专门的存放位置取出吊床，并于 10 分钟之后在各自的工作位置附近开始张挂，一切都必须井然有序、一丝不苟，由前任总教习英国人琅威理所带来的严格规章制度，此时还基本在严格地执行着。20 时 30 分，水兵们进行一天中最后一次卫生清扫，然后可以稍稍休息聊天，有些士兵还会在舱内偷偷饮茶去乏，锅炉舱下班的士兵会在专门为他们配置的司炉浴室里沐浴更衣，准备享受醋甜的睡眠。21 时整，在值更官以及身着红色制服、手持毛瑟步枪的海军陆战队士兵跟随下，各舰的大副开始巡查全舰，30 分钟后各舰进入睡眠。此时，按照北洋海军采用的昼夜 6 轮值班制，负责 21 时至 24 时、1 时至 4 时的官兵接替开始至为艰苦难熬的夜间值勤工作，"内巡各舱，外了四远及行船各事……轮机舱则查察机器磨洗、擦油等事"[2]。秋夜充满寒意的海风中，高居在桅盘内的瞭望兵依旧在瞪大双眼，透过茫茫夜色竭力观察四方，为舰队充当预警角色，他们将最先迎来新一天的日出。

此刻，北洋海军护航编队的官兵和大东沟内正在忙着登陆的陆军官兵们无法知晓的是，他们这次运兵赴援的目的地——朝鲜北方重镇平壤实际已经落入敌手，远方那片大雨倾盆的天空下，清军陆军官兵正四散溃逃，李鸿章苦心孤诣造就起来的万余淮军精锐，一夜之间就化为乌有。他们更加无法知晓的是，在同一片月光下，海平线的另一端，有一支飘扬着太阳旗的舰队在高速航行，目的地也是大东沟。

甲午战争时在远东专门考察战事情况的英国海军中国舰队（The China Station）司令斐利曼特尔（E. Fremantle）海军中将曾评价道，"最初日本舰队只从事保卫运输船，清国舰队则只允许在渤海湾内巡航，禁止向自山东半岛成山头到鸭绿江一线以东出航。因此，两国都以海军作为陆军的辅助，把海军置于次要地位，这就是对制海权作用的误解"[3]，认为整个战争中中日两国的海军都不过是陆军的附庸而已。由此可以基本了解，和忙着护送运兵船的北洋海军一样，日本联合舰队实际也在进行着同样的行动，担当护航队的角色。

日本海军军令部长桦山资纪对联合舰队这种拘泥于护航的行动策略感到不满，日本大本营也对海军在开战以来畏首畏尾的表现不放心。9月6日，遵照大本营命令，桦山资纪带着海军军令部第二局局员海军少佐伊集院五郎、海军军令部副官海军大尉铃木四教等乘坐通报舰"八重山"，从日本本土开往朝鲜西海岸，就近视察联合舰队，执行督战。

1894年9月12日，即丁汝昌率领北洋海军主力从威海开往旅顺，准备执行护航大东沟任务的同一天，为了确保第一军军部和第三师团在仁川登陆的安全，联合舰队第二游击队及通报舰"八重山"直接在仁川港警戒和协助卸载登陆，第一游击队的"吉野""高千穗"舰被派往威海卫侦查，防备北洋海军来袭，"秋津洲"被派往朝鲜蔚岛海域，充当外围警戒，伊东祐亨自己则率领本队、第三游击队以及第一游击队的"浪速"舰等停泊至朝鲜牙山湾外的卡鲁湾（今韩国忠清南道泰安郡和瑞山市相邻处的海湾）待机[4]。

9月14日的上午，"吉野""高千穗"回到卡鲁湾锚地，报告在威海并没有发现北洋海军的主力。此后"秋津洲"也返回锚地，报称蔚岛海域也没有北洋海军的踪迹。随后，根据日本陆军第一军关于进攻平壤计划的通报，联合舰队司令长官伊东祐亨于下午4时率领第一游击队、本队、第三游击队以及运输船"千代丸""玄海丸""朝彦丸"等从卡鲁湾出发北上前往大同江，桦山资纪一行则乘坐"西京丸"同行。

令人难以想象的是，联合舰队在即将出发前，获得了一个极为重要的清军军事情报：秘密向平壤方向运动的日本陆军混成第九旅团，于大同江羊角岛下游江边搜罗民船以备渡江所用时，11 日捕获了一艘从中国辽东大孤山驶来的民船，该船原本将航行至平壤，为驻守平壤的奉军以及奉天盛字练军送去家眷、私信以及杂物。日军在这艘船中意外搜到一封大孤山守军军官写给奉军大帅左宝贵的禀帖，其中流露了清军在大孤山海岸加强防御等信息。这一重要情报随即上交给当时位于朝鲜黄州的日本陆军第一军前线司令部，再由参谋官福岛安正步兵中佐设法移交给了海军[5]。

15 日下午 1 时 20 分，联合舰队抵达汉江口外白翎岛以北的小乳蠹岬，伊东祐亨命令第三游击队继续北上，直接进入到大同江内的铁岛一带，配合陆军进攻平壤，舰队主力驻泊于小乳蠹岬附近的梦金浦待机。此时，桦山资纪派伊集院五郎少佐前往"松岛"舰找伊东祐亨会商。根据"吉野""高千穗"在威海没有发现北洋海军主力的情况，结合陆军提供的重要情报，桦山资纪判断北洋海军的主力可能正在黄渤海执行一次护航任务，在日本陆军已经进攻平壤、即将获得重大战果时，海军主力与其在小乳蠹岬锚地白白闲置，不如主动出击争取战果。桦山资纪要求伊东祐亨立即在黄海实施一次巡海，寻找北洋海军主力进行决战。

当时联合舰队的第三游击队已经深入到大同江内配合陆军进攻平壤，第二游击队远在南方的仁川驻扎，伊东祐亨不愿意等待，由于根本没有想到可能会真的遇到北洋海军主力，决定仅率在小乳蠹岬的本队和第一游击队巡海。

9 月 16 日的早晨，伊东祐亨立刻调查各舰的燃煤存量，在确定能够保证以 8 节编队航速航行 10 昼夜以上后，制定了一个为期一周的黄渤海巡海计划。巡弋的地点包括黄渤海地区北洋海军的军港基地，以及经常出入的港口，首要的目标则是海洋岛、小鹿岛，这正是北洋海军护航计划中的航路方向。

9 月 16 日下午 2 时，北洋海军护航编队在大东沟忙于登陆活动时，大同江江口的日本联合舰队完成了补给作业，由运输船运来的弹药、无烟煤以及淡水、食品塞满了各舰的船舱。下午 5 时，司令长官伊东祐亨亲率舰队启航，第一步的目标是旅顺通向大东沟航路上的必经之地——海洋岛，准备由此截断中国运兵船的归路，再向大东沟一带逐渐推进搜寻，袭击中国运兵船只，如若没有发现，则再折向大连湾、旅顺、大沽、山海关、牛庄等地寻找。

这次巡海，联合舰队以"吉野""高千穗""秋津洲""浪速"4艘巡洋舰组成的第一游击队作为侦察分队，坪井航三少将以"吉野"为旗舰，进行指挥；"松岛"以及"千代田""严岛""桥立""比叡""扶桑"等6艘军舰组成本队，伊东祐亨以"松岛"为旗舰，亲自指挥[6]。

另外联合舰队的队列中还随行了两艘特殊的军舰。一艘是加装火炮改装成代用巡洋舰的日本邮船公司邮轮"西京丸"号，海军军令部长桦山资纪中将认为这次行动将是丰岛海战的重演，执意要随舰队出海观看想象中唾手可得的胜利，于是选择了装潢考究居住舒适的商船"西京丸"为座舰。另一艘是小炮舰"赤城"，这艘军舰原本要上溯大同江加入已经在平壤城下协助陆军作战的炮舰编队序列，之所以将其召回，伊东祐亨主要考虑到"赤城"舰吃水浅，便于进入海洋岛、大鹿岛以及大东沟等处的浅水海湾搜寻侦察。"因为考虑开进浅海需要一只小船，遂命令'赤城'跟随一起于16日傍晚出发。"[7]需要再次特别指出的是，日本联合舰队此行并没有完全做好与北洋海军发生主力决战的打算和准备，否则也不会编入两艘战力薄弱、功能特殊的舰船，白白为海战添加累赘。

联合舰队12艘军舰排成一条漫长的纵队，从大同江口依次驶出，在9月16日夜间的电闪雷鸣中快速航行。

1894 年 9 月 17 日

　　1894 年 9 月 17 日，礼拜一，天气晴。清晨 4 时 30 分，夜色尚未完全褪去，海面四周笼罩在淡淡的墨色中，停泊在大东沟口外的北洋海军主力军舰上纷纷响起了船钟和银笛发出的声音，军舰上的寂静一下被打破。水兵们开始起床，然后忙碌地整理折叠各自的吊床，再带着叠好的吊床通过狭窄的舱口梯道跑上主甲板，在清新的空气中列队点名报数，新的一天就这样开始了。

　　4 时 40 分的例行点名完毕后，吊床都被存放到军舰两舷的舷墙内，在战时，这些吊床不仅可以起到抵御弹片的作用，而且折叠得很好的吊床也可以当作救生圈来使用，扔在海里能漂浮 1—2 个小时。4 时 50 分，水兵们开始一天中第一次擦洗甲板作业，先用椰壳一点点擦拭木甲板，再用水冲刷洁净。5 时 42 分，太阳从东方的海平线上冉冉升起，金色的阳光洒在晏平如镜的海面上，一片灿烂，这又将是一个风和日丽的日子。6 时 25 分，清扫完舱面甲板，擦洗了各项铜器、铁器之后，舰队开始早餐[8]。此时，远方的日本联合舰队已经接近他们航程中的第一站——海洋岛。

　　海洋岛是旅顺通向大东沟航路上的一座海岛，地处黄海深处，距大连湾 60 海里，距鸭绿江口 80 海里。岛屿面积 19.17 平方公里，全岛俯视成"凹"形，由于海洋岛西侧有一处天然的避风港湾，因而成为联合舰队首要的搜索目标。经过彻夜不停地航行，9 月 17 日清晨 6 时 30 分，日本联合舰队主力到达了海洋岛附近，此时刚刚用完早餐的联合舰队司令长官伊东祐亨从旗舰"松岛"号上发出号令，命令处在编队末尾的"赤城"号炮舰前往海洋岛抵近侦察，联合舰队主力则降低航速继续航行[9]。6 时 58 分，"赤城"舰离开队列驶近海洋岛，舰长阪元八郎太海军少佐派出一队身着深蓝色制服的陆战队士兵乘坐舢板登上岛屿，对岛上进行仔细搜查，结果并未发现有中国军队登陆过的踪迹。在接着对岛屿四周的港澳、浅水进行过搜寻以后，9 时 40 分"赤城"舰追上了已于 8 时 30 分从海洋岛左侧通过转向东北的联合舰队大队。得知海洋岛一带并没有发现中国舰船，伊东祐亨下令编队将航速提高至 8 节，继续朝向大洋河口的大鹿岛方向航行[10]。

这一阶段，大东沟的登陆行动在忙碌地进行。7 时，旗舰"定远"传出号令，催促登陆行动加快进行，以便护航编队在午后返航，"十八日辰刻，汝昌促卸兵，并令全军备午刻起碇，将归旅顺"[11]。上午 8 时，北洋海军举行例行的升旗仪式，伴随着银笛声响，昨天日落时降下的黄底青龙旗又高高飘扬在各舰的桅杆上，旗舰"定远"有别于其他军舰，除龙旗外，前桅杆桅顶升起的是一面五色团龙提督旗，这面旗帜象征着旗舰的身份。与此同时，大东沟内传来消息，铭军部队已经全部卸载登陆，只剩下"利运"号上装载的军械还没有全部卸清。

遵从提督的号令，北洋海军各舰都在为午后返航做准备。各舰舰长纷纷下令机舱里增加蒸汽压力，在军舰底部闷热的锅炉舱里，担当升火的水兵们一锹锹奋力向彻夜未熄的炉膛里加大填煤量。

望着舰队上空升起的漫天黑烟，站在"定远"舰飞桥上的提督丁汝昌面露忧色，行前他曾反复与开平矿务局辩争，但又有什么作用呢？措辞严厉的指责信件换回的只是越来越劣质的煤炭。丁汝昌身后的英国洋员泰莱（William Ferdinand Tyler）敏感地注意到了提督的表情，这位原本在中国海关缉私舰上担任舰长，后被借调入北洋海军的英国人，在他的回忆录中留下了让人深思的画面：当时北洋海军的基层水兵士气高涨，"……呈欣欣之色者，大率为水手。彼等举动活泼机敏，以种种方式装饰其炮座，若不胜其爱护者，其向望之情盎然可觉"。而军官，尤其是中高层军官却个个愁眉不展，"将弁则御布制长靴，饱涨之裤，半西式之外衣，其上龙条彩纽（纽以志等级者）。彼等不若水手之欢忭"[12]。泰莱认为，之所以出现这种情况，源于北洋海军的水兵大都自军舰成军开始就一直在舰上服役，对自己应会的技术已非常熟练，因而他们非常自信，认为凭他们的技术完全可以战胜日军，而且水兵中还充盈着自丰岛海战以来，想要雪耻报仇的情绪。而中高层军官眼睛中看到的事物就更多，他们明白中日两国海军间技术方面的巨大差距，以及北洋海军自身存在的诸多问题，"彼等熟知己方之所绌"，对于不可知的海战，大都忧心忡忡。

　　与泰莱的观察相近，"定远"右侧的铁甲舰"镇远"上，美国安纳波利斯海军学院毕业的洋员马吉芬（Philo Norton McGiffin），也有过类似记述，"与通常一样，船员们精神饱满，热切地期盼着以一场战斗来为'广乙'和'高升'"报仇雪恨"[13]。

　　上午9时15分，北洋海军各舰开始为时1小时左右的例行战术训练，主要进行炮术科目的练习，海军陆战队也在军官督导下来到主甲板的空旷处练习操枪和剑术，一切都在按部就班进行。10时左右，各舰的厨房里开始忙碌起来，准备当日的午饭。"定远"舰舰首主甲板下右舷的高级军官厨房里，厨师在核对菜谱，当天军官餐桌上一道重要的菜肴是西式的烤鸽子[14]。而在并列的"定远""镇远"后方，"致远"舰的军官厨房里可能在准备一份更特别的午餐，今天是他们的管带邓世昌45岁的生日。

　　由于都受英国海军的影响，日本联合舰队的作息表和北洋海军十分相似。日本海军的午餐正常在中午12时开始，但今天这个日子过于特殊，预计正午时分舰队就可能会到达大鹿岛附近海面，因而还在早饭时，坪井航三和伊东祐亨就分别在所处的"吉野"和"松岛"舰上下达命令，要求当天的午饭必须提前1小时准备好。10时左右，日本联合舰队各舰的厨房里也开始忙碌起来，此时联合舰队距大鹿岛还有大约27海里。

　　北洋海军的军舰在大鹿岛以东的海面静静地停泊着，舰队上空笼罩着黑色浓烟。联合舰队则在大鹿岛以南高速航行，由于采用了优质的无烟煤，远距离上日本舰队发出的煤烟要难发现得多。此刻，双方都不知道接下来的几个小时里将会发生什么，黄海海面海不扬波，几只海鸥悠闲地飞过……

　　"煤烟！"10时20分，"吉野"舰前桅桅盘里的瞭望兵大声喊叫起来！得到报告，第一游击队司令坪井航三和"吉野"舰舰长河原要一立刻奔上飞桥，这两名在丰岛海战中联手屠戮过中国舰船的日本军官，今天又成了急先锋。坪井航三从望远镜里隐约看到东北方向的海上似乎有一缕黑烟！这一重要的发现立刻通过旗语报告给了后方远处"松岛"舰上的司令长官伊东祐亨[15]。在这个位置出现煤烟，最大的可能就是中国舰船，日本各舰顿时沸腾起来，几乎所有的舰长都在飞桥上用望远镜向东北方向使劲观察，桅杆上的瞭望兵更是目不转睛，紧张地捕捉着远方忽隐忽现的烟雾。伊东祐亨认为，前方的目标如果是中国军舰的话，"大概不过是运输船

◎ 日本联合舰队"扶桑"舰战斗报告中绘制的 9 月 17 日发现北洋海军时观测到的景象。上方是"扶桑"舰最初看到的大鹿岛方向的情况，大鹿岛的右侧烟柱下是北洋海军主力。下方是稍后观测到的景象，大鹿岛左侧出现的烟雾是大东沟内的运兵船等发出。

五六艘，载陆军在鸭绿江口登陆，三四艘军舰掩护。若如此，应把敌舰全部击沉。以此作为我联合舰队的作战敌手，颇感微不足道"[16]，一幅了不在意的样子。

时间一分一秒过去，东北方的煤烟由一缕变成二缕、三缕、四缕，至中午 11 时，"吉野"舰瞭望兵望远镜中大致可以分辨出 7—8 缕煤烟，而且煤烟的数量竟然还在增加！11 时 20 分，"吉野"舰再次挂起了"东北方向发现煤烟"信号[17]。11 时 30 分左右，远处烟雾下的军舰逐渐清晰，维多利亚涂装的舰队慢慢显露出来，桅盘里的日本瞭望兵被惊得目瞪口呆，展现在他眼前的竟然是包括"定远""镇远"两艘铁甲舰在内的北洋海军全部主力，而且其中似乎还夹杂了几艘可怕的鱼雷艇！"开始只见煤烟，后来出现樯顶，再靠近，见舰体……敌人却是包括清国北洋水师全部精锐之大舰队！"[18]11 时 40 分，一串尺寸很大的信号旗急匆匆升到了"吉野"舰桅杆的顶端，"发现敌鱼雷艇和舰队！"[19]"吉野"用这种远距离信号向身后的舰队发出警报。

由于第一游击队在整个航行过程中担负着先导侦察的任务，与后方的本队之间间隔了不短的一段距离，为了和本队靠近做好战斗准备，根据战前下达的战斗规则规定，坪井航三当即下令编队航速降至 6 节，机舱里的水兵卖力地转动蒸汽管路上的节制螺栓，第一游击队 4 艘军舰的航速渐渐迟缓了下来。第一游击队后方的本队，原本采取的是以 3 艘军舰为一个战斗小队的普通纵队进行航行，即"松岛""千代田""桥立"为一队，"严岛""扶桑""比叡"为一队，"西京丸""赤城"另为一队，各小队之间都拉开一定间距。看到"吉野"舰发出的信号后，"松岛"舰的桅杆上很快挂出一串旗语，命令本队军舰停止 3 舰一组的航行模式，改为以单舰为战斗单位，各舰之间间距相等的密集战斗纵队队形[20]。

原先的一簇煤烟，此时竟变成北洋海军的全部主力。伊东祐亨要正视眼前的事实，主力决战看来已经难以避免。自从丰岛海战偷袭得手以来，日本海军对于北洋舰队始终抱有一种莫名的畏惧，担心会遭遇报复，现在包括日本海军畏之如虎豹的两艘铁甲舰在内的北洋海军主力全部出现在眼前，联合舰队中充满了大战将临前的恐惧与不安。伊东祐亨为了平静舰队中不安的气氛，下令士兵们立刻吃饭，并且允许官兵们饭后可以自由吸烟安定心神。"于是马上命令本队下士以下全体就餐，因为很快就要进行战斗准备，进餐可以使精神彻底镇静下来。而且为了让大家镇静，饭后还允许随便吸烟等。"[21]但是不知为何，伊东祐亨始终没有注意到一件事，就是伴随着这么庞大的一支舰队，而且又靠近大东沟要地，按理附近很可能会有规模不小的运兵船队。伊东祐亨在紧张中根本没有考虑是否要搜寻附近的运输船只，他已把眼前出现的北洋海军的来意判断为彻底的主力决战。

"远处望见敌舰煤烟！"

历史惊人巧合的是，在大海的另一端，北洋海军几乎是同时发现了西南方海上有异常情况。

上午 10 时 30 分，即日本海军"吉野"舰的瞭望兵注意到东北方向海平线上出现一缕煤烟的时候，北洋海军旗舰"定远"的瞭望兵也在西南方海平线上看到了日本第一游击队军舰发出的煤烟，随即向提督丁汝昌、舰长刘步蟾等报告："瞭望西南一带，烟雾沉沉，仿佛一队火轮行驶模样。"**22**

中午 11 时，"定远"舰的瞭望兵再次报告，确认西南方发现的煤烟下有一队轮船，正在向东北驶来。到了 11 时 30 分，"定远"舰瞭望兵第三次告警，其他一些中国军舰上的瞭望兵也纷纷注意到了西南方向的海面上有异样**23**。

受这缕煤烟的影响，龙旗下的各艘军舰尚无法判断煤烟下目标的准确身份，但都开始了不同程度的警戒。11 时 45 分，旗舰"定远"正式发出号令，要求各舰做好起锚、迎战的准备："预备迎战，候令起碇。"

按照北洋海军的舰上作息表，中午开饭的时间也是 12 时。11 时 55 分，"定远"舰尾甲板下的高级军官餐厅里，军官们已经围坐在西式的餐桌旁用餐，墙角处的矮柜上供奉着天上圣母妈祖的神位，透过缭绕的香烟，神灵似乎正默默审视着眼前这些将领。提督丁汝昌手持刀叉切割着餐盘中的食物，餐盘和餐具上都带有北洋海军朴素且又别具特色的圆形舰徽，他身旁是曾在丰岛海战中游水逃生的德国人汉纳根，此时这位曾经的德国陆军军官已是北洋舰队的总查，其他如"定远"舰管带刘步蟾、大副李鼎新、洋员泰莱等军官也都在座。大家的面色凝重，匆匆用餐。

12 时整，北洋海军各艘军舰的船钟敲响，发出 8 声清脆的钟声。（船钟报时是海军一项悠久的传统，配合每天 6 轮、每轮 4 小时的值班制度，从 12 时半开始，每半小时敲击一次，分别为1—8响，8响过后再进行循环，中午12时则正好是敲击8响。）与旗舰"定远"并列停泊的"镇远"舰上，前桅杆上部桅盘里的一名瞭望兵看清了西南方的烟柱下全是涂装成白色的日本军舰，"远处望见敌舰煤烟！"**24**

得到警报，"镇远"舰管带林泰曾很快与洋员马吉芬、帮带大副杨用霖等跑上飞桥瞭望，确认无误后，"镇远"舰上升起旗语，向全舰队通报这一情况。几乎与此同时，其他军舰也都发现了西南方向的情况，各舰管带都到飞桥上观察，战斗警报响彻北洋舰队上空。

从"定远"舰外部甲板通向军官餐厅的梯道里突然传来急匆匆的脚步声，用餐的人们停下手中的刀叉，似乎大家都预感到了什么。很快餐厅的橡木舱门被推开，未经报告，一名气喘吁吁的军官冲了进来，用英语大喊"The Japanese are in sight, sir !"（发现日本军舰，长官!）**25**

提督丁汝昌与属下立即来到"定远"的飞桥甲板上瞭望远方，再次肯定前方出现的就是日本军舰，而且是日本舰队的主力！丁汝昌此时的心情异常复杂，丰岛海战后，朝廷中清流党一次次的责骂、非难、弹劾，原因就是他这位海军提督一直未有接敌作战的捷报传来。经过十余年海上生活历练，这位曾经指挥淮军铁骑的骁勇陆军将领，对于海军领域已经有了较深的认识和见解，知道作为一名海军军人应该做什么，但是在这样一个国家，指挥着这样一支已显老态的舰队，有太多的事情需要顾虑，种种顾忌并不允许他放手一战。然而此时，日本海军舰队主动出现到了自己眼前，机会难得，且狭路相逢分外眼红，这场不可避免的大战，是向国内的舆论证明他自己心迹和勇气的大好舞台。

但是，他又有顾忌。临行前李鸿章、盛宣怀百般叮嘱，此次必须安全护送陆军登陆后才能返回，而大东沟的登陆行动还没有完全结束，运兵商船都在沟内。如果单纯从海战角度考虑，利用浅水优势，使海战在大东沟附近海域爆发，对于机动力不强的北洋舰队似乎有益，但是大东沟内的运兵船势必会遭荼毒。而且从望远镜中观察到的情况看，日本舰队中似乎还有2艘运兵船，上面装载的极有可能是准备登陆抄袭铭军后路的日本陆军。受这些判断的影响，丁汝昌不管如何作战，有一个前提是不能背离的，就是必须要确保登陆部队的安全。（与日方误认为北洋海军是来寻求主力决战恰好相反，整个黄海海战中，中方官兵无一例外认定眼前出现的日本舰队和他们一样，也是一支护航舰队，而日军的"西京丸""赤城"2舰则被误判为是日方的运兵船，即"运兵倭船"。为防止这两艘日本"运兵船"乘机靠岸登陆，抄袭大东港内铭军的后路，中方无论是铁甲舰、巡洋舰、鱼雷艇，都给予了这 2 艘弱小的日本军舰太多"关照"。）

丁汝昌很快下令"起锚""站炮位"。他明白，必须抢先一步，在远离大东沟的位置上阻滞来敌。今天的人们大都把甲午黄海海战看成是中日两国海军期盼已久的主力决战，实际历史的真实面目并非如此，日本联合舰队此行原本只是想偷袭中国舰船，而北洋舰队主动拔锚出击，虽然有进行决战的考虑，更多则是为了尽量在远处吸引敌舰，以完成掩护陆军登陆的任务，颇有一番背水一战的悲壮。由此也可以看出，在即将来到的黄海海战中，北洋海军实际是背负着很大的包袱作战，不管战况如何，他们都必须死死拖住日本舰队，不能让日舰靠近大东沟内的运兵船。

令丁汝昌欣慰的是，舰队士气高涨，他不需要像伊东祐亨那样通过吸烟来稳定部下的情绪。在旗舰"定远"的信号尚未发出之前，北洋海军的 10 艘军舰都早已开始各自的备战工作，管带们都明白由于近距离发现敌舰，为掩护大东港内的陆军官兵登陆，必须尽快逼近日舰。"致远""靖远"等较新式的军舰开始启用强压通风，锅炉舱里进入令人不适的高压状态，一切都是为了力争在最短时间内达到高航速。

随着"起锚"等一系列信号旗语升起在旗舰"定远"的横桁桁端，10 艘中国军舰纷纷起锚。水兵们卖力地转动蒸汽绞盘，锚链一节节收起，几吨重的铁锚从海底的泥沙中被提升起来。舰首甲板上，部门军官在大声指挥，巨大的吊锚杆将铁锚吊出海面，平放至舰首甲板左右的锚床上，四周早已准备好的水兵立刻用铁链卡锁将大锚固定就位。位于编队后部的"超勇""扬威"号撞击巡洋舰建造时间较早，由于设计时主要考虑了外观的隐蔽性，因而干舷极低，容易上浪的主甲板没有设锚床，她起锚的方式不同于其他军舰，铁锚必须高高吊放到炮房的顶部，极为费时费事，然而在官兵们齐心协力下，竟然也快速地完成了作业。丰岛海战以来积蓄日久的怒火所产生的强大士气，此刻完全迸发了出来。"'定远'一挂出'立即起锚'的信号旗，所有军舰就立即卷索扬锚。老旧的'超勇'与'扬威'一向起锚费时，因此被落在队尾，但后来二舰加速就位。"**26**

各舰的桅杆上，原本悬挂着的龙旗与提督旗，此刻都一一降下，继而换上长达 5 米的巨大旗帜，在 19 世纪的海军中，换上这种大尺寸战旗，寓意就是"作

战"。各舰的装甲司令塔内，随着管带下达的口令，水兵拨动车钟，车钟内的金属
铰链发出叮叮当当的声响。受到联动，机舱里的车钟表盘上也立刻发生了变化，管
轮军官根据表盘上的指令随即发出口令，水兵按照命令松开蒸汽阀门。整个过程如
同一部运转良好的机器，环环相扣。终于，中国军舰蒸汽机的连杆开始了往复运
动，越转越快，发出类似蒸汽火车一般有节奏的轰鸣，船底的螺旋桨于是旋转起
来，搅起一片泥沙。

　　1894 年 9 月 17 日中午 12 时 5 分，这支龙旗飘扬的舰队启动了，此时中日舰
队相距约为 17 海里。

横　阵

12 时 3 分，当中国军舰上的瞭望兵刚刚发现日本舰队时，完成午餐的日本联合舰队已经开始进行战斗准备，各舰号手接连吹响战斗警报。12 时 5 分，旗舰"松岛"的桅杆顶端升起了代表伊东祐亨军衔的海军中将旗，在这面旗帜的下方还悬挂起一个很大的红色战斗信号球，同时伊东祐亨下令，原本排在编队末尾航行的"西京丸""赤城"2 艘弱舰，转移至本队的左侧，即转移到外侧航行，避免与中国军舰发生接触[27]。

紧随旗舰发出的战斗警报，联合舰队的军舰纷纷进入战斗状态。与中国军舰一样，日本军舰桅杆上也换上了巨大的海军旗，当时日本第一游击队"高千穗"号巡洋舰的分队长小笠原长生海军大尉战后如实地记录了当时的准备情况：日舰的舰长大都站立在飞桥或司令塔内，直接监督控制军舰的航行、队列，跟随着舰长的一般还有负责军舰航行的航海长，担负测距任务的炮术长，以及一些号手和传令兵，几名海军学院毕业的见习军官也会在一旁担任信号官及传令官角色。桅杆上的航海军官则拿着手中的六分仪，仔细观察测距，随时向下方的炮术长报告。作为军舰上首席执行官的副舰长则在主甲板上指挥来往官兵。装备有大量同口径火炮的日本军舰则用电线将各炮位串联起来，以便作战时可以控制向一侧同时开火。考虑弹药库在战时必定会是对方炮火打击的重要目标，水兵用滑车将一颗颗炮弹、药包提升到主甲板上，配发堆积在每个炮位，完全清空弹药库。除舰长、大副以外的一些高级军官，则分赴舰上各重要位置督战，身着白色制服的日军水兵已经完成了第一发的装填，在火炮之旁肃立待命，杀气腾腾[28]。

……无情的时针在赌着日清两国之命运，一秒一秒在前进。敌军益发接

近，出现烟筒，露出舰身，终于能辨别出舰数和阵形。敌舰队总共十艘，面
向西南，成单横阵，其中央巍然屹立"定远""镇远"两大舰。"来远""靖
远""扬威""超勇"于其右翼布阵；"经远""致远""济远"〈"广甲"〉则于其
左翼展开。另于西方数海里尚有二舰，见机行事，充当后援。果然，敌军默默
集其全部精锐，决心全力对抗我军。然而敌军布成横阵，众炮皆在舰首。与此
相反，我军如以舷侧炮对战，势必暴露侧面。以大面积向敌乃兵家之所忌，究
当如何！[29]

◎　日本军舰"高千穗"炮位上的备战情景。

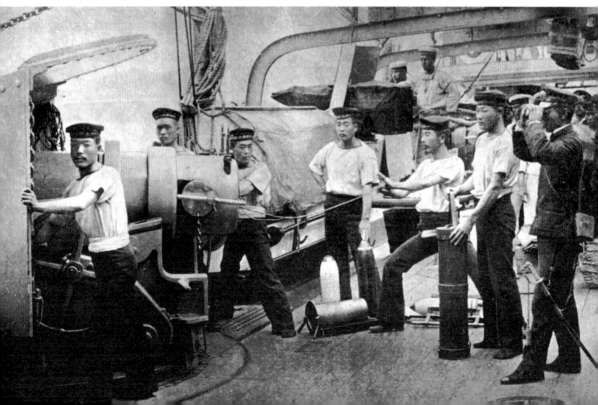

分队战术

1894 年 9 月 17 日中午 12 时 5 分之后，北洋舰队主力各舰起锚出发。各舰的管带也都明白，他们必须尽快截住日本舰队，战场距离大东沟越远越好。然而，由于舰队内的"超勇""扬威"两艘军舰的舰龄已整整 13 年，长年的北上南下巡弋，使得锅炉、主机老化，现在的最高航速只能勉强达到 7 节，因而北洋舰队编队的航速即以舰队中最慢军舰的航速为标准，最快也无法超过这个速度。

位于整个舰队前列的旗舰"定远"上，前桅横桁的桁端不断有信号旗升起落下。提督丁汝昌和总教习德国人汉纳根并肩站立在飞桥甲板上。此刻丁汝昌所扮演的角色非常类似对面日本舰队里的军令部长桦山资纪，他的价值在于督战、激励全舰队的士气，而指挥舰队作战的技术重任，主要依靠一直以来负责全军技术事务的两位总兵，尤其是近在身边的右翼总兵刘步蟾。至于新上任的德籍总教习，在军舰上的象征意义要大于实际价值。李鸿章选择这样一位完全外行的外国人来充当总教习，意思是显然的，面对朝廷的非难时，可以拿出这位名义上的外国高级顾问来掩护丁汝昌。

经与幕僚将领们商定，丁汝昌决定尽快与日方接触作战，下令舰队立刻变阵，接敌应战。随着命令发出，"定远"舰管带刘步蟾从飞桥甲板上狭窄的梯口，沿着直梯下到了狭小的装甲司令塔内，在这间装有水压舵轮、磁罗经、车钟、传话筒等航行和指挥设备的中枢神经部位里，监督军舰的航向。作为一名 19 世纪海军的舰长，在战时一项重要的任务就是监督军舰航行、保持队列。

当天北洋海军选定的作战阵形，在战后北洋海军所作的战况汇报中称之为夹缝雁行（"行"读"杭"音）阵[30]，对照北洋海军的重要阵形规章《船阵图说》，可以找到有关这种阵形的说明。

　　顾名思义，夹缝雁行阵是由"夹缝"和"雁行"两个构成要素组合而形成。所谓的"夹缝"，是对阵形中军舰战术单位组成模式的说明。在当时，一支舰队内的基本战术单位，可以是以单舰为单位，也可以是以双舰或三艘军舰作为一个战术单位，即小队。舰队运动、作战时，一个战术单位会被作为一个单独的作战元素来考虑。为求双舰或三舰为单位的组合在战斗时能发挥出最大的作战效能，同单位内的军舰会排列成一定的舰位组合。其中以双舰为单位，一艘军舰在前方，另外一艘军舰在前舰的左后或右后方 45 度夹角位置上的战术组合样式，就称作夹缝，分列前后的两艘军舰在作战时可以互相应援、配合[31]。

　　夹缝雁行中的"雁行"，是指多个采取夹缝态势的双舰组合小队，横向排开，形成一个横队，如同大雁成行一般的阵形，即横阵，在日本海军称为单横阵。

　　阵形本身只是一种舰船的编队组合形式，要发挥出作战的威力，还必须辅之以匹配的战术运用规则。北洋海军关于海战的战术规则，其实早在海战之前，甚至在甲午战争之前就已经制定和传达给全军，共分为三条内容，是北洋海军舰队无论何时遇与敌方军舰作战时都应遵循的规则。

　　　1. In action sister ships or sub-divisions of pairs of ships shall as far as possible remain together, and support one another in attack and defence.（姊妹舰或者同小队舰，应尽可能协同，互相配合进行进攻和防守。）

　　　2. A ruling principle should be to keep bows on to the enemy.（基本战术法则是舰首保持朝向敌方。）

　　　3. All ships must as a general rule, follow the motions of the Admiral.（所有军舰必须遵守号令，跟随旗舰运动。）[32]

　　战术规则中以姊妹舰或同小队军舰的组合为战术单位，采取舰首朝敌战法等内容，仅仅从字面描述上就可以清晰地看出来，这些规则其实都是在强调使用夹缝雁行阵时的战法。由这一早在战前就颁布的战术规则可知，北洋海军选择夹缝雁行阵作为战斗阵形，是早已制定的方略，并非是遭遇日本舰队时刘步蟾临时起意的决定。

乱　战

　　把夹缝雁行阵和三条战术规则组合到一起，呈现出的就是 19 世纪 60 年代后流行于世界海军的乱战战术，现代又称机动战术。

　　海战中的乱战，类似于陆战中的肉搏战、白刃战。18 世纪，风帆时代的欧洲海军受军舰的机动力所限，流行战列线决战（line of battle），敌我双方都将军舰编组为纵队，两个纵队或同向而行，或相向而行，或干脆锚泊不动，利用舷侧火炮进行互相射击，以决胜负[33]。18 世纪末，英国海军首创不按照纵队战列线战术，不与敌方进行舷侧火力对抗，而是大胆地将己方军舰编组为横队，直接突入、扰乱敌方阵形，迫使敌方进入近距离交战的战法，"数群攻敌，或一群分应，求乱敌阵"[34]。1805 年英国海军名将纳尔逊（Horatio Nelson）正是采用这种战术，在特拉法加海战（Battle of Trafalgar）中大败排列单纵队的法国、西班牙联合舰队，宣告了英国的海上霸主地位。

　　进入 19 世纪蒸汽时代后，海军主力舰朝蒸汽铁甲舰方向发展，一方面是军舰上的火炮布置思路发生了重要变化，不再在军舰舷侧密集布置火炮，使得以舷侧炮火对抗为主要作战样式的纵队战列线战法更显得不合时宜。另一方面，由于钢铁军舰自身防护力的加强，而同时期火炮的射速较慢，炮弹的破坏效能较弱，难以在短时间内仅仅凭着炮火攻击而击沉、重创敌舰，由此追求突击、近战的乱战战术受到欧洲海军界重视。1866 年 7 月 20 日，奥地利与意大利爆发了利萨海战（Battle of Lissa），奥地利海军舰队司令冯·特格特霍夫（Wilhelm von Tegetthoff）采用"人"字形的横队，以乱战战法突破了成纵队的意大利舰队，通过近距离射击以及撞击，彻底击败了意大利舰队。

　　利萨海战是甲午战争爆发之前数十年间，世界上唯一一场大规模的海战，其阵形、战术、战法，被海军界奉为圭臬，甚至于为了适应发起乱战时采取近距离撞击战术的需要，在军舰水线下的舰首部位装上锋利如刀的撞角，几乎成了潮流。北洋海军选择夹缝雁行阵和乱战，正是基于这种历史背景，在 19 世纪 70—80 年代成长起来的北洋海军，可以说就是这种战术思想的忠实学徒。

对北洋海军所选择的这种阵形样式，甲午战争前日本海军大学的战术教材《海军战术一斑》曾有过重点介绍，称是欧洲海军的主流阵形样式，是以进攻至上的阵形，"提倡战斗主义，冲锋至上"，对各舰的勇气、航海技能要求极高[35]。现代中国有关甲午黄海海战的讨论中，经常出现围绕着阵形"对与错"进行思考的定式。实际上任何一种阵形，其设计初衷都是对的，根本不存在错的阵形，海战中排列此阵形的舰队击败排列彼阵形的舰队，其关键的因素往往在于舰队本身的条件是否能够驾驭得了其所选择的阵形。这一点和围棋博弈中的布局定式非常相似。围棋开局所用的各种布局定式，都有着背后的深思熟虑，也都有大量凭此获胜的历史，都是最佳的样式，然而由于博弈的人棋力不一、对定式的理解不一，九段高手能借以大获全胜的定式，并就不是所有人都能以此来取胜的不二法宝。

如果仅以北洋海军的舰船样式、火力情况而言，夹缝雁行阵和乱战无疑是最佳的选择。北洋海军包括铁甲舰"定远""镇远"在内的主力舰，多是舰首方向的火力较强，且都装有撞角，适应舰首对敌进行突击、乱战。而犹如冲锋、拼刺刀一般的乱战，还可以使北洋海军规避自身火炮射速慢、弹药效能差等痼疾，避免进行自身不占优势的炮火对战。当冲近敌方阵形时，即可发挥北洋海军各舰操控、机动能力强的优势，以两两配合的战术组合，采取撞角撞击、发射鱼雷、火炮抵近射击等打法，于乱中取胜。

不过，北洋海军使用夹缝雁行阵和乱战战术，其实隐藏着一个极大的危险和不确定因素。如同陆军在冲锋、拼刺刀时的情况一样，北洋海军进行乱战必须抓住机会，在尽量短的时间内冲到敌方的阵形前发起战斗，以防在冲击途中遭到敌方的火力压制和重大杀伤。9 月 17 日从大东沟外海向西南方煤烟升起处驶去的北洋海军主力，几乎每一艘军舰的锅炉都接近乃至到了报废年限，在这样恶劣的动力状况下，北洋海军能否在短时间内冲到敌军阵前就成了未知数，倘若无法做到这一点，一旦被敌方火力压制，后果不堪设想。因为冲锋战术是一种有进无退的战术，只有不断地冲锋才有可能获得胜利，一旦被敌方迟滞或者己方发生溃退，都将带来灾难

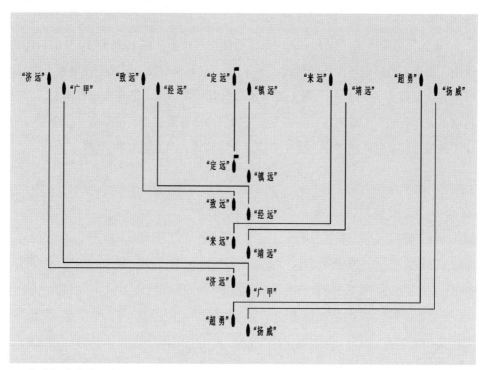

◎ 北洋舰队变阵示意图。

性的后果。

1894 年 9 月 17 日中午 12 时 5 分过后，北洋海军 10 艘主力舰以 5 节的编队航速前行，航行过程中开始变化为夹缝雁行阵，形成了一个宽度超过 5 公里的横队。居中以"镇远""定远"小队为核心，在"定远"左侧的舰群称为左翼，依次是"致远""经远"小队，"济远""广甲"小队，在"镇远"右侧的舰群称为右翼，依次是"靖远""来远"小队，"超勇""扬威"小队，总共 5 个 2 舰小队，各自呈夹缝态势，小队间的横向间距约为 1000 米（一说为 500 米），所有的军舰都以舰首朝向西南方的煤烟群[36]。

变阵过程中，北洋海军编队航速逐渐提高到七八节，由于原本处在双列纵队末尾的"济远""广甲"和"超勇""扬威"小队需要分别运动到横队阵形的左、右翼末端位置，所要航行的距离较长，以至于这两个小队一度落后于其他军舰，使得原本应当呈现出一字横队的北洋海军阵形，变成了中央突出、两翼落后的"人"字形样式。"缘四船鱼贯在后，变作雁行，傍队以最后之船斜行之偏旁最远，故赶不及。"**37**

　　"来远"号装甲巡洋舰上一名叫陈学海的三等水手，在 1956 年 10 月的口述访谈中，描述了当时他所亲历的情况："……十一点半开晌饭，饭菜刚在甲板上摆好，日本舰队就露头了。'定远'舰上有个水师学堂的实习生，最先发现日本船，立时打旗语通知各船。丁统领挂'三七九九'旗，命令各舰实弹，准备战斗。于是，咱这十条舰排成双纵队前进，一会儿又摆成人字阵式，向敌舰直冲。"**38**

单纵阵

与北洋海军的情况一样，日本海军联合舰队的阵形和战斗条令并不是在 9 月 17 日遭遇北洋海军后才决定的，同样也是早就制定好的以不变应万变的预案。

1894 年 7 月 23 日，日本海军联合舰队在离开佐世保、踏上战争之路之前，颁布了一部可能由坪井航三参与制定的战术规则，即战斗条令。这部在甲午战争的历史研究中长期被忽视的日军的重要法规，实际是整场甲午战争中规范、指导联合舰队作战模式的圣经宝典，联合舰队在甲午战争中的各次作战行动，无一不是遵照这部规则展开的。

战术规则 ³⁹

第一，战斗阵形。战斗阵形采取以单舰为单位的单纵阵。

第二，运动。运动应从大处着眼，发挥我之优势，对敌采取先攻击一部，而后攻击其他，先重创敌舰，而后设法击沉的战法。

第三，开火的时机。火炮射击不能杂乱无章，必须在到达合适距离后，集中火力猛烈齐射。

第四，各舰长各自为战的场合。当旗舰悬挂不管旗，或者虽然未发出不管旗，但是我军阵形陷入混乱时，又或敌舰对我阵形发起冲击时，舰长可以临机决断应当如何自行作战。但是各自为战时需要注意，不能贪功冒进，虽然是各自为战，仍然应当遵守军纪，不能只顾一己战功，而陷全军于不利境地。在各自为战状态下，需要注意以下事项：

1.必须一直安排专人注意旗舰信号。

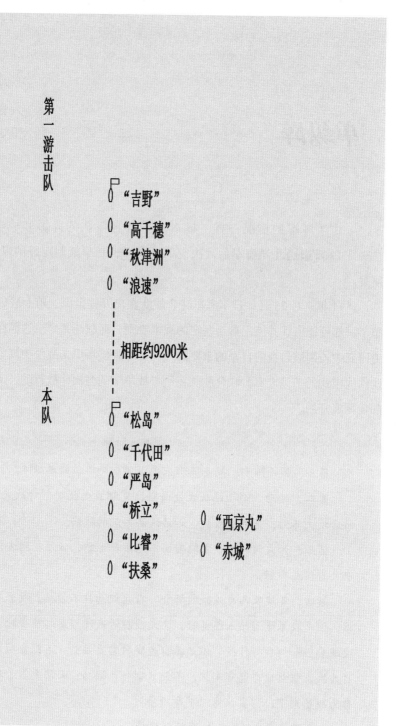

第一游击队

┌ ◦ "吉野"
◦ "高千穗"
◦ "秋津洲"
◦ "浪速"

相距约9200米

本队

┌ ◦ "松岛"
◦ "千代田"
◦ "严岛"
◦ "桥立"   ◦ "西京丸"
◦ "比睿"   ◦ "赤城"
◦ "扶桑"

◎ 日本联合舰队编队情况示意图。

2.不能离开本队过远，自陷孤立。

3.采用二舰小队战术组合时，小队军舰应互相配合，协力作战。

第五，航行中的斥候侦查单位位于本队之前，应与本队保持约 5 海里的间距航行。如果发现敌单舰，其力量较我斥候单位弱时，可以立即攻击。如发现敌方主力舰队，应立即向本队报告，取合适位置等待本队前来一起作战。

第六，游击队加入战斗时，负责寻找机会攻击敌之混乱部分，以及追击敌之运输船。

战斗中特别信号

1.军舰主桅顶升起一面军舰旗，表示：战斗。

2.升起一面舰队编号旗，表示：各舰等待适当时机开火。

3.升起一面不管旗（旗语"否"），表示：各舰自由作战。

4.升起一面航路变换旗，表示：各舰集合编队。

5.升起一面地名旗，表示：一起右转 16 点（180 度）。

6.升起一面船名旗，表示：一起左转 16 点。

从咄咄逼人的战术规则中可以看到，单舰单位的单纵阵被确定为联合舰队的唯一作战阵形。此前 7 月 25 日的丰岛海战中，第一游击队采取的就是这一阵形，而当时承担前出侦查任务的第一游击队，之所以敢于在丰岛海域自说自话向中国舰船发起攻击，所依据的也就是这部战术规则中的相关条文。

19 世纪 80 年代后，欧洲海军出现了重新重视舷侧火炮的新思潮，日本海军的主力舰船几乎都有着十分凶猛的舷侧火力，将军舰排列成一艘跟着一艘的纵队的单纵阵，是发挥这种火力的绝佳阵形。其所配套的战法是复古的战列线战法，即采用单纵阵的军舰不断以舷侧火力攻击敌方，讲求与对方保持合适的距离，以火力对抗来决胜负，恰好和北洋海军采取的回避炮战，以近战决胜负的夹缝雁行阵相克。只是由于相距尚远，在中日双方各自摆出交战阵形的那一刻，还并不知道对方采取的是怎样的阵形。

对日本联合舰队而言，其运用单纵阵、战列线战术也存在着隐忧。尽管纵队是一种最简单的阵形，只需要各舰跟随前一艘军舰即可，但是当时日本海军新舰较多，舰员对军舰的熟悉不够，各舰的航海技能普遍较差，倘若在战斗时不能很好地保持住纵队，导致纵队断裂，或者遭到敌方的逼近冲击，将发生可怕的后果。就在向北洋海军舰队航进的途中，第一游击队旗舰"吉野"还在不断发出信号，提醒、督促后续各舰排好队伍，保持好距离。

不仅如此，联合舰队还存在着各部分是否能配合默契的问题。联合舰队的战术规则中虽然已经将指导作战的基本旗语命令简化到仅有6条，但是正在开向东北方的联合舰队里，存在着政出多门的问题。除联合舰队司令长官伊东祐亨中将外，同时还有常备舰队司令官坪井航三少将和海军军令部长桦山资纪中将，而且各有座舰，甚至于坪井航三还直接指挥着一支分队。

理论上虽然伊东祐亨是整个舰队的司令长官，各舰应以对伊东祐亨所在的"松岛"舰马首是瞻，不过坪井航三率领的第一游击队在发现大鹿岛方向有中国军舰后，并没有按照战术规则中的规定行事，作为侦查分队的第一游击队没有等候司令长官的指示，也未作出主动等待本队靠拢的动作，而是自行其是向目标海域航去，明显是自成一体。身为联合舰队战术灵魂人物的坪井航三，官位不如伊东祐亨，可专业素养超乎其上，对纵队战术以及舰队指挥技艺的掌握都超过伊东祐亨，在此情况下，自以为是、桀骜不驯似乎是难以避免的事情。在第一游击队距离本队较远的情况下，能否使第一游击队和本队互相配合，对伊东祐亨和坪井航三的能力及品行都是个重大考验。

至于桦山资纪，其地位是在舰队中随队督战官，按理应当超然物外。可是战场风云千变万化，一旦联合舰队进行了他所难理解的行动，或者面临紧急情况时，由于和伊东祐亨、坪井航三不在一艘军舰上，无法及时沟通，桦山资纪从自己的座舰"西京丸"上向舰队发号施令，势必使整个舰队陷入无所适从的混乱。

指挥错误

1894 年 9 月 17 日中午 12 时 5 分后，联合舰队朝向东北方的烟丛升起处航行。随着时间一分一秒地向前推移，北洋海军所排列的横阵已清晰可见。

起初，联合舰队最前方的第一游击队大致是朝着北洋海军横阵的中央位置航行。12 时 18 分，伊东祐亨从"松岛"舰发令，作出了一个至为重要的决策，即下令"攻击右翼之敌"[40]。此时，在联合舰队的前方，大鹿岛附近海平线上明显可以看到有两支中国舰队，一支在右侧方向，即由 10 艘军舰组成的北洋海军主力；另外一支在大鹿岛的左侧远方，是"平远"等从大东沟出发正在追赶大队的军舰。伊东祐亨的这一命令，是对敌方两个目标做出了攻击顺序的决断，即首先进攻右侧的北洋海军主力舰队。

第一游击队观测到"松岛"舰发出的重要旗语后，竟发生了匪夷所思的错误理解。坪井航三将"攻击右翼之敌"，理解为"攻击敌之右翼"[41]。对东北方向海平线上的目标，第一游击队原本就只重点注意大鹿岛右侧的北洋海军主力舰队，因而直接向该处径直航行，当看到"松岛"的旗语命令后，坪井航三认为是要第一游击队首先攻击北洋海军主力阵形的右翼。随即，第一游击队在 12 时 23 分将编队航速提升至 8 节，又在 30 分时进一步提升到 10 节，同时从领队的旗舰"吉野"开始，第一游击队各舰依次左转，朝向北洋海军阵形的右翼方向航行。受此牵累，本队军舰也只得无奈地跟随向左转向。"第一游击队已经奔向敌阵之右翼，似将上述攻击右侧之敌的信号错误理解成攻击敌之右翼，其首先冲向敌舰队中央，接着渐次左转，向敌右翼冲去，本队也只能同一行动。"与此同时，考虑到这样转向之后，联合舰队各舰将变成右舷朝向北洋海军的态势，位于本队右侧的"西京丸""赤城"舰就暴露在十分危险的交战位置上，伊东祐亨在同时下令，命令"西京丸""赤城"

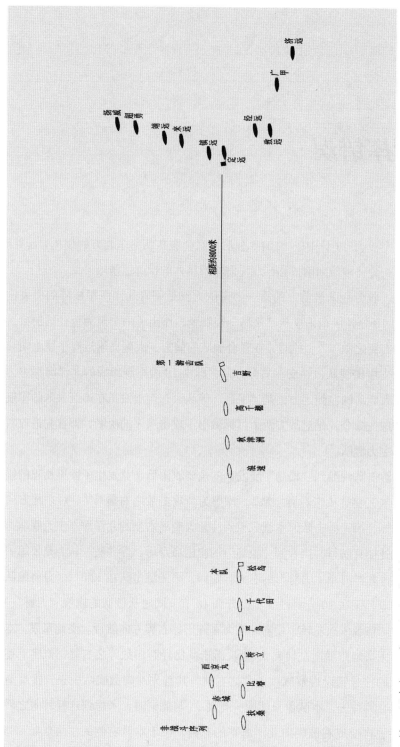

◎ 9 月 17 日中午 12 时 20 分后，北洋海军和联合舰队相向航行态势图。

改到本队的左侧航行，作为非战斗序列。

中日舰队相距大约8000米时，日本联合舰队因为指挥错误所进行的这次阵前大转向，恰好正中北洋海军下怀。联合舰队军舰向北洋海军右翼航行，实际上就出现了全部军舰从北洋海军横阵的正前方经过的态势，而敌方军舰以纵队展开在己军阵前，恰恰就是实施乱战战法的最佳时刻。此时，如果北洋海军横队的航速足够，能够在短时间内接近编队长度将近10公里的日本联合舰队，必定能冲散其队形，逼迫日军进入不擅长的肉搏近战。

对于日本联合舰队在接战时奇怪的转向，事后美国著名的海军史学者马汉在研究分析时表示不解。在马汉看来，日军的这种举动实在太过于冒险，在北洋海军阵前航过极有可能被北洋海军发起冲击：

日军通过清军前面后，向右翼突进。采取这种前面通过的运动法理由何在？我实在难以理解。这恐怕是为了把炮火集中敌之右翼这一最终目的，而甘冒非常之险。若果策出于此，对敌之左翼也能同样得到任意射击的机会。**42**

如果9月17日正午时分日本联合舰队不是从北洋海军阵前经过驶向右翼，而是凭借纵队机动灵活的优势，直接从北洋海军的左翼方向绕到背后，则将直接掐住北洋海军的咽喉要害。北洋海军所排列的舰首对敌的夹缝雁行阵根本无法应对突然出现到自己背后的敌军，而北洋海军军舰向舰尾方向的火力又十分薄弱，彼时的结局，要么是北洋海军被在背后的联合舰队直接击溃，要么北洋海军试图掉头转向，阵形彻底陷入混乱，仍然会被联合舰队轻松击溃。假如联合舰队以左右开弓的方法，本队、第一游击队分别运动到北洋海军阵形的左右两翼外，不断旋转机动，向北洋海军翼端的军舰实施炮击，同样也能置北洋海军于无从应对的混乱境地。

联合舰队自身发生的旗语理解错误，阴差阳错地使北洋海军躲过了大劫，而且给了北洋海军的乱战战法以成功实施的机会，但是北洋海军竭尽全力也没有能够抓住这一天赐的良机。

由于北洋海军的编队航速始终只维持在8节左右，眼睁睁看着日本联合舰队的单纵队逐渐出现到了自己阵形的正前方，但是怎样也没办法在短时间内接近日舰。

随着时间一分一秒过去，日本第一游击队的领队舰即将运动到北洋海军阵形的右翼，将要驶出乱战冲击的最佳目标区域，而且将威胁到北洋海军阵形右翼末端的弱舰"超勇""扬威"。

接 近

10 艘北洋海军军舰也在疾驶,军舰上都已快速地完成了战斗准备。

早在中日局势日趋紧张时,由提督丁汝昌一手主持,北洋海军的战舰就进行了不同程度的改造。舰体的维多利亚涂装中白色的部分都被涂改成了不容易被识别的灰黑色。舰队中央的"定远""镇远"2 艘铁甲舰上,为方便瞄准、射击,遮罩在主炮台上的穹盖式炮罩就已被拆除掀去,留在了旅顺和威海基地。另外距离主炮较近的飞桥前右后左两架木梯,以及飞桥甲板的左右两翼也已被卸除,以开阔射界。位于军舰首尾的 150 毫米口径克虏伯炮炮位上的穹盖式炮罩,出于担心受到中部主炮发射时的气浪波及,则予以保留。与"定远"级军舰类似,穹甲巡洋舰"济远"经过丰岛海战实战血的教训后,舰首 210 毫米口径主炮炮位上的穹盖炮罩也已经拆去不用。

依据当时各国海军通行的惯例,各舰桅杆上的一些非必需的横桁、(尽管这些横桁必要时也可以用来悬挂信号旗。)索具都被卸除,防止战时断落砸伤甲板上的人员和设备,以及索具落水后缠绕住螺旋桨。由这一点也可以看出,早已作好小队战术准备的北洋海军,对脆弱的信号旗语系统并没有抱多大的幻想。同时,各舰配备的舢板小艇,也大部分被卸下留在威海、旅顺两地的基地内,只留一二艘作为交通艇使用。原因则同样是受到丰岛海战的影响,这些木质的小艇被击中后将产生大量四散的木块碎片,显然会造成不必要的人员伤亡。"易碎物体一律拆除或扔掉,如舢板等全部卸走。因为我等一旦不幸落海,日军绝对不予营救,如果彼等遭到同样命运,我等亦绝不相助。"

由于当时的战舰大量使用木质构件,战时在炮火打击下极容易引发火灾,除了尽可能地拆除甲板上的木质构件外,各舰上的救火队水兵,也纷纷将笨重的消防泵抬到适当位置，接出长长的胶皮水管，准备随时救火。而且外部甲板上的排水口都被堵塞起来，在木质甲板上蓄水防火，同时为防止这样有可能会造成人员滑倒，又格外在甲板上撒了一层砂土。此外考虑到增加军舰的防护能力，甲板下一些无关的水密隔舱都将厚重的水密门紧紧关闭起来，损管部门的官兵也都早已准备好了用以堵漏的木板、毡毯、牵索。各舰外部，露天甲板上有舷墙的部位，在舷墙里都塞满了吊床，以抵御弹片，没有舷墙保护的重要部位，例如一些机关炮的炮位，就在外侧累积沙包和煤袋，一些军舰的装甲司令塔外也堆砌了沙包以提高防御能力。

为保证战时的弹药供应，从发现日本舰队开始，北洋舰队各艘军舰的弹药舱里就一直在忙碌。炮弹和药包通过复杂的吊运工序被运送到甲板上，对于其中那些数量稀少的进口大倍径开花弹，水兵们更是格外小心，如同爱护名贵的花草一样轻拿轻放，因为他们知道，只有这些炮弹才能真正对敌舰造成大的破坏。弹药提升到甲板上后，一些就被径直运送到炮位上，另外还有的被堆放在各个炮位附近，以便战时能够快速补充，这些弹药四周则垒起沙包进行防护。各舰上军乐队乐童此时也被命令放下手中的乐器，这些十五六岁的孩子，编成了两人一组的运输队，战时他们将冒着枪林弹雨和水兵们一起抬着如同担架一样的运弹盘，向各处距离弹药舱开口较远、无法直接获得弹药的炮位运送弹药。另外，很多非重要岗位的水兵、夫役也被动员起来，怀抱弹药，各自间隔着一定的距离，整齐地卧倒在甲板上各处，准备战斗打响后，向炮位进行输送。

甲板之下，在昏黄的灯光中，轮机舱内热浪滚滚。"致远""靖远"等有强压通风设计的军舰内，轮机舱已进入高压状态，"超勇""扬威"等一些较旧式的军舰，则开动鼓风机向炉膛内吹风，促进燃煤充分燃烧，虽然配发给他们的都是劣质的次品煤。官兵们在高温的工作环境中挥汗如雨，不断向锅炉内填煤，储蓄蒸汽压力，保证军舰能以规定航速航行。和汗流浃背的中国官兵们一起在忙碌工作着的，还有几名外国人的身影，他们是"致远"舰管轮洋员英国人余锡尔（Purvis）、"济远"舰管轮洋员德国人哈富门（Hoffmann）。

军舰上各战斗部位的官兵都已就位，炮手们完成了第一发弹药的装填，站立在各自的武器旁跃跃欲试。桅盘里的士官测算着敌我的间距，每隔一段时间就用手旗向下方的炮台通报。随着每次报告，炮手们则依据表尺上的刻度，调整一次火炮的俯仰角，随时准备发射。

当时北洋舰队使用的测距方法为复杂原始的六分仪测距法。用六分仪测量敌我间距一般有三种方式：如果明确敌方来舰身份，又预先在情报手册上掌握了敌舰的桅杆高度，则测定远方敌舰的桅杆高度，然后对照测高表就能求出距离数；还有一种办法是测距员在桅盘内，用六分仪"测海平及敌船所在海面所有角度"，然后对照专门的测距表推算获得；最后一种办法是，军舰首尾各由一名测距员测量敌舰所在的点，然后根据"已得二角一边可求其余两边，取中数为相距数"。

相比中国海军的测距办法，对面的日本舰队要显得先进便捷得多。第一游击队的领队舰"吉野"上已经装备了专门的测距仪，通过使用类似望远镜一样的测距仪观测远方目标，当左右目镜调焦调实后，刻度表上就会自动显示出目标的距离，采用如此先进的装备，使得日方在射击测距时要比中国海军大占上风。

与今天人们的理解不太一样，鱼雷在 19 世纪后期的海军大型军舰上更多时候是一种自卫武器。由于射程太近，鱼雷主要用于抵御逼近的敌方鱼雷艇，或意图使用冲角攻击的敌方军舰，属于军舰最后一道防线的组成部分。但是使用乱战战术时，因为己方的军舰会主动冲向敌方发动近战，此时鱼雷则是和撞角配合使用的重要近战武器。北洋舰队的鱼雷舱内，士兵们纷纷用天车将黑头鱼雷从存放架上吊起，沿着安装在天花板上的轨道，运送装入发射管，意图乱战时配合冲角战术使用。根据一些记载，日本联合舰队因为担心没有机会到达合适距离使用鱼雷，存放在鱼雷舱内的鱼雷在炮战时又有可能会被击中殉爆，引起灾难性的后果，因而开战前很多日本军舰都将舰上的鱼雷抛弃在了海中。

此刻中国军舰上呈现出来的，是一幅雄壮的画面："一群群肤色黝黑的水兵将发辫盘在头上，将袖子挽上手肘，一群群地聚集在甲板上火炮旁，迫不及待地准备决一死战。"[43] 日后记录下这段生动话语的"镇远"舰洋员美国人马吉芬，这时身着蓝色的北洋海军军官服，正站立在"镇远"舰的飞桥上，准备用自己心爱的柯达相机来记录这场即将到来的大海战。在他的身旁，是凭着实际海上经验，从基层水兵一级级考升成高级军官的"镇远"舰帮带大副杨用霖。北洋海军中职位仅次于提督丁汝昌的左翼总兵、"镇远"舰管带林泰曾，则身处在飞桥下的装甲司令塔内，监督着军舰的航行。

北洋海军阵形中，此时也出现了一些不寻常的情况。本来应该配属在左翼末端的第四小队"济远""广甲"两艘军舰却没有就位。由方伯谦、吴敬荣指挥的这两

艘无论是舰龄、航速，还是先进程度都大大优于"超勇""扬威"的军舰，居然大
大落后于整个编队，而且航行到了"定远""镇远"两艘铁甲舰之后。身处在这个
位置，自然要比列队在第一线安全得多，但是战舰的首要任务是作战，而不是自作
主张保护自己的安全。"济远""广甲"两舰的脱队，使得北洋舰队阵型左翼白白丢
失了一个战术分队的战力，"乱战"战术的实施从一开始就蒙上了一层不祥的阴影，
然而时间已经不容许北洋海军再做出什么应对补救措施了。

12 时 48 分

日本联合舰队由"吉野"领头的第一游击队开始从北洋海军阵前通过，以 10 节的航速向右翼驶去[44]。此时，这 4 艘白色的庞然大物已经彻底清楚地出现在中国海军官兵的视野里，甚至连涂饰在水线带上的舰船识别线都能看得一清二楚，这些日本军舰看起来要比在场的任何一艘中国军舰的体形都更庞大，火炮都更多。

"右转 4 度"，"定远"舰上发出号令。根据船头对敌的标准，北洋海军各舰的航向向右移动 4 个罗经点，舰首方向黑洞洞的重炮炮口追踪着正在向右而去的日本第一游击队[45]。提督丁汝昌等高级军官紧张地注视着眼前的情形，日本舰队的移动速度显得极快，而北洋舰队的编队航速只能维持在 8 节[46]。照此下去，北洋舰队各战术分队尚未能接近切入日舰编队，日本第一游击队可能就已经绕行到北洋舰队火力薄弱的侧翼或后侧发起攻击，如何扭转这一不利局面？

日本第一游击队司令官坪井航三与在本队旗舰"松岛"上的联合舰队司令长官伊东祐亨也紧张万分，他们的疑惑是，北洋舰队为什么还保持这么慢的航速，这是否是丁汝昌采取的什么计谋？"获得此次海战的胜利战果，完全取决于这第一回合的战斗。然而对实现这一点产生了怀疑，原因是敌阵没有运用战斗的速度，而采取了慢速。"指挥着亚洲第一舰队的日本海军军官，怎么也无法想象，眼前的一切是因为北洋海军编队最高只能到达这个速度。劣质的煤炭、短缺的炮弹、老化的军舰、接近报废的锅炉、少得可怜的火炮，在日本海军军官脑海里可能只是不可思议的阴暗故事，而对于龙旗下的中国军人却是不得不正视面对的惨淡现实。

此刻历史留给中国海军的机会似乎只剩下了非常吝啬的一个，就是远距离上运用大口径火炮的射程优势先声夺人，在日本第一游击队运动到自己右翼之前，设法给其造成尽可能大的损伤。原本积极主动的乱战战术，不得不先朝考虑自卫的方向转变，在掩护右翼的基础上再寻机实施乱战。

位于"定远"舰中部的主炮台装备有 4 门 305 毫米口径的克虏伯巨炮，有效射程可以达到 7800 米。重达 292 千克的弹头以及几包分别重达 72 千克的药包被装填进了炮膛，每门炮编制的 10 名炮手也早已各就岗位[47]。炮目即炮长站在炮尾，手牵发火绳准备射击，同时三点一线观察着表尺、准星、敌舰，不断地下达口令，"执钩绳立炮后，按令定向"。负责调整俯仰的水兵则立刻转动俯仰手轮，副炮长在一旁监督水兵的操作"细心查看，勿令太过"。巨大的穿盖炮罩拆除后，这里的视野开阔了许多。不能忘记的是，在火炮之下另外还有几十名水兵和陆战队士兵在费力地转动巨大的水压助力曲轴，根据顶上炮台内军官的口令负责调整 4 门火炮的方位。管理着炮台里整个这一切的，是天津水师学堂驾驶班一期毕业，曾留学英国格林威治海军学院专攻火炮技术的枪炮大副沈寿堃，他此刻正屹立在炮台上，不断听取着桅盘里测距员的报告。他已经受令在到达适当距离后，发起攻击。

"定远"舰前桅杆下桅盘里的测距员，手持六分仪，紧张地测算着敌我距离。

"8000 米！"

"7000 米！"

"预备开放！"

历史的指针渐渐指向了 1894 年 9 月 17 日中午 12 时 48 分，"6000 米！！！"

沈寿堃仿佛发出全身气力一般，大声地喊出口令"开放！"

"定远"舰右侧主炮台上腾起一团白色烟雾，一门火炮发出了天崩地裂般的巨响，紧接而来的是巨大的震动，重达三十余吨的大炮被巨大的后坐力缓缓推向下炮架的末端，整个炮台笼罩在了呛人的烟雾中。一颗 292 千克的钢铁弹头，沿着 72 道来复线，以 500 米/秒的初速，旋转着飞出炮膛，杀向远方的日本第一游击队。"定远"，这艘中国近代海军最具威力的象征，一度被誉为亚洲第一的强大铁甲舰，在默默沉寂了 9 年后，终于等到了体现她价值的机会[48]。

随着旗舰"定远"的一声怒吼，这场对 19 世纪后期世界海军技术发展有着转折点意义的中日大海战正式打响，大致交战位置在东经 123 度 35 分，北纬 39 度 30 分附近，鸭绿江入海口大东沟口外，史称大东沟海战或黄海海战。

9 月的洋务之城天津，正午时分依旧闷热不堪。直隶总督衙门内一片寂静，北洋大臣李鸿章在这静谧中隐隐觉得有一丝凉意，这支龙旗舰队的重要缔造者，仿佛预感到了一点什么。9 月 17 日中午 12 时整，一份加急电报从天津传达到了鸭绿江畔的九连城（今属辽宁省丹东市），而后快马专差急送向大东港："寄九连城靖边营，专马送铭军刘统领。东沟至义州，鸭绿江上水民船必三日乃到，队伍由东沟起旱百余里，两日可到义。其辎重由民船上驶，庶救义州之急。祈速办。鸿。"**49**

　　这份看来主要催促陆军就近从大东港登陆的电令，实际透露出了对于黄海之上海情的不安，陆军尽早登陆，海军就能尽早返航。快马飞驰，尘土飞扬。当汗流浃背的信差呈上这份重要的文件，当铭军统领刘盛休在大东港船局内捧读这纸电文时，远方海面上已经响起了隆隆的炮声，不知道千里之外这时的李鸿章是否感到了一阵心悸。

◎ 黄海海战交火初期的战场态势。

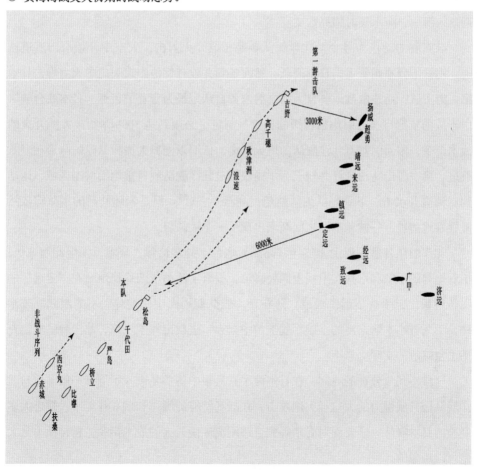

三景舰

"定远"舰射出的第一颗炮弹，呼啸着从日本联合舰队第一游击队上空掠过，落在距离领队舰"吉野"左舷仅数百米处的海中。"'定远'的炮台吐出一团白烟，接着轰然巨响，三十厘米大炮弹冲开烟雾，从第一游击队头顶高高飞过，于左舷附近落入海中，海水顿时腾高数丈。"**50**

以旗舰的动作为号令，北洋舰队各舰相继开火射击，天空中开始滑出道道轨迹，钢铁炮弹啸叫着飞向日本舰队。然而各舰并没有都仿照旗舰集中火力炮击日本第一游击队，而是散乱地各自为战，射击各自认定最为合宜的目标。日本联合舰队由于战前依据自身速射炮射程短的特点，制定了必须到达 3000 米距离才能开火的战术指令，因而面对着北洋舰队的炮火攻击，依旧以侧翼大面积暴露的队形在默默航进。第一游击队司令坪井航三为了尽快通过北洋舰队舰首重炮的射击区域，运动到右翼展开攻击，下令舰队编队航速提高至 14 节**51**。但是紧随其后的本队却依然慢吞吞地前进，一游和本队之间渐渐出现了一个大缺口。

北洋舰队各艘军舰上士气异常高涨，炮台上异常忙碌，装填、发炮此起彼伏，抬着炮弹的乐童和水兵在甲板上四处奔忙。提督丁汝昌依旧稳稳地站在"定远"的飞桥甲板上，手持望远镜观战。落在日本舰队四周海中的炮弹，不断激起阵阵水柱，不久日本本队末尾的一艘军舰被击中起火，迸射出熊熊烈焰，北洋舰队上空充满了雷鸣般的欢呼喝彩声。

这段不到 3 分钟的时间，在日本海军官兵眼中仿佛是进入了炼狱一般。面对北洋舰队极具威慑力的大口径火炮攻击，在战场特有的噪声和烟雾环境中，缺乏太多经验的日本舰队，还要面对必须等到合适距离才能开火的战术指令，精神压力之大是可以想象的。

◎ 1894年9月17日中午12时53分，"西京丸"舰轮机军官清水为政拍摄的海战战场。海面上的军舰明显分为前后两列，处在靠近照片中央位置的是第一游击队的4艘军舰，靠近照片右侧的是联合舰队本队的"松岛"与"千代田"舰。

12时53分，位于联合舰队本队第一位的旗舰"松岛"号传下命令，再度强调射击距离，要求与北洋舰队的距离进入3500米时才能开火[52]。

"松岛"号穹甲巡洋舰，是日本海军3艘"松岛"级军舰的首舰，由于这3艘军舰采用著名的"日本三景"——松岛、严岛、桥立的名称作为舰名，又被称为三景观舰，简称三景舰。

这级军舰是1887年日本政府为对抗克制当时日本海军的假想敌——中国海军最强大的战舰"定远"级铁甲舰，特别发行海军公债而建造的"'定远'克星"。三景舰的设计由当时受聘日本，风头正劲的法国舰船设计专家白劳易担纲设计，在当时想用价格较低廉的军舰战胜铁甲舰，理论上只有一种船型具有这种可能性，即小船架大炮的蚊子船。然而蚊子船由于适航性差，无法在海况多变的大海上作战，白劳易提出设计一种加大船体、增强航海性能的穹甲巡洋舰，实际上就是放大了的蚊子船。

白劳易为三景舰选定的母型，是他自己的成名之作——法国海军的"黄泉"级装甲蚊子船，而非常巧合的是，"黄泉"也是中国福建船政建造的"平远"级军舰的母型。"平远"设计时的理念也是增强蚊子船的适航性，以到大海上对抗铁甲舰。无形中"松岛""平远"两级军舰就有了一层法兰西血缘关系，外形上也有很多相像之处。

"松岛"级军舰的排水量为4278吨，军舰垂线间长89.9米，宽15.4米，吃水达到6米。动力系统采用2座卧式三胀往复蒸汽机，配套使用6座燃煤锅炉，双轴推进，功率5400马力，最高航速16节。为了对抗中国"定远"级铁甲舰厚达305毫米的装甲，以及305毫米口径的巨炮，白劳易特别给这级军舰安排了一门口径惊人的法国加纳式320毫米口径巨炮作为主炮。（火炮由法国施耐德公司根据加纳炮的规范制造，其中内管为英国造，外套为法国造。）

这种320毫米巨炮，最初设计时为考虑增大火炮威力，身管设计成42倍口径。在1887年8月30日召开的兵器会议讨论中，担心火炮过于庞大，转动时会影响军舰的稳性，而修改为38倍口径（按膛长12160毫米计）。火炮设计的转向角度为285度，初速为650米/秒，有效射程8000米，每门炮备弹60发，可以选择装填重达450千克的钢铁榴弹，或者350千克重的普通榴弹。

◎ 日本海军穹甲巡洋舰"松岛"。

◎ 三景舰之一"桥立"舰装备的 320 毫米口径巨炮。

这些数据表面看来均超过了中国"定远"级军舰装备的 305 毫米口径克虏伯大炮，然而重达 66 吨，看似威力巨大的加纳大炮，安装的载体只是区区四千余吨的军舰，由此还是引发了一系列的设计问题。已经缩小了的主炮转动时仍然会影响军舰的稳性，造船舰体侧倾，如果遇到恶劣海况，主炮根本不能转动，否则极有可能导致军舰覆没。同时为了降低军舰重心，火炮安装的甲板设计得极为低矮，又引起了令人头疼的上浪问题，严重影响了军舰的适航性。受这些弊端制约，以至于在即将来到的海战中，理论射速为 10 分钟 1 发的 320 毫米口径加纳炮的射速竟然慢到了 1 小时才能发射 1 发，用大口径炮超越"定远"的构思可谓彻底失败。

可谓无心插柳，在海战中真正发挥作用的，是密布在三景舰舰体两侧的大量次口径的副炮——120 毫米口径阿姆斯特朗式速射炮。这种火炮由英国阿姆斯特朗公司制造，弹头重 18.1 公斤，初速 467 米/秒，有效射程 7000 米，射速高达 1 分钟 4—5 发。由于"松岛"与另两艘三景舰舰体设计上差异较大，装备的 120 毫米口径火炮数量也不等。

三艘三景舰可能考虑到三舰掎角小队战术，其中预定配属于三舰编队右侧的"桥立""严岛"设计近似，将320毫米口径主炮安装在舰首的露炮台内，便于向前作战，围壁厚达12英寸的露炮台上加装了4英寸厚的前部敞开式炮盾进行防护。（炮盾的左右和后侧全部封闭，而前部大面积敞开。当时法国舰船设计师认为，海战时火炮的正前方很难受到攻击，对炮台的真正威胁来自敌方军舰桅杆上的小口径机关炮，因而偏重上部和后部防御。）主炮之后的主甲板下设有一处炮房，两侧各装备5门120毫米口径速射炮，另外在舰尾主甲板上还装备有一门。三景舰中的"松岛"舰比较特殊，最初可能考虑布置在三舰掎角小队的左侧断后位置使用，于是主炮位被极为古怪地安排在了舰尾，120速射炮改布置于舰首主甲板下的炮房内。由于空间较其他两艘三景舰为大，速射炮的数量增加到12门，每侧各6门。

此外，三景舰的武器还有47毫米口径重型哈乞开斯速射炮（"松岛"5门，"桥立""严岛"各6门）、47毫米口径轻型哈乞开斯速射炮（"松岛"10门，"桥立""严岛"各12门）、8毫米五管诺典费尔德机关炮（三舰各装备1门）、14英寸口径鱼雷发射管（三舰各装备4具），以及军舰水线下尖锐的冲角。

由于数量过多的武备占用了军舰的大量有效吨载，三景舰没有像法国母型"黄泉"和中国兄弟"平远"那样采用水线带装甲防护，而是在军舰内部纵向平铺了厚度为2英寸的穹甲甲板，防护能力上略微逊色。

三景舰中的"严岛""松岛"分别于1888年1月7日、2月17日在法国地中海船厂开工建造，先后于1891年9月3日和1892年4月5日完工。第三艘"桥立"号于1888年8月6日在日本横须贺造船所开工，直到甲午战争前夕的1894年6月26才竣工。在三舰的服役过程中，又接连出现锅炉漏气、腐蚀等设计问题，以致最高航速只能达到14节左右。因为"严岛"舰锅炉问题连连，"桥立"舰又刚刚服役，训练不足，最终日本联合舰队只得选择了主炮后置的"松岛"作为旗舰，将一艘原本应该用作三舰掎角小队殿后舰的军舰，配置在了纵队队形的领队舰位置上，多少显得有些突兀怪异。

当"松岛"舰上的官兵都绷紧神经等待进入3500米射击距离时，12时55分其320毫米口径主炮炮台竟被中国军舰发射的一颗150毫米直径炮弹击中，炮弹从320毫米口径主炮炮罩的侧面直击而入，2名正在炮位上操作的日本水兵当即

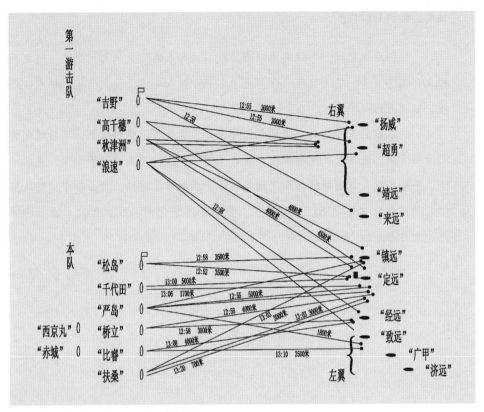

◎ 日本联合舰队首轮射击情况示意图。

被弹片击伤，主炮的液压旋转机构遭到严重破坏，刚发射了一发炮弹的320毫米
口径加纳式火炮顿时陷入瘫痪，被迫进行紧急抢修。"零时五十五分，敌弹命中我
三十二厘米炮塔，炮员二名负伤，水压管破损，立即进行修理。"[53]

　　几乎同一时刻，位于整个日本舰队最前位置的第一游击队旗舰"吉野"与北洋
舰队的距离到了3000米以内，立刻开火，射向北洋舰队右翼的"超勇""扬威"。
看到己方有军舰率先开火，日本联合舰队很多军舰都压制不住在对方弹雨中默默航
行的巨大精神压力，抛开必须到达3000米距离才能开火的战术命令不管，相继开
火射击起来。

　　继"吉野"之后，12时55分，相距5000米，本队的"严岛"舰向"定
远"射击；第一游击队的"高千穗"舰在4500米距离开火。12时58分，"松岛"
在3500米距离上向"镇远"射击[54]。

黄海的波涛开始沸腾。

……鸭绿江之战，华舰鸣炮以击日舰，远而未能及。余立'镇远'舰之天桥上，测算准头，忽见日舰一弹，直向本舰旁堕入海中，旋复跃起，越本舰而过，始沉海底……[55]

……右舷炮以及前后旋转炮之一号士兵，将表尺调整到四千，然后退到炮后紧握牵索，通过表尺注视敌舰。随着'开始射击'号声，拉紧牵索，轰然一声，全舰震动，五发炮弹，齐飞敌舰。由于我炮烟雾遮挡，是否命中，辨认不清。为了等待烟雾消散，判明情况，余二步三步奔向船舷。此时正值一弹爆炸，弹片击毁后飞桥的木梯……[56]

"超勇""扬威"

作为日本联合舰队的前锋，坪井航三统率的第一游击队最先经过北洋舰队阵前，4艘军舰高速向北洋舰队的右翼方向运动。

在完全由新锐巡洋舰组成的日本第一游击队前方，是位于北洋舰队右翼最外侧的两艘军舰，中国参战军舰中舰龄最久的老舰——第五小队的"超勇"与"扬威"号巡洋舰。

这对外形文弱秀气的姊妹舰是北洋舰队参战军舰中最为弱小的成员，军舰的满载排水量仅有1542吨，舰长64米，宽9.75米，吃水4.57米，舰体是全金属材质。两舰1881年诞生于英国泰恩河畔的纽卡斯尔，是当时阿姆斯特朗公司风华正茂的设计师伦道尔的得意之作，属于时瑞精华，曾引起世界海军界的高度关注。然而十余年的时间过去，在岁月无情的侵蚀下，1881年世界名舰的傲人风采，此刻在"超勇""扬威"身上已渐渐褪去，剩下的只有几分英雄迟暮的慨叹和无奈。

"超勇"与"扬威"当时正处在异常尴尬的境地中。这级军舰设计时的定位是极为新锐前卫的撞击巡洋舰（ram cruiser），即主要凭借高航速，突然逼近敌方，通过发起迅雷不及掩耳的撞角冲击来克敌制胜的军舰。为此，"超勇""扬威"舰的干舷设计得非常低矮，舰体轮廓也显得相当简洁洗练，除了两根高高矗立的桅杆外，再没有任何大型突出的舱面建筑设施，这些显然都是用以配合对隐蔽性、突发性要求极高的冲角战术而特意安排的。然而此时，两艘军舰因为十余年高强度的使用，机器设备老化严重，以至最高航速只能达到7节左右，显然已经失去了发挥这类军舰最具价值的战术——撞击战术的先天条件。非但如此，低矮的干舷反而对军舰的适航能力带来诸多滞碍，使得本就不容乐观的机动能力更是大打折扣，甚至连正常的编队转换都需要竭尽全力才能勉强完成。

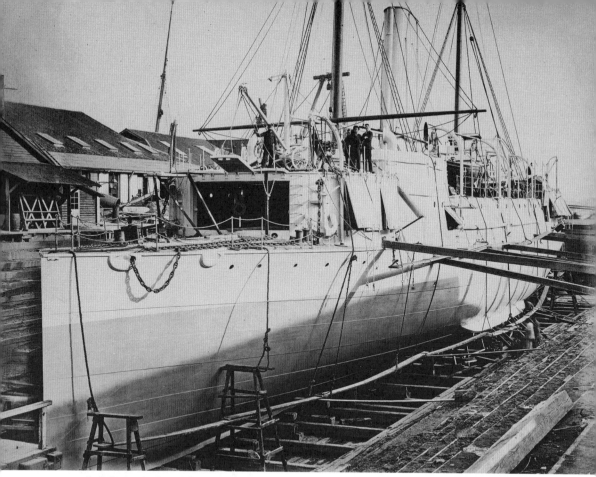

◎ 北洋海军"超勇"级撞击巡洋舰。

更为不利的是，已经不再具备高速突击能力的"超勇""扬威"，自卫的能力相当薄弱。当这两艘军舰还在绘图板上时，设计师主要考虑这类军舰用于攻击行动，本着攻击就是最好的防御这一思想，竭力减轻军舰的吨载以提高航速，在防护方面主要将希望寄托于低矮的外形和快捷的航速能减少军舰中弹概率。这两艘军舰除了厚度为 3/4 英寸的钢铁船壳板，以及位于水线下 3.5 英尺处，遮盖在弹药舱、蒸汽机上方的一段厚度只有 3/8 英寸的"装甲甲板"外，再就只有自求多福，依靠舷侧和机舱上方煤舱里的煤炭来提供一些有限的遮挡防护。

被岁月掠去了机动力的"超勇""扬威"，就这样近乎赤身裸体地迎接着战斗的到来。

两艘军舰首尾外壁厚度为 3/8 英寸的封闭式炮房内，各有 10 名水兵在枪炮军官的指挥下操作着 10 英寸口径的阿姆斯特朗大炮，透过炮房前方的开口，紧张地追踪、瞄准日本军舰。这型火炮由英国阿姆斯特朗公司制造，身管长 26 倍口径，

◎ "超勇"级军舰主炮炮房特写。

正常情况下最大射击仰角 10 度,最大射击俯角 3 度,有效射程为 8000 米,当采用极限射击仰角 15 度时,有效射程可达 12000 米。因为采取了原始的复进装置,这型火炮的理论射速可以达到 2.5 分钟一发,曾被认为是 1881 年代威力最大的舰炮。然而,早在 1892 年时,这 4 门火炮就出现了"因操放年久,膛内铜环早形松溢,未尽适用"的情况[57],虽经海军提督丁汝昌与天津机器局交涉进行了修理,但是性能已经不容乐观,远非昔日可比。

"超勇""扬威"剩余的武力,还有安装在前后主炮台附近的阿姆斯特朗 4.7 英寸口径副炮,每舰各配置 4 门,和主炮一样属于带有原始复进装置的旧式速射炮,而且同样因为使用日久出现了磨损老化的情况。此外,每艘军舰的后主炮房顶部装备有 2 门诺典费尔德式四管机关炮,军舰中部另装备 4 门十管格林机关炮。

孤雁失群

中午 12 时 50 分旗舰"定远"射出第一颗炮弹后，和舰队中大部分战舰一样，"超勇""扬威"也分别加入战斗，远距离上使用舰首重炮向正在高速驶来的日本第一游击队开火射击。

迎着老旧的"超勇"级军舰杀来的全是她们强悍的后世子孙。4 艘日本军舰每舷能够获得的 100 毫米以上口径的火炮相加有 23 门之多，其中还包括有大量的新式大口径速射炮。而船头向前的"超勇""扬威"赖以御敌的大口径火炮一共只有舰首方向的 2 门，1881 年的世界名舰即将要与 1894 年世界名舰展开殊死搏杀。

12 时 55 分时，"吉野"舰上的测距仪准确测定到与中国军舰"超勇""扬威"相距 3000 米，舰长河原要一下令开火。"吉野"舰没有再出现丰岛海战开火时那种混乱的局面，有过一次海战经验的日本海军官兵已经逐渐成熟起来。很快"吉野"舰装备的 2 门 6 英寸、4 门 4.7 英寸口径阿姆斯特朗速射炮，以及 11 门 47 毫米口径单管重型哈乞开斯机关炮开始一起向"超勇""扬威"倾泻弹雨。

紧跟在"吉野"之后的"高千穗""秋津洲""浪速"三舰也随之开火，但是由于尚未到达攻击"超勇""扬威"的合适阵位，这 3 艘军舰的炮弹开始时大都首先射向了"定远""镇远"等军舰。"四舰虽然各不一样，但大体是在三千米距离，特别是'吉野'，当准确测定三千米后才开始发炮。由于测定距离准确，因此我方炮弹命中率极高。"[58]

"超勇""扬威"遭遇到了始料未及的猛烈攻击，军舰上的中国海军官兵们没想到，日方的火力竟然会有如此之强。在劈头盖脸而来的密集弹雨中，两艘中国军舰不断中弹，不到几分钟的时间，船壳板就有多处被洞穿，很多官兵倒在了血泊中，军舰内部的一些部位已经燃起了可怕的火焰。然而处在绝对劣势之中的"超勇""扬威"舰并没有退缩，在管带及各部位军官的激励督促下，两舰坚持着既定的航路向前航行，弹雨纷飞中，舰上官兵各就岗位，用着仅有的几门火炮，顽强地向强敌进行着还击。距离最近的友舰"靖远""来远"也奋力向日本第一游击队射击，支援身旁的战友。

13时8分，正在"吉野"舰装甲司令塔内观察海战情况的第一游击队司令坪井航三突然感到舰体发生一阵剧烈震动，由"超勇""扬威"方向射来的一颗10英寸直径炮弹准确命中了"吉野"舰的后甲板，堆积在甲板炮位附近的一些弹药被引爆，海军少尉浅尾重行与四等水兵牛岛喜太郎当场毙命，一等水兵松平大次郎等9人受伤[59]。日本联合舰队很多军舰由于都装备有大量的中口径速射炮，为了保证速射炮在战时能不间断地高速射击而预先将大量的弹药堆积在炮位附近，以减少弹药补充的时间，然而这种希望最大程度发挥速射炮威力的做法势必会带来弹药被击中后连锁爆炸的危险。

目睹日本海军新锐的先锋舰中弹起火，"超勇""扬威"以及邻近的"靖远""来远"等舰上都传出了欢呼声，水兵们纷纷击节称快，信心百倍地准备下一发射击。但是有些细心的中国军官注意到了一个细节，从"吉野"舰尾部滚滚而起的烟雾，呈现出的是不同寻常的黄颜色，这种颜色对于北洋海军而言绝对不是一个好的兆头。"有一些敌舰使用了苦味酸爆破弹，它们发出的有毒烟雾可以明显地与黑火药炮弹区分开来。"[60] "'超''扬'火，烈焰腾空，左顾'定''镇远'亦燃。盖敌人火药甚异，无论木铁，中炮之处随即燃烧，难于扑灭。"[61]

在19世纪，古老的黑火药仍然用于充当火炮的发射药和弹头内的填充药，但是这种由中国古代方士在炼丹时偶然发现的火药如果在敞开的环境下点燃只会燃烧并冒出浓烟，并不会产生剧烈的爆炸，只有在封闭的条件下才有可能发生爆炸。作为弹头填充药而言，爆炸的威力就显得不足。因而19世纪中期开始，各国都尝试获得威力更大的"猛炸药"。1883年J. 威尔伯兰德发明了被称为"炸药之王"的TNT炸药，但当时由于没办法形成量产因而未被推广运用。1885年，法国的炮弹开始试用一种新的填充药，即爆炸性能强于TNT的苦味酸。苦味酸，学名"三硝基苯酚"，原是一种黄色的染料，经反复试验钝化后，被证明可以作为威力巨大的炸药来使用，称为黄火药，爆炸后产生的烟雾呈现黄色。1891年，日本海军工程师下濑雅允以苦味酸作为主要成分试制出了当时被称为爆裂药的炸药。

装填了苦味酸炸药的炮弹具有一系列惊人的特性。这种炮弹的灵敏度极高，即使命中细小的绳索都一样会发生爆炸，而且爆炸后不仅会产生破片和冲击波，还会伴随有"能够点燃钢铁"的大火。这种火药燃起的火龙会像汽油一样流动肆虐，即使在海水中也能持续燃烧一段时间。传统军史研究普遍认为日俄对马海战是日本苦味酸炸药炮弹初试啼声的第一役，但是实际正如"吉野"舰上出现的黄色烟雾所说明的那样，大东沟海战中，日本参战军舰装备的速射炮已经配备了填充苦味酸炸药的炮弹。

不仅如此，日本海军速射炮的发射药采用了棉火药，即无烟药。这种将植物纤维素沉浸在硝酸溶液中而生成的混合火药有着传统黑火药无法比拟的特性，爆炸后不会出现弥漫的烟雾，作为发射药使用，能为速射炮提供良好的发射环境。以往的速射炮必须等待硝烟散尽后才能进行下一发的射击，根本无法达到理论射速，而采用棉火药发射完毕后无需等待烟雾散去即可进行下一发的瞄准、射击。

如同军舰样式、火炮型号落后于日本海军一样，北洋海军在炮弹效能上和日本联合舰队也差距了一个时代。北洋海军配备的开花弹填充的是黑色火药。由于黑火药本身的特性限制，这种炮弹即使命中目标，爆炸的威力也极有限，不会引起大火。而且黑火药容易受潮，爆炸特性不好，有时候即使引信已经工作，弹头内的黑火药也有可能不会爆炸。相反日本海军的烈性炸药炮弹，由于苦味酸本身特性活跃，即使引信失灵，也可能照样爆炸不误。同时，北洋海军采用的发射药是栗色火药。（经过钝化了的黑火药，颜色较浅，爆性比较缓慢，使用时需要用少量黑火药作引药引发。）作为发射药的栗色火药爆温过高容易烧蚀内膛，而且燃烧后的火药残渣过多不易清除，每次发射后内膛必须要刷洗干净方可再次装填，会耗费大量时间。另外这种火药燃烧也不够均匀，无法产生良好的弹道效果。这些对于炮位上的炮手而言可能还算不了什么，最让人头痛的是栗色火药燃烧后会产生大量刺鼻的白色浓烟，如果是顶风发射的话，倒灌的浓烟不仅会影响士兵的观测，炮手还会有中毒窒息的危险，这也就是当时的海战要抢占上风位置的原因。这些因素无形中给北洋海军本就射速不高的旧式架退炮又套上了一道枷锁。

几乎在"吉野"舰中弹起火冒出黄烟的同时，日本第一游击队的二号舰"高千穗"上也冒起黄烟。"高千穗"舰右舷后部的一间军官舱室中弹，炮弹横扫了室内的物件后穿越而过，在舰内的穹甲甲板上炸响，爆炸产生的破片给76毫米厚的穹甲甲板留下了 3 个大洞作为纪念。管理弹药库通风机的三等木工荻原十次郎被弹片击中腹部，肠子蠕蠕流出体外，倒毙在鲜血淋漓中。堆积在中弹舱室附近的几颗装填苦味酸炸药的炮弹被引爆，燃起了大火，冒出阵阵有毒的黄烟。更为可怕的是，地板上通向弹药库的开口居然是敞开着的，火焰眼看就要顺势进入弹药库，"高千穗"上几名尉官疯狂地大喊，组织水兵死命地转动消防泵灭火，最终扑灭了火焰，躲过了一次灭顶之灾[62]。

　　不久第一游击队后续的"秋津洲""浪速"也接连中弹。"秋津洲"舰右舷的五号速射炮被击中，炮盾上炸出了一个破口，在这个炮位附近作战的海军大尉永田廉平、三等兵曹志田正之助、一等水兵三野为吉等 5 名官兵毙命，一等兵曹吉村最太郎等 9 人受伤。"浪速"舰的情况稍好，舰首主炮塔下方的水线带附近被洞穿，引起了少量进水[63]。

◎ 日本军舰"秋津洲"的舷侧炮位。

一时间，仿佛历史的天平将要偏向北洋舰队，但是仅仅 2 分钟过后，局面就发生了彻底的转变。13 时 10 分扑灭了火灾的"吉野"重新恢复猛烈射击，一颗由日本第一游击队速射炮射出的烈性炸药炮弹，轻而易举地撕开了"超勇"舰薄薄的船壳板，在军舰内部炸响，舰体顿时被黄色的烟雾包裹[64]。

烈性炸药燃起的火焰本身就具有极大的破坏性，加之 19 世纪军舰内部大量采用木质构件，"两舰的上层建筑内都有两条连接首尾 10 英寸炮的走廊，在走廊靠近侧舷的一面安排着军官住舱等舱室，隔墙与舱壁都是木制的并被涂上了厚厚的油漆"[65]，很快火灾就一发不可收拾。火魔在"超勇"舰内四散蔓延，汇成了一片片滚滚烈焰，本来就在先前的炮战中不断中弹，舰体已经严重右倾的"超勇"，到了她生命的最后时刻，这只诞生于英伦三岛的美丽天鹅，已然成了浴火的凤凰。

军舰舱内，管带黄建勋、大副翁守瑜组织水兵奋力与大火进行搏斗；舰首主炮位上，不顾笼罩四周的黄色有毒烟雾，副炮弁李镜堂指挥水兵们用火炮不屈不挠地向日本军舰还击。位于军舰舰底的轮机舱，此刻更是早已成了炼狱。为防止火灾进入机舱，通往上层甲板的所有通道口都已封闭，炎热炙烤着这里的每一名官兵。已经失去了任何生还希望的轮机兵们，在总管轮黎星桥、大管轮邱庆鸿、二管轮叶羲龚带领下，努力地往锅炉内一锹锹填煤，完成自己最后的工作，尽管"超勇"舰的舵机系统已经在大火中彻底毁坏。这艘弱小的巡洋舰变成了一个巨大的火球，日本第一游击队更加猛烈地向"超勇"进行炮击……

目睹姊妹舰在大火中痛苦地挣扎，同队的"扬威"舰竭力发炮支援"超勇"。然而受到日本第一游击队密集炮火攻击的"扬威"舰也燃起了灾难性的大火，舰体开始倾斜，出现无法支持的迹象。这两艘烈焰翻腾的姊妹舰受困于火灾，一面忙于救火，一面开炮抵敌，渐渐无法跟上大队的步伐，如同两只失群的孤雁。北洋舰队在右翼又丢失了一个小队的战力。

"会飞的飞桥"

第一游击队与北洋舰队阵型右翼末端的"超勇""扬威"两舰交火时，日本联合舰队本队的军舰和北洋舰队位于阵型中坚位置的军舰也正在进行激烈的交火。

以"定远""镇远"小队为号召，北洋舰队左翼的"致远""经远"小队，以及右翼的"靖远""来远"小队如同三把尖刀，在炮战的同时继续逼向日本舰队。中国军舰的炮火显然首先聚集在日本旗舰身上，意图斩将夺旗。"敌舰对'松岛'发弹最多，大大小小的炮弹像蝗虫一样飞来，势不可挡。"[66]

与北洋舰队聚攻日本舰队旗舰"松岛"一样，北洋舰队旗舰"定远"开战伊始也成为对方集中攻击的目标，很快即发生了一连串难以预料的事情。炮火对击开始后不久，一颗120毫米直径炮弹竟然正中"定远"舰的桅盘，剧烈的震动中前桅的横桁被弹片打落，连带的信号旗绳都一扫而空。日方的首要攻击范围显然锁定在中国军舰的指挥系统上，"开战之始，一巨弹跳击而来，射中前樯"[67]。而在桅盘内作战的天津北洋水师学堂见习军官史寿箴等7名官兵则不幸阵亡。中军旗断，在中国军事传统文化中是一件最不吉利的事情，提督丁汝昌战前深为顾虑的失去旗语指挥系统的局面不幸出现了。

北洋舰队此战选择的是以小队单位进行作战的乱战战术，运用这种追求主动出击的战术进行作战时各小队的军舰只要参照旗舰的动作进行运动即可，旗舰本身的活动和前进攻击方向就是最好的指挥，因而对旗语信号的依赖实际较少。然而一旦发生主动出击无法实现，或者攻击不利的情况，需要转入防守阵型或者改用其他战术时，想要以旗舰的运动作为指挥手段来说明这一切，显然是无法操作的。

祸不单行的是，就在上桅杆断裂以后不久，又一颗120毫米直径炮弹在"定远"舰的飞桥甲板附近炸响，弹片将铺设在飞桥上的木质甲板炸碎飞起，正在督战的北洋海军提督丁汝昌震跌摔倒，因为左腿被飞起的甲板碎片压住而无法动弹，随炮弹爆炸燃起的火焰，烧伤了他的右脸和脖颈。"昌上望台督战，为日船排炮将'定远'望台打坏，昌左脚夹于铁木之中，身不能动，随被炮火将衣焚烧，虽为水手将衣撕去，而右边头面以及颈项皆被烧坏。"**68**

与丁汝昌同在飞桥上督战的总教习汉纳根、洋员泰莱几乎也是同时被震跌倒地，不同程度负伤。然而当时因为碰撞而一度短暂失明的泰莱在时隔二十余年以后撰写了一份文意略显含糊的回忆录，却使得百年来中国的历史研究者对"定远"舰飞桥中弹的情况受到了极大的误解。

英籍洋员泰莱（又译作戴乐尔），最初是作为英国皇家海军的一名少尉军官，随英国中国舰队来到中国。后改投入中国海关担任海关缉私舰的舰长，1893 年自请调入北洋海军，被任命为汉纳根的顾问。20 世纪初泰莱回到阔别已久的故乡，这段时间里撰写发表了著名的回忆录《中国纪事》(*Pulling Strings in China*)，其中很大篇幅回顾了其在北洋海军的经历。30 年代这本特殊的书经当时中国年轻的历史研究者张荫麟节译介绍到国内，随即成为研究甲午战争史的重要史料。但是在这本回忆录中，泰莱出于对"定远"舰管带刘步蟾的个人好恶，在涉及刘步蟾的文字中不惜使用了贬低、诋毁性的描述。开战初期飞桥被日军炮火击中一事，也被泰莱描述成"刘（刘步蟾）已令发十〈二〉时炮，而丁与予方立于飞桥正在炮上之部分也。此桥之名甚佳，以其竟飞，而丁与予亦随之飞"，认为是刘步蟾突然下令开火，305 毫米口径主炮首发射击时引起的剧烈震动，导致了提督丁汝昌等的受伤。

由于在涉及刘步蟾的部分使用了过于情绪化的语言，出现在此处的"飞"字究竟是指飞桥真的飞走了，或是对飞桥发生剧烈震动而采取的过于夸张的描述，无法从字面上来判断清楚。但是从泰莱此后关于海战的叙述中却能够逐渐理清真相。泰莱首先继续辱骂刘步蟾，称"总兵刘步蟾为一变态的懦夫"，而后进一步叙述了飞桥上 3 人的受伤情况，"予因目受撞击，抽搐剧烈，耳鼓复被震伤，楚痛不能自支"，"汉纳根伤股，丁提督则堕压创甚"，并没有再提及飞桥的情况究竟如何。但是接着又说"予为彼开场之敬炮掷过瞭望塔外三十余尺"，即首发射击后泰莱是从原先所处的飞桥上司令塔入口的位置而被震开出去，应该还是在飞桥之上。

进而，泰莱的描述中提到自己走到军医院包扎了被撞伤的眼睛，"予衣破衣，裹创目，巡行于诸队炮兵间"，能够自由走动显然摔得并不重。紧接着，四处巡走的泰莱又见到了"伤股"的汉纳根"在炮台上察视",看来汉纳根伤得也不重。最后在战斗结束时,泰莱居然又记载一笔,称因为听说击沉了几艘日本军舰,"汉纳根与予在飞桥之梯上以香槟及饼干庆祝此事"。如此综合看来,直到大东沟海战结束,"定远"舰的飞桥结构仍然是完整的,泰莱所说的飞桥"飞起",可能只是对飞桥被弹片击中发生震动的一种夸张性的描述,也有可能是泰莱突然震倒受伤,双目失明,短时间内难以了解突发事件的完整情况,而产生了某种错误的主观印象。否则,如果真的是从距离主甲板将近 10 米高的飞桥上摔落,很难想象泰莱和汉纳根还能行走自若,更难想象还能在战斗结束时并肩站在"飞走"的飞桥上开香槟庆祝。

然而尽管认识到了有关中日甲午海战的史料,"不独中日双方之报告互有出入,即我国之记录,亦多抵牾。除极抽象之轮廓外,旧史所承认之细节,由今观之,几乎无一不成问题,乃知严格考信之需要与艰难,于近世史殊非例外"。主张在甲午海战史研究领域应该引入传统的考证方法,对细节方面详加考证的张荫麟,自己却并没有认真对待泰莱的回忆录。其发表在《清华学报》之上的《甲午中国海军战绩考》一文中,将"定远"舰宽大的飞桥甲板理解为模糊的"吊桥",而且还草率落笔称"吊桥非坚固之结构,其前部搁于相交之两 12 英寸口径炮上,一炮开火,则桥将毁碎。泰乐尔甫至桥上,刘总兵即下令发 12 英寸口径炮,泰乐尔与丁提督俱被掷入空中,坠甲板上"。今天,当我们对比丁汝昌的战伤报告和泰莱的回忆后,张荫麟这段文字中戏说、想象发挥的程度就不难分辨了。

由张荫麟的这篇文章肇始,援引张的笔法观点,此后有关"定远"舰飞桥一开炮就"震飞""震塌""坍塌"的说法,在研究著作以及街头巷尾的闲谈中人云亦云,越说越形象,直至被引用为论证北洋海军军纪废弛、武器保养不善的证据。实际除了对泰莱回忆录和丁汝昌报告进行对比外,从"定远"舰的舰体结构上稍做简单分析,也不难发现这种说法的荒谬之处。

"定远"级铁甲舰的飞桥甲板位于两座主炮塔上方,主要用作露天指挥平台,前后分别有木梯和金属支柱与首尾楼甲板相连,飞桥甲板的中央设有方形的梯道开口,可以由此顺梯而下进入位于飞桥下的装甲司令塔内。设计时为了进一步加强飞桥甲板的牢固度,在装甲司令塔顶部的四周,又增加了一共 10 块宽大的钢铁三角形肘板,如同一群伸展的臂膀一样托举着飞桥。这样的结构如果真的出现了"坍塌""飞去"的情况，会对周边紧密连接的司令塔等设施产生怎样的破坏影响是可以想见的，但是整个海战中并未有任何关于"定远"舰司令塔及飞桥周边设施受损的记录，而且战后也无这方面的修理记录。另外，大东沟海战的当日，"定远"级铁甲舰的主炮塔都没有安装炮罩，处于露天作战状态，试想如果高处的大型飞桥甲板坍塌下来，又会对露炮台造成怎样的破坏？但是在关于海战的所有史料中同样并无法找到关于"定远"舰露炮台被飞桥砸损的记录。

还值得加以注意的是，在大东沟海战之前的 1894 年 5 月李鸿章检阅北洋海军时，"定远"舰的主炮曾多次打靶射击，也并未出现由此导致飞桥甲板上阅兵官员受伤，或对军舰舰体结构产生破坏的事情。

亡命"比叡"

北洋海军提督丁汝昌在飞桥上受伤后，很快被赶来的属下搀扶到首楼内，弹雨中两名水兵为了救护提督不幸中弹牺牲。但是丁汝昌拒绝进入位于主甲板下舰首部位的军医院，而是坚持坐在"定远"舰首楼内，要继续看着他的士兵们作战。这个位置连接着舰首和后方的主炮塔，而且还有两架木梯可以通到首楼甲板上，是一处重要的通道。来来往往的水兵忙碌着，将通过主炮塔地板上的开口从弹药库提升上来的弹药运送往舰首 150 毫米口径副炮炮位的底部。望着这些可爱的士兵们，老提督强忍住伤痛，每有人从自己身旁经过，都会投以亲切微笑，并用言语加以鼓励，激励士气，"提督坐一道旁。彼伤于足，不能步立；惟坐处可见人往来，见辄望之微笑并作鼓振之语"[69]。

在军医院包扎完伤口的泰莱很快从这里经过，看到这番情景后不禁深为感动，与丁汝昌握手，并用有限的一些汉语单词向提督表达慰问和尊敬。"予过之，用半通之华语及英语，互相勉力。终乃与作表示同情，崇敬，且钦佩之握手，凄然前行，心中犹念及不幸之丁提督所处地位之可哀。"[70]丁汝昌的眼神中透出一丝凄凉，这位任事勤勉的海军提督从丰岛海战事起，就成为朝中清流派交相攻击的对象，此时实际已经被革去职务正在戴罪效命，"即行革职，仍责令戴罪自效"[71]。对海军、对丁汝昌并无了解的清流士大夫们，仅凭着任意发挥的想象，对国家前敌的将领进行中伤，意图去之而后快，以将淮系势力驱逐出海军，削弱李鸿章的势力。坐在舱内的丁汝昌已经看不见海战场上的景象，只能默默在心中祷告，希望属下的将领们能够尽量发挥战术，歼除可恶的日本军舰，消弭朝中对于自己和海军的种种猜忌。

由于丁汝昌在舰上主要身份是督战者，因而腿部受伤并未影响他执行自己的职能。北洋舰队的战术指挥则仍然由左、右翼总兵在继续执行，也没有受到提督负伤的影响。大部分中国军舰都在追随着旗舰"定远"进行运动，没有出现今人想象中彻底失去指挥的混乱情况。

然而，北洋舰队的乱战战术是否能有效发挥，此刻又要画上一个更大的问号了。由于炮位单薄，射速迟缓，加之炮弹效能低下，无法在短时间内给敌方造成大的损害，北洋舰队没有能够在日本舰队横越自己阵前时制造战果。随着双方军舰的距离逐渐接近，北洋舰队已经失去了使用大口径火炮在远距离攻敌的优势。现在日本联合舰队已经运动到了利于进行炮战的最佳距离，开始发挥他们火力凶猛的特点进行炮战。但对北洋舰队而言，受编队航速制约，短时间内还无法逼近日本舰队进行切入敌阵的乱战，他们将不得不暂时搁下完全主动出击的乱战战术，被迫与日本联合舰队进行自己并不占优势的炮火对击。

炮战刚刚开始了几分钟的时间，旗舰"定远"的旗语信号系统就已被摧毁。邻近旗舰的"镇远"舰也遭到了日本联合舰队的集中攻击，用于旗语信号指挥的桅杆同样成为攻击的焦点，正在前桅上桅盘测定敌我距离的枪械三副池兆瑛被雨点般打来的机关炮弹击中，"适有敌弹飞至，穿其胸而颠，血肉飞坠"[72]，壮烈牺牲，年仅 29 岁。远处"靖远"舰上的文案沈寿光此刻还不知道，自己的爱子（池兆瑛随母姓）已经为国捐躯。与池兆瑛同在桅盘里作战的水兵也在攻击中牺牲殆尽，"海战结束了，我们有时间四处进行一下检查，事实上这些军舰情况很糟糕。'镇远'舰的前桅上部战斗桅盘有很长时间没了动静，那里原驻有 5 名士兵与 1 名军官，前者是操作 2 门 1 磅哈乞开斯炮的炮手，后者是一名测距员。桅盘上的 2 个弹孔预示着情况不妙，检查后发现原来是一枚穿甲弹穿透桅盘，将 6 人全部打死"[73]。

日本联合舰队火力的凶猛已经完全展露出来。

不过，正当第一游击队在北洋舰队右翼将"超勇""扬威"打得火起的时候，日本联合舰队本队的编队内也突然出现了一个裂口。以纵队队形缓慢通过北洋舰队阵前的联合舰队本队，虽然利用密集的舷侧火力在炮火对抗中居于上风，然而他们面对的毕竟是北洋舰队参战军舰中的全部精锐，侧面大量暴露在外的本队军舰接连遭到攻击。

13 时 4 分联合舰队旗舰"松岛"再次中弹，炮弹穿透了主甲板，刚好落在"松岛"舰炮房内左侧的第七号机关炮炮位，火炮被击毁，3 名炮手受伤，1 名信号员当场毙命[74]。

不久本队的三号舰 "严岛" 也被击中，首先是 1 枚 210 毫米克虏伯炮射出的炮弹命中了 "严岛" 舰右舷的鱼雷发射室引发爆炸，导致 11 名水兵受伤。紧接着又有 1 枚 150 毫米克虏伯炮发射的炮弹再次命中右舷，在 "严岛" 舰后部水线附近的轮机舱炸响，少机关士松泽敬让等 6 人受伤[75]。

13 时 10 分，即 "超勇" 舰被炮弹击中燃起大火时，日本本队的四号舰 "桥立" 又被击中。炮弹命中 "桥立" 舰舰首的 320 毫米主炮塔，弹片四散，在炮塔内督战的分队长高桥义笃海军大尉、炮术长濑之口觉四郎海军大尉以及二等兵曹广原重槌毙命，另有 7 名水兵受伤[76]。

此时的战况，正如当时在本队外侧航行的 "西京丸" 舰事后在战报中所说的那样，"下午 1 时 5 分左右，彼我舰队炮击最盛"[77]。

由于本队的先头军舰即将从北洋舰队阵前航过，按照风帆时代战列线作战的传统，伊东祐亨下令本队开始转舵向左航行，准备进行大回转后重新越过北洋海军阵前，改用左侧的炮火再与北洋舰队作战，以便让右侧炮位得以休整、补充。为便于机动，伊东祐亨同时下令本队军舰的编队航速从 8 节提高到了 10 节。激战之中，日本联合舰队的司令官似乎忘记了一点什么。各舰以 "松岛" 的动作为榜样依次执行，"千代田" "严岛" "桥立" ……… "桥立" 舰舰长日高壮之丞海军大佐突然得到报告，后续的 "比叡" "扶桑" 没有跟上来，脱离了队列！

位于日本联合舰队本队末尾的是两艘旧式的铁甲舰 "比叡" 和 "扶桑"。1874 年日本入侵中国台湾，在福建船政水师和淮系陆军的水陆威势下被迫撤兵。事件结束后，感受到当时和中国在海军力量上的差距，日本向英国定购了 3 艘铁甲舰，分别是 2 艘 "金刚" 级、1 艘 "扶桑" 号。

"比叡" 是 1875 年定购的 2 艘 "金刚" 级铁甲舰之一，1875 年建造于英国彭布罗克郡米尔福德港造船厂，外形上看起来很像帆船，属于风帆战舰向蒸汽战舰过渡的产物。由英国舰船设计师爱德华·瑞得爵士设计，母型参考了俄国的铁甲舰 "海军上将" 和英国铁甲舰 "宝石" 号，属于老式的船旁列炮铁甲舰。军舰的排水量 2200 吨，舰长 70 米，宽 12.4 米，吃水 5.3 米。武器装备为露天安装在主甲板两侧的 2 门有效射程为 5400 米的 170 毫米口径克虏伯炮，6 门射程为 11000 米的 150 毫米口径克虏伯炮，以及 75 毫米、80 毫米口径克虏伯舢板炮，11 毫米口径五管诺典费尔德机关炮各 2 门，四管诺典费尔德机关炮 4 门。同时配有 2 具 14 英寸口径

◎ 日本海军小型铁甲舰"比叡"。

鱼雷发射管。作为老式的铁甲舰,"比叡"沿水线带还敷设有137毫米厚的装甲。"比叡"的动力除了可以在3根桅杆上张挂风帆外,轮机舱里还装有1台卧式往复双汽缸蒸汽机,配合6座燃煤锅炉,驱动1个螺旋桨。新造时的航速可以达到14节,时逾近20年,现在只能勉强到达8节的航速,已赶不上本队前列军舰的步伐。

站在烟囱之前飞桥上的"比叡"舰舰长樱井规矩之左右海军少佐满脸通红,虽然从心底里想咒骂自己的舰队司令是个笨蛋,但无奈只能下令轮机舱部门尽量提高航速。随着时间推移,他的战舰与前面的本队其他军舰已经无可挽回地拉开到了1000米以上,彻底脱离了本队前列的军舰。

跟随在"比叡"身后的"扶桑"号,是1875年为超越中国海军购入的另外一艘铁甲舰,同样由爱德华·瑞得爵士设计,设计上模仿了英国海军的"铁公爵"号。军舰的排水量3717吨,长度比"比叡"略短,为67米,但是舰宽达到了14.6米,吃水5.5米,外形上显得五短三粗。"扶桑"的火炮布置比"比叡"略微先进,采用的是八角台布局,即在军舰中部用装甲围出一个八角形的空间作为炮房,作为主炮的4门有效射程为5000米的240毫米口径克虏伯火炮分别按照在四角的斜边上。这样集中防护的布置方法，比围绕全舰布置水线带装甲更节省有效载重，然而装在八角炮房里的4门火炮，不可避免地面临射界狭窄的弊端。除去主炮外，"扶桑"的武器还有2门170毫米口径克虏伯炮，6门75毫米口径克虏伯舷板炮，7门诺典费尔德四管机关炮，2门诺典费尔德五管机关炮。

　　"扶桑"舰早期的外形和"比叡"一样，也是个带动力的帆船，但是后期进行了现代化改造，去除了中桅，前后两根桅杆也变成了装有战斗桅盘的军桅。"扶桑"的蒸汽动力为2台蒸汽机，双轴推进，新造时的航速为13节，现在显然也无法到达10节。不仅如此，由于设计时的缺陷和回国初期的保养不善，舰体一度锈蚀严重，曾为李鸿章告诫中国工程技术人员的反面教材。

　　与这两艘难兄难弟一起掉队的，还有本来位于本队外侧的"赤城"与"西京丸"。随着本队前列4艘军舰的高速离去，这两艘原本并不想用来作战的军舰开始暴露在北洋舰队阵前，于13时9分与中国军舰交火[78]。由于舰况较好，2913吨的"西京丸"号把小小的"赤城"甩在身后，卖命地追赶上本队前列军舰。"西京丸"上的水手原来都是商船水手，虽然经过短暂训练，学会操作舰上的1门120毫米口径的阿姆斯特朗速射炮，但是第一次亲身参加这样规模的海战，多少显得手足

◎ 日本海军铁甲舰"扶桑"。

◎ 日本铁甲舰"扶桑"的八角台炮房内景。

无措。海军军令部长桦山资纪为此急得走到甲板上，直接呵斥指挥，驱使督促官兵作战。

日本联合舰队本队后队军舰脱队的情况很快被北洋舰队注意到，这些军舰与北洋海军战阵的距离已经很短。原本正在将舰首右转，准备继续追踪射击"松岛"等军舰的中国军舰，看到了一个大好的机会。1894 年 9 月 17 日 13 时 10 分之后不久，北洋舰队终于得以开始发挥乱战战术了，尽管他们已经失去了将近 2 个小队的战力——第四小队的"超勇""扬威"受困在大火中，第五小队的"济远"仍然龟缩在大队的后方。第一小队的"定远""镇远"两艘铁甲舰开始向掉队的日本军舰急速驶去，第一小队左侧的"经远""致远"舰也在加速航行，脱离原先的整体队列，冲向日本军舰，右侧的"来远""靖远"两舰也在急速前驶。几艘中国军舰上都迸发出冲敌陷阵时特有的怒吼声，提督丁汝昌激动地等待着水兵向他报告战果。

从海战场上弥漫的硝烟中，"比叡"舰上的日本海军官兵突然发现，亚洲第一巨舰"定远"号铁甲舰出现在自己的右舷，旁边似乎还有一艘中国的装甲巡洋舰"经远"号，都在高速驶来，似乎是想要发起恐怖的撞角攻击。距离只有 700 米不到了，大大小小的炮弹不断落在"比叡""扶桑""赤城"等军舰附近。"在'比叡'

舰与前面的我舰相距约一千米时，敌旗舰'定远'与'经远'舰一起向'比叡'舰驶来，进逼至相距七百米的地方。这时处于险境的'比叡'舰距敌舰近，距我舰远，而敌舰又是东洋第一大铁甲舰。我舰发射的炮弹，即使命中敌舰，也只能碰到铁板上弹回落于海中。我'比叡'舰几乎陷于死地……"[79]

　　跟随在"比叡"之后的"扶桑"舰开始向左侧转向驶避，原本横向距离"比叡"较远的"赤城"舰也在拼命转向左侧，都要逃离这块是非之地。没有僚舰支援的"比叡"为了避免侧面遭到中国军舰冲撞，竟然开始调转舰首直冲向"定远"与"经远"两舰之间，樱井规矩之左右如同一个输红眼的赌徒，想要做最后的一搏。

　　我"扶桑""比叡"二舰在战斗序列之最后。敌舰在激烈的交战中驶近我军舰队。"扶桑""比叡"二舰因落后，敌舰阻止他们与联合舰队本队会合。因敌舰从左翼炮击"扶桑"和"比叡"舰，二舰立于颇为苦战之地位。[80]

侥天之幸

日本铁甲舰"比叡"调转航向驶来的情景着实让中国舰上的官兵吃了一惊，"比叡"舰舰长樱井规矩之左右在大难临头之际所做的这一举动，与其说是运用了大胆的谋略，不如认为是本能的下意识避害反应的体现。"比叡"之所以迎头直冲中国军舰而来，更多的原因是担心侧舷对敌时难以躲避中国军舰的冲撞。现代中国的一些相关著作中，把"比叡"舰这一疯狂的举动，诠释成是企图穿越北洋舰队阵列，与即将绕到北洋舰队背后的联合舰队本队会合，则纯属是事后诸葛亮式的理解。实际上，此时樱井规矩之左右脑海中充满的是如何逃脱险境，至于本队即将要航向哪里，心里最清楚的只有"松岛"舰司令塔内的伊东祐亨。从战后日本联合舰队的报告来看，当时联合舰队本队也根本没有打算绕到北洋舰队的背后，而只是担心与北洋舰队距离过近，准备向左侧甩出一个大圈，旋转转向再度从北洋舰队阵前驶过而已。

等待"比叡"的将会是怎样的境况，虽然此刻还是未知数，然而从之后的交战情况看，"比叡"舰的这次转向实际阴差阳错地走出了死中求活的关键一着。面对突然驶来的这艘日本军舰，于"比叡"左右夹击的"经远""定远"舰都多少显得有些投鼠忌器，在这样近的距离进行相向交叉射击，敌舰肯定在劫难逃，但也很容易误伤己方友舰，中国军舰上火炮的射击开始束手束脚起来，"清舰虞其自相攻击，不甚加以炮火，可谓侥天之幸"[81]。

"定远""经远"等舰的中、大口径火炮担心误伤友舰，大都没有朝"比叡"射击，仍然在攻击舰首方向通过的日本军舰。跟随在"比叡"之后的"扶桑"舰，是当时日本海军旧式铁甲舰中设计较新的一艘，舰长的军衔为海军大佐，高于"比叡"等舰。"扶桑"舰装备有当时日本海军中口径仅次于三景舰和"浪速"级军舰

◎ 日本明治神宫壁画《黄海海战》，画面上表现的是"比叡"舰冲入北洋海军舰阵时的景象，画面左下方挂着龙旗的军舰是北洋海军"经远"。

主炮的 240 毫米口径巨炮，因而被排列在重要的队尾压阵位置，意图以这艘拥有大口径火炮和厚甲的铁甲舰为队尾的军舰提供火力支援，加强队尾的实力。孰料"比叡"舰掉队遭到围攻后，后续的"扶桑"舰并没有实施任何配合救援措施，而是扔下友舰而去。"扶桑"舰舰长新井有贯海军大佐这一不太光彩的举动，在战后的报告中则被描绘成："我'扶桑'舰上的人员以为稍向右转，则可发射巨炮，因而向舰长提出了建议。但'扶桑'舰舰长从容不迫，出人意料地向左转弯……为我国海军保住了一艘价值三百万日元的军舰。"**82**

正在左转加速从北洋舰队阵前近距离驶过的"扶桑"舰，恰好成了中国军舰舰首方向炮火的绝佳目标，很快就有一颗炮弹射中了"扶桑"的左舷，一处装有吊床的舷墙被击坏，海军少尉丸桥彦三郎等负伤。司令塔内的舰长新井有贯已经顾不上留意这些，声嘶力竭地对着通话筒喊叫，催促轮机室加快航速，"扶桑"舰渐渐离开"比叡"，追赶本队远去。

"比叡"舰陷入了"定远"和"经远"的围攻中，位处2舰外侧的"镇远"与"致远"舰也在寻找机会，遥发火炮助威。值得现代人加以注意的是，由德国伏尔铿造船厂的总设计师鲁道夫·哈克设计的"定远"级军舰，距离水面很近的主甲板由于外围没有任何遮护，而且高速航行时容易上浪，并没有作为战斗平台来考虑，这级军舰几乎所有的火炮都高居在纵贯全舰的甲板室顶部甲板上。

除了安装在首尾的2门150毫米口径克虏伯炮，以及军舰中部靠前位置的4门305毫米口径克虏伯炮以外，"定远"级军舰剩余的大量小口径火炮都部署在主炮台之后的甲板室顶部甲板上，依托着甲板边的舷墙提供防护。此刻，在向日本军舰"比叡"倾泻怒火的，就是这些小口径的火炮，2门口径分别为47毫米和57毫米的哈乞开斯单管机关炮在对准"比叡"快速射击，紧邻这2门火炮的是2门近距离威慑力更大的哈乞开斯37毫米口径五管机关炮，随着炮手不断转动把手、压下扳机，五根炮管在高速旋转，弹壳不断地落在炮手脚下，一颗颗炮弹向"扶桑"飞射而去。

由于采取的是老式船旁列炮方法布置炮位，"比叡"舰的2门170毫米口径火炮和6门150毫米口径火炮都露天安装在主甲板上，透过开设在舷墙上的炮门向外射击，尽管船舷有高高的舷墙可以防御小口径炮弹，但是舷墙上雨点般的中弹声对本就训练不足的日本水兵而言，不啻死神的敲门声，心里的恐惧可想而知。

更加可怕的打击来自高空，"定远"舰虽然开战后不久失去了前桅上桅盘内的机关炮火力，而后桅上桅盘里的2门哈乞开斯五管机关炮仍然可以居高临下扫射"比叡"的舱面。在"比叡"舰的右舷，和"定远"同为德国伏尔铿造船厂建造的"经远"号装甲巡洋舰上，桅盘里也有2门正在高速射击的机关炮。"比叡"舰的主甲板上已经是弹如雨下，陷入一片硝烟中，各炮位的水兵抱头鼠窜，纷纷寻找遮蔽所躲避，露天甲板上被打得碎片四溅纷飞。

从战后日本海军军令部编纂的《廿七八年海战史》刊载的弹药消耗统计数字看，"比叡"舰的2门170毫米口径的克虏伯炮共携带了250颗炮弹，但是仅仅消耗了26颗，150毫米口径克虏伯炮的炮弹储备数字更让人瞠目结舌，弹药库里的1000发炮弹，只用去了55颗。其中除了日本水兵射术不佳，操作本就射速不高的旧式架退后膛炮不够熟练等因素外，作为火炮发射平台的露天甲板长时间遭到北洋舰队的火力压制，应该也是重要原因。

然而北洋舰队内的部分军官看出了一丝忧心的问题，如果仅仅依靠小口径的机关炮攻击，无论如何都无法摧毁眼前这艘疯狂的日本军舰，必须要采用一些更行之有效的攻击措施。

如同无头苍蝇般的"比叡"舰仿佛一头撞进了一个炮弹横飞的恐怖巷道，在硝烟弹雨中艰难地向前航行，舰体上早已遍体鳞伤，大小火炮都沉默不语。伴随着射向"比叡"的小口径机关炮弹，一颗可能是由"经远"舰右舷150毫米口径克虏伯炮射出的炮弹命中了"比叡"右舷的仰角计。随着炮弹爆炸，九号炮位附近的一等兵曹团野兼藏、二等兵曹西谷源六郎、一等水兵金井助藏以及四等水兵西原久松被弹片击中毙命，甲板上血肉横飞。但是很快，被打得抬不起头来的"比叡"舰官兵觉得中国军舰上的炮火仿佛减弱了，"经远"舰一瞬间停止了所有火炮的射击，正从侧翼高速向"比叡"舰贴近。樱井规矩之左右舰长几乎不相信自己的耳朵，他的属下报告，"经远"舰的甲板上出现了大批身着红色制服的中国海军陆战队士兵[83]。

跳帮厮杀是一种诞生于风帆战舰时代，充满了罗曼蒂克情调的海军战术，将这种古老的战术和蒸汽钢铁军舰联系到一起，在今天的人们看来可能是很难想象和理解的，但在19世纪中后期这却是海军作战的标准战术样式之一。舰队间保持着整体阵形进行接近交火，到达足够近的距离后，军舰开始脱离整体编队去试图撞击敌舰，然后挥舞着大刀，手持步枪、长矛的陆战队士兵和水兵会冲上敌舰去厮杀，"凡碰船必以船嘴向前……如敌船已经受伤，正可斩将俘获矣"。

"经远"号装甲巡洋舰的管带林永升是福建船政后学堂第一期毕业生，曾留学英国，并在英国地中海舰队的万吨级铁甲舰"马那杜"号上经历过长期实习，得到了"勤敏颖悟，历练甚精"的实习评语。这位在纳尔逊精神培养中成长起来的中国海军将领，看来是深受欧风影响，对于近在身旁而且火力已经被完全压制了的日本军舰"比叡"，林永升可能觉得应该采用跳帮战术将其俘获了，生擒一艘敌舰，想

◎ 北洋海军装甲巡洋舰"经远"。

来要比击沉她更具有英雄主义色彩。尖锐的哨笛声响起,"经远"舰上的陆战队士兵都聚集到了军舰右舷,手持毛瑟步枪、大刀长矛以及跳板绳索,紧张地等待发起攻击的一刻,一些穿着蓝布军服的水兵也加入了他们的行列。在与"经远"一起夹击"比叡"的"定远"舰上,机关炮声也渐渐零落停顿了下来,和林永升有同乡、同窗之谊,而且曾经同在英国海军"马那杜"号铁甲舰上实习过的"定远"舰管带刘步蟾可能是明白了这位老同学的意图。

左翼战场上陷入了一片死寂,正在"定远"舰上四处巡走的洋员泰莱感觉好像是进入了足球比赛里的中场休息。"中场休息"的寂静很快被"比叡"舰打破,为了抵御可怕的接舷厮杀,安装在"比叡"舰首尾和中部飞桥上原先被中国军舰火力压制的诺典费尔德多管机关炮重新打响,开始急速射击。同时"分配操纵大炮的人也都跑到(甲板)上面,手握步枪,上好刺刀,伏卧以待对方冲锋"。在不到5分钟的时间里,"比叡"右舷的3门机关炮向"经远"舰发射了大约1500发炮弹。由于"比叡"舰的机关炮安装位置较低,无法扫射拥有高大舷墙遮护的"经远"舰的主甲板,对"经远"舰的舰面人员并未能造成多少杀伤。但是看到日本军舰仍然拥有猛烈的火力,林永升对于接舷作战能否顺利实施产生了怀疑。在"经远"尝试接舷作战而逝去的这段时间里,"比叡"舰已经驶到"定远"和"经远"之间狭窄

"巷道"的巷尾。

"比叡"舰主甲板上的人们惊魂甫定,正在努力透过笼罩战场的浓浓烟雾,观察刚才的射击给"经远"舰造成的伤亡情况。突然从"经远"舰的方向,海面上又出现了两条急速而来的水波,林永升显然是不甘心白白放走这艘日本军舰,但"经远"级军舰的尾部没有装备任何中大口径的火炮,因而只得使用鱼雷兵器。随着管带的命令,"经远"舰的中部和舰尾鱼雷室很快发射出了 2 枚 14 英寸直径黑头鱼雷,然而"经远"舰这两处鱼雷发射管的发射口都很狭小,水平射角有限,鱼雷在距离"比叡"舰舰尾 7 米外的地方抱憾错过[84]。

虽然刚刚发生的一幕苦战实际仅仅只有几分钟的时间,但对身在"比叡"舰上的日本官兵而言,简直如同经历了一次由死到生的体验。面对身边倒下的伙伴,很多日本水兵第一次感受到了海战的残酷。从鬼门关旁擦肩而过的"比叡"舰中,一些笃信宗教的水兵在口诵佛语,感谢佛祖保佑,舰长樱井规矩之左右则有点得意扬扬地慨叹"敌舰怎能击中上天保佑的我舰呢?"[85]刚刚脱离险境沉浸在一片侥幸之庆中的日本军人,仿佛忘记了在自己的左后方的亚洲第一巨舰"定远"。

"定远"舰一直对舰首射击的左侧露炮台里,随着水压机构的缓缓转动,305毫米口径巨炮黑洞洞的炮口此时已经转向侧后方,对准了"比叡"。

◎ "经远"舰尾部鱼雷发射室。

"装兵倭船"

　　19世纪的蒸汽军舰上，庞大的蒸汽动力设备和复杂笨重的弹药武备等装置通常会占用舰内大量的空间，因而军舰上可用于布置其他生活功能舱室的空间非常有限，除了大型的军舰外，一般的军舰内都不会有专门的军医院。由此，从风帆战舰时代开始延续下了一个海上习俗，即战时会将位于军舰舰尾宽敞的军官餐厅作为急救所来使用，狭窄逼仄的军舰内部还无法奢侈到一间舱室只充作一种功能使用。军官餐厅里长长的橡木餐桌，平时军官们围坐在周围或会议，或用餐，战时则就会成为手术台。在纳尔逊时代，一些老水手们经常会特意地向上舰参观的人介绍，桌布上哪些痕迹是菜肴汤汁留下的，哪些又是鲜血染成的，然后等着欣赏听众们惊愕的表情。

　　"比叡"舰和海战场上的大多数中日军舰一样，海战开始前不久也将位于主甲板下的军官餐厅草草改造成了军医院，刚刚遭受了"定远""经远"等中国军舰猛烈的打击，大量的伤员被送到这里。军医和护理兵们正站在餐桌前给伤员做手术，地板上为了防止滑倒而敷设的砂土已经被血染成了红色，餐厅里充斥着伤员撕心裂肺的哀号声，空气中都是令人作呕的血腥味。听到甲板上的炮声渐渐停歇，这里的人们也都不由得长出了一口气，看来自己的军舰已经脱离虎口了。

　　突然间，远处传来了一阵如同巨兽咆哮般的吼叫声，低沉的声音由远而近，室内的空气仿佛也为之在颤抖。"定远"舰水平发射的一颗305毫米口径的大倍径开花弹以雷霆万钧之势击穿了"比叡"舰左舷后部的船壳板射入舰内。紧接着是一声雷鸣般的爆炸，碎片、硝烟、被炸碎的肢体……"比叡"舰的内部成了恐怖的地狱。"比叡"舰的军官餐厅受损严重，室内一片狼藉，海军大军医三宅贞造、少军医村越千代吉、二等护理员石川泷五郎、大主计石塚铸太等17人当场被炸死，（根据日本明治十六年 12 月 15 日公布的《太政官布告第 58 号》所载，大主计是海军主计部门的军官，级别与海军大尉相同，舰上的主计部主要负责会计、采买以及厨房，类似舰上的后勤部。大军医则是舰上军医部门的军官，级别也与海军大尉相同。）海军大尉高岛万太郎等三十余人受伤。"刚刚稍为放心时，突然有一颗巨弹飞来，击毁了'比叡'舰的军官室，军医长三宅贞造、大主计石塚铸太等十余人被炸得稀烂，血肉横飞，仅幸免于全舰人员阵亡。"[86] 受到巨弹爆炸冲击，"比叡"后樯杆延伸至主甲板下的部分被击中，后樯在怪响声中可怕地摇晃。由于舰内结构遭到了极大破坏，军舰的后部主甲板局部坍塌下陷，几颗放置在后甲板上的炮弹也被引爆，燃起了伴随有黄色烟雾的熊熊大火。

目睹"比叡"舰的惨状，四周的中国军舰尚未来得及享受胜利的喜悦，很快他们就发现，装填黑火药的开花弹爆炸的威力十分有限，刚刚命中的那颗炮弹还不足以让这艘日本军舰立刻沉入海底。"定远"舰右侧的同队姊妹舰"镇远"很快动作起来，左侧炮台的 305 毫米口径巨炮也转向侧后方对准了"比叡"舰，枪炮大副曹嘉祥和德籍炮术顾问哈卜门指挥水兵将一颗硕大的炮弹装填进了炮膛，"镇远"舰的炮术军官计划"以一发炮弹从舰首到舰尾，以对角线穿射，即可致其死命"。由于距离很近，水兵们用平射轻而易举地又击中了"比叡"，樱井规矩之左右的面部已经紧张得快要变形了，坐在"定远"舰首楼里的北洋海军提督丁汝昌看着周围额手相庆的官兵为之激动不已，接连 2 颗 305 毫米直径巨弹的打击，眼前这艘日本军舰看来是在劫难逃了。然而出乎所有人意料的是，"镇远"射出的这颗炮弹并没有能炸响，这是一颗永远不会爆炸的实心弹[87]。

"比叡"舰带着浓烟大火从北洋舰队的阵后向右翼方向匆忙逃离，消失在了战云缭绕中……

大东沟海战之后，"镇远"舰的洋员马吉芬追忆起这段难忘的战斗经过，认为当时由于距离过近，中国军舰射向"比叡"的大口径炮弹大都采用了水平发射，这对于一艘舷侧包裹有装甲的铁甲舰而言，显然很难触及其要害。我们不妨设想，倘若当日有大口径炮弹从上部穿透"比叡"的主甲板，击入舰内的机舱或弹药库中再发生爆炸，这艘日本军舰的命运就可想而知了。不过此刻，左翼的一些中国军舰上还是传出了胜利的呐喊声，由于战场被烟雾笼罩，能见度不高，已经看不见"比叡"舰的一些中国海军官兵们误认为，刚才那艘不要命的日本军舰肯定是被击沉了。击沉一艘日本军舰对于这些被国家寄予了太高期望的海军将士们而言，是怎样的幸福啊！但宛如1886年醇亲王踌躇满志地检阅完北洋舰队这支近代化海军时突然见到的海市蜃楼一样，这只是一场幻境。

当"定远""经远"两舰合力围攻落单的"比叡"时，北洋舰队阵列前方的硝烟中又出现了一艘日本军舰，弱小的"赤城"舰。

在"比叡""扶桑"舰掉队的同时，位于联合舰队本队外侧非战斗序列的"赤城"舰也随之脱队。原本和"赤城"编列在一个分队的还有军令部长桦山资纪乘坐的"西京丸"号，但是本队队尾的"比叡"舰掉队时"西京丸"就早早扔下了同队军舰"赤城"，只顾高速追赶本队主力。途中在13时14分时曾遭到了"定远"或"镇远"的炮击，主甲板上的军官舱室被击中受损，"军官室及其附近上甲板和各舱室损坏甚大"。此后"西京丸"更是无暇回顾，急追本队而去[88]。

随着"西京丸""扶桑"远去，"比叡"在穿越北洋舰队阵型逃走，日本联合舰队掉队的军舰只剩下了弱小孤单的"赤城"号。与后世那艘著名的航母不一样，第一个使用"赤城"这个舰名的军舰是排水量仅有612吨的炮舰"赤城"，此刻是战场上交战双方序列中最小的军舰，名为炮舰实际称之为炮艇更为合适。这艘

◎　日本炮舰"赤城"。

军舰属于"摩耶"级炮舰，是四艘同级舰中最后建成的一艘，1890年7月在日本的小野滨造船厂完工，军舰的长度只有区区47米，和北洋海军的蚊子船长度类似，宽度8米，吃水非常浅，仅为2.95米。和"摩耶"级最早完工的"摩耶""鸟海"两艘军舰不一样，"赤城"舰的舰体没有再采用传统的铁制船壳，而是和另一艘姊妹舰"爱宕"一起都用了更为时兴的钢。军舰采用的动力设备是两台水平往复蒸汽机，功率960马力，双轴推进，新造时测得航速为12节，此时的航速退化到了10节。

作为一艘炮舰而言，"赤城"舰的舰体设计显得略为怪异，军舰外观上的主要识别特征为双桅单烟囱，前后桅上都设有瞭望桅盘。军舰的主甲板非常低矮，为了增强适航性，提高破浪能力，军舰的舰首设计了一段不长的首楼。首楼甲板上设置锚床和吊锚杆，并安装有1门120毫米口径旧式后膛炮，首楼内则是起锚绞盘、锚链舱等设施、舱室。自首楼向后，"赤城"舰的主甲板以及舰尾也各配备有1门同式的120毫米口径火炮，另外舰上还装备有6门47毫米口径的哈乞开斯单管机关炮。在这样小的舰体上承载如此之多的武备，使得甲板上显得拥挤不堪。由于低矮的主甲板在航行时容易上浪，"赤城"舰的主甲板外缘又增加了一圈可折倒的挡板，这种挡板在高速航行时支起，防止海浪扑上主甲板，作战时则折倒放下，以露出安装在主甲板上的火炮，方便射击。由于密布舷边都是折倒的挡板，甲板上的火炮武备也似乎淹没在杂物和上层建筑的阴影中，使得"赤城"在陌生人眼中，很难与一艘军舰联想到一起。

联合舰队司令长官伊东祐亨之所以将炮舰"赤城"编入这次出行的序列，原是没有预料到会和北洋海军的主力遭遇，只是想带着这艘吃水浅的军舰，便于进出港湾河汊侦察中国军队登陆活动的迹象，根本未曾考虑到要让"赤城"舰参加大规模的海战。但是此时弱小的"赤城"舰已经被友舰抛弃在北洋舰队的炮口前，身在司令塔内的舰长阪元八郎太海军少佐惊恐地发现，"来远"等中国军舰正在向自己杀来。

但是这位日本舰长怎样也不可能想到的是，他指挥的军舰在北洋舰队眼中竟然被判断成是一艘装载陆军的运输船，炮舰"赤城"成了"装兵倭船"。从9月17日中午发现日本联合舰队开始，北洋舰队就形成一个先入为主的误判，认为眼前出现的日本联合舰队主力，目的是为了掩护陆军到海岸登陆，攻击大东沟内正在登陆的铭军。

对于外形矮小的"赤城"号，中国军人无法想象这会是一艘军舰——日本人似乎不至于派出这样的小船来参加海战，既然出现在这个位置而又不是用来作战的军舰，那么理所当然就是运兵船无疑。由于北洋舰队此行的任务是负责掩护铭军登陆，此刻出现在大东沟附近的日本"运兵船"，显然要比联合舰队的军舰对登陆行动更具有威胁，也更有攻击的价值。为了阻止日本陆军登陆，将日本运兵船歼灭，北洋舰队的注意力一下子集中到了近在咫尺的"赤城"舰身上。

面对险境，"赤城"舰没有做出如同"比叡"那般疯狂的举动，毕竟她只是一艘没有任何防护的小军舰。"赤城"舰仍然沿着远去的本队军舰的航迹，照直继续在北洋舰队的阵前航行。位于北洋舰队右翼的第三小队"来远"号装甲巡洋舰从"赤城"舰的右舷方向开始加速逼近，刚和"比叡"进行过交战的北洋舰队第二小队"致远""经远"舰则从左翼方向追击"赤城"，第一小队的"定远""镇远"还是利用巨炮遥击助威。值得回味的是，根据战后的日方记载，从左翼方向追击"赤城"的中国军舰中，除了"致远"与"经远"之外，还出现了一艘特殊的军舰，即第四小队的"广甲"舰。

"广甲"舰是隶属于广东水师的巡洋舰，管带为留美幼童出身的安徽休宁人吴敬荣，甲午战争爆发前与同乡"广乙""广丙"一起留在北洋助战。7月25日丰岛海战时，"三广"之一的"广乙"已经在朝鲜海岸力战殉国，此时"广甲"舰上的广东籍将士们不知胸中是否激荡着为友舰报仇的怒火。令人疑惑的是，"广甲"舰的同队队长"济远"舰，此时却不知去向。

13时20分，围攻而来的中国军舰逼近到距离"赤城"舰约800米处开始炮击，"赤城"舰也用右舷炮火猛烈还击。面对数艘北洋海军的巡洋舰，过于弱势的小炮舰"赤城"无法对抗占优势的中国军舰，没有任何额外防护的舰体多处被穿透，交火中"赤城"舰海军少尉候补生桥口户次郎战死，负责指挥后部火炮射击的第一分队长海军大尉佐佐木广胜受伤，由附近的航海士兼分队士海军少尉兼子昱接替指挥。"当'比叡'号横越敌队形后，'来远'号、'致远'号、'广甲'号各舰猛扑'赤城'号，至距离约八百米时，对'赤城'号组成交叉炮火，其苦战程度可知。"**89**

"回转"

左翼的中国军舰发扬乱战战术冲击日本联合舰队掉队诸舰的这段时间里，由坪井航三率领的日本第一游击队四舰仍然在攻击烈火中苦苦挣扎的北洋舰队右翼军舰"超勇""扬威"。"第一游击队一面猛击敌舰，一边通过，逐渐向右转向，呈半月形。"[90]四艘日本海军最新锐的巡洋舰的舷侧，大口径速射炮频繁地射击，中国军舰"超勇"似乎已经再也承受不了这种打击，舰体开始倾斜。

看着两艘中国巡洋舰已经遭到重创，坪井航三遂下令第一游击队准备向右转向航行，绕到北洋舰队阵型的后方作战。然而考虑到一游航速较快很快就能到达北洋舰队阵型后方，担心此举会造成一游与后方本队的队尾军舰形成遥遥相对之势，相互间发射的炮弹有可能造成误伤，于是坪井航三又下令将第一游击队的编队航速从 14 节减慢至 12 节，意图与本队军舰缩短距离后一起绕击北洋舰队。"第一游击队想要再向右方回转，但这样一来，便和本队殿后舰的炮火相对，因此首先发出'速度十二海里'的信号，为了暂时等待和本队形成一条直线，等待殿后舰的到来，不得不和敌舰拉开距离。"[91]

13 时 20 分，由于多数北洋舰队的战舰都在追击"赤城"舰，战场上北洋舰队最初的横阵接战阵型已经荡然无存，转变为"没有固定的阵形，像不规则的单纵阵，又像梯阵"的乱战形态。就在此时，仿佛是上苍又给了北洋海军一次难得的机会，日本联合舰队司令长官伊东祐亨从旗舰"松岛"向第一游击队发出了一个旗语号令，该号令语意模糊，被指挥第一游击队的常备舰队司令官坪井航三错误理解，海战中日方出现第二次指挥错误。

伊东祐亨发出的旗语命令为"回转"，司令塔外的信号兵不敢怠慢，按照"回转"立刻传达下去，这组含义"深奥"的旗语很快就升起在"松岛"舰桅杆的横桁桁端。相对于信号绳索大都在弹雨中被摧毁的北洋舰队，联合舰队此刻还能安然在军舰上采用旗语通讯，北洋舰队火力强度之弱就可以想见了。但是伊东祐亨还没有料到，就是这组旗语竟然引起了歧义。

伊东祐亨这一命令的本意是要求已经到达北洋海军右翼的第一游击队顺势向右转，绕到北洋海军背后发起进攻，与本队形成腹背夹攻的态势。然而第一游击队司令官坪井航三理解为是让第一游击队向左转。随后，由"吉野"开始，第一游击队各舰先后向左转向180度，朝向本队航行。

这次严重的指挥失误，使得本队和第一游击队错失了本来即将实现的腹背夹击北洋海军的目标。战后伊东祐亨和坪井航三在各自的战斗报告中作了十分配合的掩饰。

伊东祐亨称：

第一游击队通过敌阵前，渐次向右转向，但如果仍转向右，便会与本队殿后舰的炮火相向，所以第一游击队便改向左方画了一个大圈，左转了16点（180度）方向。[92]

坪井航三则称：

……继之，第一游击队仍在向右方迂回。如此一来，与本队殿舰的发炮相向而对。遂下令挂出"速力12海里"的信号，暂且等待与本队成一直线。但如果等待到达其位置，与敌之距离就相隔太远。因此，于午后1时20分，断然实行左方16点的转弯（迂回），将本队夹在敌舰与我第一游击队中间通过，并奔向彼（敌）方。[93]

二人的报告里，对伊东祐亨下令第一游击队回转一事绝口不提，更丝毫没有坦白坪井航三对伊东祐亨的旗语号令作了错误理解，而将此举解释为是第一游击队的自主行动。不过在第一游击队"吉野"舰舰长河原要一大佐的战斗报告里，明确提到在这次转向前看到了旗舰"松岛"发出的旗语命令：

本队旗舰"松岛"发出信号："第一游击队来"，我将航速逐渐减至12节。下午1时20分，向左转向16点。[94]

　　向左侧大回转的第一游击队之后处在本队的左侧方向，与本队迎面航行。由于有本队间隔在自己和北洋海军之间，第一游击队各舰得以暂时喘息。伊东祐亨督率的本队军舰此时领头舰已接近北洋海军阵形原先的右翼方向，本队渐渐右转，攻向北洋海军阵形的后方。

　　日本联合舰队编队的这次混乱，使得北洋舰队右翼末端的"超勇"舰得以暂时避过第一游击队的火力圈，向战场外航行，以图自救。然而到了13时27分左右，（据《廿七八年海战史》记载，"超勇"舰沉没时间为13时30分，《日清战役》记载"超勇"舰完全沉没时间为14时23分。）再也无法抵御炎魔侵蚀的"超勇"舰，在烈火中开始下沉……大东沟海战开战半小时以后，北洋舰队损失了第一艘军舰。这艘曾经被称为"白羊座"的撞击巡洋舰，是近代中国建设西式海军，向西方购买的第一艘大型军舰，她的第一面国旗是由洋务运动领导人物曾国藩的长子曾纪泽亲手升起的，她的第一任管带是此刻指挥"镇远"舰作战的北洋海军左翼总兵林泰曾。这艘中国海军史上里程碑式的军舰慢慢消逝在人们的视野中，带着喷薄着黄烟的毒火，载着舰上数百位热血将士一起沉入冰冷的黄海之底。

◎　日本军官清水为政在"西京丸"舰上拍摄到的"超勇"舰沉没前的遗影。照片中左侧露出舰尾的是联合舰队本队的"千代田"舰，右侧露出舰首的是"严岛"舰，在"严岛"舰首前方不远处海平线上的一团烟雾，就是由正在燃烧的"超勇"舰发出。

从大东沟赶到战场的北洋海军鱼雷艇恰好遇到了正在下沉的"超勇","左一"号鱼雷艇停下脚步，驶近"超勇"舰搭救落水的官兵。面对投掷到自己眼前的救生绳，"超勇"舰的管带福建永福人（今福建省永泰县）黄建勋予以拒绝，随波沉没，时年43岁，成为海战中第一位殉国的中国舰长。"超勇"舰的大副翁守瑜先是竭力组织官兵扑灭舰上的大火，当"超勇"舰完全被大火吞噬即将沉没的一刻，也毅然投海自尽，"左右援之，参戎曰:'全船既没，吾何生为？！'一跃而逝"[95]。

1881年，英国海滨城市纽卡斯尔那个迷人的夏季，仿佛又出现在眼前。高塔、华屋、观者如堵、飘扬在大英帝国上空的黄龙旗和那场海军梦⋯⋯

"'比叡''赤城'危险！"

　　与沉入大海的"超勇"舰同处在第五小队的"扬威"舰，也在日本第一游击队的密集攻击中身负重伤，在管带林履中指挥下，拖着滚滚浓烟，努力地向大鹿岛方向的浅水区驶去。由于日本联合舰队的军舰吃水普遍较深，且对黄海一带近海的水文情况不熟悉，因而浅水区就成了中国军舰天然的避风港，大东沟海战后期很多受伤的中国军舰都选择了去浅水区暂避救火。令人感慨的是，"扬威"舰没有选择距离自己最近的浅水，而是向西北方距离战场较远的大鹿岛方向驶去，因为那里距大东沟也更远。

　　今天我们以 19 世纪海军的乱战战术标准来看，百三十年前北洋舰队第一波的冲击显然是不合格的，过于迟缓的航速使得北洋舰队很难贴近日本联合舰队。日本舰队尽管有几艘军舰落伍，遭到北洋舰队部分军舰围攻，但是整体的队形依旧保持得很完整，而这恰好是乱战战术最大的忌讳，即敌阵断而不散。望着机动自如的日本军舰，航速迟缓的北洋舰队只有无奈兴叹，乱战战术已不再具备有效发挥的条件，只有将战力先聚集在落队的日本军舰身上，暂时不去考虑冲散日方的整体阵形。但是单位时间内弹药投射量有限，以及黑火药炮弹自身威力的缺陷，又使得北洋舰队很难在短时间内取得战果。

　　同样是在联合舰队本队和一游因为信号旗语理解歧义发生混乱之际，"来远""致远""广甲"等军舰继续在合力尾追围击弱小的"赤城"舰，"定远""镇远"等主力舰也在不远处发炮助战。13 时 25 分"定远"用尾部的 150 毫米口径克虏伯炮击中了"赤城"舰的飞桥甲板，安装在飞桥右翼的 1 门 47 毫米口径哈乞开斯机关炮的炮盾被击穿，1 号机关炮炮手一等水兵宫本丈太郎、2 号机关炮炮手三等水兵椋木繁治当场死亡，正在飞桥上设法指挥自己的军舰摆脱追击的"赤城"舰舰长坂元八郎太头部被弹片击碎，身躯随着炮弹爆炸形成的冲击波被抛到了海中，在潜水盔式罗经和飞桥栏杆前方的海图桌上留下了摊摊血迹。

与此同时，"赤城"舰的首楼甲板也连续中弹，一颗炮弹轻松的穿透了首楼顶部甲板，击毁了首楼内用来从主弹药库提升弹药的运弹装置，在附近待命准备随时救火损管的日本士兵被击毙4名，击伤1名，"赤城"舰上的120毫米口径火炮失去了弹药供应。很快又有一枚炮弹再次穿透了首楼顶部甲板，首楼内的2名救火队员和1名修理员被击毙[96]。

看到舰长阵亡，原本在飞桥甲板下操舵室中指挥的"赤城"舰航海长海军大尉佐藤铁太郎立刻来到飞桥甲板上接替舰长指挥。这位新任的舰长一面下令关闭通风筒通往锅炉舱的阀门，停止其通风功能，而将通风筒改作运弹通道，保证炮位上的弹药供应，（根据江南制造局翻译的英国海军轮机教材《兵船汽机》记载，当时军舰上的大型通风筒除了通风外，风筒内还有一套绞车提升装置，用来从机舱把煤渣提升到甲板上，必要时大型通风筒还可以作为轮机人员从机舱逃生的应急出口。"赤城"舰显然是将原本提升煤渣的绞车、铁桶当成弹药提升装置来使用了。）一面指挥军舰向左急转，追赶前方不远处从北洋舰队阵后驶过已经出现在北洋舰队阵型侧前方的"比叡"舰。

很快，一场更大的打击降临到"赤城"舰上。已经多次中弹的后桅杆又被击中，轰然巨响声中飘扬着日本海军旗的后桅再也无法支撑，终于折断倒塌。但是很快血红的日本海军旗改升起在前桅杆上，几名日本水兵忙着将一根细长的木杆竖在后桅残留的部分上，不久在这根看起来颇为寒碜的"桅杆"上，又升起了日本海军旗。面对具有压倒优势的对手，小小的"赤城"舰显出了极为顽强的战斗精神。然而从另一个侧面也可以看出，北洋军舰的火力强度之弱，近距离、短时间内多舰竟然都无法从火力上彻底压制住一艘小小的炮艇。

13时55分，躲避了"经远""定远"等舰的围击，已从北洋舰队阵后安然驶过，正在试图追赶本队的"比叡"舰燃起了更大的火灾，原因很可能是舰上堆放的一些弹药被引燃了。看到越烧越旺的火焰，舰长樱井规矩之左右放弃了试图跟上本队的念头，下令在桅杆上挂出"本舰火灾"信号，调转航向向南方驶去，决定退出战场救火[97]。看到"比叡"舰的这一举动，"赤城"舰也随之调转航向，向南航行。

"赤城"舰身后的"来远""致远""经远""广甲"等北洋舰队军舰目睹猎物即

◎ "赤城"舰被打断的后桅杆。

将向远处遁逃，于是进一步加快了追击的速度，炮弹不断落在"赤城"周围，而"赤城"也在竭力发射尾炮抵御。对于这段追击过程战斗之激烈，"来远"舰的三等水手陈学海事后回忆："当时船上弟兄们劲头很足，都想跟日本人拼一下，没有一个孬种。我和王福清两人抬炮弹，一心想多抬，上肩就飞跑，根本没想到危险。俺俩正抬着，一颗炮弹打过来，就在附近爆炸，一块炮弹皮把王福清的右脚后跟削去，他一点没觉出来，仗快打完了，我才看见他右脚下一片红，就问：'二叔，你脚怎么啦？'王福清也是威海城里人，排行老二，我摆街坊辈叫他一辈。他一听，低下头看脚，才站不住了。"[98]

无独有偶，"镇远"舰的洋员马吉芬也记述了海战中发生的一件事："12英寸火炮的炮长，正手持炮索瞄准时被击中头部，头骨的碎片打在身边其他炮手的身上。当他仆倒时，一名在下一级平台上的炮手抱住他的腰，并将其交给下方的人员，然后自己抓起炮索，取代炮长的位置，重新瞄准射击。"**99**

这就是那时的中国水兵。

追击战斗持续到了下午 14 时 15 分时，邱宝仁指挥的"来远"舰逼近到距离"赤城"仅有 300 米的位置。可能是"来远"舰舰首 210 毫米口径克虏伯炮发射的一颗炮弹，又击中了"赤城"舰的飞桥甲板，代理舰长佐藤铁太郎面部和手腕负伤，被送入甲板下疗伤，舰长一职改由正在指挥舰首炮位的第二分队队长松冈修藏海军大尉接替，舰首炮位则由炮长进藤多荣治海军上等兵曹指挥**100**。小小的"赤城"似乎已经摆脱不了将被击沉的命运了。

然而就如甲午战争中日本海军多次遇到的"好运"一样，幸运女神又在关键性的时刻降临到日本舰队头上。14 时 20 分，"赤城"舰舰尾的 120 毫米口径火炮击中了"来远"舰的后甲板。德国伏尔铿船厂建造的"来远"舰属于"经远"级装甲巡洋舰，受舰首对敌作战的思潮影响，这级军舰没有配备中、大口径的尾炮，而是在舰尾狭窄的空间内，安装了大量的机关炮，为了发挥机关炮射速快的特点，舰尾甲板上堆积了大量的小口径炮弹。飞射而来的 120 毫米直径炮弹刚好击中了这里，随着炮弹爆炸，迸发出一团巨大的火球，紧接着有毒的黄烟滚滚而起，堆放在甲板上的弹药被下濑火药燃起的致命火焰裹胁，也相继爆炸、燃烧，"来远"舰的舰尾一瞬间就变成了火的世界**101**。

几艘北洋军舰追击的脚步都随之停顿了下来，日方战史载，"二时二十分，'赤城'舰尾第四号炮发射的炮弹击中了'来远'舰后甲板，终于引起大火。敌军各舰见此情形，为救援'来远'而降低了船速，聚集于'来远'舰周围"**102**。3 分钟后，"赤城"舰与中国追击军舰的距离拉大到七八百米，航海长佐藤铁太郎也包扎完毕，重新站到飞桥甲板上。这艘上层建筑几乎已经被打成一片废墟的军舰就这样渐渐驶出了北洋舰队的视野，侥幸获得了一条生路。据《廿七八年海战史》的统计，大东沟海战中，"赤城"舰共中大口径炮弹 30 发，阵亡 10 人，受伤 18 人，共发射了 120 毫米直径炮弹 61 发，47 毫米直径哈乞开斯机关炮弹 347 发，弹药库中还存有 120 毫米直径炮弹 211 发，47 毫米直径哈乞开斯机关炮弹 1509 发。而也于此时远离战场的"比叡"舰共中大口径炮弹 23 发，阵亡 24 人，受伤 32 人，共发射 170 毫米直径炮弹 26 发，150 毫米直径炮弹 55 发，机关炮弹 4500 发，战斗结束时弹药库中还存有 170 毫米直径炮弹 224 发，150 毫米直径炮弹 945 发，机关炮弹 26500 发。

日本海军军令部长桦山资纪乘坐的"西京丸"开战以来几乎一直在本队的外侧航行，没有与北洋舰队发生长时间激烈交战，处于相对超然的"观战"位置，对于战场上的整体情况可以加以更多的注意。14 时 15 分左右时，"比叡"和"赤城"被中国军舰追击的惨状进入桦山资纪的眼帘，军令部长似乎不太满意伊东祐亨的指挥，直接命令在"西京丸"的桅杆上挂起信号"'比叡''赤城'危险！""松岛"舰的信号兵显然很快注意到这组信号，不久"松岛"的桅杆上出现了命令第一游击队回航救援"比叡""赤城"的信号，"吉野"舰上的坪井航三不敢怠慢，指挥第一游击队回转 16 个罗经点脱离本队，转向 180 度朝"比叡""赤城"方向而去[103]，看到日本第一游击队高速驶来，这也可能是"致远"等军舰放弃追击"赤城"的原因所在。

日本第一游击队以巡洋舰"吉野"为先导，一艘艘相继开始变换航向，朝"赤城""比叡"的方向驶去。忽然队尾发生了一阵混乱，坪井航三惊出一身冷汗——队尾舰"浪速"差点与军令部长的座舰"西京丸"发生冲撞！

由于联合舰队本队此时已经右转绕向北洋舰队的背后袭击，而跟随在本队之后的第一游击队在看到援救"赤城""比叡"的信号后则高速向左大回转掉头，宛若两扇大幕被分开，结果导致原本在本队和一游外侧的"西京丸"彻底暴露在北洋舰队的炮口前。

在商船基础上进行简单武装而成的代用巡洋舰"西京丸"，外形上就是一艘不折不扣的商船，在中国海军官兵的眼中，随即被判断成了大型的运兵船。"定远"舰司令塔内指挥的管带刘步蟾与大副李鼎新注意到了这艘军舰，跟随队长而动，"定远""镇远"等军舰都开始冲向落单的"西京丸"，据统计这一阶段中国军舰向"西京丸"射出了 305 毫米直径炮弹 4 枚，210 毫米直径炮弹 1 枚，150 毫米直径炮弹 2 枚，120 毫米直径炮弹 4 枚，其中命中 305 毫米、210 毫米、150 毫米直径炮弹各 1 枚，120 毫米直径炮弹 2 枚。

14 时 22 分，就在"来远"舰尾中弹起火后不久，"定远"舰射出的一颗 305 毫米直径炮弹命中了"西京丸"。炮弹从"西京丸"的舰尾附近射入，穿过甲板下舷侧的舱室在军官餐厅和机械室之间爆炸，导致军官餐厅以及附近数间舱室的采光天窗、舱口盖全部被毁，机械室里的气压表、航海表等仪器仪表也遭到极大破坏。

更为严重的是，连接水下舵叶和甲板上操舵室内液压舵轮的蒸汽管路被打断，8 柄液压舵轮失去了作用。

"西京丸"上的轮机兵试图改用铰链绳索替代蒸汽管路，以恢复液压舵轮的使用，同时军舰主甲板后部的 12 柄备用人力舵轮启动，4 名身强力壮的水兵努力转动两片串联的人力舵轮，缓缓地使军舰向左侧驶避，同时"西京丸"的桅杆上飘扬起信号"我舰舵机损坏"。谁也没能料到的是，"西京丸"左转后，恰好挡在了一游末尾军舰"浪速"的航道上[104]。

突然看到"西京丸"转向横在自己面前，正在高速航行的"浪速"显得手足无措。舰长东乡平八郎急令转舵规避，司令塔里的舵手拼命转动舵轮，在即将与"西京丸"相撞的一刻，"浪速"终于偏转了航向，以掉队的代价避免了撞沉军令部长座舰的可怕事故。

"西京丸"缓缓地从"浪速"舰前方驶过，背向北洋舰队航行，不久轮机舱里报告液压舵轮的管路系统已经修补完毕，舰长鹿野勇之进和军令部长桦山资纪都稍稍松了口气。然而很快"西京丸"上的气氛又紧张起来，信号兵报告，军舰周围的烟雾中出现了几艘中国军舰的身影。

从大东沟方向赶来的近海防御铁甲舰"平远"、鱼雷巡洋舰"广丙"以及头等鱼雷艇"福龙""左队一号"到达了海战场……

"平远""广丙"

黄海大东沟海战进行到下午 14 时 22 分以后，北洋舰队初期接战的 10 艘军舰中，"超勇"号撞击巡洋舰已含恨沉没，而日本联合舰队的"扶桑""赤城"两艘军舰在北洋舰队左翼舰只的打击下先后重创，但都极为侥幸地退出了战场。随着 14 时 22 分"西京丸"舰被"定远"舰 305 毫米口径主炮命中，舰体遭受创伤，北洋舰队的右翼方向上战况激烈了起来。

北洋舰队护送铭军前往大东沟登陆的舰船序列中，除了在距离大东沟口 12 海里外停泊的 10 艘主力舰外，剩余还有一些军舰被直接部署到了大东沟，担负警戒和照料登陆的使命。

当天中午 12 时 10 分左右，远处海面上不同寻常的景象将大东港内忙碌的登陆节奏暂时打断：大东沟口外的舰队主力上空煤烟骤然间加大，乌黑的烟柱直冲天

◎ 福建船政建造的钢甲舰"平远"。

际，飘扬着龙旗的战舰争先起锚疾驶。

大东沟口的"平远""广丙"两舰随即起锚出发，大东沟内的四艘鱼雷艇也匆匆结束工作，凭借高航速追赶上"平远""广丙"，结队而行。这组军舰犹如是一支后备的生力军，在大东沟岸上陆军士兵们肃然敬然的目光中陆续驶离，朝着远处的日本联合舰队驶去。机动能力稍差的蚊子船"镇中""镇边"由于不适合参加外海的舰队决战，因而被留在了大东沟内，扮演着她们与生俱来的角色：守口的水炮台，如果有日本军舰逼近这里，她们将是最后一道防线。

"平远"等出发时的位置距舰队主力碇泊场较远，当中午 12 时 48 分"定远"舰率先打响黄海海战时，她们还在远处的海面上奋力疾驶，没能加入第一时段的交锋。一直到 13 时 12 分时，就在海战场上处于鏖战之际，日本联合舰队旗舰"松岛"的瞭望兵首先发现了远处正在向战场方向驶来的"平远"等军舰，"一时十分，敌舰'超勇'起火。一时十二分之后，舰首方向发现敌舰二艘及鱼雷艇"[105]。

"平远""广丙"是大东沟海战时北洋舰队阵容中舰龄最新的两艘军舰，均为 19 世纪 90 年代左右的产物，且都是福建船政自造的国货产品，代表了当时中国造船工业的水准。

作为小队队长的"平远"，是以法国舰船设计师白劳易的代表作"黄泉"级装甲蚊子船为母型，对防护等方面加以了一定的改进，属于清末福建船政建造过的威力最大的军舰。虽然名为近海防御铁甲舰，实际上就是经过尺寸放大和加强防护的蚊子船，军舰的满载排水量 2640 吨，长度仅有 59.99 米，而宽度却达到了 12.19 米，外观上容易使人产生五短三粗的印象，很有些其貌不扬。全舰水线带敷设了法国科尔苏公司生产的钢质装甲，（舰首部位的水线带装甲厚 5 英寸，宽 7 英尺；军舰中腰部位的装甲厚 8 英寸，宽 5 英尺；舰尾部位厚 6 英寸，宽 4 英尺 2 英寸。）装甲带外观上具有典型的法式外倾特征，除此外军舰上还纵向布置了厚度为 2 英寸的装甲甲板以完善防御。格外加强的防护使得"平远"舰拥有了钢甲舰的称号，但同时也使得军舰的吃水加深。由于军舰的长宽比过于特殊，而且吨载较大，尽管"平远"舰的主机功率有 2400 马力，但是航速最快也只能达到 10.5 节，考虑到机器磨损和使用中曾出现的轮机质量问题等因素，甲午战争时的实际航速可能只有 8 节左右。

"平远"舰在完工时，因为经费不足，福建船政只给该舰配上了主炮，其他大部分武备安装工作实际是被调拨给北洋海军后才完成的。"平远"的主炮选用了1门260毫米口径的克虏伯后膛炮，安装在舰首的前部敞开式炮塔内，这型火炮的威力在北洋海军中实际优于"定远"级军舰装备的305毫米口径大炮。"平远"舰的副炮选择了北洋海军大量装备的150毫米口径克虏伯后膛炮，分置于军舰两舷的耳台内，机关炮方面装备了4门47毫米口径哈乞开斯五管机关炮以及2门十管格林炮，此外还安装了4具18英寸口径鱼雷发射管（军舰首尾及两舷各1具）。

　　对于一艘蚊子船型的军舰而言，大口径的主炮是她们最有价值的武器，然而当时北洋海军的装备序列中，260毫米口径的火炮仅有"平远"装备的这一门，过于特殊的口径给弹药和零配件的供应带来的极大的问题，260毫米口径的炮弹当时中国国内无法自造，只能依赖进口。（"平远"舰武备完成后，1891年天津机器局总办张士珩曾向北洋海军调用过钢弹、硬铁弹各一颗，准备照样仿造，但直到甲午战争爆发，天津机器局仍无法制造这种炮弹。）而户部禁止海军进口国外军械的命令实际上关闭了补充这种弹药的大门，大东沟海战时除了"平远"舰上携带的外，（"平远"在大东沟海战中共消耗了10颗260毫米直径炮弹，战后在旅顺基地点检时还剩35颗实心弹。）无论是基地还是机器局都没有任何库存。

◎ 鱼雷巡洋舰"广丙"。

　　随"平远"舰行动的僚舰"广丙"，是与丰岛海战中殉国的"广乙"舰属于相同舰型的同级姊妹舰，设计上也大量参考了法式军舰，排水量 1000 吨，军舰长度为 71.63 米，宽 8.23 米，吃水 3.96 米，整体上要比身旁的"平远"舰显得修长秀气得多。主机功率和"平远"一样，同为 2400 马力，但是航速则要高得多，为 16.5 节，与航速仅为 8 节左右的"平远"编在一队，显得很不般配。

　　三桅单烟囱的"广乙"级军舰最与众不同之处是她的武备设计，与同时代中国海防的其他巡洋舰相比，这级军舰的火炮武备显得较弱，中大口径的火炮仅有 3 门 120 毫米口径后膛炮。（2 门分别安装于军舰两舷的耳台内，1 门安装在舰尾。）甲午战争前虽然全部换装成了江南制造局生产的同口径速射炮，火力随射速的提高而得以提升，但由于火炮数量过少，威力终究还是有限。与弱势的火炮武备恰好相反，"广乙"级军舰上的鱼雷兵器格外引人注目。军舰的舰首与众不同地左右并列安装了 2 具固定式鱼雷发射管，这是在当时的大型军舰上极为罕见的事例。鱼雷管很大部分埋入舰体内，只留出很短的一段发射口暴露在外，与大型鱼雷艇的布置方式完全一样，同时军舰的中部两舷也各配有 1 具鱼雷发射管。舰首同时拥有 2 具鱼雷发射管的特殊布置，显示这级巡洋舰在舰首对敌进攻时更具威势的武备是鱼雷，因而这级军舰又被称为鱼雷快船、鱼雷巡洋舰，和在此后出现的早期驱逐舰有异曲同工之妙。

截击"松岛"

距离"松岛"舰的瞭望兵发现"平远"等军舰约一个小时后，14时22分左右，在"定远"舰的炮击下舵机受损，显得狼狈不堪的日本军舰"西京丸"上，瞭望兵清楚地看到战场烟雾中出现了几艘新到的中国军舰，"平远"等军舰此时已经逼近了战场。

令人始料不及的是，从此后的战场情况看，并不是北洋舰队一线主力，舰型和武备以及航速都存在很大区别，而且从没有在一起编组配合使用过的"平远""广丙"两艘军舰，竟然有如无所畏惧的初生牛犊一般，到达战场后立刻向日本联合舰队的本队发起了进攻，两艘步调配合并不是很好的军舰，作战的勇气、决心却异常一致。

14时26分"平远""广丙"两舰从北洋舰队右翼的方向进入了战场，横截在日本本队的航向上，挡住了本队军舰绕向北洋舰队阵形背后的去路[106]。进而两舰又急转方向，转到位于本队领队位置的日本联合舰队旗舰"松岛"的舷侧展开攻击。14时30分由距离2800米一直战至1200米[107]，"松岛"舰桅杆上高高飘扬的海军中将旗使得中国军舰很容易就识别出她是日本军舰的酋首。

斜刺里突然冲出来的两艘中国军舰，着实让伊东祐亨吃惊不小，"松岛"以及后续的"千代田"等舰立刻与"平远""广丙"开始交火。广东香山（今广东省中山市）籍，毕业于福建船政学堂第五期的"广丙"舰管带程璧光在司令塔内指挥着"广丙"舰率先冲向高大的日本舰队旗舰"松岛"，这是这位后来以率领舰队南下护法而名垂民国海军史的将领在其海军生涯中的第一战。"广丙"舰凭借着高航速从"松岛"舰的左舷方向呈直角进入，领先于"平远"接近了"松岛"，安装在军舰两舷耳台内的120毫米口径江南制造局造速射炮尽量转向舰首方向，对准"松岛"急速射击。舰首甲板下的鱼雷室内，2 条 14 英寸口径的黑头鱼雷已经分别装入舰首左右的鱼雷管中，发射手紧紧攥住控制压缩空气的阀门，就等待到达有效射程后鱼雷飞溅入水的那一刻。日方记载："⋯⋯有的舰将鱼形水雷一字行置于我舰首，准备向我两舷发射水雷。"**108**

然而令人遗憾的是，"松岛"以及紧随其后的"千代田"等日本军舰舷的火力过于凶猛，大大小小的炮弹在"广丙"周围编织起了一张可怕的火力网，担心"广丙"继续逼近到鱼雷发射的有效距离，势必遭到严重的损失，同时也考虑到发起鱼雷攻击的突然性已经消失，程璧光最终决定放弃继续逼近，指挥军舰掉转航向另寻战机。

与"广丙"舰相较，拥有水线带装甲的"平远"显得生存力更强。继"广丙"之后，航速迟缓的"平远"犹如一位重装的武士，冒着日方的弹雨继续突进，面对数倍于己的日本军舰而毫无惧色，脚步缓慢却显得格外执着无畏。

从 3000 米的距离与日本本队激烈交火开始，"平远"一直战至距离 1200 米左右，即便左舷已经被日方的下濑火药炮弹击穿并燃起大火，依旧奋然不顾。籍贯广东三水，毕业于福建船政学堂第一期，与此刻正在北洋舰队左翼作战的"致远"舰管带邓世昌有同乡、同窗之谊的管带李和，指挥着自己的战舰冲向日本联合舰队的旗舰"松岛"。"平远"舰这艘由于福建船政局当初曾在争取设计建造经费问题上与北洋大臣李鸿章发生龃龉，在编入北洋舰队后长久没有受到重视的军舰，此刻似乎想要为自己以及蚊子船辈们的价值作一番说明了。

大东沟海战战场上最富戏剧性的一幕就在"平远"舰无畏的进击中上演了，令今人无从想象的是，"平远""松岛"这两艘在你死我活中苦苦搏杀中的战舰，竟然是具有同一血缘的同门兄弟，而这也恰好是这场海战的一大特色。大东沟海战中，中日双方的很多参战军舰都是 19 世纪中后期的概念性产物，代表了英、法、德多国在舰船设计上的理念，这些军舰同场厮杀，使得海战带上了一层技术检验竞赛的色彩。

和具有法兰西血统的中国军舰"平远"一样，日本联合舰队旗舰"松岛"的母型也是法国设计师白劳易创作的"黄泉"级蚊子船，而且更进一步的是，"松岛"级军舰就是白劳易本人依据旧作"黄泉"改良放大的设计作品。略微对比一下这两艘军舰的外形，就不难看到除了尺寸上的差异外，"平远"与"松岛"在大轮廓上具有很多的相似性。白劳易一手打造的日本版放大型蚊子船，与中国人仿制的白劳易版蚊子船被命运推到了残酷的角斗场上。

14时34分，"平远"舰上的官兵都能明显感受到自己军舰的舰体发生了一阵震动，舰首260毫米口径主炮的官兵们经过反复测距修正射击诸元，又向"松岛"射出了一枚炮弹，巨弹直接命中"松岛"舰没有防护的舷侧。今天再来复述这颗炮弹在"松岛"舰内穿行的过程以及所造成的破坏，很仍容易让人产生如有神助的感慨。

由于"松岛"舰排水量只有四千余吨，却装备了包括320毫米口径巨炮以及大量120毫米口径速射炮在内的武备，使得军舰无法承载更多的防护装甲，因而"松岛"舰不具备中国表兄弟"平远"拥有的水线带装甲，只是沿水线纵向敷设了厚度2英寸的装甲甲板，使得这艘军舰的舷侧防护如同赤身裸体。"平远"射出的260毫米口径巨弹轻而易举地穿透了"松岛"的船壳板，从"松岛"舰左舷中部已改作医疗室的士官次室斜穿而入，横扫了这间舱室后，又撕开了隔壁的厚度为1英寸的钢板，继续冲进了中部鱼雷发射室，从左舷的鱼雷发射管下通过，一直飞行撞击到"松岛"舰320毫米主炮炮架的下方，击碎了驱动巨炮旋转的液压罐后才停止下来。过程中日本鱼雷兵竹内道治重伤，一等水兵河野三代吉、二等水兵北村常吉、四等水兵德永虎一等被击毙，"血肉四方散布，惨毒已极"[109]。

失去液压助力后，重达将近70吨的320毫米口径主炮陷入瘫痪，任凭水兵们如何卖力，用来旋转大炮的曲轴就是纹丝不动，被日本海军寄希望用来对抗"定远"的法宝霎时成了无用的弃物。日方记载："……'平远'舰在用26厘米巨炮向我舰射击，击中'松岛'舰，并从左舷中部下甲板的医疗室斜穿，并击穿隔壁的一寸钢铁，再从水雷发射管下通过，撞击到机关用的油罐……该敌弹在穿过中央水雷室时，使舰内各室发生猛烈震动，硝烟弥漫，人近咫尺难以辨认，令人窒息。发射管员4名因窒息而死，血肉喷溅在衣服上，凄惨可见。"[110]令人不免为之扼腕的是，从日方记录的破坏情况来看，"平远"舰射出的这颗炮弹尽管整个命中和穿行的过程相当精彩，但很可能也是一颗永远无法爆炸的实心弹。否则，如果击中"松岛"主炮下方的是一颗开花弹，其爆炸将会带来怎样的破坏效果（主炮下方即是弹药库）实在难以估量。

如同盛行中世纪的决斗一般，几乎在"平远"击中"松岛"的同一时刻，"平

远"舰的 260 毫米主炮炮塔接连被"松岛"舷侧的 120 毫米口径速射炮命中。在单
纯的炮火对抗中,每舷拥有 6 门 120 毫米口径速射炮的"松岛"更占上风。炮击
中,"平远"舰厚度为 2 英寸的主炮炮罩被击穿,装有烈性炸药的炮弹在炮罩内炸
开,破片使得 260 毫米口径火炮的旋转机构遭到破坏,炮手接连倒下,火炮的旋转
装置被损,"平远"舰的主炮也陷入了瘫痪。两艘同出白劳易门下的军舰,同一时
刻极富戏剧性地都在对方打击下出现了主炮无法转动射击的伤情,这似乎也说明了
当时法式军舰设计上的某些缺陷。

"松岛"舰除了 1 门 320 毫米口径主炮外,还有多达 12 门的 120 毫米口径速射
炮,主炮无法使用并没有影响"松岛"继续作战。然而"平远"并不具备这样的
条件,她的主要武器就是舰首的 260 毫米口径克虏伯重炮,为了修理受损的主炮,
"平远"舰拖着浓烟开始退却,和之前已经驶离日本本队的"广丙"一起避开日本
本队的凶猛炮火,拉开间距。就在这段退却的过程中,冒着日方军舰压倒性的火力
优势,暴露在露天甲板上作战的中国水兵们仍然表现出了极高的战斗素质。

260 毫米口径主炮沉默后不久,装备在"平远"舰飞桥附近的几门 47 毫米口
径哈乞开斯单管机关炮开始怒吼,接连命中了"松岛",意想不到的是这种小口径
火炮居然也取得了不俗的战果。哈乞开斯机关炮集中攻击了刚刚 260 毫米炮弹击穿
过的"松岛"舰中央鱼雷室以及"松岛"的舷侧炮位,"松岛"舰用于悬挂信号旗
的桅杆也得到了"照顾"。密如雨点的机关炮弹在"松岛"舰上炸响,数名日本士
兵当场毙命,左舷鱼雷管的发射电路也被击断。身临其境的"松岛"舰鱼雷长木村
浩吉海军大尉战后在回忆录《黄海海战'松岛'舰内的状况》中记录了当时可怕
的情形:"弹片四起,室内周围壁上喷溅着骨肉碎末,甲板上流淌着血肉相混之水,
难以步行,散布遍地皆是,在上面行走犹如洗刷地板一样。当时,在中央发射指挥
官井手少尉的附近被敌弹炮击,使得发射电路断绝,同时,又有二三名士兵战死。
只见少尉胸部以下一片血迹模糊,后背粘着厚厚的肉浆,少尉抖落下落在身上的人
肉,正当准备下达发射命令时,又一敌弹炸死二名发射士兵……"**111**

一度犹如下山猛虎般的"平远""广丙"在对日本本队发起挑战之后,借着硝
烟弥漫驶出了人们的视线。然而这才仅仅是右翼战场激战的开始,在左翼军舰对日
本联合舰队末尾军舰发起围攻追击后,北洋舰队在右翼方向上又掀起了一段战斗
高潮。

"火爆唐人"

　　难以抵御日本本队军舰舷侧的凶猛炮火，"平远""广丙"两舰选择了暂时退避，然而很快便遇到了日本军舰"西京丸"。由商船改造而成的"西京丸"舰，为了离开战场以便抢修伤处，正在向大鹿岛附近驶避。结果被眼前出现的中国军舰再一次判断成了日本的武装运兵船，不仅如此，北洋海军右翼受创的"扬威"舰当时也刚好在往大鹿岛方向航行自救，"西京丸"的举动在局外人看来还具有意图攻击"扬威"的嫌疑。"平远""广丙"不顾在与日本本队对战中所受的创伤，又朝向"西京丸"接连发炮，对这艘"装兵倭船"展开了攻击，激战中一度逼近至距离仅 500 米处。

　　刚从北洋海军旗舰"定远"的痛击中逃脱出来的"西京丸"，舰上一片惨状，舵机系统遭到破坏，右舷后部水线被打出了一道可怕的裂缝，仅仅着依靠木板和水泥临时堵漏[112]。眼前突然又出现了两艘中国军舰，由商船海员临时招募训练而成的"西京丸"舰的水兵显得更为慌乱。海战场上坪井航三率领的第一游击队已经转向往北洋舰队的左翼方向杀去，伊东祐亨直接统率的本队则绕向了北洋舰队的背后。"西京丸"刚好被本队和一游同时扔在身后，海军军令部长的座舰遭到围攻面临险境之际，居然没有一艘军舰顾得上前来援助，桦山资纪此时大概有些后悔战前执拗地要求跟随舰队前来观战了。在他最初的想象中原本这应该是又一次以强凌弱的丰岛海战才对，丝毫没有预料到居然会陷入这样凶险的恶战。

　　"西京丸"依靠舰上临时加装的 1 门 120 毫米口径速射炮和几门小口径机关炮苦苦抵抗，为了防止中国军舰发起冲角撞击以及减少被弹的面积，舰长鹿野勇之进海军少佐下令军舰左转，调整舰首朝向"平远""广丙"，让薄弱的舷侧躲开中国军舰的炮火。在"西京丸"调整航向的一刻，飞桥上传出一声大喊："鱼雷艇!"一名目光敏锐的军官发现在波涛之中有艘飘扬着龙旗的鱼雷艇正高速驶来。

　　大东沟海战场上的北洋海军鱼雷艇，共有"福龙""左一""右二""右三"等4艘，其中尤以分别建造于德国希肖船厂和英国亚罗公司的"福龙"和"左一"战斗力最强，是当时远东屈指可数的大型鱼雷艇。这类鱼雷艇体形较大，载煤多武备强，适航性好，可以直接自航到远海作战，属于后世驱逐舰的始祖。

　　由于发现友舰"超勇"在大火中下沉，头等鱼雷艇"左一"以及德国伏尔铿船厂建造的二等鱼雷艇"右二""右三"都向"超勇"围拢，或抛长绳，或扔救生圈，救援遇难的战友，"福龙"号鱼雷艇则单枪匹马显得有些不管不顾地冲向日舰。这种单独行事的举动，以那个时代的海军技术来看无疑是极为大胆的。当时的鱼雷在技术上尚未成熟，有效射程仅仅只有几百米，鱼雷艇作战时必须要迎着大型军舰上劈头盖脸而来的炮弹，冒死冲击到极近的距离后才能发射。倘若一射不中，近距离

◎ 铜版画：航行中的"福龙"鱼雷艇。

面对大型军舰黑洞洞的炮口，鱼雷艇几乎就只有束手待毙的命运了。因此鱼雷艇出击强调编队协同，以便于互相配合，提高攻击的成功率和自身的生存率。

"福龙"号鱼雷艇排水量 120 吨，艇长 42.75 米，宽度 5 米，吃水 3 米，航速达到惊人的 24 节左右。需要加以说明的是，19 世纪末期出现的鱼雷艇和现代的鱼雷艇在外观上还存在有很大的区别，当时的鱼雷艇艇体非常狭长低矮，不明就里的现代人往往可能会从她们的外貌联想到潜艇。"福龙"艇上一共装备有 3 具 14 英寸鱼雷发射管，其中 2 具固定安装在艇首左右，发射管很大部分深埋在艇体内，艇首甲板下黑暗狭窄的空间里有 2 名水兵负责发射。由于看不见外界的情况，选择发射的时机并不由他们掌握，他们需要等待来自司令塔的命令。

龟甲状艇首的末端是一座类似碉堡般的司令塔，此刻身处在"福龙"艇司令塔内的一共有 2 人，一名是操舵的水兵，另外一人就是管带蔡廷干，因为艇首的鱼雷管是固定式的，必须依靠整船瞄准，因而有指挥航向之责的艇长实际还担负着艇首鱼雷瞄准员的工作。"福龙"艇的另外一具鱼雷发射管露天安装在艇尾中轴线上，可以旋转角度。由于鱼雷艇的宽度只有 5 米，这具长达 4 米多的发射管如果转向舷侧发射时，发射手甚至需要把自己绑缚在鱼雷管上，如同杂耍演员一般悬空身处在鱼雷艇之外，其所要付出的勇气可想而知，瞄准和发射的难度也不难想见。如果联系到战时鱼雷艇还需要冒着敌方的炮火高速前进，忽隐忽现于波涛之间，身处露天的艇尾发射员在连站稳都成问题的恶劣环境下进行作战，将是何等艰巨与惊心动魄的任务。

"福龙"艇进入战场以后立刻注意到了日本军舰"西京丸"。与这一天战斗中大多数见过"西京丸"的中国军舰舰长一样，"福龙"管带蔡廷干也把干舷高大拥有商船外观的"西京丸"判断成一艘日本运兵船。舰名寓意为福建之龙的"福龙"艇以 17 节的高速冲向"西京丸"[113]，在波谷浪峰中穿行，真的恍若是一条入海蛟龙。

管带蔡廷干此时正指挥着他的军舰向"西京丸"挑战，"西京丸"为躲避"平远""广丙"炮火而做的向左转向，刚好将舷侧暴露在了"福龙"艇面前，蔡廷干立刻捕捉住这一战机。蔡廷干，广东香山人，与不远处的"左一"鱼雷艇的管带王登云一样都拥有特殊的出身背景——留美幼童。

留美幼童是中国近代史上的著名名词，代表着一个特殊的群体。远早于福建船政向英国派出海军留学生的举动，1872年经中国第一位毕业于美国耶鲁大学的学生容闳的奔走呼号，在洋务巨匠曾国藩、李鸿章的大力推动下，古老的中国开始了破天荒的计划。清政府决定向美国派出大批聪颖子弟，从小学一直到大学完全接受西方教育，学习近代科学的各个学科，以期望这批人才学成归国后成为洋务建设的栋梁之材。这些由家长含泪签下生死文书，历经艰辛漂洋过海求学的孩子，被称为留美幼童。

世事弄人的是，就在留美幼童们经历了小学、中学的学习，已经进入美国的各知名大学，即将完成他们的学业之际，留学计划遭到了国内顽固派猛烈抨击，同时美国出现的排华浪潮也为留学计划蒙上了一层阴影，清政府在此局势下决定停止留学计划，全部幼童中止学业返回国内。这些完全在西方世界长大，没有任何传统科举功名的年轻人被当时中国的传统社会所歧视排斥，几乎到了无立足之地的境况。当年送幼童们出国的李鸿章在关键时刻伸出了援手，将幼童尽数收入洋务建设部门。幼童们有良好的英语基础，有些还曾为进入安纳波利斯海校留学做过预备，因而其中很大一批被选入了南北洋海军。此刻正在大东沟海战场上和日本海军浴血搏杀的中国军舰中，"定远"舰上的提督幕僚吴应科、"镇远"舰枪炮大副曹嘉祥、"致远"舰大副陈金揆、"广甲"舰管带吴敬荣、"左一"管带王登云以及"福龙"管带蔡廷干都拥有这样的出身背景。

蔡廷干是第二批留美幼童之一，他出国的原因和大部分同学们有所不同。蔡廷干的父亲当时在天津机器局工作，可能正是工作的独特性质使得这位父亲感悟到了洋务知识将来在中国必将大有用武之地，而甘愿将爱子送上了前途艰辛、生死未卜的留学之路。在美国留学期间，美国学生喜欢给他们的东方同学起一些绰号，蔡廷干因为性如烈火、行事勇猛，于是从美国同学那里获得了一个"雅号"："火爆唐人"（Fighting Chinese）[114]。仿佛是天意安排，留美计划中止，留学生大批撤回后，蔡廷干被选入海军，最初与同学詹天佑等一起在福建船政服务，后调赴天津北洋水师学堂学习鱼雷艇专业，这位"火爆唐人"由此与有敢死队之称的鱼雷艇职业联系到了一起。

"福龙"艇艇首高昂破浪而行，"火爆唐人"蔡廷干屹立在司令塔内，坚定的目光透过司令塔上细小的观察窗直盯向"西京丸"。海浪一阵阵扑上"福龙"艇的甲板，海水从司令塔的观察口不断涌入，随着距离的接近，"西京丸"发射的机关炮弹在"福龙"艇周围的海面上形成密密麻麻的水柱……

　　蔡廷干战后在回忆录记述了这一时刻的情景："成单纵队之五艘日本军舰，正与'定远'、'镇远'鏖战方酣。彼等与我相隔五六哩，另外遥见西方仍有煤烟。此后，我等便以位于我等与友舰之间之敌舰为目标前进。到达相距三千米时，'平远'开炮，不久见命中一大型敌舰。'广丙'也开始射击……一艘敌武装运输船（"西京丸"）在前面出现，穿过我舰首直指搁浅大鹿岛西方、正在燃烧之我舰（"扬威"）。'广丙'立即向该舰发炮，运输船亦应战。'福龙'见此，一直向敌船疾驶……"[115]

　　根据近代中国著名的海军技术书籍《外国师船图表》介绍，当时德国刷次考甫工厂称其制造的黑头鱼雷有效射程为 400 米，德国海军部也将 400 米定为发射鱼雷的标准射距。显然是受到了这一标准的影响，15 时 5 分，"福龙"艇接近至距离"西京丸"400 米时，管带蔡廷干一声令下，艇首甲板下的水兵按动蒸汽阀门，在压缩空气的推动下，艇首发射管中的一尾黑头鱼雷高速跃入海中，朝向"西京丸"直奔而去[116]。

黑头鱼雷

现代关于甲午战争的著作，在提及"福龙"艇对"西京丸"展开的鱼雷攻击时，大都只注意叙述攻击失败的结果，而没有深入分析原因。为了更好地了解大东沟海战中这次昙花一现的鱼雷艇出击行动，有必要对当时北洋海军所装备的鱼雷做一番说明。

"福龙"艇所使用的鱼雷是当时北洋海军中通行的黑头鱼雷，由德国刷次考甫工厂制造，性能上略优于白头鱼雷。这种鱼雷从头至尾共由九个分段接合组成，其中尤以雷头、深浅机最为关键。雷头即鱼雷的战斗部，分为操雷头和战雷头，操雷头没有装药，而用铁饼配重，主要用于平时训练，因为鱼雷价值高昂，不可能在训练演习中大量实际消耗，因而训练时装上击中目标不会爆炸的操雷头，以利反复回收使用。作战时则换用装药的战雷头。当时黑头鱼雷配用的战雷头外形与操雷头类似，都呈圆锥形，特殊的是在战雷头的尖端有4把如同小刀一般的碰撞引信，称作四翅钢枪，四翅中的任何一翅碰到目标都能使得整个引信向后缩回以激发雷管，引爆战雷头。

为防止鱼雷引信过于敏感遇到任何碰撞都发生爆炸，在引信的末段和雷管之间设有一层红铜片，引信受阻退回的力需要先捅破红铜保险片后才能引爆雷管。黑头鱼雷战斗部之内的装药分为三个部分，层层相套，最内层是装有银爆药的雷管，其外是装填少量干棉火药的引药管，再外的空间全部是湿棉火药，计有20—25公斤之多。鱼雷引爆的整个流程是：四翅钢枪引信碰撞目标、引信缩回捅破保险红铜片、雷管被触发后银爆药发生化学反应点燃、装有干棉火药的引药管被引爆药点燃、战斗部内的湿棉火药被引药管点燃引发爆炸，"湿棉药燃炸不速，必须用干棉药以引之，使其一齐燃发，而生大爆力，更须银爆药之性以助之，则燃速而力大。

盖棉药之性一见银爆药之性，力大无穷，而药气挤紧忽然进行暴烈，其力聚而不散，故能产生极大之爆力"。

由于装药量大，加上银爆药和硫化棉火药相遇时会产生剧烈的化学反应，鱼雷一旦击中军舰的水下要害部位，对军舰而言不啻灭顶之灾，从这一点而言，鱼雷的威力远大于炮弹。"顾鱼雷一物，能于惊涛骇浪之中，驰击劲敌，足以寒舟师之胆。果使施用精良，心神镇定，洞悉要窍，铁舰巨舟立致轰毁，其奏效甚捷，厥功最伟，洵称水师之利器。"[117]

然而，鱼雷能否发挥其应有的威力，还受到多种因素的影响。

首先是操作鱼雷兵器的人。因为当时的鱼雷有效射程短，发起攻击时必须与目标接近，随之而来的是鱼雷艇将会遭遇敌方炮火近距离上的高命中率的打击。在这种情况下是否能够坚定地执行预定攻击计划，对鱼雷艇上官兵的勇气有极高的要求，因而北洋海军选募鱼雷艇官兵时必须要"敢死之士"。除了必须具有勇气，临阵时"胆壮心定"，不慌张失措外，相对于火炮，鱼雷兵器的结构原理更为复杂，对操作者的技术熟练度有更高要求，而且鱼雷艇上空间狭小，不可能搭载过多的人员，每名乘员都必须是自己所在岗位的技术专家。为此，北洋海军鱼雷官兵的培训不同于一般水兵，在旅顺设专门的鱼雷营对士官、水兵加以训练，更在天津水师学堂内开设鱼雷艇专业，培训专门的鱼雷艇军官。只有在具备了胆大和技术熟练两方面的要素后，鱼雷艇官兵才有可能发挥鱼雷的威力，由此也可见鱼雷艇官兵造就的难度。"初用此雷，理法未精，措置未当，且临战之时，枪炮交轰，或黑夜遇敌，殊多棘手，苟非技娴，胆壮心定，其气已先馁，岌岌乎且恐为敌所乘，又奚暇顾其中敌哉。故于战时用雷，实非易易。"

有了胆大技熟的鱼雷官兵并不表示鱼雷就一定能命中目标。19世纪的鱼雷兵器在技术上还有太多的不成熟、不完善，制约着战时的命中率。其中刷次考甫工厂称黑头鱼雷的有效射程可以达到400米距离，但是实际使用的结果显示只有在150米的距离发射鱼雷，才会有较为可靠的命中率，"鱼雷必近至百五十迈方有定准，谓四百迈可用者，厂师自信如此，未足恃也"。然而，距离2300米左右时，鱼雷艇就已经进入了敌方机关炮的射程，在密集的弹雨中持续航行到400米已有被击毁的危险，如果近至150米就简直如同自杀了，可能还未到达发射距离就已艇毁人亡。"相距二千三百迈时，敌船得以连珠炮叠击，及四百迈始可放雷，已受炮历

七八分时，当被击毁。"从这可以想象到"福龙"艇在敌舰的炮火中冲锋至 400 米
所付出的勇气，以及 400 米上发射鱼雷的命中率。当时英国海军曾在静水用火炮和
鱼雷分别射击固定靶以做对比测试，450 米距离上火炮打靶命中率 40%，225 米距
离命中率 100%。而鱼雷在 450 米距离命中率只有 25%，如果在实战中打活动目
标，命中难度将更大。对比的结论是，火炮射击时根据敌船航向航速推测提前量，
即使存在 2 海里的误差，由于炮弹的飞行速度非常快，也能"相去无几"。但是鱼
雷在水中前行的速度要比炮弹慢得多，"测望稍差即不能中"。《外国师船图表》中
除了说明鱼雷有效射程过短的弊端外，还列举了使用鱼雷的四难，即鱼雷艇自身的
颠簸、风浪的腾涌、潮流的顺逆以及敌船行驶时造成的涌浪都会造成鱼雷航向的
偏差。

上述种种因素都将对鱼雷的命中率造成极大的影响，然而百年来探讨甲午战争
中北洋海军鱼雷兵器的使用问题时，过多偏重了人的因素，而忽视了除人以外，兵
器自身客观上的不足。

抱　憾

　　"福龙"艇射出的鱼雷在海中如同一道白练，直指"西京丸"的舷侧飞驰而来。可能是充盈大和民族性格中的冒险精神的体现，"西京丸"在如此近的距离上做出了一个疯狂的举动。

　　舰长鹿野勇之进下令军舰立刻掉转航向迎头冲向鱼雷！舵手赶忙转动刚刚修复的舵轮，舰尾水下巨大的舵叶似乎极不情愿地在改变方向，"敌军发射的鱼雷流星般地驰来，眼看我船就要被鱼雷炸得粉碎时，'西京丸'又将船首转向正面，对准鱼雷驰来的方向，全速前进"[118]。现代人对这一幕可能会非常的不理解，表面看起来日本军舰"西京丸"似乎要加速自己的灭亡，实际这是当时近距离上规避鱼雷的最后一招，即《外国师船图表》所说的用军舰行驶时造成的浪花改变鱼雷的航向。

　　鱼雷在即将命中目标的一刻被"西京丸"船头扬起的浪涌推开，"福龙"射出的第一枚鱼雷在距离"西京丸"右舷仅一米的位置擦过。"西京丸"甲板上所有目睹这一经过的人都不由得惊出了一身冷汗，这种规避鱼雷的方法实在是太冒险了，"这是躲避鱼雷最后的方法……操作稍有差错，就会不可避免地被击沉"[119]。

　　有关这次鱼雷攻击的情况，中日双方的史料还存在着一个明显的差异。日方史料大都记载目击了一枚鱼雷的射击，而作为发射鱼雷一方的直接证据，"福龙"艇艇长蔡廷干却提到在射出第一枚鱼雷后不久，又射出了第二枚鱼雷。出现这种记载不一的原因，可以推测为，"福龙"的第二枚鱼雷是在"西京丸"尚未转向完毕时发射的，蔡廷干似乎意图以两枚鱼雷彻底置"西京丸"于死地，但是由于当时鱼雷在水中的驰行速度不高，当"西京丸"转向迎头躲开第一枚鱼雷时，第二枚鱼雷在距目标15英尺左右的地方抱憾错过。可能日方对"福龙"射出的第一枚鱼雷过于关心，而忽视了第二枚鱼雷的到来。

由于鱼雷艇内的空间狭小，除了安装进鱼雷管的鱼雷外，一般就再无其他预备，短时间内不存在再装填的可能，因此"福龙"艇首的鱼雷武备在两次射击后已经告罄。然而面对着迎头而来的"西京丸""福龙"艇丝毫没有退缩的迹象，还是在继续前行，继续缩短距离。此时"福龙""西京丸"已经距离到了200米以内，双方都可以异常清楚地看到对方舰上的所有情况，"西京丸"的火炮也以几乎100％的命中率在炮击着小小的"福龙"。就在这一片弹雨中，"福龙"艇中部甲板上的几处人员进出口打开了，一些今天已经无从考证其姓名的水兵努力地跑到甲板上，用安装在前后司令塔顶部以及烟囱附近的几门多管机关炮向"西京丸"做着不屈地还击。

◎ 桦山资纪在"西京丸"上看着来袭的"福龙"大呼"吾事已毕"。

距离越来越近，"福龙"艇在几乎就要与"西京丸"撞上的一瞬间，管带蔡廷干也作出了一个大胆的举动，鱼雷艇突然向右急转弯，艇体出现大幅度的向左倾斜，（航行中的船只，向一侧转弯时，会产生向另外一侧倾斜的现象。）从斜旁背离"西京丸"而过。当两船的距离拉大到30—50米时，"福龙"艇甲板后部的可旋转式露天鱼雷发射管对准"西京丸"的左舷射出了一枚鱼雷！

如此近的距离上射出鱼雷，无论如何也应该能命中敌舰，"福龙"艇上响起了胜利的呐喊声。"西京丸"舰上，同一时刻很多人都听到了一声凄凉的大叫"啊！吾事已毕"[120]。发出这类似于"吾命休矣"感慨的，正是日本海军军令部长桦山资纪，因为距离实在是太近了，他不仅看到了激射而出的水雷，甚至还看见了对面鱼雷艇上中国水兵露出的胜利表情。这种距离显然已经没有任何挽回躲避的余地，桦山资纪顾不上自己的言行是否失态，干脆"瞑目待毙"，耳畔是一片死寂。在这种死亡已成定局的时刻，人们已经没有了大叫哭喊的力气，只是默默等着死亡的到来。

一分钟、二分钟，时间一秒一秒地过去，当到达第三分钟时，桦山资纪发现自己还活着，"西京丸"没有沉，鱼雷竟然没有爆炸！"西京丸"舰中又立刻腾起了一片劫后余生的欢呼，而已经发射光所有鱼雷的"福龙"艇则在懊恼中默默远去[121]。

"福龙"号鱼雷艇在30—50米距离上发射鱼雷没能击沉"西京丸"一事，对于国人而言，无疑在感情上很难接受，这是黄海大东沟海战中距离北洋舰队最近的一次击沉敌舰的机会可惜也含恨错过了。今天的中国，无论是历史著作还是坊间议论，提到"福龙"这次攻敌不果时，大都仍抱有着一种恨铁不成钢的批评态度，因为缺乏对那个时代鱼雷兵器的了解，大都将鱼雷攻击失败的原因归结为北洋海军的鱼雷官兵技术拙劣，甚至认为当时"福龙"艇的这颗鱼雷忘记了定深。历史的真相究竟如何呢？

黑头鱼雷用来控制入水深浅的机构是连接在战雷头之后的深浅机，深浅机内有一套用于控制鱼雷发射深度的复杂系统，其主要部分是一块由3根特殊的弹簧支撑着的铜片，以及一根用来抵伸缩回铜片，借以调整弹簧伸缩度的定深"枢轴"。

鱼雷入水后，海水从深浅机与战雷头连接部上的8个小型注水口灌入对铜片产生压力，正常情况的下水压应该与弹簧抵撑铜片的力相当。如果入水过深，水压力超过弹簧的抵撑力将铜片后压，连带在铜片上的一套复杂的驱动系统将直接调整鱼雷末尾的升降舵，拉动升降舵叶向上，以使鱼雷向上浮，直到水压与弹簧的抵撑力相符。反之如果入水过浅，水压不及弹簧的抵撑力，同样也会驱动升降舵，以使鱼雷下潜到定深位置。

考虑到不同海域的海水密度不同，鱼雷下潜的深度也不一样，因而黑头鱼雷内给使用者提供了自己定深的机关及枢轴，需要定深时用特殊的钥匙钳住枢轴的头向右转，根据计数轮的刻度来掌握所需要的深度。但是可以用来旋转调定深的枢轴的头部并不在深浅机的侧壁上，而是位于深浅机与战雷头相连接的横截面上，如果要调定深，需要把战雷头拆下以后才能看到定深枢轴。因为定深极为麻烦，当时这种工作均在鱼雷的保养工厂内完成，运送上军舰后就不会再去调整定深。

试想如果真的像某些现代理解说的那样，"福龙"鱼雷艇应该更改定深，那么海战场上将会出现一个异常荒唐的景象：鱼雷艇高速逼近敌舰后，舰长下令调整定深，水兵们将装填在鱼雷管内的鱼雷退出，（暂且不管鱼雷艇上是否有空间可以来做这样的工程。）再费力松开连接螺栓，将战雷头拆下，然后调整定深，之后再将战雷头装上，鱼雷重新填入发射管。等这一套流程做完，恐怕不是目标已经消失，就是自己已经艇毁人亡了。

造成"福龙"艇鱼雷失的的真正原因从技术角度来看实际相当简单，当时的鱼雷入水后，通常都要经过深浅机的一番上下调整，才能够到达预定定深，这段时间里鱼雷在水中运动的路线是一条上下起伏的曲线，直到经过一百多米的航行后才能基本调整完毕，开始在预定深度上以直线行进。"福龙"艇在距"西京丸"30—50米距离上发射的鱼雷，显然还没来得及经过调整航行阶段，就已和目标相遇了。

以"西京丸"的吃水而言，鱼雷即使在"乍起乍伏"的行进状态下，命中的概率仍然很大，蔡廷干之所以在近距离上下令发射，可能就是考虑到了这个原因，而且此举也会避免射程过远而带来的航向偏差。然而"福龙"发射艇尾鱼雷时，艇体刚好经过了大旋转，出现严重的左倾，这样可能导致了鱼雷发射角度过低，入水过深，借助升降舵上浮所需时间较长，以致从"西京丸"船底经过后仍然还未能上浮起来。

对此"西京丸"在战后所作的分析也是类似观点："鱼雷从我船下通过，在七八分钟以后，出现在我船右方的海面上，接着又沉没下去。终于保住了'西京

丸'。原因是鱼雷发射以后要一度较深地下沉，至若干距离以后才浮出，触及敌舰
而爆炸。"¹²²

　　"福龙"艇就这样抱憾地错过了击沉敌舰的荣耀，其后匆匆赶来的"左一"等
鱼雷艇虽然也试图对"西京丸"展开攻击，但由于距离已经过远而作罢。15 时 30
分，"西京丸"终于逃过了北洋军舰的追击，驶出战场修理抢救……据《廿七八年
海战史》记载，"西京丸"在海战中共消耗 120 毫米直径炮弹 42 枚，机关炮弹 189
枚，退出战场时还存有 120 毫米直径炮弹 108 枚，机关炮弹 1011 枚。

火浴铁舰

　　北洋舰队的后续兵力"平远""广丙"以及鱼雷艇队的到来，使胶着了两个多小时的海战场上又掀起了一段战斗高潮。虽然到此时为止北洋舰队已损失了 1 艘战舰，日本联合舰队也有 3 艘军舰在交战中先后遭到重创，但是整个战局却依旧不够明朗。

　　表面看起来，开战之后北洋舰队完全是按照乱战战术的路数作战，先是一定程度扰乱了日本联合舰队本队的队形，截击重创"比叡""扶桑"两舰，继而"定远""镇远"等舰又发炮重创了"西京丸"，直至"平远""广丙"以及鱼雷艇队进入战场，对日本军舰发动突击，一切迹象都显示出北洋舰队的作战相当之主动，成绩也尚可嘉。相比之下，多次出现编队和指挥混乱的日本联合舰队，反倒显得有些表现失常。

　　但是实际上，北洋舰队以小队为单位的主动出击战术并未能实现战前设定的目标。第一时段的激烈战斗过后，没有能给日本联合舰队造成大的损失，反而北洋舰队在战场全局上已经陷入了相当尴尬的境地。

　　日本联合舰队经过开战初期的适应调整，付出了数艘军舰受创脱队的代价后，制定和逐渐完成了对北洋舰队腹背夹击的部署。而且日本联合舰队主力编队具有航速高、行动敏捷的特点，利用机动力方面的优势可以始终保持与北洋舰队拉开适当距离，使得航速本就迟缓的北洋舰队无从逼近发起乱战冲击战术，迫使其只能进行自己并不占优势的炮火对抗。同时日本联合舰队虽有数艘军舰脱队受损，但是主力舰只大都战力完好，联合舰队本队和第一游击队的编队队形依旧基本完整，运动自如，日本舰队在炮位数量、火炮射速以及弹头装药威力等方面具有的巨大优势足以从火力上完全压倒北洋舰队。

北洋舰队面前出现了一道巨大的难题，是继续等待，捕捉机会执行事实上已经很难实现的乱战战术，还是改变战术另谋他图？然而历史又并没有给北洋舰队以任何选择的余地：为掩护身后大东沟内尚未登陆完毕的陆军，他们必须将日本舰队牢牢拖在战场上，不能擅离一步；已经四散分开各自为战的乱战队形，和旗舰失去旗语指挥的客观情况，又使得北洋舰队无法有效地更换编队战术，只得仍然以小队阵形被动地应战。这场海战的结局如何，在此时仿佛已经有所预示了。

作为北洋舰队骨干核心的第一小队"定远""镇远"舰，一直在努力担负着激励、引导全舰队作战的重任，试图带领龙旗舰队走向整个国家都在期待着的胜利。战斗打响以来，两艘铁甲巨舰互相配合，先后参加了对"比叡""赤城""西京丸"等日本军舰的围追堵截，并与日本的本队、一游军舰都进行过激烈的炮火对击。当时分别在"定远""镇远"舰上服务的洋员泰莱、马吉芬对于战况的惨烈程度、中国海军官兵作战的无畏勇敢事后感慨道："……我也坦率地承认日军水兵勇猛，军官精悍，但我也必须为受到轻视的中国水兵鸣不平。日军能够始终坚守在他们的炮位上，但他们的甲板不像中国军舰一样会始终受到弹雨的侵袭。虽说我相信如果他们受到我们这样的处境，他们也仍能坚守岗位，但是由于我方舰少炮少，尤其是速射炮数量极少，他们并没有经常处于这样的境地中。然而在我方军舰，至少在两艘铁甲舰上，弹雨几乎不间断地打击着军舰的上层建筑部分，但水兵们仍旧战斗不懈。"[123]

"定远"舰洋员泰莱的经历显得富有故事性。在飞桥上受伤以后不久，他就包扎好伤口来到"定远"舰甲板室顶部甲板上巡视水兵作战。"定远"舰甲板室顶部甲板从烟囱至后桅之间的两舷舷墙上，密布安装了4门哈乞开斯37毫米口径五管机关炮，是"定远"舷侧方向的重要火力。战斗中突然一颗日本炮弹落在该处甲板堆放的机关炮弹药里，四周的一些中国水兵担心会发生殉爆而四散避开，此时刚好有两名军乐队的乐童抬着一颗百余斤重的150毫米直径炮弹经过这里。见到险状，其中一名乐童随众避开，另外的那名乐童则怒目而视，不顾危险，独自一人执着地拖拽着笨重的炮弹向舰尾炮位方向艰难挪动。泰莱明白这是因为舰尾炮位急需弹药，于是上前帮助小乐童抬起炮弹。洋员与童子在弹雨纷飞中搬运炮弹的身影，虽时逾一个世纪，闻之仍令人不由得为之动容[124]。

不幸的是，就在"福龙"号鱼雷艇进击日本军舰"西京丸"的同一时间，一场巨大的灾难降临到了"定远"舰上。曾一度被誉为"亚洲第一巨舰"的"定远"级铁甲舰，除了以每舰配备的4门305毫米口径克虏伯巨炮傲立东亚外，还具有相当厚重的装甲防护。"定远"级军舰的装甲防护采用的是当时被称为"铁甲堡"的集中防护样式。为保护位于舰体中部的弹药库、锅炉舱、蒸汽机等要害设施，围绕整个军舰中部一周在水线附近敷设了厚度达305—355毫米的装甲带。（"定远"舰的装甲为钢面铁甲，内层选用坚韧度好的熟铁，外层由于考虑到熟铁不耐腐蚀，而选用的是钢。）要想穿透这个厚度的装甲绝不是件容易的事，黄海海战中日本联合舰队军舰集其火力聚攻"定远"，也未能实现击穿"定远"装甲带的企图。不过除了保护在铁甲堡之内的舰体中部外，"定远"级军舰的首尾部分就再没有竖立的装甲带防护，由于不是舰上的要害部位，首尾的防护只不过是在水线下水平纵向敷设了75毫米厚的装甲甲板，如此一来"定远"级军舰首尾水线上的部位就没有任何额外防护，成了舰上防护最薄弱的地方。

1894年9月17日15时10分，对于黄海大东沟海战和北洋舰队而言，是个至关重要的转捩点。跟随在本队末尾航行的日本二等铁甲舰"扶桑"号突奏奇功，"扶桑"舰中央八角台炮房内的1门240毫米口径克虏伯后膛炮击中了"定远"舰。重达160千克的炮弹刚好命中"定远"舰没有防护的舰首部位，毫不费力地穿透外壁的船壳板后直入舰内[125]！根据中日双方的历史记载进行推测，当时"定远"舰中弹的位置可能在舰首左侧的锚链孔下方。在击中"定远"的那一刻，"扶桑"舰舰长新井有贯海军大佐可能没有预料到，这颗炮弹将给这场海战带来多大的影响。

"定远"舰舰首的结构大致可以分为三层，其中在150毫米口径克虏伯炮位下的是军舰的首楼，首楼内左右两侧的空间是锚链通过的通道，长长的锚链从锚链孔通进来后，再经过这里的通道连接到锚链舱内。在两侧锚链通道之间则是舰上的水兵厕所，首楼甲板之下舰首的空间（主甲板下第一层甲板，简称下一甲板）是"定远"舰的军医院，内部布置了大量的药橱、病床，墙壁上还有橡木材质的墙裙装饰。"扶桑"射出的炮弹恰好就穿进了这里，在军医院内轰然炸响。由于战时预料到舰首的军医院直当敌锋，而且基本没有防护，在这里收容、治疗伤者过于危险，根据洋员泰莱回忆，"定远"舰战时的疗伤所实际改到了铁甲堡之内的空间，舰首的军医院里反而空空荡荡了。所以这颗炮弹并未造成多少人员杀伤，不过大量填充在弹头内的炸药却大发淫威，一度危及"定远"舰的生存。

炮弹爆炸后，拥有大量木制构件和家具的舰首军医院内立刻出现火灾。肆虐的大火以极快的速度吞噬着室内一切能够点燃的物品，熊熊烈焰带着灼人的高温从弹孔以及舰内的梯道舱口向外迅速蔓延，很快首楼和主甲板上都出现了大火。据记载，当时甚至连首楼内存放在柜中的备用缆绳都被点燃了。更为严重的是，燃烧时弥漫出的黄色有毒烟雾以及舰内木制构件燃起的黑烟将整个"定远"舰的前部完全笼罩，咫尺莫辨，包括4门305毫米口径克虏伯炮在内的所有指向舰首方向的武器都无法瞄准射击，"定远"的炮火被迫停滞了下来。"敌舰'定远'亦被我军发射的炮弹击穿舰腹起火，火焰从炮弹炸开的洞口喷出，洞口宛如一个喷火口，火势极为猛烈"[126]。

一时间，位于战场中央的军舰都能够很清楚地看到，"定远"舰几乎已经完全处在了浓烟的包围中，而且舰首部位还在不断向外迸射着火光，恍若在烈火中苦苦挣扎的苍龙。对北洋舰队而言，这实在是个可怕的情景，一旦大火不受控制，蔓延到铁甲堡内，后果将无法预料。

◎ 日本海军军官若林钦战后绘制的图画，表现的是"定远"舰舰首中弹燃起大火的一幕。

北洋舰队旗舰陷入大火之中，火炮射击也完全停顿了下来，看到这样的情形，日本联合舰队军舰上到处都充满着狂欢的气氛。将近十年以来，日本全国上下都视"定远"为虎豹而寝食难安，费尽周章想要摧毁这艘亚洲第一巨舰及其代表的中国海军，此刻梦想眼看就要变为现实了。为了不放过这个难得的夺功机会，坪井航三指挥第一游击队四艘新锐巡洋舰逼近已无还手之力的"定远"，集中大小炮火加以聚攻。伊东祐亨指挥的本队各舰也在背后不断攻击，弹雨浇注在"定远"身上，爆炸声不断响起，情势万分危急。

著名的东洋第一坚舰"定远"号的舰腹被击中，似遭到了大破坏，失去了自由运转的能力，其舰速大大减慢。此时，我舰队前方各舰见是敌军旗舰，不失时机地奔驰而来，一齐向"定远"进逼，猛烈发炮。"定远"舰舰内起火，火焰弥漫了半边天空。"定远"舰上的人员皆停止了发炮，集中力量救火。但是，火势猛烈，没有被扑灭的迹象……**127**

"致远"舰，邓世昌

值得我们记忆和尊敬的是，在有些部位已经如同炼狱一般的"定远"舰上，为了制服炎魔而冒着生命危险在露天甲板上四处奔走抢救的人群中，除了大量的中国海军官兵外，还有洋员的身影。

这些洋员不同于传统中国近代史书籍中那些欺骗乃至欺负中国人的洋人，黄海海战中北洋舰队的外籍雇员群体表现出了高度的敬业和勇敢精神。大火燃起后，双耳已经在先前的炮战中震聋的德籍炮术士官阿璧成（J. Albrecht）立刻奔向最危险的首楼顶部甲板，冒着有毒的烟雾和纷飞的弹片，与中国官兵们一起架设消防水泵奋力救火。原本在主炮台上作战的英籍士官尼格路士（Nicholls）也很快赶到这里，奋不顾身地加入救火队伍。在日本炮弹集中攻击的首楼顶部甲板上，尼格路士不幸被弹片击中倒卧在地，这位英国人知道自己受伤过重，坚决不愿进入救伤所包扎，要求留在甲板上和他的战友们在一起。生命即将消逝的一刻，尼格路士想起了远在英伦故乡的爱女，然而家庭团聚的天伦之乐已然只能是一场梦了，默默向同乡泰莱口述完对女儿的殷殷期望后，这位忠于职守的洋员瞑目而逝，成了海战中第一位将生命献给黄龙军旗的西方人。"语及其女，及对伊之愿望，乃卒。"**128**战后经北洋大臣李鸿章奏请，清政府以尼格路士"为中国效力，不惜身命，奋勇争先，洵属终于所事，深明大义"，向其家人增发三年俸饷以示抚恤。

正在司令塔内忙于指挥操舵，以使军舰尽量躲避日方攻击争取灭火自救机会的"定远"舰管带刘步蟾，猛然发现在他的左侧，广东人邓世昌指挥的"致远"舰靠拢了过来。排水量仅有 2300 吨，没有任何竖甲防护的穿甲巡洋舰"致远"驶到了"定远"之前。

"致远"舰管带邓世昌，字正卿，广东番禺人（今广州市海珠区），少年时在

◎ "致远"舰军官合影，居中双手交叉站立者是管带邓世昌。

香港求学，后被赴港招生的福建船政学堂选中，成为船政学堂第一期外堂生。毕业后在同学中最早担任军舰管带，具有大量的实际业务知识。被李鸿章选入北洋海防后，邓世昌任事勤勉，治军严格，在军中显得格格不入，"不饮博，不观剧，非时未尝登岸"。此时见到旗舰身处险境，在千钧一发之刻，这位长久以来孤独落寞的将领指挥着他的战舰毅然决然驶出，与如狼似虎的日本第一游击队展开炮战，"致远"舰用自己并不厚实的身躯默默地为旗舰遮挡炮弹！紧接着，在"定远"舰右侧，由林泰曾、杨用霖指挥的"镇远"舰也挺身而出，与"致远"舰并力抗击日舰，共同护卫旗舰。

借助"致远""镇远"不惜生命换来的这段宝贵时间，阿璧成等在"定远"舰上与火魔搏斗的官兵们获得了成功。身处弹片纷飞、毒烟弥漫的首楼顶部甲板，这些英勇的官兵毫无畏色，用水泵不断抽取舰底的海水，再通过梯道舱口注入下方的舱室。在几乎就要将军医院变成储水库的时候，大火终于被扑灭，"定远"舰万幸躲过了一场劫难。"阿璧成以其个人模范的行动站在枪林弹雨中，启用水泵进行灭火，一直到他几乎灌满了那个房间"，挽救了可能"完全被毁掉或者严重丧失战斗

© 北洋海军军舍甲巡洋舰 "致远" 号。

能力"的"定远"[129]。

旗舰转危为安,"致远"舰却为此付出了太大的代价。与同样挺身而出的铁甲舰"镇远"不同的是,"致远"舰并不具备那么强大的防护力。为了掩护旗舰,与第一游击队4艘战舰的炮火对战,对于"致远"舰而言无异于是生命慢慢消耗的过程。"致远"的舰体已经有多处被击穿,其中一些伤口出现在水线附近,海水大量涌入舰内,穹甲甲板的斜坡与船壳板相交构成的"V"字形的水槽里已经积满了海水,"致远"舰内的损管人员利用一切工具努力排水,但是舰体仍无可挽回地发生着倾斜,此时已经出现了将近30度的右倾,这对任何一艘舰船而言,都是足以致命的险情。

面临生死抉择的关键性时刻,邓世昌做出了一个令整个战场都为之惊叹的决断:驾舰冲向正在自己左舷外驶过的日本本队,尤其是本队的旗舰"松岛"。此后战场上出现的事迹几乎是现代每个中国人都耳熟能详的,在黄海的波涛上,遍体鳞伤、严重侧倾的"致远"舰如同是一匹孤傲圣洁的独角兽,迎着硝烟弹雨,不断加速,加速,掉转航向无畏地向日本第一游击队直冲而去……

关于黄海大东沟海战中"致远"舰冲向日本第一游击队的含义,一直以来比较普遍的解释是,邓世昌想要指挥"致远"舰撞沉日本联合舰队最新锐的军舰,与之同归于尽。如果联系到北洋舰队在这场海战开始时所采用的乱战战术,我们将能做出另外一种更具理性的诠释。

19世纪海战中出现的乱战战术,其要点就是在战斗中尽量逼近敌舰、扰乱敌方阵形,从而实施以冲角和鱼雷为主要手段的近距离乱战,这种战术对于火力上不如敌方的北洋舰队,无疑是较为适用的。但是大东沟附近海面的炮声已经持续了三个多小时,北洋舰队仍然未能实现冲乱日本联合舰队阵形的目标,反而渐渐陷入了被动交火的不利局面中。此时身受重创的"致远"舰突然高速冲向日本舰队,邓世昌可能是已经估计到自己的军舰支持不了太久,与其无谓的沉没,不如尽最后的力量放手一搏,争取冲乱日本本队的阵形,更大的希望是能乘乱利用冲角或鱼雷取得击沉日舰的战果。

"吾辈从军卫国,早置生死于度外,今日之事,有死而已!"

冒着密集的弹雨,邓世昌屹立在飞桥甲板上,大声激励着将士们。对这位人格高峻的舰长,全舰官兵都发自心底地给予尊敬,同仇敌忾的怒吼声响彻"致远"舰上空。由于"致远"舰是从第一游击队的舷侧冲击而来，而且这艘军舰是北洋舰队序列中航速最高的军舰，此刻机舱内采用了强压通风，航速甚至能够超过 20 节。日本第一游击队感受到了巨大的威胁，150 毫米、120 毫米等速射炮炮弹不断射向"致远"舰，在四周的海面上形成了阵阵水柱，"致远"舰正在冲向一张火力网，这是中国近代海军史上最壮烈的一段征程。

令人扼腕痛惜的是，就在即将逼近日本第一游击队的一刻，伴随着轰然巨响，"致远"舰舰体中部发生爆炸，升腾出巨大的火球。"致远"的舰首首先开始下沉，舰尾高高地竖立在空中，螺旋桨仍然在飞速地转动……不到 10 分钟，这艘英勇的战舰就从人们的视野里消失，北洋海军损失了第二艘战舰。

关于"致远"舰的战沉原因，海战之后，日本参战各舰的战斗报告对"致远"的沉没，几乎都是轻描淡写一笔带过，所有参战舰长在报告中都没有称是自己的军舰将"致远"击沉。在北洋海军当事人所产生的报告、回忆中，则多有人认为"致远"是被日本军舰发射的鱼雷击沉[130]，也有人怀疑或许是被日军本队三景舰的 320 毫米口径巨炮击中所致[131]。这类判断的依据可能是基于"致远"沉没时发生的大爆炸。不过所有参战日本军舰的战斗报告里都没有提到对"致远"发射鱼雷或火炮命中"致远"，而且"致远"沉没时距离日本军舰尚远，单纯从兵器技术角

◎ 西方铜版画："致远"舰冲击日本本队。这幅画作中，画家选取了错误的参考资料，照着"经远"舰的模样绘制了"致远"舰。

度来看，在没有进入日方鱼雷的有效射程范围内时，并不具有被日军鱼雷击沉的太大可能性。

从中日双方当事人的报告、回忆里，都并无法直接、准确地获得"致远"沉没的原因，此事便成为历史和军事研究者们热议的课题，出现了种种分析和推想。其中影响较大的是 1895 英国布雷赛海军年鉴上登载的一篇文章，作者库劳斯（W. Laird-Clowes）认为，有可能是日方军舰射出的一枚大口径炮弹击中了"致远"的鱼雷发射管，引起了"致远"自身的鱼雷大爆炸所致[132]。然而以此为代表的这些议论，都忽视了"致远"舰沉没前一个十分明显的细节，即该舰在下午 3 时后就出现了舰体向右倾斜的状况，此后倾斜的角度逐渐加大到了将近 30 度，甚至于在海面上都能看到左侧的螺旋桨。

在当时，舰体的这种倾斜，最可能是由一种原因所导致，即"致远"舰在下午 3 时之前和日本第一游击队的交火中，右舷遭遇了重伤，水线处舰体破损，海水大量灌入舰内，引起向右倾斜。这种状况下，根据"致远"舰沉没前并没有被日本鱼雷或炮弹击中的情况分析，该舰最后出现的向右翻沉的现象，极有可能是舰体内部已经进水过多，排水、堵漏失效，伤情最终失去了控制造成。至于沉没时发生的那场大爆炸，则存在有两种可能性，即爆炸引起了下沉和下沉引起了爆炸。前者，可能是当时"致远"舰内进水过多，最终冰冷的海水灌入了火热的锅炉舱，造成锅炉大爆炸，以至于军舰沉没。后者，则是因为舰内进水过多，军舰最终翻沉，在翻沉的过程中锅炉接触海水而发生爆炸。

"致远"舰沉没时，管带邓世昌落入海中，亲兵刘相忠游近递送来了救生圈，被邓世昌用力推开。"左一"号鱼雷艇赶来相救，这位刚烈的舰长"亦不应"，"以阖船俱没，义不独生，仍复奋掷自沉"。最后连邓世昌平日豢养的爱犬"太阳"也来试图救助自己的主人，这只忠实的动物不忍心自己的主人下沉，"衔其臂不令溺，公斥之去，复衔其发"。满眼热泪的邓世昌毅然抱住爱犬，追随自己的爱舰一起沉入海中，为的是一个中国海军军人的尊严。这一天，刚好是邓世昌 45 岁生日。战后邓世昌和"致远"舰的壮烈事迹很快传遍整个国家，成了中国近代海军史上不朽的海魂。

"致远"舰沉没时，包括英籍管轮洋员余锡尔、邓世昌的从弟邓世坤等在内的二百余名舰员同时殉难，长眠海底。

重创"松岛"

15 时 30 分，黄海海战场上接连发生了几件重要的事。同一时刻，日本军舰"西京丸"躲过了中国鱼雷艇的攻击，退出战场；"致远"舰在冲向日本第一游击队的过程中不幸爆炸沉没。而与上述几件对北洋海军完全不利的事件完全同步，北洋舰队也终于取得了一个极为重大的战果，第一小队的铁甲舰"镇远"用 305 毫米口径克虏伯主炮重创了日本联合舰队旗舰"松岛"！

"镇远"舰是北洋舰队中与旗舰"定远"同型的铁甲舰，各种设计基本相同，管带林泰曾的职位在北洋海军中仅次于提督丁汝昌，高于"定远"舰管带刘步蟾，基本上这艘军舰也可以认为是天然的候补旗舰。海战开始后，"镇远"始终伴随在"定远"左右，共同发挥战场柱石的作用。15 时 10 分，"镇远"舰为掩护"定远"

◎ 北洋海军"镇远"舰。

舰救火而冲出与"致远"舰并肩作战后不久,日本第一游击队渐渐运动向北洋舰队的左翼。联合舰队的本队出现在"定远""镇远"舰眼前,主炮后置、外形特点鲜明的日本联合舰队旗舰"松岛"再次成为中国军舰攻击的焦点。15时30分,"镇远"舰主炮台连续射出2枚305毫米口径炮弹,均命中了"松岛"舰,考虑到当时双方的距离为1700米左右,大口径火炮能获得这样的命中率可谓相当惊人。另据"镇远"舰美籍顾问马吉芬回忆,当时发射的炮弹中有一颗还是装填了90磅黑火药的5倍口径开花弹,这种高爆弹对于北洋舰队而言是异常稀少的珍贵物品。

"镇远"舰一阵炮声隆隆后,在之前的战斗中已经被"平远"舰击坏主炮的"松岛",遭到了始料未及的沉重打击。"镇远"射出的第一颗炮弹可能是实心弹,并未造成爆炸效果,这颗不会爆炸的炮弹从"松岛"舰左舷炮甲板("松岛"舰主甲板下的第一层甲板)第四号速射炮炮位(从左舷舰首数第二门炮)的上方穿透,之后横扫整个炮廊,又从右侧向上穿出,在"松岛"舰的右舷主甲板上留下了一个骇人的大洞。突中巨弹的"松岛"舰舰体发出颤动,然而这才只是灾难的开始,日本官兵还没从这次命中所带来的惊慌中反应过来时,又一颗305毫米炮弹接踵而来[133]。

紧接而来的这颗305毫米口径的炮弹命中的位置和上一颗炮弹接近,仍然是在四号炮位,但是这颗炮弹的威力要大于刚才那颗无法爆炸的实心弹。巨弹直接击中了"松岛"左舷第四号120毫米速射炮的炮盾,受到重击的引信立刻开始工作,弹头内填充的黑火药很快点燃,炮弹在第四号炮位上轰然炸开。爆炸所产生的巨大冲击气流和破片,使炮盾显得不堪一击,霎时成了纷纷散落的钢铁碎片。本来被遮护在炮盾后的120毫米口径速射炮也受到致命伤害,整个炮身竟然被震飞了起来,随后又重重地砸下,120毫米口径的钢铁炮管被扭曲成了不可思议的月牙形。

更为恐怖的事情很快发生了。战时为保证速射炮的弹药供应,"松岛"舰主甲板下的这层炮甲板上堆积了大量120毫米口径速射炮的炮弹,密布舷侧的速射炮成了攻击北洋舰队的最佳武器,从这个位置上射出的炮弹曾让一艘艘北洋军舰困于大火,这个位置上也曾因为击中北洋军舰而发出过一阵阵的狂笑呐喊。然而此时这些弹药却成了巨大的安全隐患,"松岛"舰的火炮甲板仿佛是一个即将点燃的巨大火药桶。

被305毫米口径炮弹打飞起来的120毫米口径速射炮摔落时,刚好砸在了弹

◎ "松岛"舰被击坏的120毫米口径速射炮。

药堆里，性态敏感的下濑炸药遭受重击后立刻发生了反应。"3时30分，'镇远'舰30厘米半口径的大炮发射二颗炮弹，命中'松岛'舰。一颗击中'松岛'左舷甲板第四号炮身上方，又转向击破右舷侧上甲板。另一颗击中四号炮钢盾破裂，盾及车台碎片飞舞，炮身弯曲下落，借势将附近的药壳儿引爆。"堆积在第四号120毫米口径速射炮位附近的大量炮弹以及硫化棉发射药被引爆了！"松岛"舰上发出接连不断的巨大爆炸声，呛人的黄色毒雾立刻在舰内弥漫开来。

爆炸产生的冲击力，一面将"松岛"左舷的船壳板撕开了更大的破口，一面发出怒吼冲上穿透了的主甲板，在主甲板的左右两侧都留下了两个巨大的破洞。"（"松岛"舰）一层的舷侧板爆破，有三分之一长，从甲板的巨孔穿出有2—3尺有余，并击断上甲板之铁桩、铁梁，上甲板左右舷顺势出现三四坪洞，使舰体失去了平衡，舰体倾斜，海水灌入，很快使舰内数处破损。"

北洋舰队的官兵简直都不相信自己的眼睛了，日本旗舰"松岛"被接连命中不断发生爆炸，舰体也开始了倾斜，似乎就快要沉没了。因"致远"舰沉没而带来的悲伤尚未消散，中国的海军将士们又立刻面对一次重大战果带来的喜悦。

如果"松岛"沉没了，其带来的巨大精神鼓舞甚至可能让北洋舰队赢得这次海战，战争爆发以来关于海军的各种谣言就也将就此不攻自破；海军提督丁汝昌的陆

◎ 黄海海战后回到日本的"松岛"舰，可以看到舰首舷侧巨大的伤口。

军出身背景也可能不会被后世评价为什么外行司令，而将会与同样由是陆军出身的日本海军大臣西乡从道、桦山资纪那样，被誉为自学成才的模范，多么美好的景象。

日本联合舰队的官兵也不敢面对眼前的情景，无论是作为舰队的司令舰，还是三景舰之首，"松岛"舰都寄托了大和民族太多的期望。可以预料这艘花费了国帑巨资建造并以著名的日本景观命名的战舰一旦沉没，会给日本联合舰队带来怎样可怕的精神灾难。

海战场上出现了奇特的情况，炮声零落了下来，双方军舰的作战节奏变慢了，大家都在关注着"松岛"。

此刻的"松岛"舰内已然成了但丁笔下的地狱。

  ……叹息声，抱怨声，悲啼声，在没有星光的昏暗空气里应和着……千奇百怪的语音，痛苦的叫喊，可怕的怒骂，高喊和哭泣，拍手和顿足，空气里面喧闹不已，永无静寂……这一群下贱昏庸的人为上帝所不喜而为他的仇人所不容呀！这些不幸的人，肉体虽生，精神已死；他们都赤身裸体，有马蜂和牛虻刺着他们；血和泪从他们脸上流到脚跟上，做了毒虫们的食料……

　　"松岛"舰舰体倾斜，白烟腾起，四面暗淡，海浪涌起，疑鲸鲵也会惊而逃离。巨弹爆炸，又使火药爆炸，如百雷骤落，毒烟充满了整个军舰……[134]

　　大火如同一道道火龙在甲板上游动肆虐，黄色有毒瓦斯充满了整个炮甲板，"电灯、电路、传话管、水管、蒸汽管、升降口全部断裂变形，两个梯子也已粉碎，一切犹如草蔓一样垂下"。爆炸和毒雾中，负责在炮甲板指挥督战的分队长志摩清直海军大尉、分队士伊东满嘉记海军少尉，以及其他官兵共28人当即毙命，死状极惨，"有的四肢分裂，有的有上体无下部，残缺不全。"

　　其他重伤的还有舰队军医长河村丰洲海军军医大监等68人，这些逃过当即死亡的人遭到的是比死亡更可怕的痛苦。与在弹片、冲击波打击下四分五裂的第一批死亡者不同，受伤者大都是被烈性炸药燃起的火焰灼伤，"有的头发已烧成灰烬，身体烧得如同墨一样黑；有的被烧黑的铁片烫伤；有的腹部破裂；有的手足丢失，被有毒的瓦斯熏得痛苦难忍，悲鸣连天"，"将士们皆抽泣不能自持"[135]。其中不

◎ "松岛"舰水雷长木村浩吉回忆录中的插图："松岛"舰炮房中弹爆炸后的景象。

治而死的又有 22 名。编制 355 人的"松岛"舰瞬间失去了近乎三分之一的舰员，如果考虑到蒸汽时代的军舰上，编制中还有很大一批是轮机人员的话，"松岛"舰几乎失去了炮甲板所有的炮手，"下甲板的炮员、弹库员非死即伤"。

更为可怕的是，根据"松岛"舰炮术长井上保的记述，当时炮甲板的火灾即将引入下方的弹药库，他目睹火焰在弹药库附近蔓延的可怕景象。但是面对着炮甲板内熊熊的烈火和弥漫的毒气瓦斯，尽管军官百般叱喝，"松岛"舰的救火损管人员还是没有勇气冲入抢救。幸运的是此时战场上竟然刮起了大风，风向也对"松岛"有利，"幸而风从破损的舷侧，吹进一些新鲜空气，才使毒气稀薄。防火队得以竭力灭火"[136]。

救火队冲入炮甲板后，映入他们眼帘的是这样一番场景："死者的头、手、脚、肠子到处散乱着，脸和脊背被炸得难以分辨了。那些断裂的骨头上，肌肉早已经被烧毁，就像火化后的白骨，黏乎乎的鲜血沿着舰体倾斜方向流去，滴着鲜血并且还在微微颤动的肉片粘在炮身上，还没有冷却……"[137]

又经过 30 分钟左右，"松岛"舰内的大火才被扑灭，弹药库转危为安，损管人员也得以一面排水，一面进行堵漏。可以设想如果没有这阵巧之又巧的风，"松岛"舰将可能面临怎样的结局。

救火队冲进炮甲板抢救的同时，幸存的炮位人员开始收拾火炮，炮甲板上安装的 10 门 120 毫米速射炮还剩下第五至十号 6 门可以使用，主要是没有被直接命中的右舷火炮。为了弥补大量的炮手空缺，伊东祐亨与舰长尾本知道只得让军乐队人员全部充当炮手，重新向北洋舰队开火，但是军乐队员对于操作火炮完全陌生，一副茫然无措。

16 时左右火灾被扑灭之际，"松岛"舰事实上已经不再具备战斗的能力，由于中弹过程中液压舵轮的管路遭到破坏，不得已只能用人力舵轮操舵，"松岛"舰的机动力又成了问题。面对令人懊丧的情景，经历了 4 个多小时战斗的伊东祐亨显得异常疲劳，几乎未经太多的考虑，16 时 07 分下令在"松岛"舰桅杆上升起了一面特殊的旗帜"不管"，意思即各舰自由行动[138]。

"松岛"舰内对伤兵的救护还在进行，检视完"甲板下降，发出异臭烟气，使人窒息"的舰首鱼雷室后，"松岛"舰鱼雷长木村浩吉海军大尉记载："士官办公室虽已被火烧黑，仍作为安置重伤患者，桌子上、地板上、椅子上横七竖八躺着重伤患者，治疗人员没有立足之地。伤病员时而叫喊口渴，时而呻吟着。有二三个重伤者看见我进来，不断地叫喊着'鱼雷长，给我水'，我就用陶壶装着水，喂重伤员。"充满对北洋海军两艘铁甲舰的恐慌，"受伤的水兵们还不断询问着'定远'、'镇远'。一个已经看不清容貌者叫我，喊着他自己的职务和名字——"我是大石候补生"。我听到呼喊，抬腿绕过重伤员，让他脱掉衣服，全身已烧得漆黑，胸部以下两寸处受伤，出血很多。他要着水，在此时难以讲究礼数，用平生不同的语调说'我遗憾'，不知用什么话来安慰他（少尉候补生大石馨重伤后很快死去）。此时各处都有索水声和痛苦声……水兵们忍着痛用小刀割下粘在身体上的衣裤，粘在衣服上的皮肉也会同时被拽下……重伤者六七人很快死去，室内稍微安静了一会。这时桌子上的一个人，双手合掌，念起了南无阿弥陀佛……"**139**

已然不是人世景象。

"满海乱跑的'黄鼠狼'"

令今天的中国人感情无法接受的是，15 时 30 分"松岛"舰遭遇重创时，原本是北洋舰队借以发起突起、扩大战果的良机，然而同一时间"致远"舰的沉没，却在北洋舰队某些军官的心中投下巨大的阴影，战场上出现了逃兵！

黄海大东沟海战开始时就一直龟缩在阵形后的"济远"舰此时开始转舵逃跑。

"济远"舰的管带方伯谦，福建福州人，福建船政后学堂第一期毕业生，曾留学于英国格林威治海军学院。方伯谦为人精明，善于钻营，长久和平岁月的磋磨，加之遍布沿海各要港的丰厚家产，已经使这位将领失去了军人所应有的品质。

7 月 25 日的丰岛海战中，大副沈寿昌的脑血第一次让方伯谦深切体味了战争的恐怖。为了遮掩挂白旗与日本海军旗而逃的不光彩事迹，方伯谦事后竟然编造了子虚乌有的尾炮退敌事件，并被其追随者进一步演绎发挥，杜撰出所谓击死倭提督，"吉野"挂白旗、龙旗而逃的"战功"。

黄海大东沟海战，作为北洋舰队阵形左翼压阵的第四小队领队舰舰长，方伯谦似乎精神已然崩溃，并没有丝毫战斗的决心，开战之初"济远""广甲"就落后于全队，始终徘徊在阵形之后。北洋舰队与日本联合舰队接近时，左翼势必是最先遇到日本舰队的位置，为躲避战斗，方伯谦即指挥"济远"从北洋舰队阵形之后向右翼方向闪避，连带僚舰"广甲"与之一起行动，使得北洋舰队一开始就丢失了一个小队的战力。

日本第一游击队开始攻击右翼的"超勇""扬威"时，已经躲避至右翼附近的"济远""广甲"又立刻向较为安全的左翼躲避。至北洋舰队左翼诸舰开始围攻"比叡""赤城"等日本军舰时，甚至连僚舰"广甲"都主动参加战斗，而"济远"依旧观望在后。15 时 30 分"致远"舰沉没，北洋舰队左翼方向成为战场的焦点，位于左翼的"济远""广甲"首当其冲，此时方伯谦丰岛故技重施，又选择了逃跑。更为无耻的是，"济远"舰还挂出了"我舰已经重伤"的信号旗，以为逃跑寻找托词，而根据"济远"舰德籍顾问哈富门的回忆，当时的情况实际是"我舰虽受伤，并无大碍"。**140**

  旗舰"定远"号遭我反复攻击起火后，"致远"号沉没。在丰岛海战中被吓得心惊胆寒的"济远"号接着逃走……**141**

"济远"舰选择的逃跑路线是航向战场西北方向的浅水区，再由那里逃回旅顺。大东沟、大鹿岛一带沿岸的浅水区是北洋舰队天然的避风港，从现在发现的日本军舰"赤城"作战时使用的海图来看，日本海军对这带沿岸的水文情况基本没有掌握，海图上并未标注沿岸一带的水深情况。紧随"济远"之后，同队僚舰"广甲"也选择了逃跑，目睹这一情形，"定远""镇远"上一些水兵愤怒地向逃兵们射击。失去"济远""广甲"的北洋舰队，左翼只剩下了一艘孤零零的"经远"舰，一臂已断。

更为不可思议的是，在逃跑的过程中，"济远"舰竟然撞上了友舰"扬威"。受困于大火、舵机失灵的"扬威"当时也正在努力往浅水区航行，试图灭火自救。这艘没有被日军炮火击沉的战舰，未曾料到会被友舰毁灭。奔逃中的"济远"舰高速撞上了重伤的"扬威"，随即又毫不留情地倒车、离去，最终"扬威"舰在挣扎着进入浅水区后不幸下沉搁浅。望着绝尘而去的"济远"，"扬威"舰管带林履中悲愤莫名，蹈海而逝。作为"济远"舰撞击"扬威"的直接证据，当"济远"逃回旅顺时存在一个重大的伤情，"头裂漏水"。

今人在讨论"济远"撞击"扬威"时存在一些疑问，有的观点认为吃水较"济远"浅的"扬威"撞击后搁浅，说明撞击发生处的水深很浅，"济远"不具备进入这个区域去撞击"扬威"的条件。这是对史料的错误理解，实际上"济远"撞击之后"扬威"并未当场沉没，而是挣扎航行了一段时间后才最后搁浅。"'扬威'舰内亦被弹炸，又为'济远'拦腰触裂，驶至浅水区而沉。"

此外，关于"扬威"的搁浅，并不能等同于正常舰船航行中的搁浅现象。正常船舶的搁浅，是因为海水水深低于军舰的吃水，导致军舰搁底。而"扬威"舰的搁浅，是指这艘军舰下沉后，水深不足以完全淹没军舰，舰体大部分还露在水面上，这种情况下浅水区的水深就不一定低于军舰的吃水深度了。

关于"济远""扬威"相撞还有一种疑问，以孙克复《三论方伯谦冤案问题》中的观点为代表："（"扬威"的沉没地点）在战场西北的大鹿岛附近。'济远'的逃避方向则是战场西南的旅顺口。'济远'逃避时根本没有必要驶向战场西北之大鹿岛附近，再折向西南。两舰方向相反，距离遥远，安能相撞？"但是持这种疑问的论者忽视了一个重要的问题，即浅水区对于北洋海军舰只的意义。从最初的"超勇"直至后来的"靖远""来远"，北洋舰队的军舰受伤后无一不直驶大鹿岛附近的浅水区以求自保，"济远"舰无疑也选择了进入西北方的浅水区避逃的路线，与"扬威"相遇也就并不奇怪了。"第一游击队根据海水深浅增减航速，追击向大连湾方向逃走的数艘敌舰。当时，'济远''广丙〔甲〕'正在远远地向西北方偏西的方向逃跑……" **142**

1956 年曾经的"来远"舰三等水手陈学海再度回忆起这段往事时，仍然充满着激动："'定远''镇远''致远''靖远''经远''来远'几条船都打得很好。日本主船'松岛'中炮起了火，船上所有的炮都哑巴了。数'济远'打得不行。'济远'船主姓方，是个熊蛋包，贪生怕死，光想躲避炮弹，满海乱窜。各船弟兄看了，没有不气愤的，都狠狠地骂：'满海跑的黄鼠狼！'后来，'济远'船主不听命令，转舵往十八家岛跑，慌里慌张地把'扬威'撞沉了。" **143**

"济远"舰最终于 9 月 18 日凌晨 2 时到达旅顺，尾随队长舰逃跑的"广甲"并未得到眷顾，被"济远"远远抛在身后。9 月 18 日凌晨，漆黑一片的大连湾外海面上，"广甲"经过大连湾口的三山岛后，前往近岸的大崂山海滩搁浅。

并未在海战中参加过激烈交战的"济远"，回到旅顺后出现了几件怪事，首先是报称舰上的大小火炮都被日军击坏，统计"济远"的武备共有各种火炮 18 门，而海战中仅中弹 15 颗，很难想象日方的炮火命中率竟然如此之准。中弹达数百颗，且始终是日军攻击焦点的"定远""镇远"都未出现这种情况。值得今人加以注意的是，战后负责检查各舰伤情的洋员泰莱曾报告，"济远"舰左侧 210 毫米口径主炮的炮尾炮套上有一处类似铁锤砸出的痕迹，而目前保存在中国甲午战争博物馆内的"济远"主炮上确实存在这处可疑的伤痕。另据日本甲午战争末期缴获"济远"舰后所作的全舰物品清单看，同样也记录 210 毫米口径克虏伯炮炮尾炮套有伤痕，另外该份报告还记录"济远"舰 210 以及 150 毫米口径火炮的随炮工具内都有铁锤[144]。

更不可思议的是"济远"的弹药消耗。根据战后统计，"济远"共消耗了 53 颗 210 毫米直径炮弹，100 颗 150 毫米直径炮弹，综合"济远"停留在战场上的时间一共只有 2 小时 30 分，就算大小火炮都没有被打坏，一直处在发射状态，要达到这样的消耗量也几乎是天方夜谭。对照"济远"舰洋员哈富门的回忆，称"济远"舰在战时 150 毫米口径火炮仅发射了 35 发，很难理解多余的弹药是如何"消耗"掉的，9 月 17 日的黑夜里，"济远"舰上曾发生过什么奇特的事？

无论是"我舰重伤"的信号旗，还是火炮的"全毁"和弹药的惊人消耗，似乎都是方伯谦刻意布置下的重重疑局，就如同丰岛海战后创造出的尾炮退敌说一般，都是为了证明"济远"舰是始终在"战斗"，是不得已才逃跑。

然而此次方伯谦并未再有丰岛海战后的那般好运。9 月 19 日丁汝昌命令"济远"前往大连湾拖带搁浅的"广甲"，言下之意可能是借此给方伯谦一个戴罪立功以观后效的台阶。但是"广甲"舰并未能拖出，只得拆卸了火炮后予以炸毁。

9 月 23 日，清政府军机处经李鸿章奏参，以临阵脱逃罪判方伯谦军前正法。可能是"广甲"舰属于两广军舰，考虑到地域派系问题，跟随方伯谦逃跑的"广甲"舰管带吴敬荣只受到了革职留用的薄惩。虽然二人同罪不同罚，但并不能以吴敬荣未被斩首而证明方伯谦"冤屈"，方伯谦被斩是罪有应得，吴敬荣未被处死的原因则应当另为讨论，二者绝不能混为一谈。

在方伯谦被看管收押时，"……其部下知非嘉兆，有请其处分后事者。彼（方伯谦）昏不知，谓朝廷仁厚，安有杀总镇刀耶，如或苛求尽以革职了事，虽一二品或难骤复，而每月薪水数百两固然也，何必惊慌无措也。夜半约十二点钟，丁军门接奉回电，著以军法从事，方伯谦始痛哭求救于某军门。某军门谓，我恨无海军生杀之权，自我操，则七月间已在军前正法，尚复令尔重误国家大事耶？方知乞无门，瞑目待死。延至二十九日晨五点钟时押赴海军衙门后斩首"[145]。

不沉的"定远"

重创日本旗舰"松岛"的胜利未能抵消因左翼军舰"济远""广甲"逃离战场而给北洋舰队带来的巨大阴影，"济远""广甲"的奔逃使得北洋舰队的战斗形势立刻一发不可收拾。孤雁失群的"经远"舰以及右翼第三小队"靖远""来远"舰之后也相继离开战场，向大鹿岛方向的浅水区驶避，海战场上北洋舰队实际只剩下了由"定远"与"镇远"两艘铁甲舰组成的第一小队。

战场态势几乎就在瞬间发生了急剧恶化，北洋舰队预先设定的作战队形基本崩溃，战局至此已没有可以挽回的余地。今人检讨这一悲惨的情况，必须注意辨明"经远""靖远""来远"等军舰的行动与"济远""广甲"有着本质区别，前者只是暂时离开战场自救，目的还是为了能够回到战场继续作战，而后者则是径直回航旅顺的逃跑行为，性质完全不同。同时也不容我们回避的是，血与火的战场上，除了军舰间的厮杀角斗外，实际也是中日两国海军军人精神和意志力的较量，在远比日军恶劣得多的作战环境下，中国军人所需要付出的勇气和需要承受的精神压力也是可想而知的。这种情况下已方阵营中出现逃兵，谁也无法肯定这不会对士气造成负面影响，千里长堤，溃于蚁穴，北洋舰队坚守了近3个小时的精神阵线，很可能就在"济远"等军舰的逃跑过程中发生了有如雪崩般的垮塌。"靖远"等军舰未能牢牢坚持在战场上的原因，除了军舰自身确实遭受创伤外，也不能排除这方面因素的影响。由此清政府在战后追究"济远"舰管带方伯谦"牵乱队伍"的罪责，也就不难理解了。

航速快捷、机动灵活的日本第一游击队立刻发现了北洋舰队中出现的溃逃情况，司令官坪井航三指挥一游四舰转舵向西北方向进行追击。坪井航三判断北洋舰队阵形的崩溃对联合舰队而言就是一举获得胜利的最好时机，可以采用优势兵力趁

◎ 西方美术作品：坚守在战场上拼杀的"定远"舰。

中国军舰溃散时加以分割歼灭："我相信大胜的时机正在此时，遂命令注意水的深浅，随时增减速度，追击向大连湾方向逃跑的敌舰。"**146** 大东沟海战从开始以来无论是乘坐在"西京丸"上督战的海军军令部长桦山资纪，还是坐镇"吉野"舰指挥第一游击队的坪井航三，对一些战场形势的判断似乎都要高出联合舰队司令伊东祐亨一着，而且在关键时刻居然还大都抛开伊东祐亨，直接自作主张升旗发令。伊东祐亨在海战中这些不佳的表现，使得他在日本海军史上并没有能获得多少重要的地位。

　　西斜的阳光懒懒地注视着大东沟口这块血火交融的海战场，这场历时已经3个多小时的海战，它似乎也看得有些倦怠了。北洋舰队这时仅剩下了"定远""镇远"两艘同级的钢铁姊妹舰还坚守在战场上，她们面对的是"松岛""千代田""严岛""桥立""扶桑"等5艘日本本队军舰。身遭重创的"松岛"不愿意放弃眼前过于诱人的目标，开始竭力使用未受太大损伤的右舷火炮向"定远""镇远"射击。击沉"定远""镇远"对于日本而言，与其说是出于单纯的军事目的，不如认为这是一个民族对另一个民族卫国支柱的嫉恨，两艘铁甲舰已经成了大和民族心理上的阴影。

　　虽然旗舰"松岛"已经挂出了"不管"旗，但日本本队后续的军舰大都仍然按照"松岛"前进的方向跟进，采用右舷炮高速射击。不过本队的航迹还是出现了一丝乱战的特点。位序在"松岛"之后的"千代田"舰，是装备有水线带装甲的装甲巡洋舰，生存力相对较强，舰长内田正敏海军大佐可能是为了提高火炮的命中率，大胆地下令掉转航向，脱离本队的序列向"定远""镇远"接近，作抵近炮击。见到"千代田"自我行事的举动，本队第二个三舰分队的领队舰"桥立"也加以效仿，在舰长日高壮之丞海军大佐的指挥下脱离了本队的序列，进一步接近"定远""镇远"。包括"松岛"在内的这些日本军舰此时仿佛像是非洲大草原上嗜血的鬣狗，努力围猎落单的两艘中国铁甲舰，"打沉'定远''镇远'"的口号，已经在日本军舰上喊得震天响了。

"定远""镇远"同时遭到本队5艘日本军舰的围攻，意味着有多达近30门120毫米口径速射炮在不停地向她们射击，其中还夹杂有大量320毫米、240毫米等大口径火炮的攻击，这是这次海战以来两舰所遇到的最猛烈的炮火。在"镇远"舰上服务的洋员马吉芬回忆了当时的情景，"本队忽又退回，再次将我包围，进行猛击，这是当天最猛烈的射击"**147**。

可是历史显得极为不公允的是，身处这段狭路相逢犹如决斗一般的战斗时，不仅双方的舰船数量不成对比，而且火力方面中国军舰也彻底居于下风。已经历3个多小时激烈战斗的"定远""镇远"，弹药供给出现匮乏："'镇远'六吋炮（150毫米口径火炮）的一百四十八发炮弹已经打光，剩下的只有十二吋炮（305毫米口径火炮）用的穿甲弹二十五发，榴弹则一发没有。'定远'也陷于同一悲境。再过三十分钟，我们的弹药将全部用尽，只好被敌人制于死命。因为敌舰是能行驶十七节，而且操纵自如的快船。对此，要想以我迟缓的巨舰进行冲撞是不可能的。我们虽注意射击，但现在已无一枚榴弹，不能予敌以多大危害。"

更为严重的是，二舰赖以克敌制胜的主要武器在长时间的战斗中也出现了损失，一直处在露天状态作战的305毫米主炮几乎都受了损伤，"定远"剩余3门可以继续发射，"镇远"则仅剩2门能够使用，"巨炮均经受伤，'定远'只有三炮、'镇远'只有两炮，尚能施放"。（对于这一记载，中国一些著作长久以来错误地诠释为："定远"主炮只有3颗炮弹，"镇远"只有2颗炮弹。史料中的"炮"实际意指的是火炮，而非炮弹。）

此外"定远""镇远"舰安装在军舰首尾的150毫米口径火炮也出现了损伤。

马吉芬详细地描述了"镇远"舰舰首150毫米口径火炮受损的经过：当完成第24次发射，正准备装填下一发炮弹时，可能是限位装置（阻劈螺丝或阻劈铁链）损坏，横楔式炮闩突然脱落，火炮作废无法使用，炮手们被命令补充到305毫米口径主炮台上作战。正当他们离开150毫米口径炮炮塔时，一颗从日本军舰射来的大口径炮弹击中了他们刚刚离开的地方，炮塔内顿时充满飞散的破片……在弹药和炮位双重短缺的桎梏下，"定远""镇远"的射速变得极为迟缓[148]。

　　"定远""镇远"与日本本队5舰间的对抗，构成了一幅极不对称的画面。白色的日本军舰在不断地开火，唯恐射速还不够高，显得杀气腾腾；两艘龙旗铁甲舰则不断被击中起火，"药弹狂飞，不离左右"，却仍然势如泰山，岿然屹立，缓慢但有节奏地发炮进行还击，显得异常的坚强、执着。今天的我们已经不可能了解当时"定远""镇远"上中国军官的作战意图，但从两艘军舰始坚持向西南方向运动的情况来看，她们已经身处险境时，似乎还在努力把日本军舰往尽量远离大东沟的方向引导，然而这种为了完成护送陆军的使命而不顾自我安危的技术细节长久以来却往往被忽视。

　　在日军炮弹密集疯狂地打击下，"定远""镇远"先后数度燃起大火，两艘铁甲巨舰互为依靠，一面救火，一面继续射击，没有流露丝毫怯色，最后"定远""镇远"几乎完全停止航行，静止了下来，与日本军舰抗衡，犹如滑铁卢之战中持刺猬阵以静制动，大败法兰西骑兵的英军一般。"定远""镇远"仿佛是一对北洋柱石，她们最终守住了北洋舰队在这次海战中的底线。日方史料载："我本队舍其他各舰不顾，举全部五舰之力量合围两舰，在榴霰弹的倾注下，再三引起火灾。'定远'甲板部位起火，烈焰汹腾，几乎延烧全舰。'镇远'前甲板殆乎形成绝命大火，将领集合士兵救火，虽弹丸如雨，仍欣然从事，在九死一生中毅然将火扑灭……"

　　日本联合舰队的官兵彻底被眼前的景象震惊了，两艘中国铁甲舰都已遍体鳞伤，但没有一处弹痕的深度能够超过4英寸，除了不断使两艘中国军舰燃起大火外，对"定远""镇远"厚厚的装甲，日本本队5舰均束手无策。这毕竟是两艘一等铁甲舰，虽然她们的炮火配置已显得落伍，但是防护力却比在场的中日军舰更为强大。原本不可一世，认为胜利唾手可得的日本官兵，在经历了1个多小时的反复炮击后，发现并没有能给"定远""镇远"造成多大伤害，两艘铁甲舰在弹雨中没有露出一点屈色，依然一副奉陪到底的无畏姿态。此时日本官兵大都有些无奈和绝望了，他们觉得面对的是两艘永远不可能沉没的神舰……

"'定远'舰怎么还打不沉啊！"

"松岛"舰面目全非的火炮甲板内，腹部重伤的日本三等水兵三浦虎次郎发出了如此浩叹。他透过身旁舷壁上的巨大破口向外望去，巍巍铁甲舰"定远""镇远"显得是那么的坚不可摧，恍如是海上的长城！著名的"永不沉没的'定远'"称号即由此得来。

关于"定远""镇远"舰在海战场上的价值，当时在远东观战的英国中国舰队司令菲利曼特尔有过高度评价："（日军）不能全扫乎华军者，则以有铁甲舰巍巍两大艘也。"可以设想，当日如果"定远""镇远"未能坚持在战场上，而也随众退离，那么不仅大东沟内的运兵船可能会被日军发现进而屠戮，散离战场的北洋舰队军舰也可能被日本联合舰队各个击破，损失会更加严重。从这种意义而言，"定远""镇远"不啻北洋舰队在这场海战中的中流砥柱。

"经远"悲歌

　　距离炮声隆隆的黄海大东沟海战主战场不远，另外一场生死搏杀也在同步上演。日本第一游击队 4 艘新锐巡洋舰在高速追击退离战场的中国军舰。

　　当时向大鹿岛附近浅水区方向退离的中国军舰一共是"济远""广甲""经远""靖远""来远"等 5 艘。通过日方的目击记录可以大致分析出 5 艘军舰的相对位置："济远"最先逃离战场，离一游也最远，当时正贴近海岸的浅水区狂奔，日本军舰还发现"济远"身后的尾迹中，夹带有大量的泥沙。"济远"左舷后方远处，是孤零零的"经远"舰，在"经远"之后不远则是"靖远""来远"以及"广甲"，其中"来远"舰尾因遭"赤城"炮击而燃起的大火还未熄灭，"'来远'后部火势极大，舰体右倾"。此外据日本资料记载，当时"平远""广丙"以及部分鱼雷艇在大、小鹿岛附近的浅水区。

　　除了逃得过远，已经无从追击的"济远"外，第一游击队对如何歼击"经远""靖远""来远"等舰还有些犹豫未决。如果一游 4 艘军舰分头追击，在一对一的战斗中未必就有十足的把握能击沉中国军舰，如果集中力量以多胜少，从哪一艘先动手也是个问题。

　　16 时 16 分左右，第一游击队注意到中国军舰"靖远"的桅杆上挂出了一组旗语，同时原本朝向西北的航向也发生改变，舰首开始指向东北。很快，同队舰"来远"跟随队长舰一起转向，两舰向东北方的小鹿岛方向高速离去[149]。"广甲"舰目睹追击在后的日本军舰，"急傍山边而逃"[150]，装甲巡洋舰"经远"被抛弃在虎视眈眈的日本第一游击队的炮口前。

　　"经远"舰与刚刚随"靖远"离去的"来远"舰属于同型舰，1887 年建造于德国伏尔铿造船厂，设计者是该厂的总工程师鲁道夫·哈克。"经远"级军舰订造时，

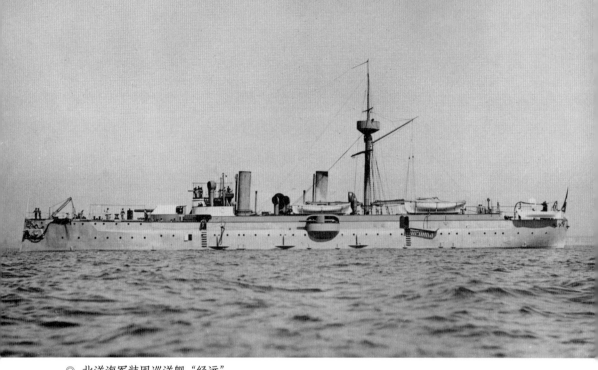

◎ 北洋海军装甲巡洋舰"经远"。

清政府要求在"济远"级穹甲巡洋舰的基础上进行优化设计，最终选定了加强防护的装甲巡洋舰方案，但当时批拨的经费有限，这级军舰的排水量被限制在了 2900 吨。2900 吨的军舰既要布置足够的武力又要安装足够的装甲，几乎是一件无法完成的任务，最后折中的结果是，"经远"级军舰的武力和防护都打了折扣。"经远"舰长 82.4 米，宽 11.99 米，最大吃水 5.11 米，主机功率 4400 马力，最大航速 16 节。这级军舰的武备是完全按照横阵船头对敌战术布置的，舰首安装有并列的 2 门 210 毫米口径克虏伯炮，船舷两侧的耳台上各装有 1 门 150 毫米口径克虏伯炮，这 4 门可以同时转向舰首方向射击的火炮是"经远"的主要武器。可能是出于节省储备浮力的考虑，"经远"级军舰省去了中、大口径尾炮的设计。

"经远"级军舰之所以能被称为铁甲舰，在于她的舰体中部被四面包裹的水线带装甲所保护，这种类似"定远"级军舰铁甲堡的设计使得"经远"有了小铁甲舰之称。然而"经远"中部的钢铁"围墙"仅有 5 英尺 11 英寸宽，刚刚能够遮护狭长的水线带，防护面积相当有限。另外，"经远"级军舰在铁甲堡之外延伸向舰首、舰尾的方向还敷设了装甲甲板，但是厚度过于单薄。"经远"舰其他有装甲保护的部位还有炮台、司令塔等。"经远"级军舰的装甲司令塔护甲厚度虽然达到 6 英寸，但一处细小的不慎，给这个重要的心脏部位埋下了隐患。

早期中国军舰上司令塔的观察窗，都是类似碉堡枪眼的开口，每个开口宽度不大，防护效果较好，但视野却不太理想。"经远"级军舰的司令塔则改换了另一种样式的观察窗，司令塔的顶盖和塔壁通过几根安装在司令塔内侧的柱子相连接，顶盖和塔壁之间留出一定高度的空隙，这条隙缝便成了整通式的观察窗，除了几根直径不大的柱子外，横向再无其他阻隔，因而视野相对开阔得多。但这也意味着，很多稍小的弹片甚至小口径炮弹，很有可能会遇不到任何阻挡，顺利地飞入司令塔内部。

大东沟海战中，由林永升管带的"经远"与"致远"编在一队，曾与"定远"等军舰合击过日本军舰"比叡""赤城"，并因一度准备向"比叡"发起跳帮作战而闻名。与同队姊妹舰"致远"的管带邓世昌一样，福建侯官人林永升也异常刚烈，海战开始前即下令撤除各舱口木梯，以示誓死作战。"致远"舰沉没后不久，"经远"舰也曾主动出阵向日本第一游击队挑战，在激烈的交火中，司令塔观察口可能被击中，林永升头部中弹，不幸殉国，"奋勇督战，突中敌弹，脑裂阵亡"[151]。

孤处左翼，舰体受创，且管带阵亡的"经远"舰，在帮带大副陈策的指挥下也转舵退出战场，意在随众到浅水区自救。但是"济远""广甲"与"靖远""来远"等友舰的离去，使得单枪匹马的"经远"很快陷入了一场残酷程度极为罕见的恶战中。

有些令人难以理解的是，在追击"经远"的过程中，日本第一游击队居然又出现了编队混乱。不清楚第一游击队司令坪井航三和"吉野"舰舰长河原要一的具体用意为何，"吉野"竟在16时30分突然自行将航速提高到15节，卖弄起她世界第一快舰的优势，甩开一游后续的"高千穗"等3舰，单枪匹马去挑战"经远"了[152]。

"高千穗"舰上，舰长野村贞海军大佐与大副二副们面面相觑，随即有点气急败坏地加大速度急追"吉野"，有些莫明其妙的"秋津洲""浪速"也加速跟上"高千穗"，第一游击队在"吉野"与后续三舰之间形成了一个很大的真空。"吉野"的高航速对于"经远"而言，几乎是无法超越脱离的。十几分钟后，16时48分，旗舰"吉野"已经从"经远"的左后方逼近，在3300—2500米的距离上连续射击，并不断修正诸元，装备有武式测距仪的"吉野"，在火炮测距上显然占有极大的优势。逼近到距离"经远"1800米时,"吉野"开始猛烈射击,因为距离很近,这一时段的火炮命中率相当之高。"'吉野'于三千三百乃至二千五百米距离进行试射,此后逼近至一千八百米距离开始痛击。"[153]丰岛海战的炮火中成长起来日本第一游击队可以说是当时日本联合舰队中装备最新、最富有战斗经验的单位,"秋津洲"舰舰长上村彦之丞、"浪速"舰舰长东乡平八郎也是日本海军中有名的骁将,这样的一个"杀手"群体与受创的"经远"显然在实力上不成对比。

从16时48分至17时03分的15分钟时间内,"经远"舰可能遭到了仅次于与"定远""镇远"的高烈度打击。"经远"的防护力毕竟不及真正的铁甲舰,17时03分灾难发生了。据坪井航三的参谋釜屋忠道海军大尉记载,在"吉野"疯狂的炮击中,"经远"左舷的水线带装甲被击中,中弹部位刚好在装甲带的拼合处,装甲带立刻发生破裂及至部分脱落,"吉野"舰上甚至可以看到了"经远"舰裸露出来的钢梁肋骨!很快下濑火药炮弹又在"经远"的主甲板上造成了两三处火灾,全舰被大火围困,浓烟滚滚,海水从水线带装甲的裂口大量涌入"经远"舰内,舰体无可挽回地向左发生倾斜[154]。"经远"舰的大副陈策、二副陈京莹都身先士卒,冲到敌弹萃集的主甲板上指挥救火抢险,一颗弹片击中了年仅32岁的陈京莹。

闽江之畔的榕城福州,有一对白发苍苍的老父母正在展读儿子寄来的一份家书,而他们的爱子已经在千里之外的大东沟畔为国捐躯了。

> 父亲大人福安!敬禀者,兹接中堂来电,召全军明日下午一点赴高(高丽),未知何故,然总存一死而已。儿幼蒙朝廷造就,授以守备,今年大阅,又保补用都司,并赏戴花翎,沐国恩不可谓之不厚矣!兹际国家有事,理应尽忠,此固人臣之本分也,况大丈夫得死战场幸事而。父亲大人年将古希〔稀〕,若遭此事,格外悲伤,儿固知之详矣。但尽忠不能尽孝,忠虽以移孝作忠为辞,而儿不孝之罪,总难逃于天壤矣……
>
> 儿京莹又禀。[155]

眼看"经远"势将不支,"吉野"舰舰长河原要一竟然下达了鱼雷攻击的命令,在这次海战中这对日本海军而言无疑是破天荒的。河原要一为什么如此急不可耐地要击沉"经远",原因就在他的身后,他要领先在一游其他三艘军舰到来前取得战果,不愿意将功绩与旁人分享。

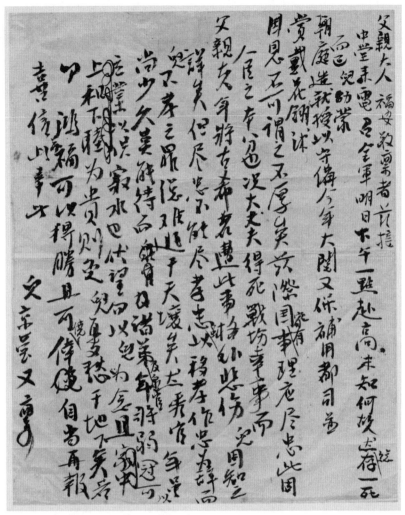

◎ "经远"舰军官陈京莹家书原件，（台湾）左营"海军军史馆"藏。

　　17时5分正当"吉野"舰鱼雷长村上格一海军大尉指挥准备鱼雷射击时，气喘吁吁的"高千穗""秋津洲""浪速"等军舰追赶了上来，立刻对"经远"发炮开火，此刻起击沉"经远"的功劳就是一游而非"吉野"一舰了。从之后的情况看，河原要一似乎是有些懊丧地撤销了鱼雷攻击命令。有关第一游击队出现的这次编队混乱，战后坪井航三在海战报告中做了刻意的遮掩，以至于很多研究者产生了是一游在始终追击"经远"的印象，而没有注意到日本联合舰队内部为了抢功争先而出现的丑态[156]。

　　一游 4 舰开始一刻不停地炮击，早已成了熊熊火海的"经远"舰无助地向左倾斜，高级军官或指挥御敌，或指挥救火，前仆后继，纷纷殉国。轮机舱里已经没有任何生还希望的官兵们还在努力完成自己的工作，竭力驾驶自己的战舰往东北方向的浅水区运动自救，然而一切已经成了定局。17 时 25 分连续遭受了半个多小时饱和炮击的"经远"再也无法支撑，舰体向左侧大幅度倾斜，右侧舰底的螺旋桨渐渐露出了水面，军舰的侧倾逐渐到达可怕的 90 度，4 分钟后，"经远"向左侧翻转，倾覆到了海中……沉没位置在今天辽宁省庄河市黑岛海域，北洋海军此战损失了第四艘军舰。

◎ 西方铜版画：甲午黄海海战中浴血奋战的"经远"舰。

收　队

击沉"经远"后，意犹未尽的日本第一游击队又开始转向东北，直指在大洋河口附近灭火修理的"靖远""来远"。

"靖远"舰退离战场的原因是"水线为弹所伤，进水甚多"[157]，而且舰上多处燃起火灾，此时正在一面向浅水区航行，一面组织人员灭火、堵漏、维修。

同队舰"来远"的伤情更为严重，被"赤城"舰命中而燃起的大火一直到退出战场后才逐渐得到有效遏制，然而甲板上一切木制构件都已付之一炬，"舱内一切完全烧成灰烬，铁梁以及铁板等亦大都烧断或弯曲"。在"来远"遭受火灾困扰的时候，为了防止火势蔓延，所有通往机舱的梯道舱口和通风井都完全关闭，导致机舱内温度高达华氏二百多度，烟气密闭，很多官兵被熏倒，不得不匍匐在机舱内避烟工作，但是车钟一响，官兵们又都奋勇争先站立起来，填煤炭、控制阀门，没有一丝的迟疑。正是这些官兵们可敬的工作，才使得"来远"的机舱没有在大火中受损，能够保证军舰运动自如。

大东沟海战过去一百多年后，白发苍苍的著名文学家冰心回忆起她父亲的故事。冰心的父亲谢葆璋当时任"来远"舰枪炮二副，海战初期在炮位上指挥作战，"来远"困于大火后，谢葆璋又身先士卒指挥救火，是扑灭大火的功魁之一。谢葆璋后来向自己的女儿讲述那场海战的残酷，一位水兵同乡被炮弹击中，肠子飞到军舰的烟囱上，贴在那里挂着。战后掩埋尸体时，战友们才来得及把烟囱上已经烤干的肠子撕下，塞进他的肚子。

"靖远""来远"忙碌着自救维修时，能够清楚地听到西南方向密集的炮火声和最后"经远"沉没时发出的爆炸声，此后不久，桅盘里的哨兵就发现了杀气腾腾的日本军舰从远处高速驶来。以二舰当时的状况，想要对抗强大的日本第一游击队4

舰，显然是极为艰巨的，不仅能否取胜是个问题，甚至能否在一游密集的炮火下自保也要打个问号。然而已经退无可退，二舰自然地选择了一个对自己有利的阵位，背依浅水、舰首对敌。"靖远"舰管带叶祖珪、"来远"舰管带邱宝仁都身处司令塔内坐镇指挥，甲板上，四处维修灭火的水兵放下了手头的工作，重新走上战位，含泪搬开战友们的遗体，奔向所有能够使用火炮。

9月17日如血的残阳下，同队舰"靖远""来远"互相依托，默默等待着恶战的到来，在他们的樯头，饱染战烟的黄龙旗猎猎飘扬。

17时45分是这次海战中又一个极富戏剧性的时刻，在即将逼近"靖远""来远"的一刻，第一游击队的信号兵突然发现，远处海战主场上的联合舰队旗舰"松岛"升起了一组旗语。宣布放弃指挥的旗舰"松岛"此时恢复了指挥，伊东祐亨考虑到夜幕即将降临，担心如果继续进入夜间交战，日本军舰在炮火使用和编队上将会出现混乱，同时深恐北洋舰队的鱼雷艇借助夜色发起偷袭，为确保住既得的战果，决定结束战斗，而这一决定使得伊东祐亨在日本海军史上备受争议。17时30分，"松岛"舰首先挂出"停止战斗"信号，随即伊东祐亨即率领本队向东南方向返航，之后又匆匆在桅杆上挂出远距离旗语信号："返回本队"，显然这是给第一游击队下的命令[158]。

暮色中，"吉野"带领第一游击队转舵返航，追赶已经离开主战场的本队，并用旗语报告击沉"经远"的消息。"靖远""来远"与一场恶战擦肩而过，这场持续将近5个小时的海战进入尾声。离开战场时，"吉野"舰的弹药舱内还剩余150、120毫米炮弹1251枚，各种机关炮弹6095枚；"高千穗"剩余260毫米炮弹178枚、150毫米炮弹361枚、机关炮弹65947枚；"浪速"剩余260毫米炮弹167枚、150毫米炮弹299枚、机关炮弹65884枚；"秋津洲"剩余150、120毫米炮弹869枚，机关炮弹41978枚。弹药储备仍然非常充裕，与北洋舰队简直有天壤之别。

9月17日18时左右，日本第一游击队与本队军舰会合。此前17时50分，受伤退出战斗的"赤城"舰也已自寻归队。而让日本舰队担心不已，以为已经沉没了的"西京丸""比叡"则早已在返回临时锚地的途中。早在16时40分时，因为身受重创而退出战场的"西京丸"与"比叡"相遇，桦山资纪遂命令二等铁甲舰伴随"西京丸"首先返航。至此，日本联合舰队首先退出了战斗，这次海战日本海军无一艘军舰沉没，"松岛""比叡""赤城""西京丸"等 4 舰被重创，阵亡 90 人（不含伤后不治死亡的人数），负伤 208 人。

日本联合舰队凭着参战主力各舰基本未受大损伤的舰况和仍然充沛的弹药、燃煤储备，倘若不给北洋海军以喘息之机，短时间内再次进行一次大规模的海上战役，则对北洋海军将会产生更大的灾难。出人意料的是，就在第一游击队追赶上本队之后，伊东祐亨在 18 时 45 分突然下令舰队停止航行，并解除战斗状态，从"松岛"舰开始，联合舰队各舰纷纷减速停航，在桅杆之巅飘扬了整个下午的巨大的军舰旗也都降下。19 时过后，伊东祐亨率领联合舰队司令部幕僚人员乘坐小艇离开了重伤的"松岛"舰，转登与"松岛"同型的"桥立"舰，将"桥立"作为旗舰，"松岛"则在 19 时 15 分被命令只身返回本土修理。

如果说下令舰队停航，尚有更换旗舰为理由的话，此后伊东祐亨的一连串指挥，不由得令人怀疑他当时的判断力是否出现问题，或许"松岛"在 15 时 30 分发生的惊天大爆炸，对这位谨小慎微的司令长官产生了某种心理影响。以当时的海上态势而言，远处北洋海军编队所发出的灯光，日本联合舰队尚能依稀看到，在这样的情况下，安排重伤的"松岛"舰自行返回日本本土，不仅存在由被北洋海军袭击的危险，而且以"松岛"舰首舷侧被炸出巨大破口的恶劣舰况，甚至还有在航行中失事的可能性，伊东祐亨的这一部署可以说极为冒险和欠考虑。

在大约又过了一个小时之后，20 时 5 分，在"桥立"舰安顿完毕的伊东祐亨下令联合舰队重新启航，不过此时的航向由原先的西南改为东南，即威海方向，同时"桥立"舰燃放信号火箭，示意各舰做好防鱼雷艇的警戒。对于当时调整航向的理由，伊东祐亨在后来的报告中做出了十分牵强的解释，称是根据他自己的判断，认为北洋海军会开往威海，所以对航向进行了调整，同时考虑到夜战容易遭北洋海军鱼雷艇偷袭，所以采取低航速，和想象中开往威海的北洋海军舰队保持一定的距离，等到第二天天明在威海附近和北洋海军再度决战，"采取想象中大约会和敌舰平行的航线前行，以等待天明到威海卫附近截击敌舰"**159**。

只要稍按常理进行分析，就能看出伊东祐亨当时决断的荒谬。恶战之后的北洋海军，第一要务必定是修理舰船，补充弹药，而在北洋海军各基地中，只有旅顺口具有舰船修理能力，也只有旅顺口是北洋海军的弹药存储地，而且也是北洋海军距离大东沟海战场最近的一个主要基地，离开战场的北洋海军理所当然的第一目的地必定是旅顺口。然而伊东祐亨竟然弃旅顺口不顾，在没有任何依据的情况下认为北洋海军的目的地是威海。而且，纵然北洋海军真的有开往威海的迹象，联合舰队实际上也可以在前往威海的途中，顺道对大连湾、旅顺口进行侦查，以作确认，可是伊东祐亨竟然选择了一条远离旅顺口、直驶威海的航路。这一不合常理的奇怪举动，所显露出的其实是伊东祐亨的怯战，在经历了一场激烈程度可能超出伊东祐亨承受能力和恶战之后，尤其是近距离经历了旗舰重创的恐怖景况后，伊东祐亨对在短时间内再次和北洋海军进行战斗缺乏信心。

9 月 17 日 20 时 45 分，日本联合舰队的编队航速改为 10 节，航向威海，渐渐隐没在了夜幕中。

回 航

17时45分以后，北洋海军"靖远""来远"舰首先向主战场方向航行，在大副刘冠雄的提议下，管带叶祖珪下令在"靖远"舰桅杆之巅挂出一面将旗，号召离开战场的军舰一起返回。"平远""广丙""福龙""左一"等相继靠拢，重新汇聚在"定远""镇远"两艘铁甲舰身旁。紧接着，以"定远""镇远"小队为首，北洋舰队剩余的舰只重新排列成队形，向旅顺口方向航行。"镇远"舰洋员马吉芬回忆，夜幕降临后，在北洋舰队的左舷方向还可以清楚地看到日本联合舰队，让他奇怪的是，日本联合舰队并没有显露出要来再次进攻的迹象。

晚上8时以后，随着日本联合舰队转向南方，日本军舰露出的灯光渐渐淡出了北洋海军的视线范围，而北洋海军舰船则继续保持着西南航向，将航行的目标定为旅顺口。深夜12时左右，提督丁汝昌从旗舰"定远"上通过灯光信号向舰队发出号令，要求各舰降低航速，尽量为那些失散的军舰回来归队留出一线机会，同时命令各舰可以安排舰员休息，但是强调炮术官兵不能离开各自的炮位，要做好随时投入战斗的准备：

> 兹已露滴四更，敌舰业经高蹈远涉，追逐莫及，各舰姑且展轮缓驶，以便逃远诸舰赶来归队。然敌虽远涉汪洋，瞭望迄无帆樯，我等防范之心总不可一刻懈息，军家所以备不虞也。各大小船只炮弁、炮手就炮位处假寐，仍照常日警心备敌，至切至要。此谕⋯⋯**160**

至此北洋舰队基本完成了护航任务，离开大东沟海战战场返回旅顺。相比日本联合舰队，北洋舰队的损失显然惨重得多。此战北洋舰队共损失"超勇""扬威""致远""经远"等4艘军舰，"定远""镇远""靖远""来远"等4艘遭到重创，阵亡提督衔记名总兵邓世昌以下官兵 714 人（其中 4 艘沉没的军舰达到 660 人），受伤 108 人。与今天的理解不一样的是，在这次海战结束后的很长一段时间内，中国方面始终认为海战的结果是互有胜负，海战中途退出战场的日本军舰"西京丸""比叡"以及遭到重创的旗舰"松岛"都被北洋舰队误以为是已经击沉。此外，北洋舰队因为此行的目的是护送运兵船，铭军能够全部登陆，也是不小的战功，"……查兵船开仗，运船极险，幸日船被创颇甚，退去修理，铭军乃能乘间起岸，日内不致游弋截夺……" **161**

　　黄海大东沟海战是世界海军进入钢铁蒸汽化时代以后规模空前的一次海战，深刻地影响了世界海军发展的方向。日本联合舰队战胜中国的北洋舰队，既是两个国家海军间的胜利和失败，也意味着以纵队队形、装备大量中小口径速射炮的战舰为具体表现形式的新海军战术的崛起，以横队队形、装备少量大口径火炮的军舰，依靠乱战、撞击为战斗形式的传统海军战术经过此战成为了历史，尽管直到这场战争爆发前，横队战术是"仍然受到世界海军重视的战术"，而纵队战术还只是一个未经实战检验的新理论。从 1894 年 9 月 17 日这一天开始，世界海军史揭开了全新的一页，纵队、舷侧炮火配置、速射炮所带来的影响将一直持续到无畏舰的出现，并由之进一步革新发展。

尾　声

月色如水，黄海海面波光粼粼。北洋舰队在高速回航旅顺，军舰上除了轮机单调的工作声外，几乎是一片寂静，将士们都在默默回忆之前发生的一切，有关击沉 3 艘日本军舰的消息并没有让他们兴奋，他们在悼念倒下的战友、乡亲，悼念失去的"致远""经远""超勇""扬威"。已经完全被黑暗笼罩的海面上，还能够清楚地看到远处燃烧着的"扬威"舰所发出的冲天火光。当太阳升起时，发生在大东沟口外的故事将震动整个世界。

海军提督丁汝昌带着创伤坐在位于旗舰"定远"主甲板下的办公室内，这位忠厚长者心中可能充满着忧伤，经此一战，遭受重大损失的北洋舰队如何再来应对必然会出现的更大的挑战。丁汝昌可能正在灯下拟一份报告，这是他海军生涯中第一次亲历的海战：

> 昨日大东沟外，十二点与倭开仗，五点半停战，我军"致远"沉，"经远"火；或"超勇"，或"扬威"，一火，一驶山边，烟雾中望不分明。刻暂"定远""镇远""靖远""来远""平远""广甲""广丙""镇中""镇南"并两雷艇回旅，尚有两艇未回，"济远"亦回旅。当战时，我军先十船，因"平""丙""中""南"四船在港护运未赶上，后船均到助战。倭军十一船，各员均见击沉彼三船。倭船多，炮亦快且多。对阵时彼或夹攻，或围绕，其失火被沉者，皆由敌炮轰毁。我军各船伤亡并各船受伤轻重速查再电禀。**162**

天津直隶总督衙门内，李鸿章刚刚就委托北洋海军鱼雷教习福莱舍在德国购买鱼雷猎船一事与属下商讨，现在又在检视一份即将寄发总理衙门的电稿："刘盛休本日电：乘轮上午三点钟抵东沟，乘小火轮节节候潮，晚七点钟到船局询问，共备百余只，拟仍上民船，由沙外径赴沙河子，至安东县登岸，恐在十日内辎重方能下清。明日仍回大轮料理云。鸿。"**163**

同一片星空下，京城东单二条胡同一座气派的府邸内，军机大臣翁同龢例行在撰录今天的日记："上至书房，发看昨日三电。戌刻一电，则平壤告不能守，云敌在高山架炮俯击，人马糜烂也。旋至枢，会看事件。高阳（军机大臣李鸿藻）抗论，谓合肥（李鸿章）有心贻误，南皮（军机大臣张之万）与争，他人皆不谓然。余左右其间曰'高阳正论，合肥事事落后，不得谓非贻误'。乃定议两层：一严议，一拔三眼花翎、褫黄马褂，恭候择定，写奏片。寄谕叶志超，令与聂士成前后夹击，疏通后路。明发切责李鸿章二道。"**164**

重回黄海，伤痕累累的"定远"舰上，洋员汉纳根与泰莱并肩而立于飞桥，手持香槟互相祝贺，用欧洲人的方式庆祝战斗的结束。在他们看来，能够在如此残酷的海战中坚持作战近5个小时，本身就是充满英雄色彩的传奇。迎着清冽的海风，听着耳畔的轮机声，泰莱的脑海里竟然产生了如诗一般的画面：

> 好船哪，你从意大利岸旁，
> 载着我热爱的亚瑟遗骸，
> 驶过广袤平静的洋和海，
> 请张足翅膀，送他回故乡。
> 送他给空为他哀伤的人；
> 迅捷的船犁碎那倒影在
> 水中的枪杆，驶过那大海，
> 送回他灵柩，愿一路平稳。
> 愿整夜里没有厉风搅乱，
> 你疾驰的船身，直到晓星——
> 晶莹得如我们爱的明净——
> 照在曙色里沾露的甲板。
> 把你的光洒遍昊昊苍穹。
> 船前的长天哪，愿你安息；

和风啊，愿你也像他安息——

像我挚友，我亲爱的弟兄——

——Alfred Tennyson（丁尼生）

注 释

1.《直隶总督李鸿章奏请优恤大东沟海军阵亡各员折》，中国史学会主编:《中日战争》第 3 册，第 134 页。

2. 余思诒:《航海琐记》，中华全国图书馆文献缩微复制中心，2000 年，第 267—268 页。

3.《斐理曼特尔海军中将评日清海战》，戚其章主编:《中日战争》第 7 册，中华书局，1996 年，第 298 页。

4. 日本海军军令部:《廿七八年海战史》上卷，第 156—157 页。

5. 日本海军军令部:《廿七八年海战史》上卷，第 160 页。

6. 日本海军军令部:《廿七八年海战史》上卷，第 161—162 页。

7.《伊东海军中将关于黄海海战的演说》，戚其章主编:《中日战争》第 7 册，第 228 页。

8. 余思诒:《航海琐记》，第 267—268 页。

9. 日本海军军令部:《廿七八年海战史》上卷，第 163 页。

10.《赤城舰与阪元少佐》，戚其章主编:《中日战争》第 8 册，第 81 页。

11. 姚锡光:《东方兵事纪略》，中国史学会主编:《中日战争》第 1 册，第 66 页。

12. William Ferdinand Tyler, *Pulling Strings in China*, Constable & CO. Ltd., 1929, p.46.

13. [美] 马吉芬:《鸭绿江外的海战》，日本海军军令部:《廿七八年海战史》别卷，日本春阳堂，1904 年。

14. William Ferdinand Tyler, *Pulling Strings in China*, p.47.

15.《常备舰队司令官海军少将坪井航三的报告》，日本海军军令部:《廿七八年海战史》上卷，第 241—242 页。另据《廿七八年海战史》记载，"松岛"舰看到"吉野"旗语信号的时间为 10 时 23 分，见该书上卷，第 163 页。

16.《黄海海战》，戚其章主编:《中日战争》第 8 册，第 66 页。

17. [日] 川崎三郎:《日清战史》第 3 卷，第 146 页。

18.《黄海海战》，戚其章主编:《中日战争》第 8 册，第 67 页。

19.《西京丸的战斗报告》，[日]川崎三郎:《日清战史》第3卷，第146页。

20.《常备舰队司令官海军少将坪井航三的报告》，日本海军军令部:《廿七八年海战史》上卷，第242页。

21.《伊东海军中将关于黄海海战的演说》，[日]川崎三郎:《日清战史》第3卷，第133页。

22.《甲午日记》，中国船政文化博物馆编:《船政》第2辑。

23.《汉纳根海战报告》称"午前十时，南方天际发现一抹汽烟"，见日本海军军令部:《廿七八年海战史》上卷，第168页。姚锡光《东方兵事纪略》称"十八日，巳刻，见西南来黑烟一簇"，见中国史学会主编:《中日战争》第1册，第66页。

24.[美]马吉芬:《鸭绿江外的海战》，日本海军军令部:《廿七八年海战史》别卷。

25. William Ferdinand Tyler, *Pulling Strings in China*, p.47.

26.[美]马吉芬:《鸭绿江外的海战》，日本海军军令部:《廿七八年海战史》别卷。

27.《松岛的战斗报告》《伊东联合舰队司令长官的海战报告》，戚其章主编:《中日战争》第7册，第248、222页。

28.[日]小笠原长生:《海战日录》，日本春阳堂，1895年，第58—65页。

29.[日]小笠原长生:《海战日录》，第65—66页。

30.《大东沟战状折》，顾廷龙、戴逸主编:《李鸿章全集》第15册，第449页。

31.[英]英格尔斯:《海军战术讲义录》上卷，1894年，第84页。

32. W. Laird-Clowes, "The Naval War Between China and Japan," Thomas Allnutt Brassey, *The Naval Annual 1895*, p.110.

33. Robert Gardiner, Brian Lavery, *The Line of Battle*, Conway Maritime Press, 1992, p.181-183.

34. 许景澄:《外国师船图表》卷10，光绪十二年柏林使署石印本，第14页。

35.[日]岛村速雄，《海军战术一斑》第二篇，第5页。

36. 黄海大东沟海战中，北洋海军各舰呈现出了一种两两编组的态势，无论是日军目击，还是丁汝昌的海战报告，均留下这种深刻印象。1894年9月22日，在由李鸿章转呈的海战报告中,丁汝昌没有按照时间顺序叙述海战,而是非常特别地以军舰组合为单位进行报告,其中出现了"超勇""扬威","定远""镇远","经远""致远","济远""广甲","来远""靖远"的组合描述。

37. 中国史学会主编:《中日战争》第 6 册,第 87—88 页。

38.《北洋舰队官兵的自述》,戚海莹:《甲午战争在威海》,天津古籍出版社,2004年,第 204 页。

39. 日本海军军令部:《极密征清海战史》卷 5,日本防卫省防卫研究所藏,第13—14 页。

40. "連合艦隊司令長官伊東祐亨報告",「JACAR(アジア歴史資料センター)Ref.C08040487400、明治 27・8 年戦史編纂準備書類 13(防衛省防衛研究所)」。

41. "連合艦隊司令長官伊東祐亨報告",「JACAR(アジア歴史資料センター)Ref.C08040487400、明治 27・8 年戦史編纂準備書類 13(防衛省防衛研究所)」。"二十七年九月十九日(軍艦吉野報告)大孤山沖戦闘詳報",「JACAR(アジア歴史資料センター)Ref.C08040487600、明治 27・8 年戦史編纂準備書類 13(防衛省防衛研究所)」。

42.《评鸭绿江口外的海战》,戚其章主编:《中日战争》第 7 册,第 320—321 页。

43. [美] 马吉芬:《鸭绿江外的海战》,日本海军军令部:《廿七八年海战史》别卷。

44. 日本海军军令部:《廿七八年海战史》上卷,第 164 页。

45. William Ferdinand Tyler, *Pulling Strings in China*, p.49

46.《冤海述闻》,中国船政文化博物馆藏。

47. Gunnery Drill, *Book for the Pei-Yang Squadron*, Tientsin Printing Company, 1888,pp.3-4.

48. [美] 马吉芬:《鸭绿江外的海战》,日本海军军令部:《廿七八年海战史》别卷。据《廿七八年海战史》记载,"定远"舰开火时与日舰的距离为 5800 米,见该书上卷第 170 页。

49.《寄九连城靖边营专马送铭军刘统领》,顾廷龙、戴逸主编:《李鸿章全集》第24 册,第 340 页。

50. ［日］小笠原长生:《海战日录》，第 67 页。

51.《常备舰队司令官海军少将坪井航三的报告》，日本海军军令部:《廿七八年海战史》上卷，第 245 页。

52. 日本海军军令部:《廿七八年海战史》上卷，第 177 页。

53.《松岛的战斗报告》，［日］川崎三郎:《日清战史》第 3 卷，第 163—164 页。

54. ［日］黛治夫:《海军炮术史谈》，日本原书房，1972 年，第 103 页。

55.《美麦吉芬游戎语录》，中国史学会主编:《中日战争》第 1 册，第 172—173 页。

56. ［日］小笠原长生:《海战日录》，第 68 页。

57.《致刘康侯》，戚俊杰、王记华编校:《丁汝昌集》，第 172 页。

58.《常备舰队司令官海军少将坪井航三报告》，日本海军军令部:《廿七八年海战史》上卷，第 245 页。

59. 日本海军军令部:《廿七八年海战史》上卷，第 171 页。

60. ［美］马吉芬:《鸭绿江外的海战》，日本海军军令部:《廿七八年海战史》别卷。

61. 卢毓英:《卢氏甲午前后杂记》，手稿影印本。

62. 日本海军军令部:《廿七八年海战史》上卷，第 172 页。

63. 日本海军军令部:《廿七八年海战史》上卷，第 173 页。

64.《松岛的战斗报告》，［日］川崎三郎:《日清战史》第 3 卷，第 164 页。

65. ［美］马吉芬:《鸭绿江外的海战》，日本海军军令部:《廿七八年海战史》别卷。

66.《松岛舰之勇战》，戚其章主编:《中日战争》第 8 册，第 76 页。

67. ［日］浅野正恭:《日清海战史》，张侠编:《清末海军史料》，第 878 页。

68.《北洋大臣来电》，中国史学会主编:《中日战争》第 3 册，第 113 页。

69. William Ferdinand Tyler, *Pulling Strings in China*.

70. William Ferdinand Tyler, *Pulling Strings in China*.

71. 中国史学会主编:《中日战争》第 3 册，第 65 页。

72.《甲申、甲午海战海军阵亡死难群公事略》，张侠编:《清末海军史料》，第

365 页。

73. ［美］马吉芬:《鸭绿江外的海战》，日本海军军令部:《廿七八年海战史》别卷。

74.《松岛的战斗报告》，［日］川崎三郎:《日清战史》第 3 卷，第 164 页。

75. 日本海军军令部:《廿七八年海战史》上卷，第 178 页。

76. 日本海军军令部:《廿七八年海战史》上卷，第 179 页。

77.《西京丸的战斗报告》，［日］川崎三郎:《日清战史》第 3 卷，第 146 页。

78.《赤城的战斗报告》，［日］川崎三郎:《日清战史》第 3 卷，第 136 页。

79.《比睿舰之勇战》，戚其章主编:《中日战争》第 8 册，第 79—80 页。

80.《黄海战况》，戚其章主编:《中日战争》第 8 册，第 67 页。

81. 张侠编:《清末海军史料》，第 875 页。

82.《扶桑舰之勇战》，戚其章主编:《中日战争》第 8 册，第 78 页。

83.《比叡舰之勇战》，戚其章主编:《中日战争》第 8 册，第 80 页。

84.《比叡舰之勇战》，戚其章主编:《中日战争》第 8 册，第 80 页。

85.《比叡舰之勇战》，戚其章主编:《中日战争》第 8 册，第 80 页。

86.《比叡舰之勇战》，戚其章主编:《中日战争》第 8 册，第 80 页。另见日本海军军令部:《廿七八年海战史》上卷，第 180—181 页。

87. ［美］马吉芬:《鸭绿江外的海战》，日本海军军令部:《廿七八年海战史》别卷。

88.《西京丸的战斗报告》，［日］川崎三郎:《日清战史》第 3 卷，第 146—147 页。

89.《近世帝国海军史要》，张侠编:《清末海军史料》，第 860 页。

90.《常备舰队司令官海军少将坪井航三报告》，日本海军军令部:《廿七八年海战史》上卷，第 245 页。

91.《常备舰队司令官海军少将坪井航三报告》，日本海军军令部:《廿七八年海战史》上卷，第 245 页。

92. "連合艦隊司令長官伊東祐亨報告"，「JACAR（アジア歴史資料センター）Ref.C08040487400、明治 27・8 年戦史編纂準備書類 13（防衛省防衛研究所）」。

93. "常備艦隊司令官報告"，「JACAR（アジア歴史資料センター）Ref.C08040

487400、明治 27 · 8 年戦史編纂準備書類 13（防衛省防衛研究所）」。

94.“二十七年九月十九日（軍艦吉野報告）大孤山沖戦闘詳報”,「JACAR（アジア歴史資料センター）Ref.C08040487600、明治 27 · 8 年戦史編纂準備書類 13（防衛省防衛研究所）」。

95.《甲申、甲午海战海军阵亡死难群公事略》，张侠编：《清末海军史料》，第 360 页。

96. 日本海军军令部：《廿七八年海战史》上卷，第 183—184 页。

97.《西京丸的战斗报告》，[日]川崎三郎：《日清战史》第 3 卷，第 147 页。

98.《北洋舰队官兵的自述》，戚海莹：《甲午战争在威海》，第 204—205 页。

99.[美]马吉芬：《鸭绿江外的海战》，日本海军军令部：《廿七八年海战史》别卷。

100.《赤城的战斗报告》，[日]川崎三郎：《日清战史》第 3 卷，第 136—137 页。

101. 日本海军军令部：《廿七八年海战史》上卷，第 191 页。

102.《赤城的战斗报告》，[日]川崎三郎：《日清战史》第 3 卷，第 137—138 页。

103. 日本海军军令部：《廿七八年海战史》上卷，第 191 页。

104. 日本海军军令部：《廿七八年海战史》上卷，第 191—192 页。

105.《松岛的战斗报告》，[日]川崎三郎：《日清战史》第 3 卷，第 164 页。

106. 日本海军军令部：《廿七八年海战史》上卷，第 197 页。

107.《松岛的战斗报告》，[日]川崎三郎：《日清战史》第 3 卷，第 164 页。

108.[日]木村浩吉：《黄海海战“松岛”舰内的状况》，1896 年。

109. 日本海军军令部：《廿七八年海战史》上卷，第 197—198 页。

110.[日]木村浩吉：《黄海海战“松岛”舰内的状况》。

111.[日]木村浩吉：《黄海海战“松岛”舰内的状况》。

112.《西京丸的战斗报告》，[日]川崎三郎《日清战史》第 3 卷，第 148 页。

113.《黄海海战余闻》，[日]石原贞坚：《绘本海洋岛激战实记》，第 4 页。

114. 高宗鲁辑录：《中国留美幼童书信集》，珠海出版社，2006 年，第 83 页。

115.《福龙号鱼雷艇管带蔡廷干关于黄海海战的报告》，戚其章主编：《中日战争》第 7 册，第 262 页。

116.《西京丸的战斗报告》，[日]川崎三郎：《日清战史》第 3 卷，第 148 页。

117. 李鸿章署检：《鱼雷图说》，光绪十六年。

118.《西京丸与桦山中将》，戚其章主编：《中日战争》第 8 册，第 87 页。

119.《西京丸与桦山中将》，戚其章主编：《中日战争》第 8 册，第 87 页。

120.《西京丸与桦山中将》，戚其章主编：《中日战争》第 8 册，第 87 页。

121. 日本海军军令部：《廿七八年海战史》上卷，第 193 页。

122.《西京丸与桦山中将》，戚其章主编：《中日战争》第 8 册，第 87 页。

123. [美]马吉芬：《鸭绿江外的海战》，日本海军军令部：《廿七八年海战史》别卷。

124. William Ferdinand Tyler, *Pulling Strings in China.*

125.《扶桑舰之勇战》，戚其章主编：《中日战争》第 8 册，第 78—79 页。

126.《松岛舰之勇战》，戚其章主编：《中日战争》第 8 册，第 76 页。

127.《扶桑舰之勇战》，戚其章主编：《中日战争》第 8 册，第 78—79 页。

128. William Ferdinand Tyler, *Pulling Strings in China.*

129. John L. Rowlinson: *China's Struggle for Naval Development 1839-1895.*

130.《甲午日记》，中国船政文化博物馆编：《船政》第 2 辑。

131. "国外より得たる海洋島海戦に関する記事（3）"，「JACAR（アジア歴史資料センター）Ref.C08040487900、明治 27・8 年戦史編纂準備書類 13（防衛省防衛研究所）」。

132. W. Laird-Clowes, "The Naval War Between China and Japan," Thomas Allnutt Brassey, *The Naval Annual 1895.*

133. 日本海军军令部：《廿七八年海战史》上卷，第 206 页。

134.《松岛舰之勇战》，戚其章主编：《中日战争》第 8 册，第 77 页。

135.《松岛舰之勇战》，戚其章主编：《中日战争》第 8 册，第 77 页。

136. 日本海军军令部：《廿七八年海战史》上卷，第 208 页。

137. [日]木村浩吉：《黄海海战"松岛"舰内的状况》。

138. 日本海军军令部：《廿七八年海战史》上卷，第 213 页。

139. [日]木村浩吉：《黄海海战"松岛"舰内的状况》。

140.《中倭战守始末记》，沈云龙主编：《近代中国史料丛刊三编》第 32 辑，第 45 页。

141.《近世帝国海军史要》，张侠编：《清末海军史料》，第 861 页。

142. 有关"济远"撞"扬威"等问题的考证，见陈悦：《论黄海大东沟海战方伯谦三项罪名均非捏造》，《中国甲午战争博物馆馆刊》2007 年第 3 期。另，在甲午战争当时即有北洋海军人员在《北华捷报》上详细述及了"济远"逃跑及撞击"扬威"的情况，见川崎三郎：《日清战史》第 3 卷，第 49—50 页。

143.《北洋舰队官兵的自述》，戚海莹：《甲午战争在威海》，第 205 页。

144.《军舰济远兵器取调表》，影印本。

145.《中倭战守始末记》，沈云龙主编：《近代中国史料丛刊三编》第 32 辑，第 48 页。

146.《常备舰队司令官海军少将坪井航三的报告》，日本海军军令部：《廿七八年海战史》上卷，第 251 页。

147. ［美］马吉芬：《鸭绿江外的海战》，日本海军军令部：《廿七八年海战史》别卷。

148. ［美］马吉芬：《鸭绿江外的海战》，日本海军军令部：《廿七八年海战史》别卷。

149.《常备舰队司令官海军少将坪井航三的报告》，日本海军军令部：《廿七八年海战史》上卷，第 251 页。

150. 卢毓英：《卢氏甲午前后杂记》，手稿影印本。原文还有"时'经远'正傍山边而行，恐水浅船搁，急转开山边，适出'广甲'之后，挡住敌船，竟为敌炮所中，卒然而沉。船桅皆没，犹见两股浓烟出自水面。哀哉！比及敌船越过'经远'之前，而'广甲'去已远矣！'广甲'设无'经远'，必然无幸，此中岂非数乎！"

151.《直隶总督李鸿章奏请优恤大东沟海军阵亡各员折》，中国史学会主编：《中日战争》第 3 册，第 134 页。

152. 日本海军军令部：《廿七八年海战史》，第 216 页。

153. 日本海军军令部：《廿七八年海战史》，第 216—217 页。

154.《常备舰队司令官参谋海军大尉釜屋忠道黄海海战记》，日本海军军令部：《廿七八年海战史》上卷，第 218 页。

155. 王记华：《北洋海军"经远"舰驾驶二副陈京莹及其甲午遗书所见》，戚俊杰、郭阳主编：《甲午纵横》，华文出版社，2006 年，第 93—102 页。

156.《常备舰队司令官参谋海军大尉釜屋忠道黄海海战记》载"'吉野'准备用鱼雷立刻击沉之，鱼雷发射号令下到后，少时，二、三、四号舰已接近频频炮击'经远'，'吉野'遂终止发射鱼雷"。日本海军军令部：《廿七八年海战史》上卷，第 218—219 页。

157.《直隶总督李鸿章奏请优恤大东沟海军阵亡各员折》，中国史学会主编：《中日战争》第 3 册，第 134 页。

158. 日本海军军令部：《廿七八年海战史》上卷，第 219 页。

159. "連合艦隊第十五回出征報告：清国盛京省大孤山沖戦況"，「JACAR（アジア歴史資料センター）Ref.C08040487400、明治 27・8 年戦史編纂準備書類 13（防衛省防衛研究所）」。

160.《甲午日记》，中国船政文化博物馆编：《船政》第 2 辑。

161.《北洋大臣来电》，中国史学会主编：《中日战争》第 3 册，第 106 页。

162.《北洋大臣来电》，中国史学会主编：《中日战争》第 3 册，第 102—103 页。

163.《寄译署》，顾廷龙、戴逸主编：《李鸿章全集》第 24 册，第 344 页。

164. 陈义杰点校：《翁同龢日记》第 5 册，第 2730 页。

第三章

远东直布罗陀的陷落

夜幕降临，寒风在山谷间呼啸，四处的炮声渐渐零落下来，明日将是旅顺生死存亡的关头了。对于淮系军队而言，今晚绝对是个不眠之夜，几次主动出击已经竭尽所能，机动兵力也消耗不少，无论兵力、战斗力、统率指挥、弹药质量乃至粮食供应都居于劣势，这支军队能否守住旅顺，此刻似乎更多的只有听天由命了。

回天乏术

大东沟海战的次日，除了"左一"等两艘鱼雷艇被留在大东沟内护卫运兵商船外，所有幸存的北洋海军参战舰只都回到了旅顺军港，这些舰船刻下急需的便是尽快修理，恢复战斗力，大战的帷幕已经彻底开启，谁也无法预料日本联合舰队下一步会有怎样的行动。

1894 年 9 月 18 日北洋海军各舰抵达旅顺时间[1]

入港时间	舰名
3：30	"济远"
7：30	鱼雷艇
8：00	"福龙""广丙"
8：30	"靖远"
8：45	"来远"
9：30	"定远""镇远"
11：00	鱼雷艇
11：30	"平远""镇中""镇南"

然而当初作为北洋海军维修基地而营建的旅顺军港实际修船能力并不充足。旅顺建港主要是因为当时国内天津、上海、福州等地的船坞都无法容纳北洋海军的大型铁甲舰，而铁甲舰按照保养规程又必须每年进干船坞擦洗油漆船底以防腐蚀，"铁船易积海蠹，或偶损坏，无坞可修便成废物"，为保养军舰以及避免去别国船坞油修发生波折，于是决定就近在旅顺开挖一座大船坞，主要用于军舰入坞刮锈、油漆。与船坞相配套，还在船坞近旁设立了一系列为修船服务的生产车间，计有木

厂、铸铁厂、打铁厂、机器厂、模具厂、锅炉厂等名目，各车间之间都可以通过铁轨连通，小型的铁轨一直延伸到海边的蒸汽起重架旁，以方便吊装重物。

不过，这些看似门类齐全的修理车间各自的规模都并不大，以与修船关系密切的打铁厂为例，仅有半吨的汽锤一座，根本无法进行大型加工件制作。而且这些车间平时主要为北洋海军的舰船制配小型零件，并没有大规模修理军舰的经验。因而旅顺基地的价值仅仅是为北洋舰队提供了一处大型的保养维护船坞而已，当时的官方文件上也习惯将其称之为旅顺船坞。此刻面对大量伤情严重的战舰，船坞工程总办龚照玙顿时感到难以应对。

龚照玙，字鲁卿，安徽合肥人，1839 年出生，他经历的是一条与科举入仕的正途完全不同的宦海之路。1871 年入李鸿章幕府在北方著名的洋务企业天津机器制造局任职，1890 年接替刘含芳出任旅顺船坞工程总办，对于洋务较之大多数同代官员有更多的直接经验。根据龚照玙和北洋海军提督丁汝昌的一些公文电报，结合北洋海军官兵回忆，我们可以大致了解到当时旅顺船坞面临的难题。

恶战归来的北洋海军各舰中，"定远""镇远"两艘铁甲舰每舰舰体上有百处弹痕（含机关炮弹），其中铁甲堡保护的区域情况较好未被穿透，"铁甲之处均作波浪纹，殆遍深二三寸许，盖为敌炮所中，因甲厚不能入故为斯形"。但是没有装甲防御的烟囱、甲板室等部位就到处都是密密麻麻的弹孔，舱面的设施也受损严重[2]。

"平远""广丙"两艘军舰除了舰体上密布弹孔，舰面设施大量损坏外，"平远"的主机也发生了问题，航行不便。

舰队中受伤最重的莫过于伏尔铿建造的装甲巡洋舰"来远"，灾难性的大火几乎烧遍了它的露天甲板，不仅木甲板和之上的船用属具荡然无存，连舰体的部分钢铁肋骨也都被烧得扭曲变形，甚至开裂。这艘几乎变成了骨架的军舰竟然能够安全返回，让所有目睹的人都不禁为之大吃一惊，感叹舰员技术的高超。然而此刻，旅顺船坞的工人们看见这艘战舰也足以大吃一惊，他们惊叹的是该怎样才能修复她。与"来远"同队的"靖远"舰情况要稍好，然而也遭遇了大火的摧残，而且军舰的水线处已经中弹漏水，急需加以修补。

此外，这些战舰装备的大小火炮在枪林弹雨中大都遭到了不同程度的损坏，将近有三分之一需要拆卸修理。以"定远""镇远"两艘铁甲舰为例，两舰的 8 门 305 毫米口径主炮有 3 门无法使用，几乎坏了一半，"大炮水压机和上部构造全部粉碎"。"平远""靖远"等舰主炮的伤情也与之类似。

黄海大东沟海战北洋海军各舰中弹情况[3]

舰名	中弹数（含机关炮弹）	当场死亡	负伤	死伤小计
"定远"	159	17	38	55
"镇远"	220	13	28	41
"经远"	未详	232	——	232
"来远"	225	17	13	30
"致远"	未详	246	——	246
"靖远"	110	2	16	18
"超勇"	未详	125	——	125
"扬威"	未详	57	——	57
"济远"	15	5	10	15
"广甲"	未详	未详	未详	未详
"平远"	24	——	——	15
"广丙"	1	——	——	3

　　上述的这些舰船都属于北洋海军残存不多的主力，急需恢复战斗力去继续捍卫有燃眉之急的渤海海防。然而旅顺基地只有一座大船坞，工人们多年来也习惯了同时维护一艘入坞舰只的工作，突然而至的大批伤舰让他们措手不及；只能一艘艘先后进船坞，这艘修理的同时，其他军舰都默默地停泊在东港池内等候。

　　从工程技术角度看，修理工作主要分为几个方面：首先，受伤的炮械要用蒸汽起重架起吊上岸，由铸铁厂、打铁厂、模具厂等进行修理，但是这些炮械受损的零件是否都有备件存库还是个问题。根据以往的事例，小到舰用的填煤孔盖、火轮舢板锅炉用的烟囱替换时都无现成替代品，必须由北洋海军一面绘制图纸一面送交实物样品给生产车间按样仿造，此时大批量修理这些结构复杂的火炮难度肯定更大。

　　其次，"来远""定远"等舰体受损的军舰都得入坞进行彻底修理，主要方法是将有弹孔的船壳板揭下更换，制作这些备用船壳板又是铸铁厂、打铁厂的工程任务，在修理火炮同时还需要面对数量众多的铁板制作，工作量之大可以想象，而更

◎ 西方新闻画："镇远"舰在旅顺抢修。

CHENTSCHEL SC

换船壳板还需要大量的钳铆工人。

最后，还有各种船用设施和甲板辅料的制配。海战中各舰露天的吊锚架、起锚机、绞车、吊艇杆以及"定远"等舰的桅杆、横桁、桅盘都受损严重，加上一些军舰内部的蒸汽水压驱动设施也有损伤需要修理，这些工作仍需要铸铁厂、打铁厂还有木厂等车间来完成。综合而言，短时间要完成如此强度的工作对于旅顺船坞可谓万分艰巨。

感受到局势紧迫，丁汝昌回到旅顺后即催促修船，北洋大臣李鸿章也百般催促，龚照玙不敢怠慢，立刻组织施工。鉴于船坞只有一座，以一艘军舰入坞修理至少需要一个月计，如果6艘军舰都入坞修理则至少需要半年之久，遂决定不能等待一艘艘军舰陆续进坞修理这样拖宕时间，改成各艘军舰同时开始维修，以船体受伤最为严重的"来远"舰首先入坞，其余各舰靠泊在船坞左近的码头上进行水线上的维修。

同步开工6艘军舰的维修工程后，立刻又出现了施工人手严重不足的情况。旅顺基地营造时并未考虑到如此高强度的修理工程，全盛之时船坞各处的工人总计不过600人，旅顺船坞自身的技术工人也根本不够派用。船坞工程总办龚照玙经向李鸿章申请，临时紧急从大沽船坞、开平矿务局、唐山铁路局等处借调工人，其中尤以从开平矿务局、唐山铁路局选调的工人为多，计有钳工30人、铜匠10人、锅炉匠15人等[4]。然而很多旅顺船坞自有和外来的技术工人同当时中国的底层百姓一样缺乏国家意识，对国家事务并没有热心，反而对突然到来的高强度工作怨声载道，施工怠惰，甚而借机勒索更高报酬，以致修理工程的进度非常的缓慢。据当事者回忆，在军舰归来近一周后，很多受伤军舰不仅尚未着手制定修理计划，甚至连起码的清理工作都没有做好，"七八天之久，舰内不加清扫，一如原状置之不理，其周章狼狈之状实无法形容……"[5]而一些在旅顺参加修理军舰的开平矿务局工人则称"船坞修工均不上紧，非得傅相严行派人督催，海军不能计日出海"[6]。

就在旅顺东澳（旅顺港内分为东、西两个港池，称东澳、西澳。西澳是自然形成，水面开阔，东澳则是疏浚挖掘而出的小型避风港池。东澳入口处有铁闸门拦护，旅顺大船坞即在东澳内的岸边。）日夜赶工修理受伤舰船时，空空荡荡的西澳内还孤零零地停泊着一艘军舰。

率先从海战场上逃回的"济远"舰此时默默承受逃兵的耻辱。丁汝昌报告战舰受损情况的电报以及洋员泰莱的检查报告和当时西方人的目击等多种证据，共同指证"济远"舰上可以称为受伤的部位除了与"扬威"冲撞撞裂的舰首外，便是舰首210毫米口径火炮的炮尾炮套部分。没有和日方军舰进行过激烈交火，炮手也没有出现大量伤亡的"济远"舰上，主炮的炮闩和标尺竟然都莫明其妙的损坏了。这样的伤情显然不需要复杂的修理，"济远"舰很快就驶出了旅顺口，与英国人马格禄管带的拖船"金龙"号一起去大连湾外试图拖带触礁的"广甲"舰，成为大东沟海战后最快恢复海上活动的中国参战军舰。9月19日因为拖带不出，在疏散人员和拆除武备后，"广甲"舰被炸沉。24日，清廷军机处寄发上谕，以临阵脱逃罪将"济远"舰管带方伯谦斩首示众。

　　八月二十二日，天刚蒙蒙亮，方船主就被押到黄金山下大坞西面的刑场上。方船主穿一身睡衣，据说是刚从被窝里拖出来的。行刑的人叫杨发，天津人，是丁统领的护兵，人很胆大，也有力气，他恨透了"黄鼠狼"，（按，在威海本地方言中黄鼠狼一词别有含义，意指某人过于精明油滑。）是亲自向丁统领讨了这差使的。行刑时，各舰弟兄们一齐围着看，没有不喊好的。[7]

◎ 西方铜版画：黄海海战后，正在抢修北洋海军舰船的旅顺基地。

蹒跚而行

黄海大东沟海战中在"定远"舰飞桥上受伤的海军提督丁汝昌回到旅顺后伤情越发严重，"现在头脚皆肿，两耳流血水，两眼不能睁开，日留黄水，脚日见肿，皮肉发黑，疼痛异常，言语稍多，心即摇摆不宁，无能自主"[8]，遂向李鸿章申请休假疗伤，并建议从左右翼总兵中选用一人暂时代理提督职务。不同寻常的是，丁汝昌没有直接建议官阶仅次于自己的左翼总兵林泰曾代理，而是同时提出了左右翼总兵，别含深意。李鸿章接到丁汝昌的报告后也没有考虑左翼总兵林泰曾，而向清廷直接推荐了北洋海军内官职上的第三号人物右翼总兵刘步蟾，理由是"经此战阵，稍有阅历"[9]，言下之意对过显文弱之气的林泰曾在海战中的表现并不满意。黄海海战后第五天，清廷即正式下旨由刘步蟾代理提督一职务，不过因为李鸿章对于被人视为闽党领袖的刘步蟾极不放心，实际督责修船的仍然是丁汝昌。"闻丁提督伤病未痊愈，甚念……若刘步蟾等借修理为宕缓，误我大计，定行严参。禹庭虽病，当认真督促，勿为若辈把持摇惑。"[10]

与修理舰船同等紧迫的还有弹药的补充问题。经过大东沟鏖战，北洋海军舰船的弹药储存更显见绌，"定远""镇远"舰的305毫米大炮炮弹仅剩数十颗，其他各舰的弹药也都显不足，尤为严重的是"平远"和"广丙"二舰。"平远"的260毫米口径主炮开花弹荡然无存，而且国内各处都没有储备。"广丙"舰装备的3门120毫米口径江南制造局造速射炮则总共只剩下了60发炮弹，分摊至3门火炮，以每分钟发射4发计，仅够5分钟之用[11]。

临阵抱佛脚，面对海军丁汝昌火急火燎的接连告急，作为淮系军队大管家的总理后路转运事宜盛宣怀此时开始鞭策天津机器局。10月2日天津机器局终于赶造出80枚305毫米口径炮弹，但是莫明其妙地运往了威海，并无法解海军的燃眉之急**12**。经过加班加点，在 10 月 8 日总算又赶出一批，11 日装上被征用来运输军队、物资的开平矿务局"富平"号运煤船运往旅顺，计有 305 毫米口径炮弹 80 枚，210 毫米口径炮弹 100 枚，150 毫米口径炮弹 100 枚**13**，而"平远"已经告罄的 260 毫米口径炮弹机器局表示完全没有办法制造，称已经从国外订购了 70 颗，但是到货遥遥无期，犹如画饼充饥。至于"广丙"舰急需的 120 毫米速射炮弹则更是彻底无能为力。上述 305 毫米口径炮弹即使算上已经运往威海的总数才只有 160 颗，而"定远"级铁甲舰主炮每门的基数弹药是 50 颗，尚不足一艘之用。其他的 210 毫米、150 毫米口径炮弹，北洋海军军舰同样口径的火炮弹药基数一般也是每门 50 颗，区区 100 颗真是不知如何分拨。

　　无论是修船还是弹药补充方面出现的这些问题都暴露出清政府机体内严重的溃疡。战时人力物力动员、协调安排运输生产等等近代化战争下司空见惯的政府动作，对于清政府的官员而言都是闻所未闻的事。和平时期依靠遮掩应付来粉饰太平，上行下效互相欺骗蒙混，把整个社会描画成一副歌舞升平的盛世景象。到了危机来临，尤其对手是一部完全近代化了的战争机器时，虚幻的泡沫立刻碎裂，已然变成了一场灭顶灾难。

　　就在北洋海军因修船和弹药补充而被束足在旅顺口内时，旅顺口外的大海上却是一片忙碌热闹，警讯频传！9 月 23 日，日本军舰"浪速""秋津洲"突然出现在威海湾外窥伺，24 日这两艘军舰又在大连湾和旅顺口一带的外海上现身，25 日日本军舰"鸟海""八重山"出现在大连湾以东海岸侦察……类似的警报此后接连不断地在北洋沿海鸣响。面对这些情况，李鸿章敏锐预感到"不日直奉必有大警"**14**，万分焦急地催促北洋舰队尽快完成修理出海。同时李鸿章非常明白北洋海军的舰只目前都未修理完毕，倘若再与日本联合舰队发生激战后果不堪设想，所以给丁汝昌的指示的要点仍是要其执行作猛虎在山之势的"存在舰队"战略，让日方有所顾忌即可。"出海可相机趋避，遥为牵制，彼运兵多船，稍有顾忌，当不敢深入也。"**15**今人对此大都认为是李鸿章胆小怯懦，然而试想如以一支受损严重、弹药匮乏的舰队贸然与强敌作战而至全军覆没，日本舰队和运输船在黄海乃至渤海的活动将会更形肆无忌惮。

　　10 月 18 日，大东沟海战爆发近一个月后，丁汝昌在"腿肿未消、一足不能落地"的情况下请求销假，率领刚刚修理完火炮，舰体仍有严重伤情未复的"定远""镇远""平远""广丙"等舰由旅顺开驶威海补充燃煤弹药，预备之后再在威旅一带游弋，让四处出现的日本军舰稍有顾忌，飘扬着龙旗的军舰终于又出现在了渤海湾内。"来远"舰因为伤势过重实在无法出行，被继续留在旅顺船坞日夜赶工修理。

……顷丁提督电复：汝昌足伤稍愈，仍不能步履。各船伤重且多，星夜加工修理都未完备，拟一二日先带六船出口，并过威海添配子药，清理各要事后，再巡大连湾到旅顺安配"定""镇"起锚机器，容另电报云。鸿。[16]

第二军

　　大东沟海战过后区区几天又听到日本舰队开始活动的消息，无论是李鸿章、丁汝昌还是北洋舰队的官兵都肯定大为惊讶，从日方的史料来看，联合舰队修理效率之高的确让人为之咋舌。

　　9 月 18 日，除"松岛""赤城""比叡""西京丸"返回本土修理外，日本联合舰队其他参战军舰在代理旗舰"桥立"率领下都到达了位于朝鲜大东河口的小乳矗岬（今朝鲜白翎岛附近）临时锚地停泊。19 日中午，经过改装的日本商船"元山丸"到达战舰林立的小乳矗岬锚地。当时朝鲜海岸没有合适的修理工厂，如果海战中受轻伤的舰只也要返回本土修理的话，就会耽误舰队行动，于是日本海军战前将商船"元山丸"改装成了一艘修理船，船上安装有简易的车床、机器、舰材备件，并搭载大量修理工人，以便跟随大舰队活动随时开展修理工作。

　　对参战各舰的伤情快速检查后，"元山丸"搭载的工人就立刻开始修理。日本联合舰队各舰整体的受伤情况本就不重，修理工作进行得相当之顺利，仅仅用了不到 4 天的时间，22 日入夜就全部完成，与北洋舰队的情况可谓是天壤之别。同时，商船"千代丸""土洋丸"还运来大批弹药进行补给，"玄海丸"则撤走了参战各舰上的伤员，联合舰队至此整备完毕[17]。

　　鉴于缺少了"松岛"等军舰后本队显得力量单薄，联合舰队司令伊东祐亨于是重新编组舰队。第一游击队的军舰全部并入本队，分为第一、第二两个小队，（第一小队辖"桥立""扶桑"小队，"浪速""吉野"小队。第二小队辖"严岛""千代田"小队，"高千穗""秋津洲"小队。）第二游击队由"金刚""葛城""武藏""大和""高雄""天龙"组成，第三游击队由"筑紫""大岛""摩耶""爱宕""鸟海"组成，"天城""磐城""八重山""海门""相模丸"组成附属队，"第二十二

号""第二十三号""第七号""第十二号""第十三号""小鹰"号鱼雷艇及鱼雷艇
母舰"山城丸"组成鱼雷艇队[18]。由于掌握了北洋海军退入旅顺修理一时难以恢复
的准确情报，日本海军完全消除了布置本土防御的打算，几乎把全部的舰船都前推
至了位于朝鲜西海岸的多个临时锚地，直视黄海为日本内海而横行无忌。

　　受大东沟海战胜利刺激的还有日本大本营，看到黄海实际已为联合舰队控制，
遂放心大胆决定实施冬季作战计划。根据日本大本营的谋划，预备在 1895 年春季
进行直隶平原作战，意图击溃中国陆军主力，进而攻占北京。为此，打通从海上
直达京畿门户天津的海道至关重要，于是确定 1894 年冬季作战的目标为占领锁钥
在渤海湾口的旅顺半岛，同时消灭北洋舰队。为执行这一任务，日本大本营下令
从 9 月 21 日开始组建一个新的陆军兵团，区别已经深入朝鲜即将攻入中国东北的
第一军，新兵团的名称叫作第二军。（日本陆军兵制中最大一级建制单位是师团，
战时可以根据需要临时将多个师团及其他单位合并成一个大兵团，称为军。）

　　新建的日本第二军司令官由曾亲历过普法战争的陆军大将大山岩伯爵担任，参
谋长为陆军大佐井上光，首先编入驻扎东京的陆军中将山地元治男爵统率的第一
师团（主要包含陆军少将乃木希典的步兵第一旅团、陆军少将西宽二郎的步兵第
二旅团、陆军少佐秋山好谷的骑兵第一大队、炮兵大佐今津孝则的野战炮兵第一
联队），以及陆军少将长谷川好道率领的混成第十二旅团（原辖于第六师团）等单
位，同时作为预备队计划还将编入陆军中将佐久间佐马太男爵率领的第二师团（辖
陆军少将山口素臣的步兵第三旅团、陆军少将爱贞亲王的步兵第四旅团）。[19]按照
日本明治二十六年更改的陆军战时编制制度规定，每个步兵野战师团的基本构成情
况是 4 个步兵联队（7264 人）、1 个骑兵大队（652 人）、1 个野战炮兵联队（818
人），具体的组织形式是师团—旅团—联队—大队—中队—小队，已经与西方国家
的近代化军制完全相仿。

　　为了军队运输方便，东京的铁路部门特地从新宿车站铺设临时铁路一直连接到
第一师团的主要驻地青山练兵场内。从 22 日起，刚刚搭建的青山临时车站便忙碌
起来，车站内外到处都是身着黑色军服的日本陆军军人身影，他们将由这里乘坐列
车前往港口城市广岛。在此之前，第二军的另外一部即混成第十二旅团已经由海路
出发前往朝鲜仁川，运输船返航后就将到广岛再运输第一师团。25 日深夜 12 时，
又一列满载的军列从青山车站开出，在列车中等第四号车厢内坐着一位特殊的日本

军人，"为收集战史资料、拍摄战斗的景观"，龟井兹明伯爵带着他的照相器材随第一师团出发，此后他在战争中随军拍摄的系列照片成为研究甲午战争的重要影像史料。

龟井兹明伯爵的日记里用了很大篇幅记载列车沿途看到的景象："……车站高悬国旗，在站前广场施放焰火，竖起一面写着'大日本帝国军人万岁'九个字的旗帜……市民高举'欢送皇军'的大字标语……村校的小学生也来了很多人送行，高举的旗帜上有'天皇万岁''帝国万岁''军人万岁'……人民都穿着节日盛装，殷勤地欢送，老幼皆拍手高呼皇军万岁。"[20]战争的狂热已经席卷这个国家，在送自己的子弟踏上征程之时，不知道这些如癫似狂的日本人是否想过他们的军队走入的是一条野蛮侵略的不归路。

9月27日晚上8时30分，龟井兹明搭乘的这趟军列到达广岛车站，车站上顿时涌满了黑衣的人群，至此第二军第一师团全部集结完毕，这些杀气腾腾的日本军人焦躁地等待登上大陆的一刻。

花园口登陆

日本大本营作出组建第二军攻占辽东半岛的战略时，即明确准备利用北洋舰队在旅顺修理无法远出的机会，由海上运兵到达大连湾一带沿海登陆，首先攻占中国的金州城（今大连市金州区）切断旅顺后路。为此需要在靠近金州的海岸线上寻找一处合适的登陆地点，具体勘查登陆场位置的任务便交给了联合舰队。

9月24日至28日，恰好是日本第一师团在铁路上奔波的时候，联合舰队派出了"鸟海"与"八重山"两艘军舰到大连湾至长山群岛一带进行勘查。为了不暴露整个登陆计划，勘查活动进行得极为隐蔽，军舰都停泊在较远的深海，勘查人员乘坐火轮舢板到近岸处查看，经过几天的调查最终在大连湾东北方向发现了一片荒凉的海滩——花园口。

花园口位于北纬39度30分、东经122度40分的位置，今天属于大连市下辖的庄河市，海滩涨潮时水深可以达到3米，而且即使落潮时浅滩也仅有不到2里的宽度，便于大运输船就近停泊，减少运兵舢板来回转运的距离，便于陆军快速上岸[21]。更为重要的是，经过现场侦察，花园口一带岸上没有中国陆军驻防，（现代的一些中国研究者往往习惯以花园口不设防为由指责古人，但是花园口当时只不过是辽东海岸上一片不起眼的荒滩而已，时人并无法预知未来日军会在那里登陆。而且倘若中国军队真的在花园口设防了，日军想必就会去找另一处没有设防的海岸登陆，届时某些研究者又会说那一处海岸形势更险要，清军只知道在花园口布防太过愚蠢了。）而且该处距离旅顺较远，可以减少遭到北洋海军舰只袭击的危险。

伊东祐亨得到报告后随即电达大本营，推荐将花园口作为登陆首选地点，同时命令"扶桑"舰舰长新井有贯海军大佐和"千代田"舰舰长内田正敏海军大佐组织水兵到朝鲜岸上砍伐树木，预先为登陆准备搭建临时栈桥所用的木料。综合观察日

◎ 1894年10月16日在广岛宇品港码头集结准备登船的日本第二军第一师团士兵。

本海陆军的行动会给人一个深刻的印象，即统筹安排极为得法，计划详密，环环相扣，与当时中国军队的情况恰好形成鲜明对比。

由于需要等待运送混成第十二旅团的船只返航，第一师团在广岛逗留了近一周时间，10月15日日本第七届议会在广岛开始召集，同日第二军准备乘船出发。16日拂晓，铿锵作响的跑步声踏碎了广岛的清晨，在因为戒严而显得空空荡荡的城市里，一队队全副武装的日本士兵从位于广岛各处的宿营地汇聚向宇品港码头，成了一片黑色的潮水。由宪兵严密把守的码头旁，商船吞云吐雾等待出发，军乐队在卖力地演奏进行曲，港内的其他船只则都一律悬挂起了意在向出征军人致敬的满旗。

广岛是日本战时大本营所在地，因而驻在广岛的日本各级官员都来到港口送行，目睹如此大场面，很多出身乡间的日本士兵为之激动不已。当日出发的运兵船共有"横滨丸""长门丸""名古屋丸"3艘，俱是征用的邮船公司商船。当军队和物资都转运上船后，礼服冠戴的第二军司令大山岩等人出现在众人目光中，乘坐经过特殊装饰的火轮舢板登上商船。大山岩为首的第二军司令部人员乘坐"长门丸"，山地元治等第一师团司令部人员乘坐"横滨丸"，就在前一天日本天皇还与第二军的高级将领共同进餐，并赐给大山岩宝刀和骏马，以此鼓舞士气。此时这些日本军官大都趾高气扬不可一世，满心想着去中国土地上夺取战功建立勋业。

◎ 运送日本第二军的庞大船队。

　　10 时 30 分，第一批出发的人员全部登船完毕，伴随着岸边人群的狂呼呐喊，以"横滨丸"为首，"长门丸""名古屋丸"相继拉响汽笛陆续驶出宇品港，此后不久又有 13 艘满载日本军队的商船从宇品港出发，总计 16 日当天出发了 16 艘运兵船。第二军剩余的人员和物资分别在 17、18 日与 19、20 日再分为两批出发，其中一、二两批运输船的目的地都是联合舰队位于朝鲜大同江口的渔隐洞锚地，最后一批船则直驶花园口登陆点[22]。

　　10 月 19 日下午 4 时开始，运送日本第二军的运输船逐渐到达渔隐洞锚地，一时间锚地内船满为患。21 日清晨，伊东祐亨在旗舰"桥立"上与第二军司令大山岩、第一师团师团长山地元治等陆军军官召开陆海军参谋会议，通报情况，协调制定具体登陆方案。出乎伊东祐亨预料的是，陆军在会上竟然对海军早已确定的花园口登陆点提出异议，海陆军遂发生争执。

　　陆军的观点认为花园口距离进攻目标金州城过远，进行如此长距离行军难免被中国军队发现，可能因此造成金州城防御加强的不利局面。而且从花园口前往金州的路途上还横亘着 3 条无法涉渡的河流，工兵架桥将会进一步阻滞陆军行动的速度，提议在尽可能接近攻击点的地方登陆，陆军最后指定的登陆点为花园口西南方的貔子窝。

海军对陆军提出的观点全然反对，坚持花园口才是最佳登陆位置，理由是陆上行军诚然是困难的事，但是如果不能安然登陆则一切都无从谈起。海军结合多次对辽东海岸侦察得到的情报进行分析，认为如果在距离金州过近的海岸登陆很可能会遇到中国陆军自岸上的阻击，貔子窝一带已经发现有中国军队活动的踪迹，而且一旦被北洋舰队发现，后果更不堪设想。另外貔子窝一带水深太浅，滩涂纵深大，大运输船只能停泊在距海岸 5 里以外，如此一来舢板来回转运一次就要途经 10 里，费时费事，因此海军坚持宁肯登陆以后陆军多走些路也必须在海军容易实施登陆的地方上岸。

乘客拗不过司机，激烈的争论进行到入夜后，陆军无奈同意了在花园口上陆的方案。

10 月 23 日午后 4 时，联合舰队高速通报舰"八重山"、装甲巡洋舰"千代田"以及炮舰"鸟海""筑紫""磐城"率先从锚地出发驶往花园口。伊东祐亨之所以选择这几艘军舰作为先导舰，主要是她们先前都参与过对辽东海岸的侦察，此次故地重游可谓轻车熟路。根据事先制定的方案，5 艘军舰到达花园口外海后将散列排开为后续的运输船队充当路标。另外"千代田"舰将派出陆战队上岸侦察，如果发现有中国军队驻防就发射二三发火箭报警，倘若登陆场安全则在高处竖立日本国旗为号[23]。

花园口是一处荒凉的海岸，零星散落着十几户中国人家，平日耕田牧海过着安闲的田园生活。时值初冬来临，田地里的收获已经结束，各家各户门口都堆着一垛垛的玉米、大豆，带着几分寒意的海风不断从村中掠过，夜幕降临后各家便都早早安歇。凌晨时分，一些警觉的村民都能听到了户外有不寻常的密集脚步声，其中还夹杂着怪异的言语，几户人家豢养来护院防贼的狗也都交相吠叫起来。

10 月 24 日凌晨 3 时 38 分，"千代田"舰陆战队的 50 名步兵和一名信号兵在海军少尉浅野正恭指挥下分乘两艘舢板船靠近了花园口岸边。为安全起见，浅野正恭只带了十几名士兵登陆，潜入村庄后发现并没有任何中国军队驻扎的迹象，随即一面在村口布置岗哨，一面在村庄右侧的小土丘上竖立起一面太阳旗[24]。

10 月 24 日的太阳升起时，花园口附近的海面上出现了一幅这里前所未见的景象！在由"高千穗""秋津洲""桥立""千代田""严岛""浪速""扶桑""葛城""金刚""高雄""大和""武藏""天龙""海门"组成的强大护航舰队伴随下，以"名古屋丸"为首，包括"摄州丸""和泉丸""松山丸""丰桥丸""福冈丸""三池丸""南越丸""釜山丸""宗谷丸""大洋丸""东英丸""宇品丸""广岛丸""横滨丸"等运输船的庞大船队抵达了花园口外的预定锚泊地[25]。

作为第二军的第一批登陆船阵，自23日12时15分从大同江出发后，除了途中遇到一艘差点误以为是北洋海军军舰的俄国军舰外，整个航程一切顺利，看到花园口村庄中飘扬的太阳旗后，登陆行动立刻大模大样开始起来。

日本陆军在花园口的登陆方式与淮军在大东沟的登陆方式类似，都是将运兵船载运的人员物资散乘到各个舢板内，再将四五艘舢板串联在一起用火轮舢板拖带直驶岸边，如此往返转运。很快海面上出现了多达280艘舢板以及22艘火轮舢板（联合舰队各舰所属16艘，商船所属6艘），穿梭往来热闹非凡。以日本第一师团步兵第一联队第一中队为首，日本陆军开始纷纷上陆，"身着蓝衣黑裤的中国人，三五成群站在山丘上，手搭凉棚眺望我军登陆；当看到我军靠近时，中国人争先恐后地狼狈逃跑。看到这种怪相，舢板里人人捧腹大笑"[26]。在日本第二军登陆的同日，日本第一军也发动攻势，从安平河口突破了中国的鸭绿江防线，日本对于中国

◎ 日本第二军在花园口登陆。

本土的侵略作战就此开始。

24 日开始至 27 日的 4 天时间内，日本第二军军部及第一师团等作战单位基本登陆完毕，登陆兵力 24049 人，随即开始向金州方向进军，意图首先占领通往金州路上的要地貔子窝。（貔子窝位于金州至大孤山的道路上，设有驿站，是一处重要的交通枢纽地。）[27]

值得注意的是，10 月 26 日在威海驻泊的北洋舰队得到有日本军舰在成山头附近出没的消息后，丁汝昌立刻率舰队出海搜寻，而北洋舰队这一行动被负责在威海方向侦察的日本军舰"浪速""秋津洲"舰发现。伊东祐亨担心北洋舰队此举是准备前来攻击运兵船，遂一面布置强化登陆场防务，一面率领优势舰只前出至长山群岛至海洋岛一线巡弋。

◎ 日本第二军第一师团登陆后设立的临时司令部。

金州防线

作为日本第二军即将遇到的第一个对手，金州、大连湾一线的中国陆军主要由三个部分组成。分别为金州城内的守军金州捷胜营，计有步队1营（营官为佛尔精额，原为207人，后临时扩至500人）、马队2哨（83人），由金州副都统连顺统率，属于八旗驻防军队；（按照八旗驻防制度，东三省的八旗军政长官称将军，属下各地的军政长官称副都统。）[28]正定镇总兵徐邦道统率的淮系拱卫军（原属淮系铭军，1884年经李鸿章命令从铭军中分立），计有步队3营（1500人）、马队1营（250人）、炮队1营（500人）；铭军分统总兵赵怀业统率的怀字军，计有步队6营1哨、马队1哨（约3012人）[29]。总计金州大连湾一线的中国军队兵力约6000人，将近日本第二军的四分之一，而且采用的编制方式是源自戚家军的勇营制度，最大的单位仅为营，一旦将多个营组合成大兵团，就会暴露出作战单位太小的诸多弊端。同时，当时的中国军队完全没有近代化的参谋、后勤补给以及医疗保障等单位，可以认为是一支制度上还处于古代的军队。

除去表面上兵力的不如人之外，中国仅有的这几千军队内部也是问题重重。首先是军事素质低下，驻守金州城内的捷胜营步队500人中仅有207人是旧有的洋枪队，剩余全是新招募未经训练的士兵，战斗素质可想而知。徐邦道统率的拱卫军也有同样问题，除了马队和2哨炮队是原有队伍外，步队3营以及3哨炮队全部是新募的。天津开拔之时徐麾下的哨官均面有愁色，因为新募的军队不仅没有训练，甚至没见过也不会使用枪炮，"新募勇队连枪炮都未见过，遽行前往，倘遇敌兵凭何打仗"[30]。

赵怀业所部的怀字军的问题就更为严重。原先驻守大连湾炮台的是铭军，属于淮军内的老字号精锐部队，训练多年且对火炮运用较为纯熟，朝鲜事起后被临时抽调由海军护送至大东沟登陆，留下的空缺由铭军分统赵怀业在金州和山东招募新兵编成怀字营填防，直至 1894 年 10 月初才基本驻防到位。

甲午战前北洋沿海的淮系军队总兵力仅有 4 万余人，其中的精锐则只有 2 万之众，而且大都驻防于各炮台要塞，实际上属于要塞的守兵。但是战火燃起后首当其冲的北洋势必要调兵到前敌，在机动兵力不足的情况下训练已久的炮台守军统统当作机动步兵抽调使用，以致一败涂地。而原有的要塞炮台则全由新募兵填防，新募兵大都属于被强征的壮丁或为图军饷应征的贫苦百姓，本无一点近代军事技术，因为战事紧迫又无时间加以训练，由他们操作要塞炮结果可想而知。清末国防机制的弊病由此一目了然：地方勇营较有战斗力，但是清廷为了防止地方势力坐大而一直持裁撤缩减政策；兵力庞大的八旗、绿营虽然明知毫无战斗力，由于牵涉到太多既得利益者的切身利益而被迫保留，每年耗费巨资而不惜。以甲午战前的 1893 年为例，全国八旗与绿营一年的军饷费用开支即达 2700 万两白银之巨（尚不包含京城兵饷，否则至少还需增加 500 万两之数），甚至超过了北洋海军建军的全部费用。真正遇到重大战事，需要上阵的却又是人数少、大都由地方财政维系的勇营，为缓解兵力不足就只得百方添募了。

驻守金州、大连湾军队另一个重要问题即是分防散漫。由于兵力过少，布置的要点过多，结果形成处处设防、处处兵力单薄的情况。其中连顺的捷胜营 500 人驻守在金州城内，徐邦道的 3 营步队驻扎在金州城外远郊的徐家山炮台一带，1 营炮队竟然没有任何步兵协同就孤零零部署在金州城南，剩余的 1 营马队充作机动兵力驻扎在金州城东北。赵怀业的 6 营多军队则分散在大连湾炮台群的各个炮台上，（和以往一些著作的认识不一样，大连湾炮台并非指聚集于某处的一个或多个炮台，而是散布在大连湾一线的多个炮台的合称，各炮台之间均有相当距离。赵怀业部具体分布为驻和尚岛炮台 2 营、老龙岛和黄山炮台 2 营、南关岭 1 营、苏家屯 1 营 2 哨。）主要用以防守濒海方向[31]。如此布置，倘若日军绕过大连湾不攻，别选他处登陆，则赵怀业部 6 营枯守在大连湾就起不到任何作用，而一旦日军从陆地上各个击破攻占了金州，则主要面向大海设防的大连湾炮台就立刻被日军抄袭后路而不保。大战未起，形势对于中国军队已经相当不利。

身为北洋沿海淮系军队的总统帅，李鸿章虽然 10 月 5 日就通过驻英公使龚照瑗获知了日本军队可能登陆大连湾的情报，然而对于日方的具体行动还是一概懵然无知，除了催促山西大同镇总兵程之伟的 6 营步队、1 营马队赶赴金州增援外，只是笼统地叮嘱大连湾守将严防，海军尽快修理出海等。出于对自家底细的了解，李鸿章在给龚照瑗的回电中坦率地流露了内心的担忧"未来大连湾亦难保"[32]，然而对于如何防止这个悲剧的发生他似乎已无力回天。

10 月 23 日，即日本第二军准备从大同江出发的当天，驻英公使龚照瑗又传回一个至关重要的情报"日本五万兵勇，已经由广岛地方动身，未闻前往何处，系派提督大山统领"[33]。李鸿章将此报告军机处，然而未引起重视。直到 10 月 26 日，李鸿章接连得到两份情报，其中赵怀业报称日本军队 2000 人在貔子窝上岸[34]，而驻守旅顺的提督黄仕林报称日本军队 3 万人在花园口上岸[35]。面对互相矛盾的情报，位于天津的李鸿章难以做出判断，下令前敌诸将"于来路要口，多置旱雷（地雷），散队埋伏，多方以误之，勿轻与接仗为要"[36]，持被动守卫态度。联系到当日鸭绿江防线彻底崩溃，李鸿章或许误以为将在辽东登陆的这支日本陆军是准备北上接应渡过鸭绿江的日本第一军而已。

实际上，早在 24 日中国军队已经获得了一个极为有价值的情报。日本第二军登陆当天，同步派出了毕业于特务机构"日清贸易研究所"的向野坚一等 6 名间谍化妆成中国人往金州方向侦察情报。这些日本人为了执行任务都留有真发辫，穿着

◎ 日军奔袭貔子窝。

先前从抓捕的中国渔民身上脱下的服装。其中的山崎羔三郎、钟崎三郎、藤崎秀在往金州方向前进时，被沿路盘查的捷胜营马队斥候骑兵发觉并拘捕押往金州。经过审讯，捷胜营获得了日本军队登陆规模以及将要进攻金州、旅顺等情报，将三人斩首。然而这一情报竟未能引起多少重视，仅仅是赵怀业部抽调了 2 哨步队由营官周鼎臣带往金州增援而已[37]。

10 月 28 日夜，海军提督丁汝昌得知日军在貔子窝东北处登陆的消息后，率舰队由威海北返旅顺，并于 29 日下午由旅顺出发前进到大连湾一带巡弋，准备"此行遇敌，惟有督率将士，尽力死拼"[38]。考虑到日军已经登陆且担心海军一旦有失，渤海防务更无所恃，李鸿章转命海军"相机探进，不必言死拼"[39]，仍然想将海军留作战略威慑力量。

金州城破

北洋海军在大连湾附近游弋的时候，日本第二军已占领了貔子窝，稍事休整等待后续军队到齐，大山岩和山地元治对于攻打金州的行动进行了部署。

从貔子窝方向到金州城有一条金州大道，另外稍远处还有一条从复州前往金州的复州大道，日军选择了便捷的金州大道。步兵十五联队第一大队大队长陆军少佐斋藤德明率领他的第一大队（类似现代中国的营级单位）、工兵大队以及一个骑兵中队作为前卫支队，于11月2日拂晓出发，沿金州大道侦察开进，沿途破坏中国的电报线，并修整道路，以便后续的炮兵部队前进。第一师团主力则于11月3日6时30分出发，沿斋藤支队修整的道路前进，并以陆军少将乃木希典率领的步兵第一联队以及骑兵1个小队、行营炮1个中队、半个卫生队作为师团主力的前卫。第二军军部随后跟进开拔。整个部署颇合近代陆战的规范。

11月4日，斋藤支队与中国军队交火，拉开了金州之战的序幕。当天的战斗发生在三个方向：支队行进至刘家店时与一支正在构筑工事的中国部队相遇交火，中国军队仅有约百名步兵，七八十名骑兵，因而很快败退[40]。同日，斋藤德明派出前往大和尚山侦察的骑兵少尉小崎正满等9人与徐邦道拱卫军的一哨军队相遇发生战斗，日军突围而出[41]。同日，斋藤德明还派出一小队骑兵在复州大道上破坏电报线，结果俘虏了一名从此而过的中国送信骑兵。这名叫王清福，年仅24岁的中国士兵被俘后只反复说"我是中国兵，要杀快杀"，并乘日本押送兵不注意一头撞向路旁的岩石意图自杀。令人无法预料的是，后来经日本军官好言劝慰，并提及"汝之父母岂能不盼你生还，你不愿再见你的父母吗？"这名年轻的中国士兵竟潸然泪下，知无不言，交代了他所知道的中国军队部署情况，其中最为重要的一点便是将复州大道设防薄弱的消息告知了日军[42]。

　　得到这一重要情报，第一师团随即分兵，师团长山地元治中将与第二旅团旅团长西宽二郎少将率领步兵第二联队、第三联队绕走复州大道，意图迂回攻击金州。第十五联队联队长河野通好陆军大佐率十五联队以及先前出发的斋藤支队沿金州大道前进以牵制正面的中国军队。乃木希典少将率步兵第一联队和附属的炮兵等部队则向复州大道方向前进，充当在复州大道上开进的师团主力的左翼侧卫[43]。

　　为了巩固金州防御，拱卫军先前在俯瞰金州通往貔子窝大路的石门子高地构筑了临时的炮垒工事，11 月 5 日上午 11 时乃木希典军临石门子高地附近，发起进攻。拱卫军利用高地优势居高临下进行射击，乃木希典则催动日军疯狂进攻，激战 3 小时后日军因为不占地形优势而暂时停火。至下午 4 时，日军再度发起攻击，战至晚上 8 时仍无进展而被迫放弃停火。对于拱卫军炮队的英勇表现自然应该牢记，但是近 7 个小时炮战竟然只取得击伤 2 名日本官兵的战果，其中昭示的问题又不得不让人为之反思。

　　11 月 6 日是日军预定对金州城发起总攻的日子，为拿下石门子高地，日军改变正面强攻策略，针对中国军队死守一点的呆板战法，采用在朝鲜战场上屡试不爽的迂回合围战术。清晨 4 时，山地元治的师团主力与乃木希典等部分兵两路攻打与

◎　金州外围战斗中牺牲的中国士兵。

石门子高地毗邻的台山等阵地，至 6 时 40 分石门子高地三面被围。尽管中国官兵反复浴血拼杀，然而面对日军的多点同时进攻，清军处处设防，致使兵力越发单薄，最终高地落入敌手，徐邦道遂率残部退往旅顺，成为金州大连湾守军中最先退却的部队。

失去控扼金州要道的石门子阵地后，金州城完全暴露无遗。8 时，日军开始对金州城总攻，在金州大道和复州大道方向上展开的 11 个日军炮兵中队，以共计 36 门火炮首先向金州城轰击。遍插旌旗的金州城楼上中国军队装备的几门克虏伯行营炮也不屈还击，但是逐渐被压制击毁。经过近 50 分钟的炮火准备后，日本军吹响冲锋号，逼向金州城下。此时驻守城中的中国军队兵力主要是金州捷胜营，兵力仅有数百人，纷纷从城墙垛口往下射击。

由于金州城的城墙高达 5 丈多，而且无从攀登，日军于是准备爆破强行炸开城门，并绑扎云梯以便爆破不成而强行登城。冒着密集的弹雨，日本工兵搬运炸药突进至金州城北门永安门下，上等兵小野口德次成功点火引爆，轰然巨响中两扇城门迅速崩塌……古老的城墙已经无法抵御近代化的外寇。"一声天崩地裂的巨响，永安门被痛痛快快地炸碎了。全军毫不犹豫，以潮涌之势，争先冲进城去。" **44**

感到大势已去，城内的中国守军便打开西门向旅顺方向溃散，连顺夹杂在溃逃的人群中，回望已经升起太阳旗的金州城，心中不知是否在泣血。少数中国士兵仍然坚持在金州城内与日军进行巷战，至 10 时左右枪炮声逐渐停歇，只留下城内日本兵的狂笑欢呼以及中国妇孺的低声啜泣，旅顺后路门户重镇金州沦陷。此战日军共消耗炮弹 596 颗、步枪子弹 87439 颗，阵亡 0、伤 25 人、失踪 1 人。

得知金州方向发生激烈战斗，大连湾守将赵怀业立刻率领驻守大连湾和尚岛炮台的怀字军主力前往支援，到达金州城外时看到的已是一片溃退景象。见到大连湾后路已失，大连湾炮台势必不保，这支援军也往旅顺方向撤退。而经李鸿章多方饬令驰援金州的大同镇总兵程之伟部迁延不前，一直到金州陷落都未抵达，营口至金州间短短的路程对程之伟而言仿佛是条永远也走不完的长途。

11 月 7 日，挟攻占金州之势，日本第二军又向大连湾炮台发起攻势。大连湾炮台是建筑在大连湾一带的多个海岸炮台的统称，具体包括位于和尚岛的和尚岛中炮台、东炮台、西炮台（和尚岛的 3 座炮台装备 210 毫米、150 毫米口径克虏伯要塞炮各 2 门，和尚岛中炮台另有 80 毫米口径克虏伯行营炮 2 门），位于老龙头的

◎ 被日军最先攻破的金州永安门。

老龙头炮台（装备240毫米口径克虏伯要塞炮2门）以及黄山炮台（装备210毫米、150毫米口径克虏伯要塞炮各2门）、徐家山炮台（装备150毫米口径克虏伯要塞炮4门、80毫米口径行营炮8门、4磅行营炮4门），炮台之间都有较远的距离，其中以和尚岛3座炮台正当大连湾中央位置最为重要。为强化大连湾海口的防务，在上述大部分炮台前沿的海中还密布有大量视发、触发水雷，整个大连湾海口的防御设施可谓是固若金汤。

然而大连湾炮台的固若金汤实际是建立在后路没有威胁的前提下的，因为大连湾炮台设计时的目的只是为了保证大连湾滨海地带的防务，所有的大型火炮都只能向海湾方向射击，并无法旋转向身后，一旦背后出现威胁，如果没有大支陆军在后方提供防御保护，那整个炮台群对于陆路之敌就只能束手无策了。从日军开始向金州大道攻击前进时，大连湾炮台群就已经感受到极大压力，及至日军逼近金州城下时，守卫大连湾炮台群边缘徐家山炮台的徐邦道部拱卫军以及赵怀业部怀字军弃守。日军开始进攻金州城后，赵怀业率领和尚岛炮台的驻军增援，更使炮台群兵力单薄群龙无首。金州城陷落，大连湾炮台群失去后路屏障，各炮台的守军大都作鸟兽散。

日本军队对于大连湾炮台内的情况尚并不清楚，仍然十分周密地制订了进攻计划。第一旅团旅团长陆军少将乃木希典率领步兵第一联队、骑兵1个小队、工兵1

个中队进攻和尚岛炮台，步兵第十五联队联队长陆军大佐河野通好率领步兵十五联队、骑兵 1 个小队、工兵 1 个中队进攻老龙头、黄山炮台，第二旅团旅团长陆军少将西宽二郎率部担负旅顺方向的警戒。同时，日本联合舰队也出动大量舰只开赴大连湾海域，制造要从海上进攻的假象，牵制大连湾炮台的火力。11 月 7 日早晨当日本军队杀气腾腾逼近大连湾炮台群时突然发现，雄伟的炮台要塞内上演的竟然是一出"空城计"，这处海防要塞兵不血刃落入敌手。更为离奇的是，日军在和尚岛炮台附近的柳树屯水雷营内竟然搜寻到了大连湾口水雷群的布置图，并按图索骥很快清理出海道，日本运输船得以直驶大连湾卸载物资。

　　金州、大连湾相继失守，旅顺后路已经完全敞开。

◎ 日军占领下的大连湾炮台。

壮士迟暮

　　昨过盛军，问将领皆四十以外人，不觉老将至矣。再遇艰巨，未知尚堪磨淬否？大抵欲官者多官气重，则朴风渐离，如何？！如何？！**45**

　　上述这段话语摘自直隶总督李鸿章1874年给大哥李瀚章的一封家书，言辞间充满对属下淮勇子弟兵战力状况的忧心忡忡。太平天国战争期间，为解江南重镇上海之围，在湘军兵力不继的情况下，曾国藩于1862年在湘军之外另创设了淮军，任命皖人李鸿章为统帅，南下与太平军作战。这支兵员主要来自"风气刚劲，古来多出英雄"的两淮之地，又在李鸿章的努力下装备当时世界较为先进的西洋武器，以欧洲操法训练的军队，之后成为清政府的国防主力，转战大江南北，先后在镇压太平天国、捻军的战斗中发挥了极为重要的作用。

　　随着太平天国起义之火被扑灭，清政府为节省经费开始裁撤战时各地方临时招募的勇营军队。对于自己一手缔造且均在缩减之列的湘军、淮军，曾国藩表现出了截然不同的态度。1863—1864年在多次致信李鸿章讨论裁军问题时，曾国藩感慨"湘勇强弩之末，锐气全消"，认为湘军经过大战胜利志得意满，当初从军时欲求官的大都已得官，求财的也大都得财，暮气已深，人心思归，显露出了严重的疲弱之气，已经再无当初凭以克制太平军的朴素奋勇之志，主张"湘勇宜多裁、速裁"，"湘勇则锐气消灭，倦飞思还，稍有余资续即裁撤"。其中虽不免有担心兵多震主而主动解消军权的考虑，但所述也大抵近乎实情。然而对于当时在战争中羽翼已经丰满，实力堪与湘军抗衡的淮军，曾国藩却反复叮嘱弟子李鸿章必须尽可能保留兵力，"兵端未息，自须培养朝气，涤除暮气，淮勇气方强盛，必不宜裁"，中肯地称"中外倚鄙人为砥柱，仆实视淮军、阁下为转移。淮军利，阁下安，仆则砥

◎ 驻守旅顺口的清军部队。

柱也；淮军钝，阁下危，仆则累卵也"。

　　曾国藩的话语刚刚过去 10 年，1874 年李鸿章视察淮系精锐盛军时发现淮军已重蹈湘军覆辙，被恩师和国家视为国防干城的两淮子弟沉浸在承平盛世中，已经渐渐磨没了锐气，只剩下迟暮之感。此后的时间里，李鸿章未尝不想如同新建海军那样大刀阔斧地改革陆军，但是有别于一张白纸上从头开始描画的北洋海军，淮勇陆军中那些大大小小的将领哪个不是曾经在战火中浴血的老乡亲、老战友，而他们自己组建的那些不同名号的军队又充满了因为私人情、老乡情等关系攀结而来的将士。倘若如同海军那般全盘换用经历西式学堂教育的年轻军官，既难面对可能为之失业或倒向敌对派系的故旧，而那些已经尾大不掉的属下又岂是能够随意摆弄之辈。

　　就在这浑浑噩噩中又过了 20 年太平岁月，1894 年 11 月在日军的凌厉攻势下，全世界的目光都开始聚焦到由这支称为中国陆军精锐的军队驻守的"东方直布罗陀"（The Gibraltar of The East）——旅顺。

　　自 1880 年开始，历经 10 年艰辛努力，耗费巨资修建而成的旅顺军港，是北洋

◎ 黄金山炮台

海军的重要基地，与山东半岛尖端的威海军港成掎角之势，守护着渤海湾、京畿门户。除了拥有大船坞等船舶维修保养设施外，为了防卫这座军港，又建筑了守卫旅顺的大量炮台工事。

这些即使今天来看也足以叹为观止的工程奇迹分为两个部分：布置在旅顺港入口处岸边的一连串炮台群称为海岸炮台，主要包括港池入口东侧的黄金山炮台、母猪礁炮台（又称摸珠礁炮台）、老蛎嘴炮台（又称唠律嘴炮台）等，港池入口西侧的老虎尾炮台、威远炮台、蛮子营炮台、馒头山炮台、城头山炮台等。这些炮台中黄金山、老蛎嘴、馒头山三处为构筑时间早，工程坚固，规模宏大，设计优良的主炮台，且装备的大都是利于远射攻击海上之敌的中大口径火炮，属于整个旅顺炮台群的精华。

用于防御旅顺口背后陆路的炮台群称为陆路炮台，是在海岸炮台完工之后陆续建成的后路防御工事，质量和规模上逊海岸炮台一筹，装备的主要是行营炮、机关炮一类利于击人的中小口径火炮。以旅顺后路的老虎涧山为界，分为东侧炮台群包括松树山炮台、二龙山炮台、鸡冠山炮台以及位于松树山东侧、二龙山西侧、鸡冠山西侧、蟠桃山等处多个炮台。西侧炮台群包括椅子山炮台、案子山炮台、望台北炮台等。整个陆路炮台从西侧的椅子山开始绵延而东，又向南折至老蛎嘴海岸炮台，呈半月形环绕旅顺后路，其中最为关键、设计构筑也最为周密坚固的是位于西侧椅子山高地及周围的椅子山、案子山、望台北炮台，它们居高临下是旅顺后路炮台群的制高点，其余各处的炮台大都为小型的半永久炮台，类似临时的火炮阵地。

配合大量的炮台工事，早期驻守在旅顺的陆军主要是老将四川提督宋庆部毅军9营1哨，以及总兵张光前部淮系亲庆军3营（左营、后营、副营），总兵黄仕林部亲庆军3营（新前营、新中营、正营，各625人），另有马小队8棚，计91人。其中宋庆部负责后路防务，专守各陆路炮台，张光前、黄仕林的6营亲庆军则分别驻扎旅顺口的西岸和东岸海岸炮台。甲午战争爆发后，随着战事发展，北洋沿海的淮系精锐纷纷被抽调往前线作战。朝鲜战局崩溃后，训练有素较有战斗力的宋庆部被紧急调往鸭绿江防线守卫国境，留下的炮台职守，由临元镇总兵姜桂题临时招募3营半桂字军，记名提督程允和临时招募3营半和字军，共同开赴旅顺填防。

日军在花园口登陆后，旅顺形势立刻紧张。为增强防守兵力，张光前、黄仕林部亲庆军各新募1营，成为8营约4100人，程允和、姜桂题两部也就地扩充至8营约4000人。同时清政府为加强旅顺前路大连湾一线的兵力，命令从朝鲜败回的盛军统领卫汝贵的弟弟记名提督卫汝成在天津等地新募5营，并马队一部，共计三千余人从大沽乘船海运旅顺增援。卫汝成部于11月3日开始陆续抵达旅顺，上岸后不久，金州、大连湾相继失守，因而成字军改留作旅顺的机动兵力。此后原防守金大的徐邦道拱卫军残部一千四百余人、赵怀业怀字军以及铭军老营残部二千二百余人退至旅顺，也加入了守军序列。

综合上述各支军队，旅顺守军的总兵力约为14700人左右，然而旅顺基地炮台众多，操作火炮、守卫炮台又至少占用6000大军（海岸炮台3200人，陆路炮台2800人），剩余的机动兵力实际只有8000人，以如此兵力投放到开阔的旅顺后路上，其匮乏情形是不难想见的。另外相当严重的是，与金州、大连湾之战时的中国守军一样，旅顺守军也存在兵员素质低劣的情况。区区一万四千七百余人中，新募兵的数量竟然高达11000之众，仅仅只有守卫海岸炮台的亲庆军中有6营三千多老营军队，其余陆路炮台的守军以及8000机动兵力则几乎全部是缺乏训练的新募兵，另外还包括有大量溃逃而至短少武器的败军，旅顺守军的战斗力如何不难想见。

由于僻处海角绝地，旅顺对外的交通并不十分便利，自日军登陆花园口开始，陆路的补给线被切断，而活跃海上的日本联合舰队，又使得海上补给线也岌岌可危，其直接影响之一就是军粮供应艰难。最初旅顺的存粮够各军应付半月左右，自卫汝成、徐邦道、赵怀业等部陆续到达后，各军嗷嗷待哺，军粮仅够支撑 10 天。对于当时为了能够吃上饭活命才当兵的军人而言，粮食的重要性更形突显，为了争夺军粮，以至出现了各军士兵互相报以老拳大打出手的热闹场面。

已然身处这种混乱情形中，旅顺守军还存在一个更为致命的问题，即群龙无首，指挥不一。先后到达旅顺的清军分属多达 7 个系统，各支军队之上并无一个总统帅，只有兼任旅顺前敌营务处总办的船坞工程总办龚照玙从中勉力调和。龚照玙本非武人，并没有多少军事经验，而且品秩较低，难以制驭各支记名提督、总兵等统率的军队。11 月 6 日，为解旅顺燃眉，龚照玙乘鱼雷艇前往烟台筹粮，又前往天津求援，孰料此举被山东巡抚李秉衡奏参为亡命逃跑，更难预料的是，总办离开旅顺使得人心大乱，旅顺居民大量出逃，部分官员以及船坞的工人也纷纷逃亡。为稳定军心，旅顺各军公推资历较深的桂军统领姜桂题为各军总统，然而姜桂题实际只是个目不识丁的武夫，作为武士上阵拼杀或许尚可，但是统率筹划如此复杂的战守重任显然是力不从心了。

旅顺就在这样的情形中等待着即将到来的恶战。

> 数日之间，难免水陆夹攻一场恶战。西岸由口门至双岛套等处，相去几百里之远，口汊太多，仅弟与程平兄数营分别扼守，地广兵单，万分焦灼。军米大家匀食，不过仅敷月底，万一有缺，奈何？！奈何？！敬请我公速求中堂筹兵、筹饷，饬兵轮护送到旅，以资战守，以安人心。千恳万恳，盼甚！感甚！[46]

黑云压城

战争爆发以来接踵而至的败报压得清政府中枢几乎无法喘息。11月2日，清廷成立了全面负责战事的督办军务处，由恭亲王奕䜣为督办，"各路统兵大员均归节制，如有不遵号令者，即以军法从事"，另外以庆亲王奕劻、军机大臣翁同龢、李鸿藻以及荣禄、长麟为会办。这班人物大抵是满清贵胄和清流领袖，对于战守大计还是全无眉目，不知如何措手。战争中具体事务的操作，实际更多的还是落在北洋大臣李鸿章肩上。

11月6日，北洋海军提督丁汝昌向李鸿章报告，称旅顺船坞工人纷纷逃散，几近停工，指出北洋舰队如果继续停留在旅顺会有三大不利。首先，日军势必从陆路进攻旅顺，停泊在港内的军舰无法向高山之后的日军发动攻击，"不能施展，无以为力"[47]。而且还有丁汝昌未道明的是，一旦陆路各炮台失守，港内的舰队势必坐困瓮中。其次，旅顺基地入口航道过于狭窄，军舰出港仅能一艘艘鱼贯而出，倘若口外被日本舰队封堵，势必落得各个击破的惨状。同时，"定远""镇远"二舰吃水深，出港还得趁大潮的水文条件，一旦事机过于急迫，很可能导致这两艘铁甲舰遽而无从驶出。最后，通过侦察，发现旅顺口、大连湾一带日本舰队内编入的鱼雷艇数量极多，一旦夜间偷袭入港，在狭窄的港湾中遭遇鱼雷艇偷袭，后果更不堪设想。

对于上述三个严峻的问题，李鸿章不置可否，授权丁汝昌随机应变自主决断，着重提出了即使船坞沦陷，"船断不可全毁"的命令，并提醒丁汝昌一切行动做事需要慎重留意，不要被人有机可乘攻击而张皇失措[48]。李鸿章接到报告后的次日是慈禧太后的寿诞，也是金州、大连湾炮台失守的日子，丁汝昌担心如果"旅口陆路有急，各船不能展动为力，有损无益"，遂于夜间率各舰及旅顺鱼雷营的部分鱼雷艇返回威海。

一百三十年后的今天，人们再来理解丁汝昌提出的三点担忧可能会更加容易，日俄战争中株守旅顺的俄国舰队最后的命运恰好给了我们一个绝佳的反证。由于旅顺港的一些先天不足，倘若北洋舰队选择了死守旅顺，对战事并无任何重要帮助，反而会实现日军攻取旅顺同时消灭北洋舰队的目标，如此日俄战争中的惨剧势必提前上演。而在1894年就消灭了北洋海军，荡平渤海湾的日军，将肆无忌惮破山海关、登陆大沽，一路蹂躏京津，届时甲午战争很可能会在甲午之年有所了断。

11月10日，丁汝昌应李鸿章命令，率舰队到达天津，商量应当如何前往旅顺护航、拼战。丁汝昌详细报告了北洋舰队此时的情况。各主力舰只的维修情况令人担忧，大东沟海战归来后一直在船坞中的"来远"，修理工作仅仅只做了一半，其余各舰由于未能轮到进船坞，舰体伤处基本未能修理。"定远""镇远"两艘主力铁甲舰的起锚机因为铸铁工程太大尚未修复，如果勉强起行，每次起锚竟需要3个小时之久。在这种情况下，丁汝昌仍然表示将率舰队前往旅顺口外巡弋，如果遇到日本军舰即与开战。但是同日清廷根据讹传又下了一道谕旨，将7日夜间与大队一起离开旅顺的"来远""定远"舰误解成被丁汝昌抛弃在了旅顺，严责丁汝昌返回旅顺将两舰带离，称如果两舰损失，会立刻将丁汝昌正法。一方面是要求作战，一方面又不允许军舰稍有损失，海军再次处在了夹缝中。

同日还发生了一件与海军相关的事情。早在黄海大东沟海战爆发后，清政府就下旨命令南洋水师派出军舰北上加强北洋海军，然而先后担任南洋大臣的刘坤一、张之洞却一再托词违抗。10日当天，张之洞再度回复称无法派出军舰，一面自贬称南洋军舰全无用处，一面则吓唬称如果强行派出，舰员可能会自沉军舰，身为清流干将的张之洞，办事之油滑可见一斑[49]。

11月13日，丁汝昌率领舰队回到旅顺，鉴于形势紧迫，军舰没有进入港池而是在口外停泊。丁汝昌上岸会见旅顺守军诸将，提议海陆协同，陆军抽取兵力在海军配合下主动出击，驱逐已经出现在小平岛一带的小股日军，然而此议未被旅顺各军总统姜桂题采纳。担心夜间遭日本鱼雷艇偷袭，当天下午6时，在北方冬季的夜色中丁汝昌率领舰队黯然返航威海。站在"定远"的飞桥上望着旅顺群山渐渐模糊，丁汝昌心头涌上一片不祥之感，这一别竟然是北洋海军与旅顺口的诀别。

凛凛寒风中，冬天到了。

　　为加强旅顺防御，李鸿章督促海军护送运输船、严令旅顺诸军多挖战壕多布地雷的同时，还四处设法调集援军。面对日本第一军、第二军同步发起的攻势，清政府对于日军的决心始终未做出合理判断，守御渤海门户重镇旅顺尽管是各方认可的重要任务，但是相对于李鸿章的旅顺，畿辅的安危显然被看得更为重要，从各地派出北上的援军大都被指定"入卫"，前往天津、北京一带驻防。

　　清廷所指令前往支援旅顺的主要是驻守山东的部分海防军队，早在11月4日就旨令记名提督夏辛西率领驻登州（今蓬莱）的嵩武军4营渡海支援旅顺，后又增命驻防胶州湾的淮系将领登莱青镇总兵章高元从入卫军队中选调4营加入援旅的行列，却均被山东巡抚李秉衡以本省防务兵力不足为由拖延不遵。后李鸿章绕过李秉衡直接通过属下东海关道刘含芳筹划，但是这8营军队一直拖延到11月16日才登船出发，统将改作了淮系将领章高元。由于此时海道艰险，登陆的目的地也改作了营口，而非直接增援旅顺。（按，山东是当时中国较为特殊的省份，只有巡抚而不属任何总督节制，山东巡抚与直隶总督是平级官员，李鸿章有涉山东的事情都需要与李秉衡商议。又因为李鸿章兼北洋大臣，北洋大臣可以管理北洋各口岸的海关通商以及节制包括山东在内的北洋海防部队，所以李鸿章调用海防部队时可以绕开山东巡抚。）

　　李鸿章之所以命令章高元部在营口登陆，还与当时谋划的一个战略密切相关。为了支援旅顺，原先从鸭绿江战线败退至摩天岭一线设防的宋庆部毅军、刘盛休部铭军等也被命令向旅顺方向前进集结，恰好与旅顺守军形成了对日本第二军登陆部队的首尾夹击之势，章高元部到营口登陆就是准备和上述军队会师。

　　在辽东战场上突然出现的这幕态势，足以说明当时中国高层对于战略的运用并非一无是处，但是再好的战略要成功实施，还需具体操作层面能够得力。围击日本第二军需要同时具备两个条件，首先是旅顺驻军必须死守，确保重镇不失，其次是宋庆等部后路军队必须快速攻击前进，切断日军的补给供应。但是以清军的作战能力，能否实现这两点不免令人担忧。

　　11月18日，宋庆率领的毅军10营三千二百余人前进至普兰店北，与刘盛休部铭军四千余人以及在支援金州的路上迁延不前的程之伟部山西军三千余人相遇会合，以宋庆为统帅，后路的这支包抄军团基本组成。而在同一天，旅顺外围的前哨战已打响。

土城子之战

土城子是旅顺北方的一处高地，扼守在金州通往旅顺的必经之道上，距离旅顺仅 10 公里，可以视为旅顺后路外围的最后一道要隘。11 月 18 日，守卫旅顺后路的姜桂题、程允和部部分兵力以及徐邦道部拱卫军、卫汝成部成字军，前出在土城子一带设防。此日，也正是日本第二军开始向旅顺进军的日子。

第二军登陆辽东的主要任务就是要攻占旅顺，消灭北洋舰队。但占领金州后除立即设立了金州行政厅进行殖民统治外，第二军却就地休整，并没有立即向旅顺方向前进，似乎还在等待着什么。被日军占领的大连湾柳树屯水雷营栈桥此时成了日本运输船在辽东靠泊卸载的最佳码头，第十二混成旅团等第二军后续部队都是从这里上岸前往金州集结。11 月 16 日，又一艘来自广岛宇品港的运输船抵达柳树屯栈桥，从船上卸下的物资足以使整个日本第二军激动起来，准备用来攻克旅顺的法宝运到了。

事前考虑到旅顺之战会遇到大量坚固炮台工事，日本国内的大阪火炮工厂紧急研制了一批威力巨大的秘密武器——大口径攻城炮，配属给第二军的计有 150 毫米口径攻城炮 8 门（有效射程 7000 米）、90 毫米口径攻城炮 12 门（有效射程 1000 米），另外还有 120 毫米口径的巨型行营炮 4 门、90 毫米口径行营炮 6 门，合计这些大威力火炮共 30 门，合编为临时攻城炮厂（"厂"在此处意指一种编制单位）。这些攻城火炮主要用于伴随陆军行动，压制敌方炮火，摧毁坚固工事，在当时主要装备 80 毫米以下行营火炮的军队中，这种武器的威力足以惊人[50]。

看到临时攻城炮厂已经到来，第二军立刻迈出了进攻旅顺的步伐，这一天他们已经等待了很久。根据司令官大山岩命令，第一师团骑兵第一大队大队长秋山好古少佐率领第一师团的骑兵第一大队（第二小队缺一半）、第十二混成旅团的骑兵第

◎ 土城子附近日军第一师团前卫部队。

六大队第一中队（缺第二小队）作为前导部队，搜索前进。十二混成旅团之一部组成左翼纵队，具体包括十二混成旅团的步兵第十四联队（缺第一大队第二中队）、骑兵第六大队第一中队的第二小队、野战炮兵第六联队的第五中队以及工兵、辎重、医疗等部，由步兵第十四联队联队长益满邦介中佐任纵队长。包括军部在内的第一师团和第十二混成旅团的其他部队以及临时攻城炮厂等单位组成右翼纵队。各部基本以搜索骑兵、右翼纵队、左翼纵队的次序，自 17 日开始陆续开拔，向旅顺方向前进。为集中兵力攻击旅顺，第二军几乎出动了全部的军队，在太阳旗飘扬的金州城和大连湾炮台各只留下兵力有限的防守部队，显得极为骄横[51]。

18 日上午 10 时，秋山好古少佐带领先头侦察骑兵二百余人到达土城子附近，正在四处例行搜索探路时，恰好与前来土城子设防的姜桂题、程允和、卫汝成、徐邦道等部中国军队相遇。位于高地的中国军队立刻展开，将行军队形转换成作战队形。面对出现在自己国家领土上的侵略军，中国军人们显示了极度的愤怒，阵阵嘹亮的军号从山头上响起，一面面颜色各异的军旗也陆续出现，紧接着就是漫天的喊杀声。

　　10 时 30 分，双方距离 1000 米左右时，中国军队居高临下发起进攻，主要用步枪进行射击，日军侦察骑兵则四散分开，一面还击，一面逐渐向土城子附近的村落退却，依托村外的一道土堤进行抵抗。时间不断推移，后续到达的中国军队人数越聚越多，从三面围击数百日本骑兵，整个土城子一带枪声四起，战云腾腾。人数上处于绝对劣势的日军无法支撑，被迫节节后退，向北方的双台沟方向突围。日方史料载："敌人举着红白、红蓝旗帜，潮水般地涌来……我们一面撤退，一面抵抗敌军，四面都是敌人，敌弹像倾盆大雨一般。我军苦战情形难以形容。"[52] 至中午时分，日本一个步兵中队闻讯赶到增援，而中国军队的人数更为增多，达三千余人，并派出骑兵反复冲杀日军。由于担心被中国军队完全包围，于是日本侦察骑兵和增援步兵一起继续后撤，最后据守在双台沟以南的一处高地。

　　中午 12 时 20 分，日本前卫步兵大队也到达战场加入战斗，但令日军惊恐的是，中国军队居然在山上架设起了 4 门行营炮。抵挡不住猛烈的炮火，日军接战不久又开始撤退，直到下午日军先头部队的炮兵赶到进行火力支援，中国军队才逐渐停止攻击，战斗最后于下午 4 时结束。战斗中日军共阵亡步兵中尉中万德二以

◎ 运送土城子之战伤员的日军医疗队。

下 12 人，（侦察骑兵仅阵亡 1 人，其余均为后续赶到增援的步兵。）其中还包括部分受伤后自杀的日军，"救护担架兵不继，于是负伤而不能站立的兵士勇敢地自刎，以免受敌军的羞辱。有的兵士子弹贯穿腹部，犹挥刀作战，在敌人尚未靠近之瞬间，突然割断自己的喉咙死去"[53]，伤 32 人。愤怒的中国士兵将日军的尸体割去首级，用这一传统的方式报功。

土城子之战对于中国军队而言，可谓是一场胜仗，似乎将金州、大连湾失守带来的阴霾一扫而空。但是应当看到此战实际只不过是前哨遭遇战，对于整个战局几乎没有任何影响，并不应当夸大这个胜利。而且在兵力和火力上占有压倒优势的中国军队，对于几百日本侦察兵围追堵截，激战 6 个小时所获的战果却小得可怜，相反己方付出了成倍的人员伤亡。对此，我们既要承认中国军队作战的勇气，同时全由新募军组成的军队战斗能力之差也暴露无遗，在评价甲午战争时期的中国军队时，我们不能用单纯的好或坏来区分贴标签，很多时候这些军队并非不想努力作战，并非没有做出主动攻敌的尝试，然而自身的能力只有如此，对于一支很多士兵连枪支都不会使用的军队，再多苛求也不会产生更好的结果。这样的军队能否守住旅顺呢？

激战停歇，已经在金州城领教过日军战斗力的徐邦道军，以及第一次与日军交手的成字军、和字军、桂字军对日本军队顽强的战斗意志和优秀的战术技巧想必产生了更为深刻的印象。胜利似乎并没有给这些中国军队带来任何欢欣鼓舞，三千多得胜的中国军队以没有带做饭的锅和住宿的帐篷为由全部退回了旅顺，"非回旅顺不能得一饱，遂弃险而不守，仍退归"[54]，土城子以及整个旅顺后路完全向日军敞开。

石嘴子之战

中国军队弃守的土城子很快迎来一队队匆匆行进的日本兵。11 月 20 日，日本第二军各部除攻城炮厂外已经全部到达旅顺后路外围的预定进攻阵地。

同日，大山岩在土城子以南的李家屯附近高地召集会议，对旅顺之战进行部署，第一师团师团长山地元治、十二混成旅团旅团长长谷川好道均参加了会议。会上决定为等待运输费事的攻城炮，对旅顺发起总攻的时间调整到 21 日。同时按照大山岩的部署，右翼纵队将担任旅顺之战的主攻，右翼纵队的第一师团部队由土城子通往旅顺的大道西侧展开，进攻椅子山、松树山等炮台；右翼纵队的十二混成旅团部队由土城子通往旅顺的大道东侧展开，进攻二龙山炮台。左翼纵队在旅顺东北方向展开牵制中国军队[55]。

为配合陆军行动，停泊在大连湾的日本联合舰队在得到总攻日期的通报后也作出了相应部署。主要的行动包括：派出高速通报舰"八重山"号前往威海侦察北洋舰队动向；本队，第一、二、四游击队到达旅顺口外，牵制海岸炮台火力等，并约定陆军占领炮台后以升起太阳旗为号，届时海军由"筑紫"舰负责派人上岸联络。

20 日上午散会后，日军各部将校分别到一些高地上观察熟悉地形，"军事会议结束以后，各自走去，在各处山丘、原野上歇马、停步、瞭望敌军的炮台"[56]。当天第一师团师团长山地元治与幕僚登上石嘴子附近的一处高地瞭望。中午 12 时 30 分，一名眼尖的副官突然大叫不好，从望远镜中可以清楚地看到，远方山谷中出现了大批中国军队，"数千敌兵犹如云霞升起，飘扬着青、黄、赤、黑各色旗帜数百面"[57]。日军没有料到的事情发生了，清军竟然发起了主动进攻。

可能是观察到日军已经占领旅顺后路外围的山头，旅顺守军选择先发制敌，五千多中国军队分为两路向日本右翼纵队第一师团步兵第二联队所在的石嘴子南侧三角山高地攻击前进，呈合围态势。旅顺后路的松树山、二龙山、鸡冠山、椅子山等中国炮台也纷纷开炮为步兵助威。

为应对中国军队的攻势，日军步兵第二联队在高地上分队散开，依托山石作为掩体防御，"我军全都子弹上膛，枪口对准敌人，半身露出头，半身在山石后"[58]。根据当时步枪的射程，命令士兵必须等中国军队逼近至四五百米时再开始射击。同时，日军的炮兵迅速在高地上架设行营炮，至下午 2 时开始向中国军队炮击。日方炮兵加入战斗后，旅顺陆路各炮台的射击变得更为猛烈。

望着潮水般从山脚仰击而上的中国士兵，盘踞山头高处的日军显得有些紧张，在距离 1000 米时就已经控制不住开始射击。而中国士兵们不顾身边纷纷倒下的战友，冒着弹雨继续前进，一直到距离日军前沿六七百米处才射击，显示了一定的勇气。很快，日本士兵停止散兵作战的战术，改为列队齐射作战，由军官预报距离，士兵一齐开枪，对于持密集阵形的中国军队杀伤较大。中国军队进攻的队伍中虽然伴随着几门格林炮，但是却因为更换弹夹不熟练，白白浪费了宝贵的时机，而且射术不佳，子弹竟然大多朝天而去。日方史料记载："当时敌军的机枪在换梭子，耽误很长时间，这么好的武器不能很好利用，而且子弹都高高地从头上掠过，一发也

◎ 石嘴子之战中依托山势作战的日军。

没击中。"**59** 一支训练水平低下的军队，即使拥有再好的装备，最终也只能归于无用。日方六七次齐射过后，中国的先头攻击军队渐渐不支，从半山腰溃退而下。

下午 3 时 40 分左右，在石嘴子高地左侧的另一支中国军队摆出堂堂之阵，一队队白马骑兵列在阵前，跟随在之后的是衣着整齐的步兵，逼近至日军阵地 2000 米时这支中国军队开始射击。日军由于行营炮已经完全架设就位，于是步兵停止射击，改用火炮向中国军阵齐射。前三次射击时炮弹大都在阵地上空炸响，未造成多少人员损伤，中国军队面对猛烈的炮火未露屈色，仍然保持着阵形射击前进，紧接而至的日方第四次炮击，炮弹终于在军阵内炸响，破片四散中，阵形立刻土崩瓦解，士兵一哄而散。旅顺守军在石嘴子方向发动的这次主动出击渐渐结束，五千多中国军队进攻一千三百余日军，共击伤日军 2 名，中国军队阵亡一百余名。

出击的军队陆续退回旅顺后路的守卫线后，松树山、二龙山、鸡冠山等炮台的大口径火炮再度鸣响，向刚才的战斗中暴露的日军行营炮阵地倾泻怒火，"天地震动、硝烟笼罩山河，其光景甚为惨烈"**60**。炮击中只有一颗中国炮弹近距离落在日方的火炮阵地上，距离行营炮只有八九米，但让原本为此一片恐慌的日军惊讶的是，这颗中国炮弹居然没有爆炸。

◎ 石嘴子之战照片，左侧山坡上是日军阵地，山坡下白烟升腾处是正在进攻的中国军队。

旅顺之战中国守军又一个重要的问题暴露在敌军面前。和北洋海军遇到的问题一样，旅顺陆路、海岸炮台装备的中、大口径火炮也存在严重的弹药供应问题：无法从国外获得开花弹，国内的兵工厂又没有开花弹的制造能力，所使用的弹药几乎都是不能爆炸的实心弹。在茫茫大海上攻击敌方军舰，实心弹多少还有一点点作用，万一击中敌舰水线还有致敌死命的机会。但是在陆地作战中，用实心弹攻击潮水般涌来的敌方步兵，简直有如冷兵器时代抛石机的效果了，只能祈祷炮弹能够直接砸死敌兵。加之旅顺陆路炮台的操作兵员完全是新募的生手，炮弹无法爆炸、炮术低劣，驰誉全球的克虏伯后膛大炮在这里威力被大打折扣。

20 日下午 5 时，夜幕降临，寒风在山谷间呼啸，四处的炮声渐渐零落了下来，次日将是旅顺存亡的关头了。对于淮系军队而言，今晚绝对是个不眠之夜，几次主动出击已经竭尽所能，机动兵力也消耗不少，无论兵力、战斗力、统率指挥、弹药质量乃至粮食供应都居于劣势，这支军队能否守住旅顺此刻似乎更多只有听天由命了。

这一天在辽东大地上，还有一群中国军人也难以入眠，宋庆部毅军、刘盛休铭军、程之伟大同军、连顺捷胜营等部一万余人已经会合，逼近只有一千多日本军队守卫的金州城，为了减轻旅顺守军压力，首尾合围日本第二军，宋庆等部对金州城的反攻也是预定在次日打响。

陆防崩溃

　　20 日深夜，日军也在忙碌着，用大量骡马和人员牵引拖曳的攻城炮抵达土城子附近的出发阵地，进攻旅顺的各项准备俱已完成。21 日零时许，分布在旅顺北方山峰谷凹间的日军营地里燃起了一堆堆熊熊篝火，在一片漆黑的夜色里分外刺眼。在军官们的催促下，日本士兵开始从一顶顶帐篷中走出，整装集合。凌晨 2 时左右，各军向旅顺附近开拔。直到此时为止，对这些日本士兵而言，进攻名震东亚的旅顺炮台要塞仍然被想成是一件艰巨的任务，对着那些黑洞洞的炮口和高大的炮台，士兵们排遣不了心中的恐惧，默默地祈祷佛祖保佑他们能够在激战中活下来。

　　日军攻打旅顺主要分为两个方向，位于右翼的第一师团负责首先夺取旅顺后路左翼的椅子山等炮台。21 日清晨 6 时 40 分，第一师团的主攻部队在第一旅团旅团长西宽二郎少将率领下到达距离椅子山炮台 2000 米左右的各出发阵地，包括攻城炮、行营炮等在内的日本炮兵武器费尽周折，也被拖曳到前沿的数个高地上完成了作战准备。"晓风徐徐吹拂着旌旗，在霜花即将凝结于剑佩之时，预先擦拭好炮门。"[61] 清晨 6 时，夜色渐渐褪去，随着一声令下，宁静的空气被撕破，日军各炮兵阵地的数十门火炮对准位于旅顺陆路最外围的椅子山炮台急速射击。之所以先从椅子山炮台开始战斗，主要因为椅子山炮台位于旅顺陆路炮台的最左侧，攻击这个炮台时，距离此处较远的其他中国炮台难以提供有效的火力支援。

　　椅子山还是旅顺后路左侧的制高点，山上筑有一座临时炮台，装备 90 毫米口径行营炮 1 门、小口径机关炮 1 门，"因它特别高大，占领这个炮台以后，可以从背后俯视其他炮台"。此外，临近的案子山与望台北还有数座炮台，案子山筑有 3 座炮台，其中西侧炮台装备 120 毫米口径要塞炮 2 门、70 毫米口径行营炮 1 门，东侧炮台装备 120 毫米口径克虏伯要塞炮 2 门、200 毫米口径旧式臼炮 2 门，另有一座临时炮台装备 200 毫米口径旧式臼炮 2 门。望台北修筑了一座炮台，装备 120 毫米口径克虏伯要塞炮 2 门、80 毫米口径行营炮 3 门、70 毫米口径行营炮 1 门、机关炮 1 门。守卫这些炮台的是总兵程允和部的和字军一千余人。遭到日军攻击后，居住在石筑兵舍内的士兵立刻跑上炮位，向日军的开炮方向还击。看到椅子山炮台遭受攻击，右侧姜桂题桂字军防守的松树山炮台立刻开炮援助，远处黄金山上的海岸炮台也努力将 2 门位于边缘位置的 120 毫米要塞炮调整方位，向椅子山方向射击支援。

隆隆炮声中，天地仿佛也要为之摧折。中国守军虽然努力发炮射击，但是射出的中大口径炮弹全是实心弹，对日军基本没有产生大的损害。日军的火炮射出的则全是开花榴弹，加之射术优良，不断有炮弹在清军炮台内炸开，其重型攻城炮射出的炮弹杀伤效果尤其剧烈。日方记载："敌军炮弹虽为 12、15、24 厘米的巨弹，但一个也不是霰弹，落在地上也不会爆炸，多是空弹掠空而过。反之，我军精良的山炮，特别是野炮发射的炮弹，都在敌阵上开花，全部命中，恰如雷电之闪，流星之陨。"[62]

看到椅子山等炮台的清军火力被压制，西宽二郎少将命令步兵冲向炮台。第二旅团步兵第三联队联队长木村有恒率所部乘炮火掩护开始疾步前进，虽然遭到清军重炮的轰击，但是无甚威力的炮弹显然无法阻挡日军，日本士兵该感到好运气被他们占尽了。

7 时 20 分左右，第三联队的两个中队逼近椅子山炮台，守军用格林炮等近战武器进行压制，然而还是未能阻挡住日军疯狂的攻势，最终日军到达了椅子山炮台之下。守台的数百名清军士兵或用步枪射击，或挥舞大砍刀，甚而搬起石块砸下，努力阻挡企图攀爬炮台胸墙而上的日军。从日军的伤亡情况看，这一阶段的战斗可谓异常激烈，挥舞着指挥刀催促士兵冲锋的第三联队三中队少尉藤村平三胸部被子弹贯穿毙命，身旁 3 名手持上刺刀的步枪、正在呐喊的日本士兵也全被击毙，第三中队中队长中野能介高举起指挥刀时手指被击断，松浦靖中尉在冲至距炮台胸墙仅 10 米时左臂中弹，骨头碎裂。混战之中，日本士兵船山市之助首先登上炮台胸墙，高喊"天皇万岁"，正在挥刀参加近战的第三联队第一大队大队长丸井政亚也趁势高喊"复前日之仇（指土城子之战）正在此时！"日军翻过胸墙，涌入了炮台之内。

椅子山炮台内出现了甲午战争以来日军从未遇到的场面，这些没有经过很好的训练、不太会使用大炮步枪的清军士兵居然大都没有退却，赤手空拳和日军展开了残酷的肉搏战。中国现代在评论甲午陆战时，大都以当时陆军战绩之不堪而对其痛加斥责，诚然清军尤其是新募兵的战斗能力低下，但不应回避的是，他们中的许多人并不缺乏勇气，至于他们为什么没有能发挥手中先进武器的威力，更多地应该去反思是为什么他们没有得到好的训练。

短暂的搏斗后，炮台内的几百中国士兵无法抵御占自己数量几倍的日军，21日7时35分，椅子山炮台上升起了太阳旗。不久，案子山、望台北诸炮台相继失守。清军总兵力本就不及日军，分散到各个炮台上更显单薄，加之没有机动兵力掩护，炮台防御日军大批步兵进攻本就是无法完成的任务，何况清军炮兵的射术、大炮的弹药还存在问题，在日方集中优势兵力、火力，逐点清除的战术下，短暂时间内多个炮台失守也就不是什么奇怪的事情了。在炮台内四处查看，对德国大炮、工程建筑瞠目结舌的日本兵怎么也没料到，胜利竟然来得如此容易。

从椅子山、案子山等处溃散的程允和部和字军撤退至椅子山西南方的方家屯时

◎ 被日军攻破占的椅子山炮台，左侧帐篷上还可以看到累累弹痕。

◎ 方家屯附近，日军山炮中队发动炮击。

又意外遭遇日军。由第一师团的第一旅团旅团长乃木希典少将指挥的步兵第一联队正准备向旅顺市街方向的大校场攻击前进，恰好与程允和部溃军相遇，8时左右激战再起。经过30分钟的战斗，这支清军败兵再次被打散。战斗中，在旅顺口外海面上徘徊的日本联合舰队军舰也发炮助战。为了牵制旅顺口海岸炮台的火力以配合陆军战斗，联合舰队军舰已准时到达旅顺口外。

根据日军战前的部署，攻占椅子山等炮台后，第一师团的第二个目标就是占领位于椅子山东侧的松树山炮台，为预定进攻松树山东侧二龙山炮台的第十二混成旅团扫清威胁。然而椅子山和松树山之间道路艰难，第一师团迟迟未能开始向松树山的发动进攻，急不可耐的十二混成旅团于是自行开始进攻松树山炮台。

驻守松树山炮台的仍然是程允和部和字军，兵力约为400人，炮台内装备120毫米口径炮1门、200毫米口径臼炮2门、12磅炮1门、80毫米口径行营炮1门、70毫米口径行营炮1门、60毫米口径行营炮2门、哈乞开斯机关炮1门，除去操作火炮、运输弹药的兵士外，基本没有多余的防守力量。

第十二混成旅团的步兵第十四联队配属在直辖于第二军司令部的左翼纵队，实际上的作战部队主要是步兵第二十四联队。鉴于第一师团迟迟没能进攻松树山炮台，十二混成旅团长长谷川好道下令攻击兵力一分为二，其中二十四联队的第二大队攻击松树山炮台，第一大队一部和第三大队进攻二龙山炮台。

上午 9 时 45 分攻击开始，从混成旅团的出发阵地通向松树山、二龙山是一大片开阔地，因为各火炮阵地都距此太远无法射击，混成旅团出击部队在没有任何火力支援的情况下暴露在开阔地急速前进，日方史料记载："敌军的炮击如万雷齐鸣，硝烟弥漫于天地之间，咫尺不辨，又有敌军的机关炮炮弹落在我军部队的前后左右，战斗特别激烈，又特别壮烈。"但是清军还是因为射术不佳、弹药威力不足，未能借机阻滞日军。

上午 10 时以后，当日军逼近松树山、二龙山炮台约 600 米时，第一师团的行营炮部队已经努力通过艰难地形将阵地前推至了椅子山附近，占据了炮击松树山的最佳位置，立即开始朝向松树山炮台射击。与清军炮手的胡乱射击完全不同，日本炮兵首先射出数发曳光弹以观察弹着点修正弹道，之后便以极高的命中率接连击中松树山炮台，尚未等到日军攻上炮台，守军便发生动摇，向二龙山炮台逃去。然而就在日本第二大队登上松树山炮台胸墙的一刻，一些不知名的清军士兵引爆了炮台内的弹药库，烟雾冲天而起。

消除了松树山炮台这个巨大的威胁，攻打二龙山炮台的日军步伐变得更加轻松。二龙山炮台装备 120 毫米克虏伯要塞炮 1 门、120 毫米旧式臼炮 2 门、60 毫米行营炮 1 门、哈乞开斯机关炮 1 门，另在二龙山东部还有一座小型的临时炮台，装备 80 毫米行营炮 1 门、哈乞开斯机关炮 1 门、格林机关炮 1 门。这几处炮台属于旅顺后路东侧炮台群，由旅顺驻军总统姜桂题的桂字军驻守，兵力也不过区区几百人而已。和旅顺后路其他炮台有所不同的是，二龙山诸炮台的前方都埋设了大量电发地雷，顶着炮台上射来的弹雨，二十四联队联队长吉田清一跑在进攻队伍的最前列，挥舞着军刀吆喝属下官兵卖力冲锋。当逼近至二龙山炮台 300 米距离时，日本士兵脚下的土地猛然颤抖，5 颗地雷被引爆，接连而起的爆炸声中硝烟弥漫四方，处在烟雾腾腾中的日军可能直以为自己到了地狱，但是不知道这些地雷里装的是什么药，爆炸产生的效果仅仅是把日本士兵一个个弄得灰头土脸。11 时，这些军服染成土黄色的日本兵攻进了二龙山炮台，大呼侥幸，又一面太阳旗在旅顺后路的山群间升起[63]。

除去椅子山、案子山、松树山、二龙山等处的炮台外，屏护旅顺后路的还有鸡冠山一带由姜桂题部桂字军防守的炮台，具体包括装备 3 门 60 毫米口径行营炮、2 门格林炮的鸡冠山西北炮台；装备 2 门 120 毫米口径克虏伯要塞炮、1 门格林炮、1 门哈乞开斯机关炮的鸡冠山西炮台以及装备 1 门 60 毫米口径行营炮、2 门诺典费尔德机关炮的鸡冠山炮台。此外在近邻的大坡山、小坡山等处还有一些临时炮台。攻打鸡冠山炮台的任务由日本左翼纵队执行，具体就是十二混成旅团的步兵第十四联队。鸡冠山的战斗于 21 日上午 8 时 50 分开始，守台的士兵阻滞日军达一小时之久。在二龙山等炮台相继失守后，日军进一步集中兵力，加大攻击力度，至中午 11 时 40 分鸡冠山一带炮台全部失守，至此旅顺后路各炮台已经全部失守。

旅顺陷落

21 日中午过后，随着日军开始攻入旅顺市街，战事进入了混战阶段。

根据司令官大山岩中午制定的新战斗部署，除在已占领的后路炮台留下少数兵力警戒外，第一师团全力进攻旅顺市街，混成十二旅团进攻市街东北。为消除部分海岸炮台对市区的威胁，第一师师团团长山地元治即命令步兵第二联队进攻海岸炮台，首当其冲的便是规模较大且有部分火炮能够转向陆路攻击的黄金山炮台。见到后路失守，大势已去，当时旅顺市街和船坞局内已是一片混乱。成字军统领卫汝成、铭字军统领赵怀业发令整队，但是已"无多人"，他们遂化妆成百姓乘乱寻觅民船渡烟台。东海岸炮台守将亲庆军总兵黄仕林在老蛎嘴炮台投海自尽，被部下救起后也觅船前往烟台，因为火炮大都无法转向陆地射击，东海岸炮台本就人心惶惶，此刻又失去了统一指挥，略作抵抗后，下午 1 时便相继失守。

未料到胜利来得如此之快，占领海岸炮台的日军先头部队没有带着国旗，于是就用中国士兵的鲜血在白布上描画，用人血染成的太阳旗在海风中格外刺眼。

令人震惊的是，在攻入旅顺市街后，借口有清军脱下军装混迹在百姓中以及中国百姓家中都藏有武器，日军便开始了惨无人道的大屠杀，四处纵火，挨门逐户抄杀中国人，无论妇孺老幼皆不放过。从 21 日午后开始到 25 日，共屠杀中国军民 2 万余人，竟将旅顺变成了一座愁云惨雾的死城。"午后两点多钟，棉药库被炮击燃，三点钟元葆坊械库、水师药库、毅军坐营、后城衙市先后皆烧，凡附近炮台、村庄及营盘、老水师营皆烧，人皆杀，旗人被杀尤甚。" [64]

旅顺失守之际，旅顺船坞工程总办龚照屿也没有更多办法，带领几名从人准备到金州方向寻找宋庆部求援，走到小平岛时见前路有日军驻扎，遂寻觅渔船渡往烟台。11 月正值北方冬季来临，天气寒冷，海上风急浪大，一叶叶扁舟载着从旅顺

◎ 日本随军摄影师龟井兹明拍摄的旅顺屠杀情景。

逃出的军民冒险求生。

21 日入夜，姜桂题、程允和、徐邦道以及西路海岸炮台守将张光前趁着夜幕率军突围，前往金州方向寻找宋庆部毅军。至此旅顺各炮台中最后剩下的西路海岸炮台弃守，旅顺城内已无成建制的中国军队，号称"东方直布罗陀"的旅顺在不到一天之间沦入敌手，炮台、军械、港内未能撤离的小型舰船全成了日军的战利品。此战，日军仅仅付出了阵亡官兵 40 人，伤 241 人、失踪 7 人的微弱代价。

1894 年 11 月 24 日，日军在旅顺船坞内的空地上举行祝捷会，庆祝旅顺之战的胜利。但是日军此战的目的实际并未完全实现，因为北洋舰队并不在旅顺港内，未能摧毁北洋舰队对日军而言无疑是此战最大的遗憾，只要北洋舰队还存在，日军就无法在渤海湾内真正自由行动，下一步的目标相当明确：消灭北洋舰队。

日军攻打旅顺的同天，宋庆等部援旅的大军也向日军盘踞的金州发动反击，然而万余大军对千余日军竟无可奈何，风雪严寒中金州反击战以失败告终。

◎ 日军占领北洋海军旅顺海军公所。

　　还在旅顺之战爆发前，因为旅顺与外界的电报联络已断，旅顺诸守将派出一名叫殷贵的士兵冒险直接乘船前往天津向李鸿章递交求援信，11 月 19 日李鸿章收到求援信后立刻手书回信一封让士兵带回。而当"金龙"号小轮船将这名勇敢的士兵带回旅顺时，旅顺已经失守。

　　诸位统领如面。连接禀函及探信，悬系之至。镇东送去粮弹等项，计匀分接济，足以多支两旬。宋宫保（宋庆）已由复州进队，旨又饬唐仁廉六营、章高元八营由营口继进，不日会合铭军分道进援，倭人前后被我夹击，定行退缩。望诸弟坚忍苦守，相机出奇雕剿。古云：同舟遇风，胡越一心。况皆我淮部子弟，亲若同胞耶！传言黄提督（黄仕林）与张镇（张光前）口角对殴，赵镇（赵怀业）与卫镇（卫汝成）亦有争殴之事，此何时势，尚闹闲气？！尚望其同心御敌……总之旅为要地，朝廷视为关系重大，如弟能死守勿失，必膺五等之封。若任其失陷，只有蹈海而死，何不拼命持久，为淮人振起声名！兄必督饬刘道（刘含芳）、盛道（盛宣怀）等随时设法运济米粮。枪炮弹勿空放，须省啬用之。各营应悬重赏，俾共效命，如现银不足，即给印票为凭，吾当饬照票给银。此时行文不便，即以此信为凭，希诸弟共体此意……此信各营官传观遵办。顺问捷祺。鸿章手启。十月廿二日。[65]

注 释

1. 日本海军军令部:《极密征清海战史》,黄海役附图。

2. 北洋舰队参战舰只受伤的详情,见［日］川崎三郎:《日清战史》第 3 卷,第 82—95 页。另见日本海军军令部:《廿七八年海战史》上卷,第 258—262 页。

3. 日本海军军令部:《廿七八年海战史》上卷,第 258 页。

4.《张翼致盛宣怀函》,盛档《甲午中日战争》下,第 241 页。

5. 戚其章主编:《中日战争》,第 364 页。

6.《张翼致盛宣怀函(二)》,盛档《甲午中日战争》下,第 262 页。

7.《北洋舰队官兵的自述》,戚海莹:《甲午战争在威海》,第 206 页。

8.《北洋大臣来电》,中国史学会主编:《中日战争》第 3 册,第 113 页。

9.《北洋大臣来电》,中国史学会主编:《中日战争》第 3 册,第 113 页。

10.《寄旅顺丁提督龚道》,顾廷龙、戴逸主编:《李鸿章全集》第 25 册,第 11 页。

11.《丁汝昌致李鸿章函》《丁汝昌致盛宣怀龚照玙函》,日本海军军令部:《廿七八年海战史》上卷,第 263—265 页。

12.《顾元爵、张广生致盛宣怀函》,盛档《甲午中日战争》下,第 257 页。

13.《□□□致盛宣怀函》《张振榜致盛宣怀函》,盛档《甲午中日战争》下,第 261 页、第 269—270 页。

14.《寄旅顺丁提督龚道》,顾廷龙、戴逸主编:《李鸿章全集》第 25 册,第 17 页。

15.《寄旅顺丁提督龚道》,顾廷龙、戴逸主编:《李鸿章全集》第 25 册,第 23 页。

16.《复译署》,顾廷龙、戴逸主编:《李鸿章全集》第 25 册,第 47 页。

17. 日本海军军令部:《廿七八年海战史》上卷,第 288 页。

18. 日本海军军令部:《廿七八年海战史》上卷,第 287—288 页。

19. 日本参谋本部:《明治二十七八年日清战史》第 3 卷,第 1—4 页。

20.［日］龟井兹明:《日清战争从军写真帖——伯爵龟井兹明的日记》,日本柏书房,1992 年,第 41 页。

21. 日本海军军令部:《廿七八年海战史》上卷,第 304—306 页。

22. 日本参谋本部:《明治二十七八年日清战史》第 3 卷,第 11 页。

23. 日本海军军令部:《廿七八年海战史》上卷，第 307—308 页。

24. 日本海军军令部:《廿七八年海战史》上卷，第 316—317 页。

25. 日本海军军令部:《廿七八年海战史》上卷，第 314—315 页。

26.《第二军登陆》，戚其章主编:《中日战争》第 8 册，第 94 页。

27. 日本第二军成功登陆后的第一步行动命令，见日本参谋本部:《明治二十七八年日清战史》第 3 卷，第 24—25 页。

28. 金州驻军的人数依据日本参谋本部编纂课:《清国陆军纪要》，日本博闻社，1894 年，第 41 页。另戚其章《甲午战争史》称步队人数经战前二次临时招募扩充至 500 人。

29. 金州大连湾一线中国驻军的营数，见民国参谋本部第二厅第六处:《甲午中日战争纪要》，第 86—87 页。

30.《徐邦道致盛宣怀函》，盛档《甲午中日战争》下，第 270 页。

31. 金州、大连湾清军的分防部署据民国参谋本部第二厅第六处:《甲午中日战争纪要》，第 86—87 页。

32.《复龚使》，顾廷龙、戴逸主编:《李鸿章全集》第 25 册，第 21 页。

33.《寄译署》，顾廷龙、戴逸主编:《李鸿章全集》第 25 册，第 66 页。

34.《赵统领来电》，顾廷龙、戴逸主编:《李鸿章全集》第 25 册，第 74 页。

35.《旅顺王道来电》，顾廷龙、戴逸主编:《李鸿章全集》第 25 册，第 74 页。

36.《寄旅顺姜程黄张各统领》，顾廷龙、戴逸主编:《李鸿章全集》第 25 册，第 74 页。

37.《向野坚一回忆录》，戚其章主编:《中日战争》第 6 册，中华书局，1993 年。另见民国参谋本部第二厅第六处:《甲午中日战争纪要》，第 87—88 页。

38.《丁提督来电》，顾廷龙、戴逸主编:《李鸿章全集》第 25 册，第 84 页。

39.《复旅顺丁提督》，顾廷龙、戴逸主编:《李鸿章全集》第 25 册，第 85 页。

40. 日本参谋本部:《明治二十七八年日清战史》第 3 卷，第 33 页。

41. 日本参谋本部:《明治二十廿七八年日清战史》第 3 卷，第 34—35 页。

42.《攻克金州城记》，戚其章主编:《中日战争》第 8 册，第 107 页。另见［日］龟井兹明:《日清战争从军写真帖——伯爵龟井兹明的日记》，第 94—95 页。

43. 日本参谋本部：《明治二十七八年日清战史》第 3 卷，第 40—41 页。

44.《攻克金州城记》，戚其章主编：《中日战争》第 8 册，第 110 页。

45.《致瀚章兄》，《李鸿章家书》，黄山出版社，1996 年，第 134 页。

46.《张光前致盛宣怀函》，盛档《甲午中日战争》下，第 326 页。

47.《丁提台来电》，顾廷龙、戴逸主编：《李鸿章全集》第 25 册，第 120 页。

48.《复丁提督》，顾廷龙、戴逸主编：《李鸿章全集》第 25 册，第 129 页。

49.《江督张来电》，顾廷龙、戴逸主编：《李鸿章全集》第 25 册，第 136 页。

50. ［日］龟井兹明：《日清战争从军写真帖——伯爵龟井兹明的日记》，第 135—136 页。

51. 日本参谋本部：《明治二十七八年日清战史》第 3 卷版，第 85—86 页。

52.《关于土城子之战的补充报道》，戚其章主编：《中日战争》第 8 册，第 136 页。

53.《攻克旅顺口记》，戚其章主编：《中日战争》第 8 册，第 122 页。

54. 中国史学会主编：《中日战争》第 1 册，第 40 页。

55. 日方当日详细的军事部署，见日本参谋本部：《明治二十七八年日清战史》第 3 卷，第 116—117 页。

56.《关于土城子之战的补充报道》，戚其章主编：《中日战争》第 8 册，第 124 页。

57. ［日］龟井兹明：《日清战争从军写真帖——伯爵龟井兹明的日记》，第 146 页。

58. ［日］龟井兹明：《日清战争从军写真帖——伯爵龟井兹明的日记》，第 146 页。

59. ［日］龟井兹明：《日清战争从军写真帖——伯爵龟井兹明的日记》，第 146 页。

60. ［日］龟井兹明：《日清战争从军写真帖——伯爵龟井兹明的日记》，第 147 页。

61.《攻克旅顺口记》，戚其章主编：《中日战争》第 8 册，第 126 页。

62. ［日］龟井兹明：《日清战争从军写真帖——伯爵龟井兹明的日记》，第 153 页。

63.《攻打二龙山记》，戚其章主编：《中日战争》第 8 册，第 146 页。

64.《刘道来电》，顾廷龙、戴逸主编：《李鸿章全集》第 25 册，第 193—194 页。

65.《李傅相手谕旅顺诸将书》拓片。

第四章

日落威海卫

　　旅防别后，无日不忧心如焚。当入威口时，"镇远"随"定远"之后，竟因溜风移动浮鼓方位，行微近山，致将左舷下擦伤……江海关有下水补漏之人，已电携具前来，今日当可到威，当赶设法补苴。但期目前可以行海放炮，便即整队东下去旅，薄资牵制外攘，巡护本军根本之地也。林镇十八夜情急吞烟自尽，指臂不良，一至于此，可复奈何！心情恶劣，至斯已极。而回思旅防杂沓，尤至竟夕不寐。

——丁汝昌《致龚鲁卿》

林泰曾之死

1894 年 11 月 14 日清晨，冒着北方沿海冬季特有的刺骨海风，从旅顺归来的北洋海军主力舰队驶近威海湾。

威海湾湾口以横卧海中的刘公岛为界，分为两个出入口，西北侧的出入口俗称西口，海面较为狭窄，东南侧的出入口称东口，海面开阔，海中有座中流砥柱的小岛日岛（根据威海本地方言发音，又被称为衣岛）。甲午战事爆发后，为防备日本海军偷袭作为北洋海军驻泊基地的威海湾，在提督丁汝昌布置下，东、西二口海面都布置了由水雷、铁链、木排等构成的防材拦护海口。其中东口海面基本用防材封堵，西口由于要作为舰船出入的主要航道，特别在贴近刘公岛一侧留出了一段宽约 600 米的海面作为通道，并且在通道的两端还各用浮标标识，以利舰船进出口时辨认。这两个漂浮在水面上的标志物，一个靠近刘公岛，一个靠近水雷防护线，北洋海军的各舰就按照两个浮标指示的航道鱼贯入港。

当天进港时，提督丁汝昌驻节的旗舰"定远"照例排在整个编队的领头位置，首先通过航道，舰首水线下的撞角劈波斩浪，迎面而来的海水被分向两边，浪花四溅如雪花飞散，满载排水量 7670 吨的铁甲巨舰所产生的分水压力无疑是惊人的。"定远"舰入口时为了尽量避开水雷布设带而靠着刘公岛一侧航行，结果被"定远"舰分开的海水不断涌动，竟将靠近刘公岛方向的那个浮标推离了预定位置，漂浮到近岛的礁石群之间。此时浮标的正下方和外侧下方海水中实际已经都是丛立的礁石，由于当时正值退潮，这些礁石距离海面的水深只有 6 米上下。

跟随在"定远"之后进港的是同级铁甲舰"镇远"，舰上的瞭望官兵没有注意到海面上浮标发生偏移这一细微变化，继续依照"定远"的动作，贴近刘公岛侧旁的浮标航行进港，由于满载煤水补给，"镇远"舰的吃水已经超过了 6 米……当

"镇远"逐渐驶进航道后不久，无可闪避地和礁石相撞了，海底犹如狼牙兀突的礁石划破了"镇远"的胸膛，一阵刺耳挠心的钢铁磨擦声从水底发出，"镇远"的舰体也随之剧烈地颤抖了起来。管带林泰曾顿感不妙，多年海上航行的经验让他很容易判断出军舰肯定是和水下异物遭遇了，一个不祥的词出现在他脑海中——触礁。不出所料，很快就有属下报告左舷舰底破损进水，脸色煞白的林泰曾急忙命令堵漏抽水，同时让信号兵用旗语通知前方已经进港的旗舰"定远"。

一瞬间，威海港湾内外的空气都变得压抑起来。作为北洋海军柱石的两艘"定远"级铁甲舰竟然有一艘受伤了，而且当下正值旅顺、威海防务吃紧，内则清议汹汹，外则寇氛日逼的特殊时期，北洋海军内每一艘能够航行战斗的军舰都万分宝贵，更毋庸说是"镇远"这样被视作擎天支柱的大型铁甲舰了。提督丁汝昌抱着一丝侥幸的希望，命令旗语询问"镇远"舰内有没有破损进水，很快"漏水"的答复便毫不留情重重压到他的心头。"定远"舰下锚碇泊停当后，丁汝昌立刻乘坐火轮舢板前往"镇远"了解失事的具体情况，此时他看到的巨舰"镇远"已没有了大东沟海战时那副岿然无畏的雄姿，小山般的军舰开始侧倾，幸亏军舰采用的是双层底结构才避免了完全倾覆的噩运。情急之下丁汝昌果断命令"镇远"驶往浅水区，以防军舰因进水过多沉没，并让各舰都派出人手帮助抽水，以图补救。目睹突然发生的这一幕，北洋舰队各舰官兵在冰冷的海风中倍感惊诧和担忧。

同日中午，丁汝昌用电报将"镇远"受损的消息报告给了北洋大臣李鸿章。和初接到"镇远"受损报告时心存侥幸的丁汝昌一样，李鸿章也是一厢情愿地存有希望，直认为"镇远"的"擦伤"没有大碍，命令威海基地设法尽快修补[1]。以"镇远"舰船底擦伤漏水的情况而言，彻底修理这样的伤情势必须要进干船坞脱水施工，但威海基地根本没有这样的设施，大海对面的旅顺又因为局势险恶，安全拖航旅顺

◎ 北洋海军左翼总兵、"镇远"舰管带林泰曾，照片摄于早年留学英国期间。

的可能性也基本不存在，"镇远"的命运似乎已经注定了。

遭此巨变，身为北洋海军二号人物的左翼总兵、"镇远"舰管带林泰曾懊恼不已，既为自己管驾的军舰未战而白白受损倍感心痛，也为自己遇到的这个飞来横祸该如何收局焦虑不安。

林泰曾，字凯仕，福建侯官人，祖父是名臣林则徐的胞弟，林则徐的女婿福建船政大臣沈葆桢就是他的姑丈。虽然有如此显赫的官宦世家背景，但林泰曾早年的生活却非常凄苦，幼年就失去了父母之亲，依靠寡嫂勉强过活。16 岁时这名孩子遇到了他命运中一个最重要的转折点，他进入姑丈沈葆桢开创的船政学堂学习海军。在学期间林泰曾是个成绩优良的好学生，一路春风，赴英国留学，挑拣进入北洋海防，赴德国接收铁甲舰，直至位居北洋海军二号人物的高位，成为众人艳羡的对象。但是由于林泰曾性格懦弱，遇事犹豫不决，在北洋海军中的风头被官职低于自己，手腕强硬的同学刘步蟾压过。此刻困于愁城的林泰曾，首先想到与之商量的就是这位足智多谋的同学兼亲家，希望从刘步蟾处能够得到一二指点。看到举止无措前来问计的亲家，刘步蟾没有等林泰曾开口，顿足大喝："'镇''定'两船系国家保障，朝廷多次明降谕旨，谆戒保护，尔奈何竟将裂坏，更有何面目见人耶？"[2]一派官样腔调，让人倍感意味深长。

仿佛是犯了大错又找不到任何人可以依靠求助的孩子，林泰曾的心理防线逐渐崩溃。"镇远"触礁损伤后的第二天凌晨，彻夜难眠的林泰曾一人呆坐在"镇远"舰的舰长室内，面前办公桌上摆放着一杯鸦片鸩药，自责、愧疚、担忧、害怕……铁甲舰受伤所带来的如山一般的压力让他无法喘息，这位性格内向的将领最终还是没有能解开心头的死结，刘步蟾的话语对他而言简直有如一道诅咒。"尔奈何竟将裂坏，更有何面目见人耶？"在审视了一遍自己的船舱后，林泰曾猛然举杯仰药自尽，以一死了断一切，时年 44 岁。

客观而论，林泰曾对于"镇远"舰触礁并无直接责任，造成这位将领最后走上不归路的因素，除了因"时棘船损"而痛不欲生之外，他性格深处的缺陷也是这幕悲剧的重要导因。尽管历史不允许假设，然而今人不妨设想，如果当初让并不具备武人性格和气质的林泰曾去从事他更擅长的堂课教学或参谋幕议，这幕北洋海军和林泰曾个人的悲剧会否避免呢。

北洋海军左翼总兵愧疚自杀的报告很快到了李鸿章手中，至此李鸿章意识到了事态的严重程度，"镇远"触损事件已经无法在北洋的范围内予以处理弥合，于是电奏清廷和盘托出。

旅顺形势日紧一日之刻，突然杀出北洋海军铁甲舰受损、重要将领自杀的报告，着实让光绪皇帝和中枢重臣们吃了一惊。光绪皇帝回复李鸿章的谕旨中用了极不寻常的"不胜诧异"[3]四字，通篇疑问，甚至怀疑是奸细勾通用计破坏了"镇远"，矛头直指已经死去的林泰曾，影射淮系的人事及内部管理问题。

对于此针对淮系而来的质疑，李鸿章立刻回奏，称林泰曾是因为"向来胆小"，"内疚轻生，未必有奸细勾通，用计损坏"[4]。光绪皇帝似乎不愿放过这个要李鸿章难堪的机会，很快又抓住李鸿章话中的漏洞，下旨指责"既称林泰曾胆小，何以派令当此重任，则该大臣平日用人不当，已可概见"。明白被清流党左右的皇帝想借机生事，李鸿章索性实话实说，称选用林泰曾的原因是"林泰曾本闽厂学生出色之人，沈葆桢迭经保奏有案"[5]，潜台词就是林泰曾是沈葆桢的亲戚，被沈葆桢屡屡称为出色，而且"保奏有案"，即使有用人不当的责任，那也是沈葆桢的。而且沈葆桢的保奏又是皇帝批准的，倘若用人不当的罪名成立，那么牵连之下光绪也无形中要戴上用人不当的帽子。

一番唇枪舌剑，李鸿章此轮占了上风，清廷中枢借"镇远"触损而来的责难浪潮渐渐没了声音。在此期间，"镇远"舰的修理工作在勉力进行。11 月 16 日，水兵出身的"镇远"舰大副杨用霖经提督丁汝昌派用接替管带的职务，主持军舰修复。当天"镇远"舰内漫出双层底之上的水终于抽干，水兵们用百余根木撑固定撑死双层底上的各个水密门。18 日，固定水密门的工作基本完成，船内不再漏水。带着充溢双层底之间的海水，"镇远"勉强驶向深水抛锚，以便潜水员检查寻找船底的破口。北洋舰队和威海水雷营的潜水员在冰冷的海水中多方检查，终于查出了确切的伤情："镇远"船底的伤痕包括：弹药舱下方船底上有 3 处破口；帆舱下的船底有 1 处破口；锅炉舱、煤舱下方有 3 处破口；水力舱下方有 1 处破口，伤情之严重远远超过预估。21 日，由上海江海关帮助雇用的两名外籍潜水员乘坐"北平"轮船抵达威海，开始下水堵漏[6]。

损失了一艘铁甲舰的战力，北洋舰队的手脚更形束缚，必须保证这艘被国家视作珍宝的军舰在修复前不致被日军偷袭。让提督丁汝昌焦心的还有一件事，失去了忠厚老实的左翼总兵林泰曾后，他属下的技术主管军官仅剩刘步蟾一人，而这位闽党领袖平日就以技术多方要挟，此时难免在技术问题上变本加厉为难自己。同样，"镇远"之伤、林泰曾之死，也在北洋海军官兵中投下了难以抹去的阴影。

　　旅防别后，无日不忧心如焚。当入威口时，"镇远"随"定远"之后，竟因溜风移动浮鼓方位，行微近山，致将左舷下擦伤……江海关有下水补漏之人，已电携具前来，今日当可到威，当赶设法补苴。但期目前可以行海放炮，便即整队东下去旅，薄资牵制外援，巡护本军根本之地也。林镇十八夜情急吞烟自尽，指臂不良，一至于此，可复奈何！心情恶劣，至斯已极。而回思旅防杂沓，尤至竟夕不寐……[7]

战守之争

11月21日，北洋海军重要基地旅顺仅仅坚守了不到一天便落入敌手。得知苦心经营多年的旅顺基地失守，曾担任过旅顺船坞工程总办的烟台东海关道刘含芳感伤不已，在给盛宣怀的电报中有"旅事可痛哭，芳自昨至今心痛不已"等血泪之词，基本可以代表时人的心迹。

北洋大臣李鸿章很快被追究旅顺失守的责任。11月24日，清廷谕旨将李鸿章革职留任，摘去顶戴花翎以示惩罚，并命令李鸿章必须立刻前往大沽海口检查整顿海防。作为旅顺基地之父，李鸿章的心情此时也万般复杂，他直觉感到日军攻占旅顺之后的下一个目标不太会是大沽，最有可能的便是北洋舰队正驻扎其间的山东威海。24日当天，李鸿章即致电北洋海军提督丁汝昌，明确提出了这个担忧，要求丁汝昌与威海的陆军各守将会商"实力防剿"。

威海位于山东半岛东端，明朝洪武年间为防御倭寇曾设卫屯兵，因而又俗称威海卫。地形上三面是依山的陆地，一面朝向大海，山峦环抱下天然形成了一个海湾，海湾口中还有刘公岛遮护挡风，整个形势绝佳，非常适宜军舰驻泊。1883年开始，在候补道刘含芳具体主持下，北洋海防便正式在威海岸边及刘公岛上修建各种海军配套设施。1888年又开始逐步修建海防、陆防炮台，威海成为北洋海军的一处重要驻泊基地。虽然按照行政区划来看，威海当时属于山东省属下的文登县，是山东巡抚的职责范围，管辖直隶一省的直隶总督没有权力过问山东之事，但由于威海建设了海军基地，成为北洋海防线上的重镇，管理北洋海防事务的北洋大臣李鸿章就名正言顺对威海有管理之权，驻守威海的海陆军队也全归北洋大臣调遣。

威海的陆路驻军至甲午战争爆发时，共有绥军、巩军、护军等字号。

绥军、巩军原来都是湖南巡抚吴大澂早年会同吉林将军筹办吉林边防时训练的练军，中法战争时这支军队被调至天津一带驻防，其中戴宗骞统领的绥军驻在昌黎，刘超佩统巩军驻在乐亭。1886 年吴大澂调任广东巡抚，绥巩军遂改归李鸿章管理。威海基地开工营建时，绥巩军被调至威海参与炮台、码头等工事建设，完工后就地驻防。绥军原有护卫亲军营步队、正营步队、新左营步队、新后营步队共 4 营及亲军马队 1 哨，守卫威海北岸各炮台。巩军原有中营步队、前营步队、左营步队及番号不明 1 营，共 4 营，驻守威海南岸各炮台。两军统由道员戴宗骞管理。甲午战事吃紧后，戴宗骞请示新募 2 营，称绥军新前营与新后营，后改称绥巩军新兵前营与绥巩军新兵右营，分驻南北岸补充陆路防务，此后巩军又增募 1 营。计南北帮共有 11 营。除绥、巩军外，威海南岸还有一支水雷营，负责铺设、维护威海南口的水雷防堵线，人数 55 人。

威海另一支陆路守军——护军的前身是太平天国战争期间淮军的亲兵护卫营，属于李鸿章的嫡系亲信部队，原在旅顺基地扩建驻防，1887 年调至威海，参与刘公岛炮台的建设，后就地驻防。统将是李鸿章的外甥张文宣，原辖正、副 2 营，甲午战起后又新募前、后 2 营，可谓是李的子弟兵。

威海驻军以绥军正营一营有 512 人计，综合上述军队共计七千余人，是守卫威海和刘公岛的基本陆军兵力。由于护军实际上是刘公岛守兵，威海岸上的驻军仅有绥巩军五千余人，其中还含有大量新募军。威海守军存在的问题与旅顺守军无异，都是兵力单薄、战斗素质不高，甚至在某些方面还更为严重[8]。

接到李鸿章的指示后，丁汝昌安排海军舰只修理维护，在布置海上防务、下达舰队战时训令的同时便与陆军各守将一起协商防守方略。11 月 27 日，李鸿章再次就威海防守一事电达威海诸将，除了饱含感情的文字外，主要内容是指示威海的防守方略。要求遇到日军进袭时，海军负责依托海口防材配合炮台炮击敌军，不得出海作战。在李鸿章看来，受损严重的海军留在海湾中还能发挥守卫作用，可以牵制日军，如果不顾一切与优势敌军决战，肯定会遭遇重大损失，后果不堪设想。李鸿章对兵力单薄的陆军同样不放心，要求陆军固守炮台、战壕，不得分散兵力前出邀击冒险。平壤、大东沟、金州、旅顺等战的情形，已让北洋大臣对属下的陆军丧失了信心，目前李鸿章所能想到的办法只有厚集兵力被动防守而已。因为明白中国水陆军队的底细，对于这场战争，他从一开始就不抱有太大希望，局势一发不可收后，与他有同感的督办军务大臣恭亲王奕䜣已经暗示，解决战争的办法只有靠外交折冲。

> 旅失威益吃紧，湾、旅敌船必来窥扑，诸将领等各有守台之责。若人逃台失，无论逃至何处，定即奏拿正法。若保台却敌，定请破格奖赏。闻日酋向西船主言，甚畏"定""镇"两舰及威台大炮利害。有警时，丁提督应率船出傍台炮线内合击，不得出大洋浪战，致有损失。戴道欲率行队往岸远处迎剿，若不能截其半渡，势必败逃，将效湾、旅覆辙耶。汝等但各固守大小炮台，效死勿去。且新炮能击四面，敌虽满山谷，断不敢近，多储粮药，多埋地雷，多掘地沟为要。半载以来，淮将守台、守营者毫无布置，遇敌即败，败即逃去，实天下后世大耻辱事。汝等稍有天良，须争一口气，舍一条命，于死中求生，荣莫大焉。鸿。[9]

令李鸿章没有预料到的是，绥、巩军统领戴宗骞对于这个守势战略并不赞同。针对李鸿章的上封电报，戴宗骞于 11 月 30 日致电李鸿章商榷，认为威海的炮台大都依山势而建，炮位置于高处，炮台入口和兵舍仓库则在炮位后方的山坡低处，倘若固守炮台，日军一旦登陆包抄炮台背后，则形势可危。戴宗骞提出，已从绥、巩军中抽出了精锐老营编成机动兵力，一旦有警将主动出击，"并力一决，必不偷生苟活，贻中堂羞"[10]。

有关威海的战守之策，北洋海军提督丁汝昌则更多出自通盘考虑，担心绥、巩军兵力过单，一旦游击之师前出作战，则炮台兵力更加薄弱，倘若炮台被敌所用，海中的军舰"势难支"，因而不赞成陆军抽机动兵力主动出击作战的作法[11]。

得到戴、丁的两份电报后，李鸿章随即回复，严厉斥责戴宗骞"真不知兵，不知大局也"，命令陆军必须采取固守之策，在险要地方赶紧修筑临时炮台和构筑战壕胸墙工事。对于丁汝昌李鸿章则非常满意，称"丁提督老于兵事"，要求威海陆军各将遇事与丁汝昌多作商议[12]。

出李鸿章意料，戴宗骞竟回电，再度阐述自己的观点，并举出旅顺、大连湾之战各军株守的恶果，坚持采用主动出击的战术，认为即使不能邀击日军于半渡，也还可以前出扼守要道防御，"宁力战图存，勿坐以待困。总之，一拼比较略有所济"[13]。

接获电报后，李鸿章自然地持反对态度，也举出金州、旅顺之战中要隘南关岭失守的例子，质疑"我枪炮既不能敌倭，诡计狠劲又不及彼，汝欲扼上庄口山，自问仓猝能扼住否？"坚持要求戴宗骞持固守之策，"仍以扼要埋伏地沟（战壕）为妥"[14]。

　　淮系军队内部在威海防守策略上出现的这场争论，可以视作是正常的辩论。李鸿章、丁汝昌的观点大都建立在对中日双方战斗能力了解的基础上，看起来极为被动退缩，而且也并不一定就有效用，实际是无可奈何之策，然而可能只有与他们有过相似体会的人才能理解个中的无奈。绥巩军统领戴宗骞的主动出击方略，在近代战争角度而言也属可嘉，但是戴宗骞此前并没有对日军战力的切身感受，以他所统率的军队素质而言，持主动出击能否达到预想效果，也的确会让李、丁担忧。

　　就在威海防御之策还在激烈辩论着的时候，一位特殊的人物来到了威海。

特　使

　　从大东沟海战爆发到旅顺失守这段日子里，清廷中的清流派丝毫没有放松对北洋海军指挥权的觊觎，相比甲午开战之后对北洋海军提督丁汝昌的那些张牙舞爪、动辄要求诛杀的连篇奏参，此一阶段清流派的举动显得静谧了许多，实际私下则在酝酿着一招更具威力的撒手锏。

　　清末的清流派在战争中的各种议论虽然大都能一时遮蔽视听，但却有着一个与生俱来的弱点，即清流言官对近代军事知识基本不通，虽然奏参中绞尽脑汁编造离奇骇人的故事和"妙不可言"的战略战术，但是往往稍经对手加以辩论就会一败涂地。为改变这种局面，加大对李鸿章淮系的攻击力度，经过多方物色人选，10月10日由光绪皇帝身边的红人，珍妃、瑾妃的师傅翰林院侍读学士文廷式上奏，终于祭出了这招撒手锏——起用徐建寅为特使，赴威海视察防务。

　　近代中国著名科学家徐建寅，早年在德国订造军舰过程中便与李鸿章的亲信幕僚李凤苞不睦，对李鸿章庇护李凤苞的做法感到不满，而且又因在李鸿章幕府内未得到重用，遂在清流健将张之洞的招揽下倒向了清流派，成为清流之中重要的技术专家。甲午战争爆发后，经光绪爱妃珍妃的哥哥礼部右侍郎志锐面奏保举，徐建寅于11月10日抵达北京赴督办军务处接受面询。清流派推出徐建寅的用意在当天军机大臣翁同龢的日记中可以一窥端倪，"志锐面奏此人可带二铁甲捣彼海舰……伊颇自任，但恐炮弹不足用"[15]，就是要以徐建寅来取丁汝昌而代之。

　　11月16日，即林泰曾自杀的日子，徐建寅奉光绪皇帝召见密谈。当天翁同龢等清流人物把持的军机处下发了两道意味深长的谕旨。一道是处罚北洋海军提督丁汝昌，革去其兵部尚书衔，摘除顶戴，理由是笼统的"统带师船不能得力"。另一道谕旨则是大胆起用新人，任命徐建寅为特使，前往北洋查看"定远""镇远"等舰炮位情形，以及机器局炮弹的存库情况，意即为拔丁作准备[16]。

　　春风得意的徐建寅立刻率领随到天津会见李鸿章，颐指气使要求北洋海军舰船前来大沽接受查看。李鸿章告知军务紧急，舰队无法远离威海，徐建寅遂于12月2日由大沽出发至烟台，8日抵达威海。令人惊讶的是，在短短一天的检查后，徐建寅竟然能够对北洋海军各主要将领的为人、性格、操守做出了判断，其中官职已经升为左翼总兵的刘步蟾被徐建寅评价成"言过其实，不可用"。按此逻辑，将来倘若替换丁汝昌，海军内的2号人物就失去了优先替补的可能。

　　徐建寅还对当时威海基地库存的弹药进行了统计。这份数据给人的第一印象是威海基地储存的弹药除"平远"等舰使用的外，大都为数颇丰，近年来已被一些研究者引来作为大东沟海战时北洋舰队弹药不匮乏的证据。但是徐建寅的统计数据中实际包括大量海战后由天津机器局紧急运到的弹药，而且徐建寅并没有指出弹药质量效用方面的问题。以海战中北洋舰队弹药出现的问题为例，不顾弹药的效能，单纯看表面数字并无法得出多少有益的结论。更为特殊的是，徐建寅的弹药调查报告事后又并没有正式提交，使得此事又蒙上一层神秘的面纱。

　　清流派推出徐建寅后不久后，旅顺即告失守，清流派遇到了一个难得的良机。不出所料，26日清廷遂以"救援不力"之罪，将正在操心于"镇远"维修、威海布防的丁汝昌革去职务[17]。27日安维峻等六十余名御史言官浩浩荡荡联衔上奏，集体要求诛杀丁汝昌，清流派再度掀起了拔丁的风潮。这篇杀气腾腾的奏折将旅顺失守的责任归结给丁汝昌，称旅顺之战时，"该提督安然晏坐于蓬莱阁重帷密室之中，姬妾满前，纵酒呼卢，而视如无事"，言辞之荒诞夸张不禁令人咋舌，而后又将"镇远"触损的责任硬是牵扯到丁汝昌身上，"'镇远'之伤，林泰曾之死，情节隐约难明，益无人能测其为鬼为蜮之所底止"[18]。12月12日，清流派实力人物山东巡抚李秉衡也上奏清廷，与中枢的清流互为配合，称丁汝昌"丧心误国，罪不容诛"，要求将丁汝昌明正典刑[19]。

　　12月17日，在这一片喧然作哄的呼声中，清廷正式谕令将丁汝昌拿交刑部治罪，其冤屈程度不亚于莫须有之罪。仅隔一天，清廷要求李鸿章更换海军提督，在清廷给出的人选中，除了用作配角的"平远"舰管带李和、护理"镇远"舰管带杨用霖外，另外一人也即真正的人选便是徐建寅。李鸿章从资历、才具等方面分析回复，一一否定了上述3个人接替海军提督的可能性，以"威海正挡前敌，防剿万紧，（丁汝昌）经手要务过多，一时难易生手"**20**，请留丁汝昌。清流派并不愿放过这个夺取李鸿章海军的大好机会，先不就人选的问题与李鸿章争执，改为请旨令刘步蟾暂行署理，先将丁汝昌缉拿进京，海军提督的人选问题日后再详细斟酌。

令光绪皇帝和清流党人始料未及的是，丁汝昌平素为人和蔼，深受威海军民拥戴，在关键时刻，为保住蒙受冤屈的提督，同时也是不让清流势力进入海军，12月22日，经李鸿章转奏，威海海陆将领的联名电报呈送到了督办军务处。陆军将领戴宗骞、刘超佩、张文宣的电禀中说明"丁提督自旅回防后，日夜训练师船，联络各军，讲求战守，布置一切"的情况，对于"正仗筹划"时，清廷中枢突然而至的这道圣旨表示不满，并举出了封建时代统治者最为看重的民心来抗辩，称如果不分青红皂白将丁汝昌抓走，"军民不免失望"，请求留丁汝昌在威海布置防务。刘步蟾等北洋海军各舰管带联名的电报，大致内容与陆军将领所述的相仿，称丁汝昌在海陆各军中"众心推服"，而且洋员也以辞职相抗争，称如果丁汝昌被捕，则"军中洋将，亦均解体"**21**。

在急迫的海防大局面前，清流派这一无中生有，借诛杀丁汝昌削弱李鸿章的举动最后破产。23日，光绪皇帝下旨，允许丁汝昌暂留威海，最后有点不甘心地加了句"俟经手事件完竣，即行起解，不得再行渎请"。李鸿章在向威海诸将转达谕旨的电报中，对这句话特别做了注解"查经手事件所包甚广，防务亦在其内，应令丁提督照常尽心办理，勿急交卸"**22**。

事件虽然平息，但是当任劳任怨的前敌统帅发现自己在外临强敌之时，所作的任何努力都无法得到政府的肯定，自己个人也得不到任何信任，且随时都有可能因为敌对派系的谣言而被革职、处死时，这样的精神摧残将会在他心中产生何等的负面影响？左右社会舆论的清流派俨然是整个国家道德的裁判，不管有无证据，都可以任意评骘所有的人，因为他们无需为自己的言论承担责任。但是在外敌入侵的严峻局势下，靠这些议论汹汹的文章并不能抵御外敌，甚至更多的时候只会刺伤自己人。

丁汝昌一夜之间变得更加衰老了。

　　……汝昌以负罪至重之身，提战余单疲之舰，责备丛集，计非浪战轻生不足以赎罪。自顾衰朽，岂惜此躯！惟以一方气谊，罔弗同袍骖靳之依，或堪有济。然区区之抱，不过为知者道，但期共谅于将来，于愿足矣。惟目前军情有顷刻之变，言官逞论列曲直如一，身际艰危尤多莫测。迨事吃紧，不出要击固罪；既出而防或有危不足回顾，尤罪……**23**

山东作战军

与中国方面的情况截然相反，攻占旅顺之后，日本政府内外笼罩在一片胜利的喜悦中，信心万丈地策划下一步进军方案。

甲午战争期间日军对于中国本土的进攻，除了从花园口登陆一路攻取金州、大连湾、旅顺的第二军外，还有另外一个兵团，即第一军。1894 年 10 月 26 日，在司令官陆军大将山县有朋指挥下，从朝鲜进军的日本第一军全面突破中国的鸭绿江防线，攻入辽阔的东北大地。之后第一军攻占了凤凰城（今辽宁凤城市）等东北重镇，直接威胁清王朝的"龙兴之地"奉天（今沈阳）。11 月 3 日，山县有朋根据作战以来如入无人之地的情况，向日本大本营提出了著名的《征清三策》，即第一军对中国的侵略方略，具体包括：一、海路运兵至山海关登陆，进行直隶平原决战；二、攻击旅顺，将第一军基地移动到旅顺；三、攻击奉天。

考虑冬季作战的难度以及担心第一军战线拉得过长，不利补给，日本大本营全部否决了山县有朋的三条计划。11 月 21 日，日本第二军取得攻占旅顺的"荣耀"后，原本申请由第一军进攻旅顺的山县有朋嫉妒不已，决定先斩后奏，不再等待大本营的命令，而自作主张调整作战部署，向海城发起攻击，准备攻略海城后进攻奉天，最后破山海关直取津京，进行直隶平原作战，以建立奇功。

山县有朋这种无法无天的举动，立刻遭到日本大本营的镇压，担心直接下达免职命令会让山县有朋惭愧自杀，大本营遂以"治病"为名将其召回。得到天皇敕令时，第一军的先头部队已经逼近海城，临阵换将，山县有朋郁闷不已："马革裹尸原所期，出师未半岂空归？如何天子召还急，临别阵头泪满衣。"**24**

虽然山县有朋被罢免，但有关展开直隶平原作战的计划却没有消失，反而因为旅顺之战的出奇顺利和第一军的轻浮举动，让日本大本营有了兴趣。1894 年 11

月 29 日，已经转到大连湾驻泊的日本联合舰队接到大本营电令，要求联合舰队司令伊东祐亨组织舰船对渤海湾内的洋河口附近（今秦皇岛附近）进行侦察，寻找适合陆军登陆的地域。

12 月 3 日，日本军舰"高千穗""西京丸"被派到洋河口附近海域。经过数日的观察，发现这个季节洋河口附近北风暴烈，风力高达 5—8 级，海中浪高涌大，舰船航行、停泊极为不便。而且当地气温已经下降到零下 7—8 摄氏度，岸上冰雪皑皑，加之寒风凛凛，人马难以获得补给，还有冻死的危险。

12 月 6 日，伊东祐亨就这一情况向大本营作出报告，认为冬季不宜在洋河口一带登陆。紧接着从海军角度出发，表示了对北洋舰队的顾忌，认为北洋海军的存在直接威胁着日本军舰和运兵船的活动，提出暂缓直接登陆渤海湾内，先在威海附近登陆歼灭北洋舰队，消除后患[25]。恰好就在伊东祐亨提交报告之前，日本内阁总理大臣伊藤博文也提出了一个与之类似的《进攻威海卫、台湾方略》，二者不谋而合。

经过研究，日本大本营最终决定实施登陆威海，消灭北洋舰队的作战，为此调整原第二军的编制，组建一个新的兵团"山东作战军"，仍由第二军司令官大山岩担任司令。

新编的山东作战军包括陆军中将佐久间佐马太男爵统率的第二师团（辖陆军少将山口素臣的步兵第三旅团、陆军少将贞爱亲王的步兵第四旅团），陆军中将黑木为桢率领的第六师团（辖陆军少将大寺安纯的步兵第十一旅团，以及在旅顺的陆军少将长谷川好道的混成十二旅团），总计兵力 3 万余人。新兵团中有大量部队还驻扎在日本本土，需要海运至大连湾集结，然后将大连湾作为前进基地。

攻击目标一经确定，接下来的首要工作便是选择合适的登陆地点。12 月 23 日，联合舰队和山东作战军的参谋人员搭乘"高千穗"号巡洋舰前往威海荣成一带实地考察，从拟定的荣成湾、爱伦湾、桑沟湾三地中挑选登陆场，最后位于成山头以南的荣成湾被锁定在日军的视野中[26]。

荣成湾位于成山头西南，当地刚好有一座小山脉伸入海中，形成一座非常小的半岛，因为山石形状特殊，当地人称之为龙须岛。从龙须岛绵延而下，至龙口崖之间有一段宽度约 3 公里多的海湾，虽然海湾水深较浅仅有 2 米左右，大型运兵船无法靠近，但是小型的舢板、汽艇可以毫无阻碍地驶近靠岸。此外最为重要的是，受成山头和龙须岛等遮挡，冬季刮起的西北风对海湾内全无影响，是个天然的避风港，"西面、北面和东面都是大陆环绕，只有南面向大海开放。因此，在这个季节里几乎不必担心风浪"。这对于想在冬季进行登陆的日军而言，无疑是绝佳的地点。更让日军青睐的是，上岸侦察时发现附近村庄内并没有中国军队驻扎，而且村民似乎根本不知道战争为何物，对于眼前出现的日本人毫无惊慌之感，看来登陆行动又将会和花园口上岸时一样轻松。

联合舰队将荣成湾登陆点考察的情况与山东作战军会商以后，日军最后确定威海作战的登陆点就在荣成湾。1895 年 1 月 10 日，日本广岛宇品港码头上又充满了身着黑色军服的日本军人，一艘艘满载军队的商船相继离开码头，日本山东作战军开始被运往大连湾集合，为即将开始的登陆作战预作准备。

　　昨早成山报：日兵轮一在龙须岛，有小火轮欲渡兵上岸。午后烟台至成山电不通，由威局呼，应非华人，似为日据。亥刻又报，日船南去，成局未动，应速统现有师船赴龙须岛、成山一带巡探，如日船少，即设法驱逐，否则，听其由后路包抄则威危，而兵船无驻足之地，弟获罪更重矣。鸿。[27]

后路屏障

　　根据清末的海防制度，北洋大臣有权管理包括山东在内的北洋一带沿海防务，名义上山东的海防军队都应听从其调遣。然而北洋沿海各省在行政上又分属不同的将军、总督、巡抚，北洋大臣如需调遣各地的海防军队，还需得到相应省份最高军政长官的配合。具体到山东省，除了因建设海军基地而成为北洋飞地的威海外，北洋大臣、直隶总督李鸿章遇到与东省有关的事务，还需与平级的山东巡抚会商。甲午中日关系紧张后，与直指敌锋的威海唇齿相依的山东省，对于拱卫威海基地的作用日益重要，山东省的驻军是当时北洋海军威海基地能够赖以为后援的最直接的兵力。此时北洋大臣与山东巡抚之间的配合默契与否，对于战守的利钝有直接的影响。

　　早在朝鲜东学党事起时，北洋大臣李鸿章即密电山东巡抚，与其商议加强山东沿海的防务布置。1894 年 6 月间朝鲜局势恶化，清政府也屡下谕旨，要求加强山东海防兵力。这时的山东巡抚是旗人福润，其父亲是清末著名的清流顽固派文华殿大学士倭仁，在很多事务上福润与乃父的作风大有不同，显得较为务实、实干，与李鸿章的配合也较默契。甲午军兴后，在其一手经办下，东省驻军很快得到了一定加强。

　　当时山东省除威海之外的陆军驻防情况如下：

　　芝罘，即烟台，驻有孙金彪部淮系嵩武军 4 营（中、右、左、后营，各 506 人）、曹正榜部东字军 3 营。其中嵩武军是剿捻战争时，河南巡抚李鹤年在河南招募的 2 支勇营军队之一（另一支是宋庆统领的毅军），由张曜统领，先后参加过剿捻和平定阿古柏之乱的战争。张曜出任山东巡抚后，嵩武军也随之调往山东，因为主要是扼守海防要口，实际就列入了李鸿章的淮系，是李鸿章在山东驻军中较能控制的一支。东字军则是山东巡抚福润在甲午中日宣战后招募的军队，属于新募军，未经训练，装备也差。

登州，即蓬莱，驻有淮系嵩武军 1 营、登营练军 2 营。后福润从济南增调候补道李正荣统率的嵩武军 4 营（内含骧武军若干）。

胶州湾、青岛一带，驻有章高元部淮系嵩武军 5 营（内含新募的广武军前营，兵力各为 506 人）及福字军 2 营、广武军 4 营（1894 年 12 月编成）、炮勇 4 营。其中福字军是福润在中日事急后新募的军队。

青州，驻有副都统讷钦统率的八旗驻防步队、马队各 1 营。

省城济南，济字前营 1 营（432 人）、泰靖营 3 营（泰靖中营步队、炮队共 654 人，泰靖右营 432 人）、精健营 2 营（精健右营 412 人，精健前营 624 人）、抚济营马队 1 营（318 人），以及新募的冯义德部福字军 6 营。

武定，即今天山东省滨州市惠民县，驻有精健中营 1 营（512 人）。

兖州一带，济字营 2 营（济字中营 517 人，济字副中营 203 人）、邢字营 1 营（473 人）、精健营马队 1 营（258 人）、兖州马队 1 营（318 人）。

曹州，济字右营步队 1 营（432 人）、济字后营马队 1 营（258 人）、山东步队练军 3 营（中、左营各为 464 人，右营 401 人）、松字营马队 1 营（406 人）。

沂州，新健营马队 1 营（124 人）。

滕县，马队 1 营。

上述各部共计 57 营，近 3 万人，其中福润在中日事起后短短几月间新募扩充的就有 18 营之众，可见其办事的干练程度。从表面数字看，兵力确实雄厚，但却分散在山东各地驻防，显得零散。而且诸军中，除了嵩武军较有战斗力外，其余的八旗、绿营、防练军、勇营等军队，不仅缺乏训练，而且装备极差，难堪一战[28]。

正当山东省的筹防工作紧锣密鼓进行时，1894 年 8 月 16 日清廷突然下旨，将山东巡抚和安徽巡抚互调，福润被西调前往安徽就职，新任的东抚则是一位足以让李鸿章惶恐莫名的人物。

李秉衡，字鉴堂，辽宁庄河人，祖籍山东福山。早年以捐官出身，历任直隶枣强县知县、蔚州知州等职。1879 年任直隶冀州知州，1881 年升永平府知府。李秉衡刚刚赴任永平府时，吏部追查其在冀州知州任上一件劫案办案不力，准备处以降级处分，（根据清代的官员议叙制度，对于官员的行政奖励主要有记录和加级两类，作为升迁时的重要考核标准。对官员行政处分，则有降级和罚俸等形式。）虽然李秉衡在冀州府任上曾购买过两级加级，但是吏部并不允许以此来抵消降级处分。当时的直隶总督李鸿章曾上奏为部下李秉衡转圜，请求吏部批准李秉衡用以前的加级抵消降级，但最终未能成功[29]。李秉衡之被吏部彻查，显然直隶总督不可能不预有所知，李秉衡就此事是否记恨李鸿章，现代人已经无从查考，不过在直隶省被行政处分的李秉衡很快出现到了清流人物张之洞的门下。

1882 年，清流派重要人物山西巡抚张之洞上奏清廷，举荐人才。李秉衡突然出现在其开列的名单中，被称为"德足怀民，才能济变，政声远播，成绩宏多，实为良才大器"[30]。此后，受张之洞提拔，李秉衡飞快地从山西平阳府知府升迁至广西高钦廉兵备道，旋又任护理广西巡抚、安徽巡抚，可谓瞬息千里，成为清流派在地方能够倚重的重要实力人物。正值中日交兵威海吃紧之时，李秉衡出任山东巡抚要职，个中的寓意耐人寻味。

1894 年 8 月 13 日，曾被清流领袖翁同龢称为"文武将才，真伟人"的李秉衡进京，接受光绪皇帝的秘密召见，透露了派其赴任山东的目的是为取代李鸿章作准备，这个特殊的使命必然会在李秉衡此后与李鸿章的合作中发挥特殊作用。

李秉衡于 9 月 11 日抵达山东省城济南，与前任巡抚福润办理交接。到任伊始，李秉衡祭起三把大火。首先是着手清除前任巡抚福润委派的一些官员，诸如统领登州驻军的道员李正荣、福字军统领冯义德等，一概被剔除替换[31]。其次是巡阅沿海防务，李秉衡到任后不久，对山东的登州、烟台、威海等沿海口岸进行查访，自己也移驻烟台，声称"每到一处，审度形势，与各防营将领妥商布置"，一副大力整饬海防的模样。李秉衡的三把大火中，声势最为浩大的就是宣称要编成"大支游击之师"，给威海提供坚实的后路屏障。虽然仅只新募了几营新兵，但李秉衡在给威海绥巩军统将戴宗骞的电报中，不断营造只要威海遭到攻击，他就会派出大支军队增援的假象。戴宗骞当时之所以提出邀击策略，不能不说很大程度就是建立在能够得到李秉衡援助的假象之上。

对于"大支游击之师"迟迟不能募成的原因，李秉衡一方面归咎朝廷不应该抽调山东的兵力入卫，另外则借口山东没有著名将领，以及没有足够的金钱可以用来募兵。此时，目睹时局紧迫，对李秉衡有提携之恩的张之洞也沉不住气了，屡次催促尽快募兵。看着李秉衡一再以没钱为由所作的搪塞，曾经在扩充广东水师时要出征收赌博税充饷的张之洞给出了个推心置腹的主意"……鄙人谓宜筹饷，未尝劝公扰民，请公访之相信之友人，或求之本省缉捕各弁，未尝劝公滥用，冒昧妄言，尚祈谅其无他，惶愧惶愧"[32]。意思就是建议李秉衡，如果实在是没有经费，就找人出面，巧立名目，打家劫舍，从山东百姓头上刮取募兵的费用，所谓"未尝劝共扰民"，实则就是建议李秉衡扰民。以道德文章驰誉天下的恩师都已经打出这个主意，李秉衡仍然不为所动。

"大支游击之师"之所以迟迟未能募成，时任李秉衡幕僚的姚锡光在事后的追忆中一语道破："秉衡之抵山东也，时我东征兵事已棘，识者知倭祸必中山东。其武定、莱州、登州诸府，海面辽阔，东省群吏有增募三十营以塞登莱诸海口之请，秉衡不许。"[33]

因募兵问题相对默然的张之洞、李秉衡，很快又重归于亲密。北洋海军"镇远"舰触礁、管带林泰曾自杀的消息传来，清流党兴奋不已，认为又找到了抨击李鸿章淮系的新缺口。身为两江总督的张之洞得到李秉衡的通报后立刻回电，异常激动，命令李秉衡帮助物色人员，潜伏入北洋海军内部，随时挖掘、报告可以用来参奏的把柄，并提出这两个人员的编制可以从两江开列，名为江南坐探委员。李秉衡的回复则是遵办[34]。

两名江南坐探委员悄无声息地到达了威海……这就是北洋海军和威海卫基地赖以为屏障的坚实后路。

威海防务

夹杂着东抚和北洋的掣肘，威海海陆将领的战守之争，以及清廷中枢的"拔丁"攻势，1894 年的年关，威海卫上空一直笼罩着不祥的阴霾。随着日本军舰越来越频繁地在沿海各口出现，各方都已深知，威海卫必然将是日军下一步袭取的主要目标，相应的筹防工作也就在这一片矛盾重重中蹒跚开始了。

威海军港自身的防务，主要由北洋海军和驻守南北帮以及刘公岛的绥巩军、护军完成。绥巩军分守威海南北帮炮台，护军守卫刘公岛炮台。作为威海防守兵力的主角，海军的地位极为重要。北洋海军提督丁汝昌鉴于当时"镇远"舰已经不能出海作战，"定远"舰 4 门 305 毫米口径主炮有 2 门刚刚修竣，舰队战力损伤严重的情况，制定的防守方针是：如果日本海军少量军舰进犯威海，北洋海军则大队出口迎战，倘若日本海军以优势力量全面进扑，北洋海军各舰就分别部署在威海的南北两口水雷防材阻塞线内，与刘公岛和两岸的炮台共同抵御。一旦日本陆军登陆抄袭威海后路，海军舰船则开赴威海湾近岸，以炮火支援陆地炮台作战。丁汝昌最为担忧的是出现"两岸全失，台上之炮为敌用"的情况，这时海军就只有与刘公岛陆军"誓死拼战，船沉人尽"了。

从丁汝昌的部署进行分析，只要威海各陆路炮台能够坚守，日本海军就基本没有可能正面强攻入威海湾。要达到这一目的，必须保证陆地守军的防守能够得力，最佳的情况就是陆军能够杜绝日本军队登陆。山东是濒海大省，海岸线漫长，威海周边的海岸几乎处处都有被敌登陆的可能，因而威海周边的清军布防又陷入多点设防的散漫布置。

旅顺之战后，日本联合舰队屡屡派出军舰前往山东登州、烟台一带沿海侦察，受日军伴动的影响，威海陆路守将戴宗骞、山东巡抚李秉衡等都将威海至烟台间的

◎ 威海柏顶炮台。

海岸线视作防御重点。为加强威海左翼的防护，绥巩军统领戴宗骞组织兵力，在威海左翼的柏顶炮台以及北山岭、田村等处外围构筑了多个临时行营炮台，警卫威海北山嘴至田村间的海岸线。

原经前任山东巡抚福润派驻威海田村（田村距威海卫城的距离约5公里）的冯义德福字营步队2营，被李秉衡改命由总兵李楹接管，西撤至距威海约30公里的上庄设防，后又加入原驻威海西侧双岛的谭龄都部福字炮队1营，共计3营兵力。原先配置在龙门港的嵩武军孙金彪部将领总兵孙万龄的嵩武左营以及福字营3队移扎到距离威海约16千米的酒馆集。此外，分布在烟台至威海间的还有驻宁海州城关（今山东烟台市牟平区）的总兵曹正榜部东字军3营，驻龙门港的副将曹凤仪部襄字军3营（在宁海州一带新募），驻烟台的总兵孙金彪部嵩武军3营、烟台练军1营，以及巡抚李秉衡抚标的3营兵力。

从上述这些军队的布置看，均距离威海较远，与其认为这是在防守威海后路，不如说实际是担负起了山东巡抚李秉衡驻地烟台的外围防务更为贴切。如此，一旦烟台有警，这些军队可以很快向烟台收缩。然而在李秉衡上奏清廷的报告中，却始终显现他在加强威海的防务。非常可悲的是，被人愚弄而不知的威海陆路守将戴宗骞，竟还从本就不丰的威海守军中抽调兵力加强上庄的防务，派出刘树德部绥军副营前往增援，为人作嫁衣裳。

　　与被着重加强的威海后路（或称烟台前路）相比，位于威海右翼的荣成沿海一带守军力量显得异常薄弱，仅仅只有一些探哨而已。12月23日，日本联合舰队的参谋人员搭乘"高千穗"舰在荣成龙须岛一带上岸侦察登陆场，得到这一情报戴宗骞才意识到事态的严重，急忙与驻守威海南帮的巩军统领刘超配商议，巩军派出2哨、绥军派出1哨，共约300人，由绥军哨官戴金镕率领，携带4门75毫米口径克虏伯行营炮，赶往荣成，设防在近邻龙须岛的大西庄一带。

　　按照当时的行政制度，威海城外地域的防务都属于山东巡抚的职责，戴宗骞的举动可谓越界。既然并非职守的威海驻军都已出动，李秉衡也不得不顺势做一番部署威海右翼海岸防务的表面文章。从聚集在烟台周边的军队中拨出5营河防军前往荣成一带，其中参将赵得发的河成左营和巡检徐抚辰的济字右营驻守在荣成县城南门外，副将阎得胜的泰靖左营、都司叶云升的精健前营驻扎窑上，副将戴守礼的河

◎　河防军开赴威海。

定左营驻扎俚岛[35]。从表面数字看来，李秉衡派出的援军似乎是恰当其时，但其实这又是一招瞒天过海的伎俩。

山东巡抚派往荣成防守的其实并不是军队，5营河防军，名为"军"，实则是修河的民夫。山东属于黄河过境的省份，为预防黄河泛滥，境内将民夫按军队营制编组，一旦遇到水警，就集合赶赴大堤，挖土修河，无事时则自行散去，各安生业，"河防营者，河涨则集，涨平则散……盖土夫，非战兵也"。这些民夫不仅没有经过任何军事训练，而且每营的人数也不满，只有三百余人。低劣的装备触目惊心，每个营只有共用的一支鸟铳或抬枪，而黄县转运局里储存的大量军械李秉衡却严禁运向前敌。山东巡抚李秉衡在荣成海防已经告警的时刻，派出这样的"军队"去防御威海卫的真正前敌，其敷衍应付之程度也就昭然若揭了，这就是大敌临头时的"和衷共济"。

大敌临头，驻守在威海以东数百公里海岸线上的中国陆军，实际只有戴宗骞、刘超佩临时派出的绥巩军三百多人而已。

登州告警

1895 年公历新年来到时，中国北方普降大雪，然而这却并不是瑞雪丰年的吉兆。

从冷冷清清的荣成海岸线北移，迈过渤海，太阳旗飘扬的大连湾、旅顺口此刻正是一派人头攒动，船舶云集的热闹景象。

1 月 16 日，日本山东作战军部队已经全部抵达大连湾，开始准备实施登陆山东的作战计划。日方史料记载："五十余艘运兵船与 12 月 31 日以前全部集中于宇品港，载第二师团（仙台部队）和第六师团（熊本部队）前后出航，到达大连湾，陆续进港。1 月 16 日，人员全部到齐，貔貅勇士皆踊跃待命。"**36**

同一天，北京城里刮了一夜的寒风到中午时渐渐停歇，军机大臣们没有在操劳战守大计，而是在忙于裁判一名中国将领的生死。午后，光绪皇帝召翁同龢等军机大臣入见，就当天刑部判准军将领卫汝贵斩立决的请示征求意见，询问各大臣"汝等有无议论，可从宽否？"盛军是当时淮系陆军中兵力最雄厚的一支，与北洋海军一样，都是清流眼中李鸿章的支柱，因而从这支军队派往朝鲜开始，各种攻击之词纷至沓来，最后竟凭着道听途说的"军纪松散"，将曾在平壤之战中表现尚嘉的统领卫汝贵收监法办，将其斩杀剔除。面对皇帝"可否从宽"的发问，翁同龢等清流领袖不置一词。光绪帝只能自己说出真实意思，即按照刑律，判处卫汝贵斩立决显然过重，要求各大臣慎重。然而语出，军机大臣们便群情激昂，"诸臣因奏不杀不足以申军律，臣（翁同龢）亦别有论说甚多"，热热闹闹了两刻钟以后，尘埃落定，卫汝贵被判斩立决**37**。

还是在这一天，刘公岛上的北洋护军正忙着在海边挖掘战壕，准备防守。山东巡抚李秉衡则发电斥责黄县转运局，因为"不晓事理"的黄县竟然向烟台送来大批弹药物资，李秉衡显然觉得弹药留在后方要比运到前敌更安全，严令黄县停止运送[38]。

身为李鸿章幕僚的东海关道刘含芳，早年曾主持旅顺海军基地营建，是当时与李秉衡同驻节在烟台的一名重要官员。他虽然此刻疾病缠身，一目已盲，但是对战守事务的积极态度则远远超过耳聪目明的李秉衡。旅顺失守后不久，刘含芳即不断派出侦探前往旅顺探查日军动向，除查到日本士兵在旅顺大操场对着写有"李中堂"字样的草人打靶，以及屠杀中国军民的情形外，还逐渐探查到日军将要登陆威海的情报。1月15日，刘含芳从英国驻烟台领事处得到了"日兵将由成山登岸"的重要情报，立刻报知李鸿章，李鸿章则又电奏清廷告警[39]。

1月17日，清廷下旨将日军可能会在荣成成山头一带登陆的情报通报给李秉衡、戴宗骞等前敌守将，要求加强荣成一带海岸的防务。李秉衡对此不以为然，复奏称荣成和烟台一带都是威海后路，表示只能维持目前的部署，无法额外加强荣成的防卫[40]。绥巩军统领戴宗骞则下令将荣成一带的民船全部拉上岸，禁止下海，以防被日军掳去引水。

1月18日，山东登州海防突然告警。当天下午3时左右，登州城遭到来自海上的猛烈炮击，城楼被击中，城内一片混乱，一些惊慌的人们以为日本兵即将登陆，纷纷出逃。出现在登州附近海面进行炮击的，是北洋海军的老敌手，日本联合舰队第一游击队的"吉野""秋津洲""浪速"3舰。他们此次的行动，是为了配合山东作战军登陆龙须岛而实施的佯攻，目的在于吸引中国守军对登州一带的注意。这3艘军舰于当天拂晓6时从大连湾起锚出发，顶风冒雪横越渤海湾，下午1时左右接近登州[41]。

面对日舰凌厉的炮火，驻守登州城的夏辛酉部嵩武军不稍示弱，立刻鸣炮还击，然而他们的火炮只有几门射程有限的行营炮和明代的城防铁炮，并无法对日舰构成多少威胁。山东巡抚李秉衡到任后，曾多次向清政府上奏，称自己如何在登州布置防务，然而他在登州所作的防务加强，只是城头上添加了一门前膛古炮，这门戚家军抗倭时铸造的名为"镇海侯"的古董铁炮，可能没有料到几百年后会被用来老当益壮继续与倭寇作战。日方史料记载：

……城里因受到突然袭击而相当狼狈。敌军急忙做准备，由海岸发射野炮，但炮弹全落于海水中，只激起了一些水雾。我舰在大约半小时的时间里不断炮击，硝烟在城内升起。市民们在雪中东奔西跑，许多人沿海岸向芝罘方向逃去……**42**

短暂的炮击过后，下午4时6分，3艘日本军舰转向而去，登州城内人心惶惶，城门口拥挤着想出逃的百姓。但是让联合舰队司令伊东祐亨大失所望的是，此次佯攻虽然在登州造成了恐慌，但是实际并未达到预期目的。李秉衡原本就已经把重兵部署在与烟台相近的地域，所谓牵制中国军队的注意力，以避免荣成方向的防御兵力得到加强的想法，实际毋庸这次佯攻，山东巡抚李秉衡早已经完成了。

北洋大臣李鸿章当天也得到了这一报告。日本第一游击队3舰从登州海面撤退后，夜间潜伏在庙岛群岛驻泊，长山岛电报局在下午4时40分观察到日本军舰向东而去，遂电报李鸿章。伊东祐亨所谓牵制荣成一带中国军队注意力的算盘在李鸿章面前也落空，李鸿章并没有认为日军是要在登州一带登陆，而是以为3艘日本军舰可能会骚扰天津一带海口，命令大沽守将罗荣光多加戒备而已。

为了增强佯攻的效果，3艘日本军舰于第二天中午从庙岛群岛间驶出，再度前往登州海岸炮击，至下午3时结束。炮击依然没有对牵制中国军队发生多少实质效果，反而中途还引出一艘悬挂着美国国旗的舰船从登州港口驶出示威抗议。而且，这次炮击竟然还被李秉衡等认为可以加以利用，创造成了一个击退日舰的千古佳话，即"倭船又犯登，开炮来攻，赖公（指登州守将夏辛酉）督军开炮中其一船，并伏队待敌，示以不测，倭轮亦退去"，日舰佯攻后驶离的情况，被描绘成了李秉衡属下军队的战绩。关于登州城明朝古炮击退日本军舰的英勇故事，很快便流传开来，"……（登州）城上旧有明时防倭铜炮一，登防统领总兵夏辛酉遽发是炮击之，中其船面，倭舰亦退"。

登州城被轰塌的城楼上冒着熊熊烈火，城内的人们在收敛不幸惨死的亲人、街邻以及战死的士兵，不断有啜泣和咒骂声从各处传来。造成这幕惨剧的日本军舰"吉野""秋津洲""浪速"如入无人之境，大模大样扬长而去，改道向威海方向航行。19日入夜6时30分，舰队在漆黑一片的夜色中发现了两盏分别为红、绿色的航行灯正在靠近。进一步接近后，判明来舰身份是第一游击队的"高千穗"舰。"高千穗"于3舰前往登州后不久，独自被派向威海执行侦察任务，以确定北洋舰队是否还停留在威海湾内。19日下午1时后，"高千穗"在风雪中冒险贴近威海湾东口侦察，观察到了在日岛附近锚地待机的北洋舰队主力，遂按照计划向登州方向航行，寻找"吉野"等3舰会合。

在黑夜里能够如此顺利地会合，已经令日本第一游击队兴奋不已，"高千穗"舰又迫不及待发出了"敌舰在威海卫"的信号，立刻使得日本各舰欢腾一片。旅顺之战中，日本军队最大的遗憾便是未能将北洋舰队堵在旅顺口中，此次威海作战不能再有这样的遗憾了。而且北洋舰队主力在威海卫，还意味着陆军的登陆行动将不会遭到多少来自海上的威胁。"不久，信号传至各舰'敌舰在威海卫'。据说各舰将士皆雀跃狂喜。我联合舰队一直担心敌舰逃掉，如若逃掉，联合舰队就没有对手了。"

日本第一游击队随即重新排列队形，以"吉野""秋津洲""浪速""高千穗"的次序，采用纵队编队向成山头方向航行。深夜11时15分，第一游击队通过烟台附近海面后，各舰的左舷方向，都看到了一幕壮观的景象。

由日本联合舰队本队（"松岛""千代田""桥立""严岛"）、第二游击队（"扶桑""比睿""金刚""高雄"）、第三游击队（"天龙""大和""武藏""葛城"）、鱼雷艇队护航的山东作战军第一批登陆船队（"远江丸""三河丸""山口丸""丰桥丸""金州丸""广岛丸""鹿儿岛丸""新发田丸""小仓丸""立山丸""酒田丸""三池丸""名古屋丸""萨摩丸""宗谷丸""空知丸""和歌浦丸""兵库丸""有明丸"），一共数十艘舰船，正轴舻相连，浩浩荡荡向前开进[43]。"在一直向山东角航行途中，在舰首左舷发现数十火光远远在海面上沉浮。此时月亮尚未升起，取望远镜透过星光望去，见有似萤火虫般的无数舷灯在海浪间闪耀。"[44]

日本登陆荣成，夺取威海，消灭北洋舰队的作战计划，此刻已经开始实施。

本日奉旨：李鸿章电奏戴宗骞等防守威海，禁止渔船下海，东省已调五营，均扎荣成左近等语。倭寇如犯威海，前面防守较严，所虑乘虚窜扰后路。李秉衡务当相机布置，督饬防营，时刻严防，以杜窥伺。钦此。[45]

山东作战军登陆

日本山东作战军海运集结到大连湾后，联合舰队与山东作战军便就登陆的具体问题展开协商，最终决定让陆军原地休整 3 天，此后从 1 月 19 日开始起，分三批运送山东作战军前往荣成湾登陆。具体安排分别为 1 月 19 日、20 日和 22 日 3 批，其中 19 日的第一批运兵船将由联合舰队军舰护航，之后联合舰队主力负责在威海湾外监控北洋舰队，因此后续的两批运兵船就不派任何军舰护航。

整个运输登陆行动的步骤为：1 月 18 日凌晨，"吉野""秋津洲""浪速" 3 舰

◎ 从大连湾出发的日本山东作战军运输船队。

首先从大连湾出发，前往登州实施佯攻，完成后于 19 日下午开航荣成方向，寻找大队会合。继之，1 月 19 日凌晨，"高千穗"舰出发赴威海侦探北洋舰队情况，如果北洋舰队在威海湾停泊，"高千穗"舰就在完成侦察后往登州方向与"吉野"等舰会合，倘若出现北洋舰队不在港中等特殊情况，"高千穗"必须立刻往大连湾方向寻找联合舰队旗舰报告。

在第一游击队分作上述两批出发后，"八重山""爱宕""摩耶""磐城"4 舰作为先导舰，于 19 日清晨出发，必须在 1 月 20 日凌晨 3 时前到达荣成湾外海适当位置，为后续的舰船指示锚泊区位置，同时 4 舰派出陆战队首先登陆切断荣成通向威海的电报线。

比"八重山"4 舰略晚，"筑紫""赤城""大岛""鸟海""天城"5 艘炮舰作为第二批先导舰出发，必须在 1 月 20 日清晨 5 时前抵达荣成湾龙须岛附近海面，做好炮火支援陆军登陆的准备。

联合舰队本队与第二游击队作为第三波出发，由伊东祐亨亲自统率于 1 月 19 日中午离开大连湾航向荣成湾。到达登陆场后，各舰必须立刻卸载所有的机动汽艇和木制舢板，派往运输船队帮助载渡陆军。随同联合舰队和第二游击队出发的还有"西京丸""江户丸""相模丸"3 艘改装的武装商船，以及联合舰队的军用运输船和征用来帮助运载补给物资的中国帆船。

紧随其后的是联合舰队的第三游击队和庞大的运输船团，第三游击队的"天龙""大和""武藏""葛城"4 舰混编在运输船团内作为运输船的向导舰。

19 日最后出发的是联合舰队的鱼雷艇队以及鱼雷艇母舰"近江丸""山城丸"，定于 20 日上午 8 时前到达荣成湾外海。

顺利抵达荣成湾后，联合舰队本队和第一、第二游击队，鱼雷艇队将立刻开往威海湾口，实施阻吓，防备北洋海军出港。

从 18 日凌晨起，驻泊在大连湾的日本联合舰队和运输船队便陆续开始行动，综观整个计划安排，可谓严丝合缝。

1895 年 1 月 20 日凌晨，日本联合舰队的先导舰"八重山""爱宕""摩耶""磐城"最先看到了成山头灯塔射出的光柱。绕过海流湍急，暗礁林立的"东方好望角"成山头后不久，龙须岛海域便立刻出现在日本海军眼前。按照预定部署，4 艘日本军舰在荣成湾外的海面上一字散开，5 时 30 分"八重山""爱宕""摩

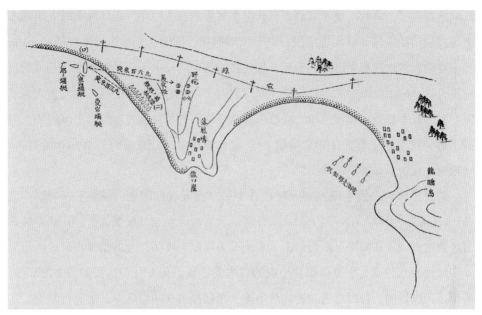

◎　大泽喜七郎报告的日军龙须岛登陆地带略图。

耶"各派出一艘舢板，每艘搭载海军陆战队士兵和电信兵 13 人，另外乘坐"八重山"的山东作战军先头侦察部队的 3 名军官和 9 名士兵也下到舢板中随行，由"八重山"舰分队长海军大尉大泽喜七郎率领划进荣成湾，向大雪覆盖的岸边前进。

时值冬季清晨，天色还未破晓，刺骨的寒风在不断呼啸，空中飘洒着雪花，3 只舢板悄悄划过冰冷的海水，靠近了龙须岛附近落凤沟西侧的海滩。岸上四周空无一人，远处的村庄除了村外的松树被海风吹得沙沙作响外，听不到任何异声，心中窃喜的大泽喜七郎大尉急匆匆催促士兵们上岸。有在花园口成功登陆经验的日本军人，都感觉此次将会是辽东旧事的重演，从大连湾出发时一直紧绷的神经不由自主地松弛了下来。

日本官兵开始纷纷翻身跃出舢板，踩着没膝深的积雪大胆前进。突然间，不远处的树林中传出一声清脆的枪响，之后便接二连三开始密集的射击，子弹在日本官兵的头顶飞过，死亡的恐惧一瞬间从四周压向日本军人。

让日军始料未及的是，戴宗骞事前派赴龙须岛一带设防的 3 哨绥巩军，竟然会冒着严寒在野外彻夜警戒，这在甲午战争时的中国陆军作战中是少有的特例。日本舢板划向岸边的全过程都完全被这些中国军人看在眼底，一支支毛瑟枪黑洞洞的枪口早已瞄向了上岸的"倭子"们。受到突如其来的打击惊吓，大泽喜七郎大尉顾不上观察周边的中国军队实力情况，立刻大呼撤退，周围的士兵边用步枪胡乱还击，边艰难地在雪地快跑向海边的舢板。等候在舢板中的日本水兵见势不妙，赶忙射出一枚火箭，向远处海中的军舰报警，同时利用架设在舢板船头的机关炮实施火力支援。看到日军都退入舢板逃离，海滩东侧960米以外落凤沟方向传出了沉闷的火炮射击声，巩军预先布置在那里高地上的4门75毫米口径克虏伯行营炮开始射击，一轮枪炮互射后日军最终逃离[46]。

荣成湾滩涂上发生激烈交火时，日本第二批先导舰炮舰"筑紫""赤城""大岛""鸟海""天城"刚好到了荣成湾外海。看到冲天而起的报警火箭，几艘军舰露出舷侧炮火，一起向岸上猛烈射击，实施火力压制。呼啸而至的炮弹将荣成湾海滩一带炸得硝烟四起，主要由炮舰组成的日本先导舰的火力对于三百多名中国步兵，可谓是压倒性的。首次感受到近代战争炮火之残酷的3哨绥巩军，丢弃行营炮，不支溃散而去。原本驻扎在荣成县城南门外的参将赵得发部河成左营之前已经移扎到落凤沟，听到海滩传来的可怕炮声后，这支由挑河的民夫组成的"军队"也作鸟兽散，迅即没了踪影。

荣成湾已经没有了任何中国军队。

"八重山"舰的舢板重新又划回海滩，仍然由大泽喜七郎大尉率领，惊魂甫定的这些日本士兵再次登上海岸，立刻前往不远处的道路破坏电报线，割断了成山头通向威海的电报联系。三百多绥巩军官兵虽然没有能够阻止住日本军队的登陆行动，但是他们的阻击迟滞为成山电报局换取了宝贵的应急反应时间。日本士兵冲入成山电报局时发现，有关日本军队登陆的电报已在电报线路中断前发往了威海。

随着日本运输船团大队到来，荣成湾外的海面上到处都是小山般的舰船。上午8时许开始，登陆行动全面展开，满载士兵的舢板被三五成队串联在一起，由一艘艘机动汽艇拖曳着向海岸边运送，整个荣成湾海面上瞬间几乎被各式各样的舢板所塞满。舢板中的日本士兵不停地向手上呵气，一边在好奇地观望眼前的一切，这是他们从未体验过的中国的寒冬，这也是他们本无权任意践踏的异国土地。

白茫茫的海滩、雪原上到处都是身着黑色大衣的日本陆军，一堆堆为了取暖而架起的篝火在雪地间燃起，山东作战军的军官们在呵斥着各自属下的士兵尽快归伍列队。浅滩上，"八重山"等军舰的水兵正在努力搭建临时栈桥，运输船队的

◎ 日军在漫天大雪中登陆荣成湾。

停泊场四周，还有一些水兵在布置预防鱼雷攻击的阻雷防材。至 1 月 20 日下午 1 时，19 日出发的首批运兵船已经全部登陆完毕，日本山东作战军终于踩上了中国山东的土地。

1 月 20 日上午，烟台东海关道刘含芳向李鸿章报告了一条重要情报："今有铭右军正营哨官张平远之胞弟张平才来烟称……十八日过大连湾，倭船大小约六七十只，又有马步兵拨装上船云。"[47] 尚未等李鸿章做出多少判断，北洋海军提督丁汝昌发来的急电又到了这位老人手中，"倭船四十只在荣成湾开炮，恐难再报！"[48]

20 日中午时分，李鸿章发出了他在日军登陆荣成后的第一份作战指示："倭船大队在荣成湾开炮，势必分投登岸。龙须、倭、俚各岛防队单薄，恐难抵御。电线将断，马探驰报若何？容距威尚百里，山谷丛杂，东兵能否设防埋伏邀截以牵制之？威防只能守炮台长墙，曷任焦系！鸿。"[49]

同日，山东巡抚李秉衡得到荣成前敌警报，电令驻守荣成的河防军统领阎得胜，命其率领分散在俚岛等处的几营河防军向荣成方向增援。同时仍不愿将烟台一带的精锐远调，只是命令驻扎在酒馆集的孙万林部向荣成靠拢。守卫威海南帮炮台群的巩军统领刘超佩担心河防军素质太差不足以支援荣成，于是亲率巩军 1200 人，携带 2 门行营炮，继之也冒雪赶往荣成[50]。但是未等这几路援军赶到，荣成县已经失守。

荣成失守

20 日当天登陆荣成湾的日本山东作战军部队主要是第二军（亦即山东作战军）司令部以及第二师团的主力部队。登陆成功后，山东作战军司令部进驻登陆场附近的大西庄，司令官大山岩大将选中庄中的万顺渔行入住，以此作为战地临时指挥部，佐久间左马太中将的第二师团司令部的驻扎位置稍远，选择了靠近荣成县城方向的马家疃村。第二师团的作战部队则散落驻扎在大西庄、小西庄、落凤沟、马家疃一带的村庄中。

为尽快控制登陆场外围，第二师团一面派出兵力前往成山头方向占领电报局、灯塔等重要设施，一面即派前卫部队开始了对荣成县城的进军。

受命担任攻击先锋任务的是山口素臣少将辖下的第三旅团的第四步兵联队，登上海滩稍事休息后，联队长仲木之植大佐率领自己所部向落凤沟方向开进。下午 3 时 30 分在行进途中得到了进攻荣成的指令，遂立即加速前进。

当天威海、荣成一带从上午 9 时起一直在降大雪，已经被大雪覆盖的山野更加难以通行。第四联队就在飞雪中艰难跋涉，中途一度被大雪阻滞。夜幕降临后，担负第四联队前卫任务的第一中队终于看到了不远处荣成县城的身影。

根据山东巡抚李秉衡的部署，防守荣成县城的军队是巡检徐抚辰率领的河防军济字右营三百余人，原先驻扎在荣成南门外。当天上午龙须岛方向响起的隆隆炮声，以及不久后陆续逃至的溃军，清楚无疑地传达来的日军登陆警报，惊得驻守荣成的这营河防民夫人心涣散，不断有人出逃。荣成县知县杨承泽先前为巩固县治的防务，还自行募集了 1 营名为荣成海防总团的地方团勇，素质与河防军不相上下，防守至当天夜幕降临后也已军心动摇。

日军第一中队在接近至荣成县城东门约 1000 米左右时，发现城门大开，三三

◎ 日军占领后的荣成县城内。日本随军摄影师远藤陆郎摄。

两两的士兵正在从各门逃散，城头上有大约 200 中国兵，形势一片混乱，于是立刻
开始了进攻。见到日本军队开枪射击，城内的海防总团守军一哄而散，知县杨承泽
也躲入城中一户秀才家隐藏。晚 7 时，日军中尉久米德次郎率领的一小队士兵，轻
而易举地占领了县城，第四联队的后续大队也顺势冲进了县城。

荣成县城头飘扬起了太阳旗，进入城中的日本兵很快发现荣成县南门外还有一
片中国军队的营地，第四联队联队长仲木之植大佐命令少佐山田忠三郎带队出城攻
击，稍一接火，南门外营盘里的河防军便完全溃散。日军战报称："我军没有伤亡，
敌军一名骑兵战死（指城内战死的）。其余都是由登陆地点逃回的步兵，跑得比风
还快。" [51]

此战日军消耗步枪子弹 320 发，无一伤亡。中国守军阵亡六七人，被俘 12 人，
日军缴获荣成县海防总团军旗 2 面、各类枪支 40 支、子弹 72500 余发。因为天气
寒冷，占领荣成的日军在城内各处寻找住宿，未能料想的是在一家宅院中竟然发现
了山东巡抚所发的关于威海一带海防部署的详细文件。

1895 年 1 月 20 日深夜，龙须岛至荣成一线的村庄、原野上，散落驻扎着上
万名日本官兵。听着呼啸的寒风，日本士兵啃着冻成冰块的饭团，进行当天自登

◎ 荣成县城外的日军宿营地。

陆以来的第一次用餐，谈论着当天登陆的情景，想象着即将要对威海展开的战斗。此时，由大连湾出发的山东作战军第二批登陆部队已经在途中，继之就快抵达荣成湾。

这个深夜，李鸿章注定将要失眠，纷至沓来的告急电报令他焦心不已。李鸿章深知，一旦日本军队主力上岸，事情已不可为，只能抱希望于能够将日军迟滞在荣成通往威海的路途中。倘若让日军逼近至威海卫炮台，那威海的防御实际就大势已去了。

> 顷戴宗骞酉正电：顷探马早间自成山回云，我军防队天明即接仗，倭先下洋划十只，被行炮枪队打翻，倭死多人，折回。惟贼船靠岸仅五六里，快炮子母弹如雨，队虽伏沟，仍伤亡颇多，又极单薄，势甚危急。荣成东省援军尚未到……[52]

"倾力"防堵

1895 年中国农历春节即将到来的时刻，山东东部沿海的威海卫城里，白雪装点着城中的一切，家家户户的门前都贴上了崭新的春联，城内城外偶尔还能听到燃放的爆竹声，尽管已经处在战争旋涡中心，但仍然不乏节日的气氛。威海城内十字街的中央，有座小而精致的关帝庙，此时这里却显出一派和节日无关的景象，一群群百姓自发将家中新做的馒头、大饽饽搬到庙前，并不是为了献祭给武神，而是他们都深知岸上的陆军和海中刘公岛上的海军已经军粮紧张，嗷嗷待哺。

对于这些百姓来说，"爱国""忠君"这些精神他们可能根本都未曾想过，他们只是最朴素地认为，那些冒着严寒在凛凛北风中整日驻守冰冷的高山炮台和海中战舰的将士，是他们最可靠的保护神，他们有义务让这些可能很快就要献出生命的将士们吃饱饭，尽管这本应该是近在咫尺的山东省的任务。自从明代设卫抗倭几百年后，威海又一次成了抗击倭寇的前沿。

北洋海军和他们的基地能否坚守，对战局走向有重要影响；而且当时清政府对战事已然沮丧，正在着手与日本政府谈判，以图尽快结束战争，防止日军侵占的范围进一步扩大，此时保有一支尚有一定威慑力的舰队，意味在与日本的和谈桌上还能拥有一块讨价还价的重要实力砝码。

日本政府自然也深明这个道理，无论是控制渤海制海权，为实施直隶平原登陆作战铺路，还是和谈时漫天要价，都必须要实现消灭北洋舰队这个重要前提。随着山东作战军在荣成湾登陆，犹如决堤的汹涌洪水，日本军队开始源源不断登上山东大地漫向威海卫。

首批登陆的日军攻占荣成县后的第二天，1895 年 1 月 21 日上午 7 时从大连湾方向驶来的山东作战军第二批运输船团又高扬着太阳旗抵达荣成湾，共计有"和泉丸""旅顺丸""釜山丸""仁川丸""小樽丸""东洋丸""胆振丸""神佑丸""近江丸""摄阳丸""旺阳丸""越后丸"12艘,主要运载了第二军军部、第二师团的剩余部队,以及第六师团的工兵和后勤部队。仿佛苍天也仇视着眼底的侵略军,日军第二批运输船团刚刚开始进行登陆作业的时候,荣成湾外的海况发生剧烈变化,西北风大起,海浪汹涌咆哮,降雪也加剧,登陆变得异常艰难,被迫于当日下午6时暂停作业,此后一直拖延至1月23日才完成了登陆。

受恶劣天气以及荣成湾登陆行动迟缓的影响,山东作战军最后一批运输船团也推迟到风浪稍平的22日下午1时才从大连湾启航,由"横滨丸""长门丸""福冈丸""神州丸""高砂丸""姬路丸""宇品丸""摄州丸""佐仓丸""伏木丸""万国丸""北辰丸""大和丸""松山丸""东英丸""土洋丸""熊本丸""南越丸""新潟丸"共19艘运输船组成的庞大船团,主要装载第六师团的剩余部队,于23日上午6时30分左右抵达荣成湾,9时开始实施登陆,因为又遇到了风雪影响,登陆活动迟至25日才最后完成[53]。

至此,日本山东作战军部队全部登上了中国土地,计有军队34600人(含随军夫役),数量上完全超过了威海卫的中国守军。

日本军队在荣成湾一带登陆成功,使得逐敌下海的时机已失,威海一带的中国军队匆忙准备堵截日军北犯威海。12月21日,李鸿章就威海防守之策电令北洋海军提督丁汝昌,陆军守将戴宗骞、刘超佩、张文宣,根据日军势必从威海南方来路进犯的情况,要求前往荣成方向支援的刘超佩部巩军一千二百余人从速撤回,加强威海南帮炮台防务。驻守北帮的绥军统将戴宗骞抽调数营赶往南帮,在南方来路"扼要截击",北帮防务留下的空缺则由戴宗骞与山东巡抚李秉衡协商,指望山东巡抚派军队帮助协守。此外命令北洋海军舰船分布在威海湾东西入口上,随时准备抵御来自海上的攻击[54]。此命令已可看出李鸿章对于威海防御战的整体思路,防御要点被设定在威海南帮通往荣成的道路上,寄希望能够依托山路左右的地利阻击迟滞日军。

21日下午,上海电报局从西方人处侦得情报"倭以二万五千人由荣成登岸"[55],虽然与后来日本山东作战军全部登陆的兵力略有偏差,但如此兵力已足以让李鸿章感到形势的险恶程度。当天李鸿章二度电令威海海陆诸守将,一方面用虚无缥缈的"好消息"宽解前敌将领,称"闻日兵虽众,皆有广岛调出,内有四十内

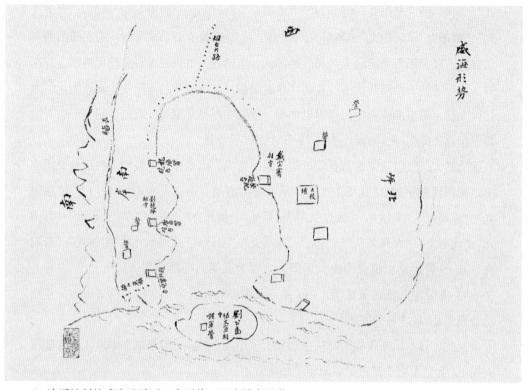

◎ 清军绘制的威海设防图。中国第一历史档案馆藏。

外人，非尽精锐"，另一方面强调守军必须"齐心血战破敌"，电末李鸿章对威海诸守将用了"勉之望之"四个饱蘸期待的字[56]。

早在李鸿章的指令前，得到日军登陆荣成湾警报的威海绥巩军，实际已经抽调兵力向荣成方向前进，布置在威海外围。除巩军统领刘超佩率往荣成方向的巩军一千二百余人外，根据山东巡抚李秉衡合力夹击的提议，绥军统领戴宗骞也派出了绥军副营营官刘澍德，率领绥军3营，动用了威海北帮守军一多半的兵力前往荣成方向，希望与李秉衡声称派出的东省援军合兵作战，护卫威海外围。至于绥军主力去后威海北帮留下的防务空缺，戴宗骞满怀信心地称"东抚电调七营来威，明后日可到"[57]。

为人憨直，过于书生意气的戴宗骞再度被愚弄。李秉衡信誓旦旦要调出大支军队前来威海支援，实则他所言的援军只是在日军登陆荣成的警报传来后派驻扎酒馆的嵩武军总兵孙万龄部，以及散布在荣成湾一带的河防营而已。

　　尽管清政府已经同意将北上勤王途中的贵州古州镇总兵丁槐部 5 营苗兵、江苏徐州镇总兵陈凤楼部 5 营淮军马队、安徽皖南镇总兵李占椿部 5 营果胜军等预备拱卫京畿的各省兵力都截留用于山东境内防御，然而一方面因为日本联合舰队军舰连日不断在登州、烟台一带海面梭巡鸣放空炮，一方面还是出于畛域派系隔阂，山东巡抚李秉衡还是根本不愿意动用驻扎在烟台、登州一带的嵩武军等东省精锐兵力，没有任何派重兵帮助充实威海防务的计划，也不愿出力帮助扼守荣成通往威海的要隘。

　　与堕人术中而不知的戴宗骞不同，李鸿章的外甥、守卫威海刘公岛的护军统领张文宣，对所谓东抚将要派 7 营军队援助威海的消息并不放心，慎重电报李鸿章表示担忧，请李鸿章直接电商处在山东巡抚管辖下，但实际属于淮军系统的嵩武军统领孙金彪，希望孙金彪从驻地烟台抽调兵力"挟利器往助（威海）北岸，以顾大局"⁵⁸，然而并无多少效果。对于荣成来路的堵截重任，实则主要落在驻守威海的绥军、巩军肩上。

桥头外围战

清末时，威海卫通向荣成的道路，可以分为从崮山—河东村—鲍家村—三官庙—温泉寨—龙家村一线靠近海边的北路，称威海大道，以及从羊亭集—虎山—温泉汤—桥头集—埠柳集一线的南路，称为芝罘大道，至今这两条路仍然是威海至荣成的交通要道，只是路面设施已非百三十年前的土路可比。成山头电报局关于日军登陆的警报传来后，巩军统领刘超佩率领的一千二百余巩军赶往荣成所走的是北路，前进至三官庙时，因为听闻荣成县已经失守，且南帮炮台防守需兵，随即折回至崮山以西的南帮炮台防御线内，以致荣成通向威海的北路外围实际没有机动兵力扼守。

戴宗骞派出的刘澍德部 3 营绥军从威海北帮炮台群冒着风雪开拔后，选择了距自己较近的南路前进，经过一段艰难的丘陵山地行军，在威海西南的羊亭集附近与同样取道南路的孙万龄部山东省军队相遇。

孙万龄，字寿卿，安徽利辛人，出身贫寒，19 岁时投入张曜部嵩武军当兵，积功至总兵，因为个子不高但是敦实，绰号"孙滚子"。威海战前奉命率军驻扎在威海至烟台间海岸上的酒馆集，统辖直属的嵩武军左营 1 营和游击谭邻都部福字营 3 队（1 队 300 人，另 2 队各 200 人，共 700 人）[59]，计有兵力约一千二百余人，是威海西侧后路的山东省军队中，距离威海最近的一支。1895 年 1 月 20 日，日军在龙须岛登陆的消息传来，孙万龄部即被山东巡抚李秉衡电令开赴荣成支援，李秉衡在命令中还格外附加了一条"合戴统领步步驰应"，意即要求孙万龄毋庸独立作战，只是跟随配合威海军队行动而已[60]。

孙万龄部接到电令后立即于当日正午从酒馆集开拔，沿南路前进行军二十余公里，至夜幕降临时抵达威海西南的羊亭集，未能赶上救援荣成县城。21 日孙万龄部自羊亭集出发，继续向东前行十余里后，前方道路上开始陆续有三三两两的溃军退来，之后便遇到了阎得胜统领的大队河防军溃部。可能是得知荣成县已经失守，亦可能是没有遇到威海赴援荣成的军队，孙万龄部便与阎得胜部合兵一处，统由孙万龄统领，停止继续向荣成前进，一起退往羊亭集。当重新折回到羊亭集附近时，刚好遇到了从威海北帮开来的刘澍德部3营绥军。

山东省和威海的两支军队不期而遇，本着"合戴统领步步驰应"的指示，孙万龄、阎得胜军于是又再次掉转行军方向，和刘澍德部绥军从羊亭集继续向荣成方向开进，兵力共计三千余人。由于当时天气恶劣，道路崎岖难行，加之刘澍德部绥军随行还拖曳着5门行营炮，行军极为艰难，速度也极为迟缓，"时大雪弥日，道途泞沼，军士艰辛，莫可名状"。

23日，各军陆陆续续抵达了距羊亭集三十余千米外的桥头集。该处南北向横亘着一条名为石家河的河流，石家河源自南方正棋山脚下，通过北路三官庙附近的蒲湾流入大海，绵延二十余千米，是威海通往荣成路上的一大天然屏障。石家河流经桥头集的河段，建有一座古桥，是为荣成至威海的南路必经咽喉要道，桥头集也即因为村庄位于古桥桥头而得名[61]。东省和威海军队到达时，石家河上早已是白雪皑皑，冰封霜冻，当年冬天的严寒将河面完全冻结，古桥已经失去了其价值。踏着结冰的河面，陆续有大批原驻扎荣成一带的河防军败兵纷纷攘攘过河退来。收拢起来的溃兵使得阎得胜部的兵力有所增加，同时还带来了一个十万火急的军情，这些败军从荣成西退的途中，已经一度被尾追的日本军队赶上，还发生了短暂接火，日本军队的前哨此时即将追击而至了。

日本侵略军近在咫尺，而己军刚好又处在一个地理要冲位置，东省、威海各军立刻停止前进，统将商议，决定就地设防。整体上各军均部署在从桥头集附近经过的石家河左侧，依托河流作为屏障，防备可能从石家河右岸而来的日军。因为石家河冰封，几乎处处都可以直接行走，守军的布防线于是沿桥头集展开。位于石家河古桥西头的桥头集选派了士气、战斗力、装备均极低下的阎得胜部河防败军扼守。两支相对较有战斗力的军队守卫着广阔的河岸，其中刘澍德的绥军进驻桥头集北方的五尚地村（又称五上地、午晌地），绥军的5门行营炮分别布置在桥头集旁的北山和孟家庄北的兴隆山两处高地上，孙万龄率领的嵩武军左营和2营福字军部署的位置距离桥头更远，在五尚地村北侧的孟家庄至白马村一线。

1895年1月24日上午8时30分（一说8时40分），石家河左岸白马村中的孙万龄部士兵正在忙着构筑防御工事，突然听到河对岸的观里村方向传来一阵枪声，并且看到了观里村外的河滩上有穿着黑色制服的骑兵在活动，河对岸出现了日本军队！判断可能是日本军队将要强攻渡河，孟家庄至白马村一线的孙万龄部东省军队立刻动作起来，在各营军官的指挥下，纷纷前往高地列队，用步枪向对岸射击。与上千中国士兵射击而带来的巨大轰鸣声极不相称的是，日军的枪声显得非常零落，几乎完全被湮没。

开火一个多小时后，上午 9 时 50 分对岸村庄中的日本兵已经完全看不见踪影，也没有了任何枪声，显然是被"击退"了。根据日本军方战后撰修的军史记载，发生在石家河两岸的这场对击中，所出现的日军部队是山东作战军第二师团第二骑兵大队的半个骑兵小队，人数仅为六七十人。这队日本侦察骑兵当日由小队长樱田军太夫中尉率领，充当大部队的侦察前哨，前进到石家河对岸时，因为发现白马村中有一些中国士兵在走动，于是开枪进行火力侦察，未曾想遭遇了大队中国军队，在付出了一名随军护士被流弹击毙的代价后，便带着桥头集附近有中国陆军主力的情报主动撤退[62]。

见到日军退却，孙万龄立刻率军踏着冰面渡过石家河向东岸追击，不愿放过这小股日军，以图扩大战果。尽管是以多击少，但是此举在甲午战争中的中国军队作战行动中也极不寻常，足见孙万龄确实是一位骁勇的将领。上午 11 时左右，孙万龄军挺进至洛君口村，占据了村边高地并收拢兵力，经过重新布置队形，加大正面宽度后继续向东追击前进。下午 1 时，孙万龄军的前哨进入洛君口村以东的宋家店村内侦察，主力则在宋家店村西北处高地集结观望。很快立马横枪在高地上的孙万龄等军官就被不远处的景象惊住，那队从石家河西岸退走的日本骑兵仍然不见踪影，眼前却出现了大批日军主力部队[63]。

24 日当天从荣成方向前进而来的日军第二师团步兵第四联队的第一中队，已经进驻到宋家店村东侧的汤家村宿营，上午 8 时 30 分从石家河方向传来的密集枪声引起了这支日军的注意，中队长大野庸大尉立刻派出两支步兵小队前出到汤家村外围警戒。10 时 20 分时，从石家河方向撤退的侦察骑兵向汤家村退却而来，得知其后有大批中国追兵，盘踞在汤家村的日军步兵中队立刻进行了防御部署。11 时左右，出现在洛君口的孙万龄部已经被这支日军发现，"敌军在 11 时左右从洛君村东侧的高地上出现，逐渐展开前进"。

　　此后，孙万龄军的行动实际已经完全处在日军的观察中。从石家河一路退来的日军侦察骑兵并未在汤家村多作停留，而是继续向东前进，最后到达埠柳村，将中国军队袭来的情报告知了在此驻扎的日军步兵第一大队、第三大队，日军这两个大队立刻向汤家村方向急行军，驻扎在汤家村和埠柳村之间的日军步兵第七中队也随之一并赶往汤家村。下午 1 时左右，山田忠三郎少佐率领的日军第一大队犹如一片黑色潮水出现在汤家村东侧的孔家村高地，正是这一情景让孙万龄大吃一惊，他立刻命令所部停止进军，在宋家店原地设防。

　　下午 2 时 30 分，由日军第四联队联队长仲木之助亲自督率的步兵第三大队也到达了汤家村附近。看到日军越聚越多，孙万龄无奈下令撤退，"见日军步兵续续向汤家北方高地而来，诸队锐气顿失，又退回原阵地"[64]。追击者与被追击者的身份此刻顿时转换，大队日军跟在孙万龄军之后穷追不舍，接连追过了宋家店和洛君口，由于突降大雪，日军至日暮停止了追击，孙万龄部则重新回到了石家河以西的孟家庄、白马村一带。当日犹如一场往返赛跑的战斗就此暂告结束[65]。

　　1895 年 1 月 24 日发生在桥头外围的遭遇战，虽然最终结果是中国出击军队被迫退回了出发阵地，但是上午曾经在石家河畔"击退"日军的经过却是一定的事实，于是此战的后半部分便被中国人遗忘，依据石家河畔的对击而定位成一场足以鼓舞人心的胜仗。战场距离威海卫较远，绥军统领戴宗骞最初是根据南帮炮台守将陈万清获得的消息上报，称孙万龄等部与三五千日军遭遇，获得了击毙了上百日军，并俘获了 3 名日本兵的"辉煌战果"。

　　原本对威海战事并无多少信心的山东巡抚李秉衡，依据这一虚假消息判断日军的战斗力有限，并不可怕，乃至信心陡起，打起了创立不世之功的算盘。一面下令奖励孙万龄、阎德胜部 2000 两银，刘瓒德部 1000 两银，鼓动两军继续创造更辉煌的战果[66]。同时，终于决定调用东省兵力赴援，派驻扎上庄附近的总兵李楹部 3 营福字军前往桥头一带与孙万龄部会合作战[67]。李秉衡直到此时才派出军队，目的显而易见：面对如此容易战胜的日军，当然战功必须要有东省军队来参加获取。

　　对日军战力的实际情况有所了解的北洋海军提督丁汝昌得此捷报后，敏锐地认为可能不确实。随着时间推移，更多真实情报传来，戴宗骞也很快便修正了观点，对外称发生在石家河畔的战斗只是获得"败倭马队前锋，小有斩获"的战果，而绝口不再提日军有三四千、击毙百人的情况[68]。

兵溃桥头集

　　1895 年的 1 月 25 日是中国农历甲午年的除夕，光绪皇帝在忙于练习写"福"字，以便大年初一群臣朝贺时赏赐。军机大臣翁同龢白天在宫中各处辞岁，晚上未能守岁便早早酣睡。北洋大臣李鸿章当天则上奏中枢，报告了侦探到又有一批日本运兵船到达成山的情报。下午时分，总理衙门转发了根据李鸿章汇报而下发的谕旨："威海南岸炮台，正当荣成来路，最为吃重，在防兵勇，必须齐心戮力，共效死守，不得稍涉疏虞。倘能坚守不退，力却凶锋，朝廷破格酬庸，定加以不次之赏，如有临敌溃退，著即军法从事。李鸿章、李秉衡当剀切晓谕全营将士，俾共懔遵。钦此。"[69]

　　位于山东战事最前沿的孙万龄、刘澍德军当天依然驻守在石家河以西。如狼似虎的日本山东作战军，则在这一天全部完成了登陆，并设置好了兵站、粮库等后勤补给机构，即将踏上大举进犯威海的征途。

　　1 月 25 日中午，日本山东作战军司令大山岩在军部所在地荣成县城内下达了威海作战的部署。根据大山岩的命令，山东作战军主要分为两个纵队，右纵队主要即第六师团，由第六师团师团长黑木为桢担任司令，沿荣成通向威海的北路前进，左纵队主要即第二师团，由第二师团师团长佐久间左马太为司令，沿南路开进[70]。军司令部以及直属的炮兵、通信兵、医护兵各部队随后出发。两路主力纵队定于 1 月 30 日向威海南帮炮台发起总攻，首要攻击目标是南帮炮台外围的百尺崖高地。此外，第二军参谋长井上光向联合舰队通报，商定联合舰队主力也于同日从海上提供炮火支援。

　　1 月 26 日，农历大年初一，日军两个师团从荣成开拔齐头并进。沿南路前进的左纵队第二师团开拔伊始，不可回避地将要面对扼守在石家河西岸的中国军队。

◎ 1895 年 1 月 25 日在荣成县城外行进的日本第二军部队。

　　此时，石家河畔的中国守军除了孙万龄的嵩武军 1 营、福字军 2 营，阎得胜的河防军 5 营，刘澍德的绥军 3 营外，被山东巡抚李秉衡从上庄调来的李楹部 3 营福字军也正在赶来。从数字上，上述各军总计将达到近 14 营，为山东战场上一支规模可观的中国兵团。但是这些军队各有派系，互不统属，其中还夹杂着大量的新募兵和败军，武器装备也参差不齐，正如前日在桥头外围战斗中表现的那样，实际的战斗力非常有限。

　　26 日上午，担负日本第二师团前卫任务的第二大队到达石家河东岸的牙格庄（又称雅格庄），并在庄外展开。与牙格庄隔河相望的就是孙万龄、刘澍德部，看到对岸又出现了日本军队，中国军队也立刻在孟家庄附近的高地展开，并于 8 时开始向对岸村庄射击。由于距离较远，射击并无效果，日军也未作反应。上午 10 时 30 分左右，日军见到了一幕意想不到的情景。首先是刘澍德部绥军的 5 门行营炮开始向牙格庄方向射击，伴随炮火掩护，五百余名中国步兵从桥头方向渡过河流发起冲锋，孟加庄附近的孙万龄部一千二百余人也纷纷开火射击，一时声势颇大。然而稍一接战，步兵便立刻溃退，行营炮也变得哑然无声。日军先头部队兵力有限，未敢实施追击，双方的战线又陷入僵局。

　　下午 1 时 30 分，石家河西岸的中国军队阵地上再度汹涌起来，两千余中国士兵扛着军旗，再度冲向东岸的日军阵地，绥军的行营炮又开始急速伴随射击，但是故事重演，与日军稍一接火后，这些中国军队又一哄而散，"全线畏缩"。由于当时荣成一带天气恶劣，狂风暴雪，四顾茫茫，日军也停止战斗，退回村中避雪[71]。

由 26 日的战斗可以看出，孙万龄等中国前敌将领，未尝不试图积极作战，驱逐敌寇，但是所部的军队犹如惊弓之鸟，不堪一战。已经拥有前敌作战实际感受的中国将领，此刻心中积郁的想必是对敌军战斗力之强的感慨，以及对己军情状之差的无奈。

就在一场大战势所难免时，桥头集守军却突然分崩离析。25 日，威海南帮炮台守将刘超佩鉴于南帮守军单薄，请求李鸿章筹调 3 营军队紧防[72]，而李鸿章思来想去，在山东所能调用的军队也只有威海的绥军、巩军而已，无奈之下命令戴宗骞将"原调之营"，即前往桥头集的刘澍德 3 营绥军召回。就在作出调动刘澍德部的决策当日，山东巡抚李秉衡也得到通报，于是立刻发难，借口担心日军绕过桥头集包抄，"倘桥头之军为其隔绝，无粮必溃"[73]，命令孙万龄、李楹等东省军队"稳退至威海附近地方，扼要驻扎"。潜台词是威海的军队撤离桥头，"合戴统领步步驰应"的前提条件就已不存在，他也就不愿意让山东省的军队单独在前敌作战。

26 日白天的战斗结束后，这两道命令同时来到了桥头集，绥军分统刘澍德于当晚向扼守在威海卫城方向撤退，退守于南路的要隘虎山口，充当南帮炮台的前卫。27 日晨，孙万龄、阎得胜、李楹等部也放弃桥头集阵地，但是却撤向了并不是战守要地的西侧，即文登、烟台方向，孙万龄等部驻扎河北村，阎得胜部驻墩前村。挡在日本第二师团面前的桥头集守军几乎就在一夜间不战自散了。

27 日上午，兵力已经集中起来的日本第二师团前卫部队小心翼翼地迈过石家河，逼近孟家庄、桥头集一带，中国军队突然没了踪影的情况，以及中国军队在村中丢弃的 5 万余发子弹等大量弹药、军械、服装物资，都让日军吃了一惊。通过询问桥头集的中国百姓，日军轻而易举地获得了中国军队撤退的路线。在对桥头集村落进行了一番仔细搜索后，日本第二师团便放心大胆地从桥头源源通过，继续向威海方向急速行进。

作为第二师团先头部队步兵第三旅团旅团长的山口素臣少将，得到中国军队撤退路线的情报后，对撤往威海方向的刘澍德一部并没有多少关注，而向文登方向西撤的山东省军却让这位日本将军感到费解。文登并不是前往威海的必经之路，这支西撤的中国军队目的何在？受欧式陆军知识训练出来的日本将军，怎么也不会想到那支中国军队是为了避战。山口素臣根据自己的逻辑进行分析，得出了一个足以让某些中国将领汗颜的结论，即西撤的中国军队很有可能是向文登方向潜行待机，最终目的还是要杀回马枪，包抄、袭击第二师团的后路。山口素臣当下就命令第三、九、十一共 3 个步兵中队向桥头集以西的河北村方向搜索前进，同时还给这支负责扫清侧翼的分队配属了两个炮兵中队以作火力加强。当日本军队行进到河北村附近后，双方开始交火，至下午 3 时 15 分，孙万龄、阎得胜、李楹等部全部溃退。孙万龄部一路后撤，第二天退到了最初的驻地酒馆，李楹部也撤回了最初的驻地上庄，至此，威海至荣成的南路已无中国军队扼守。

孙万龄等军退回后不久，山东巡抚李秉衡下了一道电令，要求各军如有不遵调遣或擅自退却者，以军法从事。山东巡抚此时作出如此突兀的举动，让外人极难摸清头脑，不过很快便有人接了下文。

1895 年 1 月 29 日，孙万龄称河防军统领阎得胜临阵退缩，先斩后奏将其处死。李秉衡和孙万龄这出双簧的用意十分明显，李秉衡借故让东省军队放弃桥头，撤回烟台的举动极不光彩，自然需要找出个“罪魁”来承担责任，孙万龄、李楹均为李秉衡自己奏报提拔的官员，自然不可能参奏，没有多少官场背景的阎得胜成了替罪羔羊。反观阎得胜，其所统率的河防军的确自荣成作战开始，几乎无战不败，但必须要看到他所统率的实际只是挑河的民夫，如果将这样的军队退缩，乃至孙万龄等东省军队退缩的责任全部强加于他，显然是极为不公正的。

作为后话，阎得胜被孙万龄冤枉处死后，阎得胜的同乡，当时正在登州统率嵩武军的提督夏辛酉极为愤愤不平。甲午战争结束后，1898 年清政府追究起阎得胜被处死案，孙万龄获罪，被判革职充军。

南帮炮台防务

随着日军逐渐深入，威海卫已经无法指望外围防线的阻截，只有依赖自身的力量实施防卫了。

威海南帮炮台群是防守荣成来路上重之又重的要地，此处的防务设施主要是海岸和陆地炮台。南帮的海岸炮台建设较早，规模也大，共有赵北嘴（装备280毫米口径克虏伯要塞炮2门、240毫米口径克虏伯要塞炮3门、150毫米口径克虏伯炮1门）、鹿角嘴（装备240毫米口径克虏伯要塞炮4门）、龙庙嘴（装备210毫米、150毫米口径克虏伯要塞炮各2门）3座。

上述海岸炮台都是修筑在海边的山群高处，炮口朝向海面，炮台的后路则在后山坡低处，难于防御，易被抄袭。1894年夏季为完善海岸炮台群的防御，又沿海岸炮台的后路修建了一条"长墙"，实际就是步兵射击时赖以为掩体的胸墙，胸墙外沿墙挖有堑壕，壕沟外再埋设地雷。龙庙嘴炮台的位置较赵北嘴、鹿角嘴炮台更为内收，因而没有被保护在长墙之内，而是孤零零划在了墙外。旅顺失守后，北洋海军提督丁汝昌对后方没有长墙防护的威海龙庙嘴炮台表示担忧，认为战时极有可能被敌军从背后首先攻破，届时敌军可以运用龙庙嘴炮台的大炮攻击其他炮台，以至炮击港湾内北洋海军的舰只，后果不堪设想。经丁汝昌提议，李鸿章同意一旦事急由海军和陆军共同守卫龙庙嘴炮台，倘若万不得已，就把火炮的炮闩拆交邻近的鹿角嘴炮台，以免资敌。同时，还根据丁汝昌的建议，要求在龙庙嘴炮台后方应急挖掘了一些战壕和散兵坑，以便于战时步兵依托防守。

除海岸炮台外，自1891年开始，在海岸炮台的背后山群上又择要修建了多个用以防守陆路的陆路炮台，计有谢家所炮台（装备150毫米口径克虏伯炮1门、120毫米口径克虏伯炮2门）、杨枫岭炮台（装备150毫米口径克虏伯炮2门、

120 毫米口径克虏伯炮 2 门、75 毫米口径行营炮 16 门）、摩天岭炮台（装备 80 毫米口径行营炮 8 门）、莲子岭炮台（装备 150 毫米口径克虏伯炮 2 门、75 毫米口径行营炮 2 门），因为修建时间晚，陆路炮台无论规模还是装备的火炮威力，都不如海岸炮台群。

　　威海布防计划中，南帮的海陆炮台均由刘超佩部巩军防守，另外扼立在刘公岛与南帮之间的日岛，也归巩军防御。驻守威海的巩军总兵力仅有 6 营，不足 3000 人，以此兵力，既要守卫海岸炮台，又得依托陆地炮台密切防御陆路来敌，基本可以称是完全无从应付。而且即使不是战时，以如此兵力昼夜分班警卫炮台也不够安排。

◎　威海卫清军布防图。中国第一历史档案馆藏。

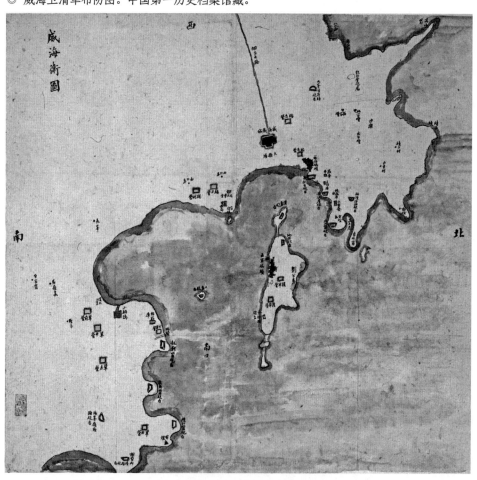

　　兵力问题以外，南帮炮台群防御上还有个重要缺陷。各炮台大都只有大口径火炮，缺乏射速快、利于近战阻挡敌军步兵进攻的机关炮，甚至一些炮台的守军连步枪都没有。在没有大支步兵在炮台外围配合作战的情况下，指望炮台守军用数量有限的大口径火炮来阻挡如潮水般涌来的敌方步兵，无疑是艰巨且难以完成的任务。

　　日军登陆荣成湾后，威海形势立刻吃紧，巩军防守的南帮成了威海外围最后一道防线。然而就在此军情如火忙于筹备战守的时候，1 月 23 日巩军统领刘超佩突然透露了一个让李鸿章大为震怒的情况，即巩军步枪的子弹所剩无多，每枪只能均摊到四百余颗，装备在陆路炮台以及巩军自用的行营炮炮弹仅有 120 颗[74]。得到这一报告，李鸿章一面电问绥军统领戴宗骞，看能否从绥军匀拨弹药给巩军使用，同时北洋大臣对于他的陆军彻底失望，当天寄电北洋海军提督丁汝昌，要求丁汝昌从海军中选拔敢死队安插到南帮诸炮台里，一旦陆军无法坚守，就将各炮的炮闩卸去，以防资敌，就是让战斗力较强的海军来充当陆军的督战队。"日兵扑南岸，计尚须二三日，届时察看刘镇如能死守，如何设法帮助。若彼不支，密令台上各炮拔去横闩，弃入海中。"[75]

　　对李鸿章要求匀拨弹药的命令，绥军统领戴宗骞回复称绥军的弹药情况和巩军相似，已经无从匀分，不过戴宗骞对李鸿章隐瞒了此前刚刚发生的一件事情。就在巩军向李鸿章请求弹药的前一天，山东巡抚李秉衡居然向戴宗骞借拨了 10 万余发步枪子弹，要求运送给在桥头前线的河防军[76]。表面看来李秉衡此举是为了加强桥头前线的军队实力，但是细细分析就能看出颇多漏洞。

　　首先，山东省的弹药储备颇丰，黄县转运局、山东机器局等处都囤积了大量的军械弹药，李秉衡甚至曾经呵斥退回了黄县转运局运抵烟台的大量弹药，尚不至于因为弹药匮乏而求援于北洋的威海。

　　其次，李秉衡称弹药补给的对象是河防军，但是荣成的 5 营河防军每营仅有 1 支抬枪，调拨 10 万发子弹几乎每支枪可以配 2 万发子弹，荒唐程度让人不禁。

　　山东巡抚李秉衡之所以要做出如此令人费解的举动，最大的可能是明知威海弹药储存不丰，而故意提出大量的弹药需求，倘若威海称无法分拨，那则为河防军从荣成溃退所找的借口里，又可加上威海供应弹药不及一条。不过让李秉衡失望的是，憨厚的戴宗骞摒弃地域派系之间，竟然不假思索如数照拨，结果这批弹药大都被河防军丢弃在桥头集，而威海守军的弹药储备因此雪上加霜。在威海、烟台一带海面已经被日本联合舰队封锁，山东省又不可能向威海的淮系军队提供大量后勤援助的情况下，威海守军的弹药补给线实际已经被完全掐断。面对如此的结果，李鸿章也徒叹奈何，"今惟有彼此匀用，先其所急。江南援师，虽缓不济急，究有指望，死守待之而已"[77]。

北洋海军提督丁汝昌的执行能力让李鸿章稍为宽解。得到李鸿章的命令后，丁汝昌回复前几日已经将海军水兵派上了威海南帮炮台，战时可以发挥海军水兵炮术素质较高的优势，协助炮台的火炮操作，如若炮台不守，水兵也会进行最后的毁炮毁台工作。此外丁汝昌还汇报，南帮3座海岸炮台中圈在长墙之外的龙庙嘴炮台较为难守，与其战时无法防守而资敌，不如自己先行消除隐患，自己和护军统领张文宣、巩军统领刘超佩议定将放弃，丁汝昌已经派水兵将龙庙嘴炮台的火炮炮闩卸走。威海海湾口布设的水雷主要为电发水雷，控制的电线一直连接到威海湾岸上的水雷营内，丁汝昌担忧一旦陆路战事紧张，水雷营失陷，则有可能导致水雷控制被日军夺取，于是将水雷连接线的控制端移到练习舰"康济"号上，"康济"舰下锚在日岛附近，直接控制水雷[78]。

令李鸿章未能料到的是，他对海军下的一系列命令，竟然又引起了威海海陆守将一场面红耳赤的大论争。

发难者是绥军统领戴宗骞。自甲午威海筹防开始，戴宗骞始终坚持的就是积极作战的态度，这固然是一种军人良好道德品质的体现，但戴宗骞的态度更多是建立在对日军战斗力的不了解，以及山东巡抚李秉衡给他的空头援兵许诺上，本质上属于书生见识。对丁汝昌、刘超佩、张文宣等未和自己商量，就将龙庙嘴炮台撤防的举动，戴宗骞感到异常愤怒，激动地称"威并未见敌而怯，若此半年来，淮军所至披靡，亦何足怪"，认为龙庙嘴炮台虽然属于背后没有长墙遮蔽的海岸炮台，但是炮台群内的火炮可以旋转向陆地方向作战，并非完全是坐以待毙，"因甚轻弃？！"[79]

见到戴宗骞的汇报仿佛议论得当，为威海战守问题早已操心上火的李鸿章不假思索，又深以戴宗骞的意见为是，电斥"丁系戴罪图功之员，乃胆小张皇如是，无能已极，著严行申饬"[80]。命令刘超佩恢复在龙庙嘴布防，"若不战轻弃，即军法从事"[81]。

受到申斥的刘超佩对李鸿章的批评并不甘心，又电报对戴宗骞关于龙庙嘴炮台的意见提出疑义，再次说明龙庙嘴炮台在长墙外，战时难保。此时远在天津的李鸿章仅仅凭着龙庙嘴炮台这个名词也已经无法作出到底应否撤守的判断，于是急电烟台，请自己的老部下，曾经参与威海炮台修建的东海关道刘含芳协助进行调查。根据刘含芳的调查，丁汝昌对该炮台的担忧不无道理，而戴宗骞又信誓旦旦，称该台可以防御，无法论定孰是孰非。最终，李鸿章选择了保守方案，龙庙嘴炮台还是恢复了防守兵力，四十余名士兵驻扎的龙庙嘴炮台，独立在威海南帮海岸炮台的左翼最外端，迎接着即将到来的激战。

调查龙庙嘴炮台问题的过程中，刘含芳发现了一个不妙的迹象，陆军将领戴宗骞与海军将领丁汝昌之间，"彼此均有意见，遇事多不面商"，围绕龙庙嘴的争执正是二人意见相左的例证。对日军战力没有了解，主张积极作战的戴宗骞，与饱经战阵，且经过海战对日军的素质有所了解，主张持重的丁汝昌，在战守的主导思想上存在分歧不难理解。但大战临头之际，海陆将领在战守方略上还存在如此差异，而又没有一位更加高层的统帅来及时协调，无形中给威海保卫战埋下了很不好的隐患。

……吾令戴与丁面商妥办，乃来电负气争胜，毫无和衷筹商万全之意，殊失厚望，吾为汝等忧之，恐复蹈旅顺覆辙，只有与汝等拼老命而已。[82]

南帮炮台外围防御

1895 年 1 月 28 日，由桥头集经过的日本山东作战军左路纵队——第二师团的先头部队，沿威海至荣成的南路一道前进，占领东亭子夼后，担负侦察任务的第十二中队又继续北进，于上午 10 时抵达了南帮炮台西侧外围的温泉汤。

此时在温泉汤以北的要隘虎山，刚好驻扎的便是从桥头集被召回的刘澍德部 3 营绥军，另外还有戴宗骞加派的 2 哨绥军。上午 11 时左右日军第十二中队经过温泉汤，接近虎山外围。当日军在大路上行进时，布防在虎山东北佛顶山高地上的绥军就已经从望远镜中发现他们，由于距离较远遂决定用 2 门行营炮射击。日方军史记载："11 时，西北方向远处突然响起炮声，炮弹不断在我军阵地附近落下。"伴随着炮火，佛顶山高地上的约一营绥军步兵也很快开火。遭遇到突如其来的打击，日军侦察分队难以判断中国军队规模，于 11 时 40 分退出战斗，撤回到东亭子夼。

29 日，日军集合优势兵力，再度对佛顶山高地的一营绥军发起攻击，上午 10 时左右下起大雪，使得双方作战都变得极为艰难。战斗中，扛着大旗的绥军掌旗兵突然中弹到地，对战局起到了意想不到的影响。当时中国军队用以指挥作战的主要工具还是流传千年的旗帜，战时会打出大量各种名目的旗帜，全营士兵通过观看旗帜的变化来作战，"旗帜为三军耳目，散勇视队长旗，队长视哨长旗，哨长视营官旗……挥左则左进，挥右则右进，左右挥如鱼摆尾样，是要左右摆开。团团紧挥，如卷帘样，是要紧合一处。枪队视长旗，将用枪时，将旗向下挥，掀起来时始可开枪……"突然发生的大旗仆倒，引起了一场"雪崩"，全军一哄而散，土崩瓦解，日军就此肃清了温泉汤外围。受伤倒地的掌旗兵被他的战友所遗弃，温泉汤的几名村民毅然背起这名伤兵，准备送往南帮炮台的营房，结果途中遭遇日军，百姓逃散，大旗兵则被日军用倭刀砍死。

29 日下午，日本第二师团的主力陆续到达温泉汤一线，眼前就是威海南帮炮台外围的要隘虎山口。晚上 9 时，已经进至桥头附近孟家庄的第二军司令部发来了司令官大山岩的命令，下达了关于 30 日发起总攻的具体方案，要求第二师团于 30 日拂晓后向虎山附近的中国军队发起攻击，肃清凤林集东南的清军。

在日本第二师团一路从桥头集攻击前进至南帮炮台外围前沿的时候，取道荣成通往威海的北路前进的日本第六师团也到达了威海南帮炮台北侧的前沿。相比第二师团的进军经过，第六师团虽然选择的道路路况更差，但是路途中并没有遇到任何成规模的中国军队防堵，可谓是一路顺利，威海守军根本未能料到日军在这个方向上还有一支军队，桥头集方向的战斗已经完全吸引了中国军队的注意力。29 日深夜 11 时 30 分，大山岩的命令也到达了已经前进至北路崮山一带的第六师团，除了要求第六师团注意与第二师团取得联系外，还命令第六师团与 30 日拂晓后向配合第二师团发动总攻。

面对着上万杀气腾腾的日军，经戴宗骞部署，威海南帮炮台外围的兵力为：防守虎山附近的刘澍德部绥军 3 营，防守北虎口一带高地的巩军 2 营，防守南虎口一带的绥军 2 哨，以及刘公岛护军统领张文宣调来的 2 哨护军，总兵力不足 3000 人。虽然清政府正在严令退回酒馆、上庄的孙万龄、李楹部山东省军队必须重回威海助战，"饬令赶紧折回助剿，不得稍有逶退，致误戎机"，但对防守局势已无多大补益，威海南帮炮台外围战的结局实际在战斗爆发之前已经注定了。

奉旨：李鸿章电，刘超佩探称倭兵已至南岸东盐滩，离炮台十五里等语。日锋逼近，日内必有战事，前经降旨饬令坚守南岸炮台，实为威防第一要著……著李鸿章等严饬戴宗骞、刘超佩等尽力固守。南北炮台无失，定予不次之赏，如弃台不守，即将该统领就地正法，决不宽贷。懔之慎之。钦此。[83]

虎山之战

1895 年 1 月 30 日，中国农历正月初五，又是个天气酷寒的日子。凌晨 4 时 50 分，天空中的晓星尚未湮灭，大地还笼罩在一片黑暗之际，位于威海南帮炮台外围的温泉汤附近旷野上，一支支鬼影幢幢的队伍在急速前行。根据日本山东作战军司令官大山岩的部署，日军对威海南帮炮台的总攻将于今天打响。

从温泉汤一线出发的是日军的左翼纵队，即佐久间左马太中将率领的第二师团，目标是绕过南帮炮台直插其腹后，切断南帮炮台与威海卫之间的联系。此举可以阻止威海乃至山东军队救援南帮炮台，同时一旦南帮炮台兵溃，也可以阻击中国溃军。

出发前，佐久间左马太中将对第二师团的战斗行动做了总体部署，将其所部划分为左翼队、右翼队、预备队、报信支队，另外大山岩直接率领的山东作战军军部直辖部队也随第二师团行动。在各部中，担负主攻任务的是左翼队和右翼队，左翼队的司令官由第四旅团旅团长伏见贞爱亲王担任，所属主要是第四旅团的部队，包括步兵第十七联队、步兵第五联队（上述两个步兵联队在开拔时缺 2 个中队）、骑兵第二大队的本部及 2 个小队、炮兵第一联队第三大队的本部及第五中队；右翼队的司令官是第三旅团旅团长山口素臣少将，所属基本是第三旅团的兵力，包括步兵第三旅团（其中第四联队缺 1 个大队）、骑兵第二大队的 1 个小队、炮兵第二联队第三大队、工兵第二大队的 1 个小队、师团卫生队的一半[84]。

伏见贞爱亲王统率的左翼队第一步主攻目标是荣成通往威海南路上的要隘虎山口，当天行进在左翼队最前方的是联队长渡边进中佐率领的步兵第五联队，左翼队剩余各部都跟随在第五联队之后陆续开进。由于天色还是一片漆黑，加之道路都被厚雪覆盖，难以辨明方向，日军的行军速度异常缓慢。

30 日清晨 6 时 45 分，晨曦初露的时候，日军步兵第五联队的前卫第九中队首先到达了虎山口以东的栾家庄（日方档案中习惯称之为河西庄），地形险要的虎山口出现在日军的视野之中[85]。众所周知，威海卫的地形是一面向海，三面群山环绕，在威海南路的群山间，大自然造物之力鬼斧神工般将山群劈开，形成了一个狭窄的山口，即虎山口，虎山口旁的村落便是虎山。如果沿着荣成方向取南路前往威海，则虎山口就是必经的要隘，因为除此外，这个方向上四处都被陡峭的山群遮蔽，再无其他道路通往威海。日军从此路进攻威海，显然不可能带着马匹、大炮、辎重去攀岩爬山，必须要夺取虎山口。

自从桥头集兵溃后，应南帮守将巩军统领刘超佩的要求，绥军刘澍德部 3 营从桥头集北调，就扼守在威海南帮炮台群外围这处重要的咽喉上。刘澍德所部绥军在此分作三处驻扎，一部位于虎山口前沿 800 米外的高地上，配置 4 门行营炮，作为虎山口外围的最后一道防线，同时也是用以支援前方防线的火炮阵地。另一部在上述这处高地西南 400 米外的一座海拔 85 米的高地驻守，担当侧卫。剩余的一部前出布置，防守在虎山口以东的栾家庄附近高地，成为虎山口守军的前哨阵地，也携带有 4 门行营火炮以加强防御。

刘澍德部绥军的布防从总体上看略呈品字型，布置尚属恰当，而且所处的虎山口自古又有天险之称，似乎应该能够坚守。但是绥军 3 个营的总兵力仅有一千余人，加之兵员战斗力低下，以如此力量抵御近一个旅团的日军，纵有再大的地利优势，其战斗结果也不难想知。

日军先头部队到达栾家庄时，驻守在距栾家庄西侧高地的绥军很快就发现了在白色雪原上异常显眼的日军，这部绥军配属的 4 门行营炮首先射击，步兵也纷纷开火，栾家庄郊外顿时战云腾起，30 日的战斗就此开始。

遭遇突然打击后，日军步兵第五联队很快在雪原上展开，从行军队形转变为作战队形，与刘澍德部绥军相持。让左翼队的日军大喜过望的是，虎山外围战斗打响不久，从虎山的北侧远方，突然有炮火不断朝向栾家庄附近的中国军队阵地袭来。

与左翼队出发时间相近，山口素臣少将率领的日军第二师团右翼队于 30 日上午的 5 时 30 分出发，攻向虎山北方的另外两处要隘——南、北虎口，上午 6 时 45 分，右翼队经过温泉汤后不久，便发现了虎山方向有中国军队在炮击，日军右翼队遂派出炮兵第三大队（大队长稻村元资少佐）在步兵第二中队（中队长大久保春成大尉）

◎ 温泉汤方向，日军第六师团一部向虎山行进。

护卫下向虎山方向靠近，支援左翼队作战，同时也拱卫自己的侧翼。7 时 15 分，右翼队的炮兵在距离栾家庄约 700 米的高地上布置完毕，向中国军队猛烈射击。

得到炮火增援，左翼队前卫第五联队士气陡涨，联队长下令转守为攻，全军向绥军阵地发起冲击。战斗进行到上午 7 时 30 分，日军左翼队配属的炮兵第一联队第三大队本队和第五中队在大队长樱井库五郎少佐率领下，也赶到了栾家庄，在村西空地上设置好了炮兵阵地后，立刻加入了对中国军队的炮火轰击。在日军两路猛烈炮火的浇注下，绥军的炮火"火力大为萎靡"。

配合第五联队的攻势，伏见贞爱亲王又采取了日本陆军在甲午战争中惯用的战术，增加了多个步兵中队从左右包抄，意图合围栾家村外高地上的清军。至上午 7 时 45 分，栾家庄外的清军阵地失守，守军最终无法抵御兵力超过己方数倍的日军，退向了距离虎山口 800 米外的后方阵地，4 门行营炮则被孤零零地遗弃在了阵地上[86]。

夺取栾家庄外阵地后日军未作任何停顿，于 7 时 55 分逼近了虎山口外围的清军阵地，而且此时日军第二师团师团长佐久间左马太得到战报后派出的预备队（含炮兵 1 个大队及 1 个中队）陆续到达加入战斗，日军的进攻兵力进一步加强。短暂的接火后，无论是兵力还是战斗力都远远不及对手的清军再度败退，丢弃了这处阵

地上配置的 4 门行营炮，经过虎山口，逃向了威海卫方向的宋家洼，虎山口这一战
略要地瞬间落入敌手。

然而虎山口的战斗并未就此结束，虎山口外围 3 处绥军阵地中的最后一处，即
在刚刚失守的虎山外围高地西南 400 米以外的阵地，大约有二三百名绥军士兵仍然
坚守作战。虎山口的失守，意味着这些将士已无路可退，只有血战到底。根据日方
军史记载，8 时 10 分这座高地也被攻克[87]。

30 日清晨 6 时 45 分，第二师团的另外一支主攻兵力，即右翼纵队，由山口素
臣少将率领从温泉汤出发，目标是虎山口以北的两处南帮咽喉——南虎口、北虎
口。虽然途中一度派出炮兵支援左翼队作战，右翼队主力的行军速度并未因此减
慢。在虎山口战斗同时，日军的右翼队兵分两路，分别扑向了南、北虎口。

进攻南虎口的主要是第二师团右翼队的步兵第十六联队，于 9 时 30 分接近南
虎口，并发现了在南虎口通向凤林集的道路两侧设防的中国军队。

守卫此处的中国军队是统领戴宗骞亲自统率的绥军，但是兵力仅为 2 哨，其中
二三百名步兵守在道路右侧的高地上，另一百余人携带 4 门行营炮在道路左侧布置
炮兵阵地。远处虎山口方向的枪炮声停歇后不久，优势日军就向此处袭来，戴宗骞
当即下令开火射击，南虎口一线的战斗打响。根据日方档案记载，南虎口附近的这
支中国军队作战极为顽强，日军右翼队的主攻兵力是可儿春琳少佐指挥的步兵第
十六联队，交战后于 9 时 40 分逼近距中国阵地前沿约 300 米处，此时位于南虎口
通往凤林集道路两侧的中国军队突然以交叉火力射击，"势颇猛烈"[88]。

日军遂仍使用惯常的招数，改强攻为包抄，派出近一个中队的兵力冒着炮火，首
先攻陷了道路左侧兵力仅有一百余人的绥军炮兵阵地，然后便合力攻击道路右侧占据
高地守御的绥军。至上午 10 时 10 分，绥军不支退却，戴宗骞率残部撤往威海方向。

至此，绥军统领戴宗骞才真正领略了近代战争的残酷，深刻明了了己方战斗力
之不济，以及日军作战之凶猛[89]。

在南虎口失守之前的 9 时左右，攻打北虎口的第二师团右翼队的另外一部也已
得手，巩军 2 营计 700 人在北虎口坚守近 2 个小时后溃散。虎山口，南、北虎口 3
处要隘均落入日军之手，威海南帮外围全面沦陷。从虎山口，南、北虎口溃散的清
军陆续沿着宋家洼—凤林集—杨家滩方向退往威海，身后的群山间是一面面迎风招
展的太阳旗。

摩天岭

与攻打虎山口一带清军阵地，意在隔断南帮炮台对外联系，实际扮演着配角的左翼纵队相比，负责直接攻占南帮炮台群的日军右翼纵队可谓是这场战斗中的主角。

日军第六师团师团长黑木为桢中将率领的日军右翼纵队，其主干就是日本山东作战军的第六师团，黑木为桢也按照作战需要，将所部分为了三个部分：

右翼队，由步兵十三联队第一大队大队长佐渡部之少佐率领，兵力为十三联队第一大队、野战炮兵第六联队第六中队的 1 个小队、工兵第一大队的 1 个小队，以及 4 名传令骑兵。

左翼队是第六师团的主力，由第十一旅团旅团长大寺安纯少将率领，所属兵力基本就是第十一旅团的部队，具体包括步兵第十三联队（缺佐渡部之少佐的第一大队）、步兵第二十三联队第一大队、骑兵第六大队的 1 个小队、野战炮兵第六联队第三大队（缺第六中队的 1 个小队）、工兵第六大队，以及师团卫生队的一半。

第六师团剩余兵力编为预备队，包括步兵第二十三联队（缺第一大队）、骑兵第六大队第二中队（缺 1 个小队及 4 名骑兵）、工兵第一大队第二中队（缺 1 个小队）、师团卫生队（缺一半），以及联合舰队派来的海军陆战队一部[90]。

后人在观看威海陆战这幕大悲剧时，往往缺乏注意一点，与庞大的日军兵团对抗的清军，实际仅有刘超佩所部的巩军 6 个营，又因为其中 2 个营调往了北虎口设防，实际威海南帮炮台的中国守军仅为 4 个营，不足 1600 人，再将这 1600 再分散在各个炮台、山头、要路，则简直可谓虚无防守了。

30 日凌晨 3 时 30 分，日军右翼纵队的右翼队作为前卫首先出发。10 分钟后，大寺安纯少将率领的左翼队也继之开拔，预备队则迟至 5 时出发[91]。由于目标是威海南帮山岭间的炮台群，因而行军的道路也大都是在崎岖不平的山地，加之冰雪覆盖，行进异常艰难。日方记载："我军成一路行进或二路行进，因道路险恶，我军不能齐头并进。在悬崖上，积雪凝固如铁，人马不能直立下山，只能以手触地，成半匍匐姿势前进。我军脚上穿的又是皮靴，步行更加困难。"[92] 日军在夜幕下潜行时，威海南帮中国炮台群内的探照灯光还在不断从日军头顶掠过，更使得这场行军充满惊心[93]。

6 时 30 分左右，除了步兵第二十三联队的第一大队因为先头士兵走神带错了道路，导致全大队与前方军队失散，迷路在威海的山野间以外[94]，大寺安纯的右翼队基本是一切顺利地到了南帮陆路炮台群的外围。右翼队配属的野战炮兵部队立刻开始选择合适场地，布置阵地，架设行营炮。工兵根据战术规范，准备掘土为炮兵阵地修筑简易胸墙，然而因为天气太冷，被冻住的土地根本无法挖动，最后只能作罢。

根据日军的最初计划，是以兵力雄厚的右翼队佯攻牵制中国军队，左翼队则趁夜幕掩护，偷袭攻取中国南帮炮台群的制高点摩天岭炮台。然而时间一分一秒过去，1 月 30 日的曙光已经渐渐撕破夜幕，左翼队却一直没有任何动静。焦躁不安的大寺安纯决定不再等待左翼队的奇袭，直接下令右翼队强攻摩天岭。

7 点整，天色渐明，威海南帮的山群开始显现出来，震耳欲聋的炮声惊醒了威海的早晨。日军右翼队的行营炮阵地首先开火，向山岭上的中国炮台炮击，摩天岭、杨枫岭等炮台旋即还击。

借着炮火掩护，一群群身着黑色军服，打着太阳旗的日军，犹如潮水般从四面八方向摩天岭的山头漫来。担当主攻任务的日军步兵第十三联队第一大队分兵两路，北路第六中队利用凹地向摩天岭的东南方前进，西路第八中队从邵家庄方向的谷地向摩天岭前进。在这两路日军之后，是步兵第十三联队的预备队，第六、第七中队以及工兵小队。摩天岭的北侧山麓，日军步兵第十三联队的第三大队于 7 时 35 分赶到，也立刻攻击而上。5 分钟后，行军途中走错路的二十三联队第一大队被大寺安纯派出的传令兵带回了家，随即从摩天岭东侧方向攀山攻击。

处在日军三个大队（大队为营级单位）围攻中的摩天岭炮台，虽然是威海南帮诸陆路炮台中海拔最高的一座，然而鲜为现代人注意的是，它其实是南帮陆路最弱小的炮台，此刻，坚守在这里的是一支人数 400 左右，战斗素质较差的中国新募军。日军以此作为打开威海南帮炮台群的缺口，可谓机关算尽。

营官周家恩率领的 1 营巩军就是他们现在守卫的这座炮台的建设者。威海局势吃紧后，为了加强南帮陆路防务，周家恩受命率领新右营在摩天岭上修建了这座炮台。名为炮台，实际只是在摩天岭山巅修筑了一圈胸墙，胸墙每隔一段距离留出一个垛口，以供火炮从中对外射击。装备的火炮威力也极为有限，只有 8 门 80 毫米口径的克虏伯行营炮而已。此外，这座"炮台"上既没有兵舍，也没有弹药库，周家恩和他新右营的士卒就是如此在冰雪覆盖、寒风凛冽的高山露天驻守。

30 日战斗打响后，四面受敌的摩天岭炮台没有露出丝毫的怯色，守军用行营炮和步枪顽强地抵御蜂拥而上的日军。在摩天岭炮台的东侧，是副将陈万清所部巩军左营守卫的杨枫岭炮台，炮台工事较摩天岭大为完善，装备有 150 毫米、120 毫米口径克虏伯要塞炮各 2 门，75 毫米口径克虏伯行营炮 16 门。见到邻近的摩天岭炮台吃紧，杨枫岭炮台所有能够调用的大小炮位都朝向摩天岭的山腰奋力发射。日军战史称："摩天岭炮台及西方的敌军炮台枪炮齐发，尤其是杨枫岭炮台从侧面射来的炮火，对我军威胁最大。"

摩天岭的北麓，日军步兵第十三联队第三大队大队长师冈政宜少佐催促着自己的士兵攻击前进。在军官们明晃晃的指挥刀挥舞下，日本步兵端着上了刺刀的村田步枪呼喊着向山头冲锋，尽管有从山头射来的行营炮弹在周围炸响，但是比起日军进攻兵力的数量，区区几门火炮的火力显得是那么的力不从心。

"500 米！ 450 米！"摩天岭炮台胸墙内，几名中国士兵紧张地看着北麓山腰上的日军，再过几十米，日军就会到达雷区，预先埋设在那里的几十颗地雷会将眼前

◎ 日军占领后的威海摩天岭炮台，名为炮台，实际只是修筑了一圈夯土胸墙。

这些倭寇炸得粉身碎骨。随着控制盒上的闸刀落下，一股电流迅速通过电线奔向了 400 米外地底的地雷群，爆炸声接二连三响起，在山谷间震动、回荡，日军消失在腾起的烟雾中。然而中国士兵很快便惊愕地看到，他们的地雷丝毫没有杀伤效果，烟雾散去，日本兵又一一再次出现。日方史资料称：

> 我军从北方斜坡攀登摩天岭，奋进途中，突然有数十个地雷爆炸，其位置位于我军散兵线前方约 50 米，然而未对我军造成一兵一将损失。

摩天岭的周家恩部守军对于布防显然是做了很多的准备工作，不久在东路攀登的日军二十三联队第一大队也遇上了地雷，但这些地雷除了让一些胆小的日本兵为之惊恐不已外，还是没有造成任何杀伤。二十三联队第一大队大队长梅泽道治少佐正在指挥所部前进，"突然在前方二十余间处有五个地雷一起爆炸，卷起一团黑烟，地动天鸣，在数十间平方的地方，泥土像雨点一样地落下来。敌军地雷都是旧式结构（指中国军队的地雷填充的均为低威力的黑火药），爆炸声音虽大，但力量并不猛烈，只扬起了一些泥沙，有一名士兵手指负伤，其他皆平安无事"[95]。

旧式的地雷虽然没有能够消灭敌军，但是巨大的声响和可怕的爆炸，还是给第一次经历这种环境的日本士兵带来了很大的心理阴影，因为谁能保证中国军队下一次引爆的地雷炸不死人呢。日军"士兵因此皆有惧色，不敢大胆前进"。

8 时 25 分，在摩天岭东南方向进攻的日军主攻部队，步兵第十三联队第二大队逼近了距摩天岭炮台 200 米处，眼见炮台近在咫尺，大队长下令发起最后的冲锋。按照日军的作战惯例，冲锋时为了鼓舞士气，凸显军威，本来应当由号手吹响冲锋号，然而天气过于寒冷，军号和嘴唇稍一接触就会粘连，号手只得放弃这一危险的尝试。日军各队在鼓噪呐喊声中加速攻击速度，后方的预备队也全部投入了进攻。此时，摩天岭炮台外的最后一道障碍拦在日军面前，巩军新右营除了在山坡上埋设了大量电发地雷外，还在炮台胸墙外的前沿地带密密麻麻搭设了不少鹿砦，这种中国古代行军作战中就广泛应用的工事，直到此时还具有相当的效果，可以迟滞日军的进攻速度，为守军狙击制造便利条件。

看到前方攻击受阻，随同步兵第十三联队第二大队预备队行动的日军工兵小队立刻前出，冒着暴露在中国守军枪炮下的巨大危险，认真地进行拆除工作，在付出了伤亡 15 人的代价后，鹿砦被破除出几个豁口，后续早已按捺不住的日本兵立刻冲过鹿砦。面对即将杀到面前的日军，摩天岭炮台内的大炮已经无能为力，低矮的胸墙无法挡住日军的铁蹄，情势众寡不敌，守军被迫弃守。

摩天岭炮台的守将，巩军新右营营官周家恩撤离时身负重伤，无法行走，忍住伤痛往后方艰难爬行，最后冻死在了冰雪覆盖的山谷之间。"五指山（摩天岭）新亮子（黑话，亮子指士兵）的营官是周三麻子，他真是好样的，坚决不退，打到底……挂彩以后，爬到壁子村西夼冻死了。"**96**

1894年1月30日上午8时30分，一面刺目的太阳旗在摩天岭炮台上升起，威海南帮炮台群被打开一个致命的缺口。

南帮炮台失守

　　见到摩天岭上高高飘扬的日本国旗，威海南帮其余各炮台以及海中的北洋舰队，都意识到如果摩天岭被日方利用，日军就可以如同打靶一样居高临下逐个攻击剩余的陆路炮台。

　　眼下的办法只有一个，就是摧毁已经失陷的摩天岭炮台。南帮陆路、海岸各炮台，以及海中的日岛炮台，所有能够转向摩天岭方向的火炮都接连朝向此处射击。北洋海军提督丁汝昌率领"定远""靖远""来远""广丙"以及蚊子船等舰只，也驶到南帮炮台附近，猛烈射击。日方史料载：

> 　　敌军海岸各炮台全部把炮口指向陆地，这些海岸炮一齐发炮轰击，其猛烈程度是不可想象的。许多像杆一样的炮弹旋转飞来，形成交叉火力，炮弹碰到岩石上，岩石飞向空中，落到数百间的地方……"定远"、"镇远"等8艘敌舰也开到海岸，轰击我军……我陆军虽然英勇，不惜生命，但岂能抵挡得住这样的巨炮呢？现在我们只好小心藏在炮垒里。小小的敌鱼雷艇也开到海岸，傲慢地向我们炮击。[97]

　　攻占摩天岭炮台后，日军便向威海南帮陆路剩余的杨枫岭等炮台，以及南帮海岸炮台中划在长墙之外的龙庙嘴等炮台发起进攻。

　　早经丁汝昌、刘超佩、张文宣等报告，认为无法坚守的龙庙嘴炮台，装备有210毫米、150毫米口径克虏伯要塞炮各2门，然而仅有四十余名官兵在驻守，基本上除了操作火炮外，再没有多余的兵力用于炮台防御。大口径火炮对于远方的敌军目标具有极大的威慑性，但是用这种武器来抵御已经近在眼前的大批敌方步兵，其效果是可想而知的。

　　夺取摩天岭炮台中作战极为积极的日军步兵第十三联队第三大队第五中队的 1 个小队，在小队长泷口又次郎指挥下，协同神代清之进大尉率领的步兵第二十三联队第二中队（缺 1 个小队），越过摩天岭，一面追击从摩天岭溃逃的清军，一面顺势攻向了龙庙嘴炮台。事情的发展没有任何悬念，四十余名中国守兵大部溃散，日军几乎兵不血刃占领这处要塞。由于龙庙嘴炮台旁就是威海水雷营码头，当时北洋舰队军舰正在水雷营栈桥附近的海中用舰炮猛烈轰击摩天岭方向，夺取龙庙嘴海岸炮台的日军便突发奇想，准备利用中国炮台上的大口径海岸要塞炮来轰击中国的军舰。

　　北洋海军提督丁汝昌最不愿意看到的一幕出现了。

　　攻占龙庙嘴炮台的日军都是步兵部队，眼巴巴看着庞大的克房伯要塞炮，不断发出啧啧惊叹，然而这种火炮的威力他们能够想象，但却完全不懂得操作，只能束手无策。不过刚刚战斗中有 4 名中国士兵被俘，于是日军便逼迫这 4 名中国陆军士兵用大炮轰击北洋舰队。

　　正在忙于作战的北洋舰队显然没有注意到龙庙嘴炮台已经陷落，仍然在距炮台很近的海面上停泊。北洋海军旗舰“定远”舰上，黄海海战中受损的几门 305 毫米巨炮在十几天前刚刚修复，官兵们正在努力地装弹、瞄准、射击，突然一发巨弹从

◎　日军占领后的龙庙嘴炮台。

龙庙嘴袭来，导致主炮台再度受损。广东水师留用于北洋作战的"广丙"号鱼雷巡洋舰，也在北洋海军炮击陆地日军的序列中，尽管她的两个姊妹"广甲""广乙"都已经含恨逝去，但是她轰击日军的炮火看不出一丝的怯懦。"广丙"舰司令塔内，安徽怀远籍，留美幼童出身的帮带大副黄祖莲正在指挥战斗，一颗炮弹命中司令塔的观察口，黄祖莲头部被弹片击中，当即殉国……

> ……炮台里有四名俘虏，我军遂胁迫这些俘虏给这个炮台上的巨炮装弹，命令他们炮击敌舰。敌舰就在距炮台百余间的近距离上。敌舰突然遭到炮击，其狼狈相不可名状，急忙调转方向向远处逃去。**98**

北洋海军舰上的官兵如何也想象不到，攻向他们的炮弹来自己方陆地炮台上的火炮，而操作这些火炮的又是原本应该手足襄助的陆军兄弟。

龙庙嘴炮台东北方不远处，是威海南帮海岸炮台群中的鹿角嘴炮台，装备的是比龙庙嘴炮台火力更猛的4门240毫米口径克虏伯要塞炮。由于驻守南帮的巩军兵力有限，为了防堵日军从陆路来犯，主要的兵力都抽往了陆路炮台和要塞，在这处海岸炮台内守御的仅仅是几门火炮必备的炮手而已，虽然炮台外围筑有长墙，但是没有兵力配属的胸墙等于无用。漫山袭来的日军步兵不费吹灰之力驱赶走了人数少得可怜的守军，鹿角嘴炮台上又出现了一面血红的太阳旗。

这次日军可以不用逼迫中国俘虏来操作火炮了，通过联系，日本联合舰队派来了舰炮手和陆战队进入炮台，因为联合舰队的部分军舰上也装备有克虏伯大口径火炮，所以操作这种火炮对他们来说可以称为得心应手。

鹿角嘴炮台的240毫米口径要塞炮炮口腾起白烟，向港湾中的北洋舰队军舰射击。接下来的一幕让日本人始料未及，见到鹿角嘴失陷，北洋海军各舰又掉转炮口向鹿角嘴发炮还击，旗舰"定远"射出的一颗305毫米直径实心弹竟然准确命中了1门240毫米口径火炮的炮管，以千钧之力将钢铁的克虏伯火炮拦腰击断，鹿角嘴炮台的日军望着残破的火炮面面相觑，可以想象如果射来的是一颗高爆弹，这里将会出现如何的景象。

较龙庙嘴、鹿角嘴两座海岸炮台的战斗更为激烈的是杨枫岭炮台战斗。攻陷摩天岭炮台后，日军即利用摩天岭炮台内的中国行营炮居高临下俯射杨枫岭炮台，"8时55分，集合火力炮击杨枫岭炮台，然这座炮台抵抗相当顽强，持续猛烈地向

◎ 被"定远"舰炮弹击断炮管的鹿角嘴炮台 240 毫米口径大炮。

我还击"。同时，日军步兵第二十三联队第三大队和野战炮兵第六联队第三大队绕道杨枫岭侧后发动进攻，日军步兵第十三联队第二大队则从摩天岭方向正面强攻。

杨枫岭炮台属于陆路炮台，守军较多，为副将陈万清率领的巩军左营约四百余人，左营又是巩军的老营头，战斗力较新募军强。面对优势日军的炮击和冲锋，陈万清毫无畏惧，身先士卒鼓励士兵坚定还击。在日军压倒性的炮火攻势下，杨枫岭炮台周围的树木大都燃起了熊熊大火，犹如一座在燃烧的火炉。中午时分，杨枫岭上传出一阵天崩地裂般的巨响，炮台内的弹药库不幸被击中爆炸，至此杨枫岭炮台大势已去，陈万清被迫率残部突围，途中遭遇日军伏击，陈万清被击中受伤。

犹如一副快速倒塌的多米诺骨牌，威海南帮炮台群的炮台在一个接一个快速失守。夺取了杨枫岭，近旁的谢家所陆路炮台又成了日军兵锋所指的目标。

谢家所炮台是此刻威海陆路仅存的一处炮台，装备 150 毫米口径克虏伯要塞炮 1 门，120 毫米口径克虏伯要塞炮 2 门，由一名姓徐的哨官带领几十名新募兵驻守。位于谢家所炮台附近，还有一座名为百尺所的村庄，与普通的村落不同，百尺所村更像一座小型的城池，环村有一圈城墙遮护，村中驻守的是谢家所炮台守军所隶属的一个巩军新募营，由营官何大勋统领。

◎ 日军占领下的杨枫岭炮台。

　　日军步兵第十三联队第三大队的数个中队从杨枫岭攻击至百尺所村，在此守御的新募军不支退却，营官何大勋在混战中阵亡。日军遂逼近谢家所炮台，几十名清军士兵坚守不屈，最终大部阵亡，谢家所炮台落入敌手，威海南帮的陆路炮台完全沦陷。

　　日军踏入战火蹂躏过的谢家所炮台内，突然发现有一名怀抱婴孩的中国妇女从兵舍闪过，往炮台外奔跑，于是立即追上将这名妇女用刺刀挑死，妇女手中的婴孩则被日本兵摔死在岩石上。不远处，力战阵亡的徐哨官双目未瞑，怒火熊熊的目光里仿佛也看到了他的妻儿惨死的这幕人间悲剧。甲午战争后，对于发生在谢家所炮台上的这幕暴行，日军竟然颠倒黑白，称当时是清军营官将自己的儿子抛弃，而被日军一名军官抱起抚养，日军军官在战地上抱养中国孤儿的鬼话就这样在日本国内传为美谈。

　　威海南帮一座座炮台都冒着滚滚浓烟，太阳旗已经飘扬在威海的山谷间，此时的南帮炮台群，仅仅只剩下了孤零零的赵北嘴炮台尚在坚守。

　　在摩天岭之巅，作为此方向上进攻主力的日军第六师团第十一旅团旅团长大寺

◎ 日军占领后的谢家所炮台。

安纯少将率领随从登上炮台。望着海中的刘公岛，以及摩天岭远方低处的其他中国炮台，大寺安纯胸中洋溢着不可一世的豪迈情绪，夺取威海炮台的首功显然就当属于他和他的军队了。

随第六师团行动的日本《二六新报》记者远藤飞云不失时机地凑上前来，对旅团长的赫赫战功加以夸赞，一面在采访簿上匆匆笔记，一面让大寺将军摆出各种英武的姿态，拍照留念。远藤飞云架好相机，大寺安纯摆出了他认为足够炫耀的姿势，正当相机快门将要摁下的时刻，一声惊雷在上空炸响，整个摩天岭炮台笼罩在滚滚烟雾中。

大寺安纯的副官在弥漫的硝烟里高声呼喊着自己旅团长的名字，然而没有任何回答，待四周的烟尘落定，这才发现刚刚不可一世的大寺安纯已经倒在血泊中，随军记者也在一旁痛苦呻吟。北洋海军的炮火准确命中了这里，对于舰上的炮手而言，瞄准攻击这样的固定标靶，简直是再轻松不过的事情了。日本官兵飞速将大寺安纯和随军记者用担架抬下摩天岭，赶往最近的野战医院治疗，随军记者腹部中弹伤势过重毙命，大寺安纯则因为胸口要害中了弹片，在野战医院死去，乐极生悲的大寺安纯成了威海之战乃至整个甲午战争中，日本阵亡的最高级别陆军将领[99]。

从虎山口、南北虎口一带败退的绥军统领戴宗骞，此时已经到了位于金线顶的电报局，虽然主管电报局的委员已经逃跑，但是几名电报生还是将十万火急的战报发往了天津。似乎预感到了什么，电文发出后，戴宗骞沉吟半晌，最终让几名已被远方的炮声惊得手足无措电报生各自逃命，自求多福。至此外地送入威海的电报只能由刘公岛上的海军电报局接收。

> 本日早间倭数道由岭入，巩军陆路台先失。西南路三虎口苦战三日亦撤退，南路长墙旋失。倭夺龙庙嘴台，水师炮力击，倭死不少。现鹿角嘴、赵北嘴尚守。职道率队扼八里墩。倘南岸两台尚存犹可支；倘再不守，倭兵船深入，陆路北台均难存，是职道毕命时，恐无后电矣。[100]

> 电称龙庙嘴台已失，余尚无恙，可知雨亭实有先见。雨亭电，鹿角嘴、赵北嘴台俱失。刘超佩避在何处，应将该镇及守台营哨官遵旨就地正法具报。顷已电奏。汝守八里台何益，应速设法雕剿南岸倭寇，使不得专攻水师，冀海军不至全灭。仍与雨亭和商，劝令冲出设法保船，则失台之罪或可少减。鸿。[101]

海　军

　　正当日军几乎已经完全控制威海南帮炮台群之时，位于龙庙嘴炮台附近的巩军左营营盘内，一名日军哨兵飞也似的奔入，立定、敬礼，气喘吁吁地向此处的日军指挥官报告。这名慌慌张张的哨兵传来了不久前在龙庙嘴附近海滩上发生的一件重大军情：在那片已经处在日军炮台（请允许以这样的词语来描述那些被攻陷的炮台）俯瞰下的海滩上，竟然出现了大批身着红色军服的北洋海军陆战队！

　　1895 年 1 月 30 日，从这一天起，北洋舰队开始了此后持续近十几天的连场恶战。

　　1 月 30 日凌晨 2 时，为配合陆军进攻威海卫，在司令官伊东祐亨的亲自率领下，除留了"天龙""海门""天城"等军舰原地担负警戒外，驻泊于荣成湾的日本联合舰队主力纷纷起锚出航[102]。

　　为执行这次任务，在 1895 年 1 月 25 日最后一批运兵船成功登陆后，日本联合舰队便于 26、27 日在荣成湾完成了加煤作业。此时联合舰队的序列中包括有本队：旗舰"松岛""千代田""桥立""严岛"，第一游击队"吉野""高千穗""秋津洲"，以及第三、第四游击队的"赤城""摩耶""爱宕""武藏""葛城""大和""鸟海"等军舰，排列成日本海军熟练的单纵队队形航行。清晨 6 时，联合舰队本队，第一、三、四游击队等军舰到达威海湾外，与联合舰队第二游击队（"扶桑""金刚""高雄"），以及鱼雷艇队和"筑紫"等军舰会合。

　　根据伊东祐亨 29 日下达的命令，日本联合舰队 30 日的作战计划除配合陆军行动外，最主要的目的是引诱北洋舰队出战。具体为，威海南帮炮台战斗打响后，以"筑紫""鸟海""摩耶""爱宕""武藏""葛城""大和"等 7 艘军舰向刘公岛东部炮台、日岛炮台、威海南帮炮台进行炮击。

选择由这些老旧军舰抵近威海湾口作战，目的在于引诱北洋舰队出港，"炮击中如敌舰队出动，必须努力引诱之出港向主战舰队（本队、第一游击队）方向"。如果北洋舰队被引诱出港，则以本队、第一游击队的优势兵力将其彻底消灭，同时"筑紫"等7艘军舰冲入威海湾，以7舰搭载的海军陆战队强攻夺取刘公岛[103]。

综观日军的作战计划可以得出一个强烈的印象，即日本联合舰队此时对北洋舰队舰只损失严重的情况相当了解，因而积极牟取与北洋舰队进行主力决战，借此一举结束战斗。相反，如果北洋舰队坚守在威海湾内，依仗陆地炮台和海湾阻塞线与日本联合舰队相持，则是日方所不愿意见到的局面。

30日早晨7时40分，即日本陆军开始进攻摩天岭炮台的时候，"筑紫"等7艘军舰开始向皂埠口航行，8时5分距离杨枫岭炮台5000米，距离谢家所炮台3000米时开始对上述炮台进行炮击。此后改道东北，在距赵北嘴炮台和日岛炮台约5000米时向上述炮台炮击。9时38分，舰队再度旋转，重新向杨枫岭、谢家所炮台进攻。如此兜圈往返攻击，吸引北洋舰队出港[104]。

7时30分左右，在岸上隆隆炮声中活跃在海上的还有一支舰队。炉膛中的熊熊火焰彻夜未熄的北洋舰队，得到警报后立刻起锚，海军提督丁汝昌仍然坐镇"定远"，率领着重伤待修的"来远""靖远"，以及弹药即将告罄的"平远""广丙"和"济远"，蚊子船、鱼雷艇也列作纵队，首先驶向威海南帮，开火支援正在激战的陆路炮台。

威海湾外时隐时现的日方诱饵舰队，并没有能吸引住丁汝昌，从威海形势吃紧的一刻起，他就已经决定死守威海湾。之所以做出这个痛苦而无奈的决策，因为他以罪官之身，肩负着确保威海不失的重责，海军离去后的威海卫能坚守多久，对于丁汝昌而言已经是个公开的答案。同时丁汝昌也非常明白，他属下的军舰目前的状况已经不具备和日本联合舰队进行决战的实力，贸然孤注一掷，只会落得鱼死而网不破的结局。在陆路援军、海外购舰等诸多希望尚未破灭的情况下，他不可能做出这种带有自杀性质的举动。另外，北洋海军之所以停留在港内，还有一个重要的原因：当接到李鸿章屡次三番催促北洋舰队冲出口去的电报时，当看到北洋舰队军舰升火时，威海卫、刘公岛的陆军们就会由心底生出一阵阵不安，对于兵力本就单薄的陆军而言，近代化的海军是他们一块重要的心理屏障，为了彻底消弭海军离威的可能，陆军守将张文宣等先是致电李鸿章，最后则与海军签订生死状，"刘公岛陆军统领张得三闻海军将出与敌决战，乃急趋见丁统领，与议水陆二军协力同心，死守刘公岛，以待外救。互相立约：若陆军先出，则水师轰炮击之；若水师先逃，则陆军开炮轰之，各无悔言"[105]。

后人讨论北洋海军株守威海湾的举动时，又有几人了解北洋海军所处的绝境，又有几人知道日本联合舰队在威海湾外布下的凶险陷阱。

日方史料载："敌舰'定远''济远''平远'，以及另外四五艘炮舰排成一列，来到刘公岛与日岛之间，一边巡航，一边向东岸炮台猛烈发炮，努力阻止我军进攻。"当从虎山口、南北虎口以及南帮炮台撤退的中国溃军被日军追至杨家滩一带时，北洋海军立即以舰炮轰击，阻断日本追兵，掩护陆军突围。当鹿角嘴等炮台相继失守，并倒戈相击时，北洋海军的舰船又忍痛向那些国家耗费巨资建筑起来的炮台还击。

看到龙庙嘴、鹿角嘴以及南帮陆路炮台全部失守，赵北嘴炮台吃紧时，北洋海军提督丁汝昌做出了一个让人意想不到的举动。由丁汝昌下令，几乎是北洋海军全部的陆战队力量，三百多名海军陆战队士兵乘坐舢板划向了威海南帮岸边。海军陆战队在北洋海军内俗称为洋枪队，是海军中的一支特殊的战斗力量，他们装备的是毛瑟步枪，接受的是近代化的陆战训练，与淮系陆军相比，北洋海军陆战队的素质要远过其上。现在他们的任务是迎着溃退的陆军前进，去夺取摧毁那些被日军占领的炮台。面对强大的敌军和艰巨的使命，这支显得过于弱小的队伍简直犹如是一群

◎ 1895 年 1 月 30 日，在威海杨家滩海面抵近作战的北洋海军军舰。

易水长歌的死士。

看到犹如火红一片的中国海军陆战队袭来，日军立刻集结兵力前往阻击，恶战在龙庙嘴炮台一带打响，这些中国士兵居然能够占取上风，逐渐逼近龙庙嘴炮台。"……不久枪声大作，敌水兵与我军的战斗开始了。忽一敌兵攀左营（被日军占领的巩军左营）胸墙，进入营中，隐藏于一仓库的外面。我立即报告，然后与五名士兵一起向仓库方向前进。敌兵立即跳出胸墙欲逃，我军狙击，把敌兵击毙。登陆的水兵气焰嚣张，似都有拼死的决心。"[106]

正当海军陆战队与日军激战时，南岸最后一座还飘扬着龙旗的炮台，赵北嘴炮台守军不支溃退，数百陆军向龙庙嘴方向溃来，赵北嘴台实际已经弃守。位于南帮海岸炮台群最东端的赵北嘴炮台装备有280毫米口径巨炮2门、240毫米口径要塞炮3门、150毫米口径要塞炮1门，是威海南帮海岸炮台中火力最猛的一座。而且其位置刚好与威海湾中的日岛成犄角之势，扼守东口海面，形势非常重要。这座炮台倘若为敌所用，不仅意味着威海东口海面的藩篱被拆除了一角，而且280毫米口径巨炮射程可以覆盖至刘公岛，北洋舰队舰只将终日处于炮火威胁下。

跟随在北洋舰队序列中用火炮支援陆地战斗的"左队一号"鱼雷艇由管带王平指挥，离开编队，立刻直驶赵北嘴岸边，护军前营帮带洪占魁、"定远"舰炮长李升带领25名敢死队士兵攀岩而上，冲进赵北嘴炮台，在日军即将进入炮台的一刻，引爆了弹药库[107]。"突然响起一阵万雷齐鸣的声音，见一团白烟由东岸炮台之地角升起，蒙蒙硝烟弥漫于蓝色的天空。"

毁台的敢死队官兵只有8人全身而退，回到"左队一号"艇快速驶离，赵北嘴炮台自毁。已经事实上夺取了南帮所有炮台的日军，很快集合兵力反击在龙庙嘴一带的北洋海军陆战队和赵北嘴溃兵，这批在南帮坚持战斗的士兵最后被日军合围至海边，全军覆没，没有留下一个名字。

> 使人感慨的是，有的中国兵知道不能幸免而剖腹死去。从炮台里出来的败兵和登陆水兵几乎无一人逃脱。海岸上敌尸累累，不可胜数。有的敌兵在海中遭到狙击，海水完全变成了红色……[108]

合抱威海湾和刘公岛的臂膀，一臂已断。

30日下午2时30分，日本鱼雷艇"第二十三"号驶近在威海湾外旋转游弋的

◎ 在龙庙嘴炮台附近壮烈殉国的清军。

联合舰队本队与第一游击队，报告了威海南帮炮台已经被夺取的消息。不久之后，"第十号"鱼雷艇又赶来报告，称北洋舰队因为受到威海南帮炮台的威胁，已经转移到了威海湾的西口方向。看到北洋舰队不受诱惑，而己方又已经消除了威海南帮炮台的威胁，伊东祐亨一改谨慎的作风，下令舰队直闯威海湾[109]。

日军第二游击队和第三鱼雷艇队以单纵队队形冲向威海湾东口，南帮炮台的火炮也发炮支援。由于遭到日岛、刘公岛炮台的炮火阻击，加之东口海面上仅有一处狭窄的出入口，日军尽管经过多次努力，最终还是未能闯进海湾。在作战过程中，"第二十二号"鱼雷艇捕获了一艘中国舢板，从上抄获 280 毫米、240 毫米以及 150 毫米口径克虏伯要塞炮的炮闩等重要零件，均为中国军队弃守时从赵北嘴炮台上拆卸而来，原本指望将这些关键零件拆除后，日方就无法操作火炮，但是未能料到的是竟全部落入敌手[110]。

下午 5 时 5 分，夜幕降临，日军匆匆结束了战斗，离开威海湾口。第一游击队留在威海湾西口至褚岛间游弋，以防北洋舰队乘夜出口驶往烟台。联合舰队本队等军舰在威海湾东口至鸡鸣岛一线驻泊、警戒。鱼雷艇第一、二艇队在威海湾口外近岸处警戒。

30 日的战斗至此结束，除了一些零星的枪声外，威海卫显得一片寂静。

东省援军

　　正月初五的夜晚，独坐在直隶总督衙门枯灯下的李鸿章心情万般焦急。午间纷至沓来的战报，头绪万端，但大都清楚地传达着一个消息，他苦心经营多年的威海卫、北洋海军已经到了生死存亡的关头。

　　南帮已失的威海卫再也不能失去北帮，否则北洋舰队将会彻底被困死在港中，要确保北帮炮台不失，眼下唯一的希望就是山东省能够派出援军。这次，李鸿章已经顾不得官场纠葛、派系混争，直接撰文致电山东巡抚李秉衡。电报里，李鸿章首先引用总理衙门寄发的谕旨，谕旨质问李秉衡从桥头集莫名其妙退走的孙万龄部究竟去向了那里，要求即刻调回，同时要求将驻扎在烟台一带的孙金彪部嵩武军调来威海增援。"其退扎就粮，系属何军？何人统带？当此分兵守险，联营进剿之际，著李秉衡迅即查明，饬令赶紧折回助剿，不得稍有逗退，至误戎机。再孙金彪现驻烟台，通商口岸防务较缓，如能调孙金彪一军前赴威海协防，更为得力。"转述完圣旨后，李鸿章则用一种协商的口气希望李秉衡"祈核饬遵办"[111]。通篇文字看似处乱不惊，实则李鸿章就是在哀求李秉衡救救威海。

　　得到朝廷圣旨的李秉衡自然不会一无所动，正月初六李秉衡分别致电李鸿章与戴宗骞。

　　　　天津中堂钧鉴：东案现扎阮家口，近长岛，可与水师夹击，扼其大队犯北口。如能竭力相持以待援军，北台或可保……旧属李秉衡谨肃。[112]

　　　　刘公岛送戴统领鉴：鱼电敬悉。孙、李两军已扎阮家口，可与水师夹击，扼其大队犯北口。请即将此电送交孙、李两统领，代弟转饬严备紧扎，抄截来路为要。衡。[113]

　　两份电报均透露出一个消息，从桥头集一路退回酒馆、上庄的孙万龄、李楹两军已经被李秉衡调往威海支援，到达了阮家口驻扎，可以与海军并力夹击，防止日军北犯。如果对威海地理不了解的人看到这个部署，显然觉不出多少异常，但是只要对威海的地图稍加分析，就能发现李秉衡做出的是怎样的部署。

　　实际上，阮家口村就位于当初孙万龄军前往桥头集时所路过的羊亭集附近，距离烟台酒馆只有一天左右路程，这个位置既不接近已经失守的南帮炮台，也不靠近急待援兵的北帮炮台，做出这样不着边际的部署，其目的无外是可以让这支军队一旦遇警迅速退回烟台。给李鸿章的电报末尾，李秉衡用了"旧属"的字样自称，似乎是在提醒李鸿章早年发生在直隶冀州的往事。给绥军统领戴宗骞的电报则更为惊人，居然让戴宗骞代为向孙万龄、李楹传达这个意在告诉二军"到此为止"的命令。

　　明欺同僚、战友的同时，李秉衡又向上邀功，致电军机处，称"初五日，该军（孙万龄、李楹部）尚未赶到，而威海南帮炮台已经失守。现又飞饬与绥军合力夹攻。东军只此兵力，已多在威，威设有失，烟台愈形吃重。烟台守将只孙金彪一人，若再调往，无人守御，烟亦必危"[114]。

　　借着总理衙门和朝廷对威海地理茫然不知的优势，李秉衡胡说派出的军队已经与戴宗骞部合力，此后又不顾清政府早已指出的烟台属于商埠和公共租界，日军不敢侵扰的指示，放胆谎称东省的军队大都已经调往威海，仅剩的孙金彪部必须留在烟台，不能支援威海。

　　援军断绝的威海北帮炮台，何时失守只是个时间问题了。

　　戴宗骞电：南岸台全失，守将卒多死。宗骞自赴祭祀台独守北岸三台，倭四面包来，万难久存。[115]

羊亭河之战

　　1895 年 1 月 30 日，威海的南帮炮台正处在弹雨硝烟中时，山东巡抚李秉衡派出"援威"的孙万龄、李楹部山东省嵩武、福字等军先头部队匆匆到达阮家口子，目睹战事激烈，随即又全军马不停蹄顺原路撤退。

　　31 日夜间，这两支来往奔波而不亦乐乎的军队撤到了位于威海西部的鹿道口村一带，恰好与驻守宁海州一带的总兵曹正榜部山东东字军的一部会合，遂在鹿道口村一带就地扎营[116]。

　　小村鹿道口位于威海西郊，并不起眼，村子北方名为双岛港的海湾，是威海通往烟台西路上重要的天然屏障。此处虽然仍属文登县境内（威海属文登县管辖），但以地理形势而言，由于海湾、河流阻隔，其实是烟台、威海设防的天然交界处。从双岛港往南，有一条流向此处入海的河流——羊亭河，河两岸散落着孙家滩、港南、大西庄、港头等村庄。孙万龄、李楹、曹正榜等军队就在这些村庄驻扎，主要兵力聚集在羊亭河西岸朝向宁海州、烟台方向的孙家滩、港南等村庄里，河对面朝向威海来路方向的港头村中只留扎了少量兵力充当哨戒。明眼人很容易看出，这样的部署更像是在设防宁海州前路。

　　1895 年 1 月 30 日晚 8 时，已经攻占威海南帮炮台的日本山东作战军对下一步夺取威海卫的作战进行了部署。原攻占南帮炮台群的第六师团，受命沿威海海边前进，取威海卫城，然后攻击北帮炮台群。已被攻克的威海南帮炮台，由海军陆战队和陆军的炮兵部队驻守。原攻占虎山口、南北虎口的第二师团，被指派绕道威海背后，直趋的目标就是威海通往烟台方向的要路鹿道口，意在占领此处，切断威海通往烟台的陆地联系，从背后包抄威海北帮炮台群[117]。

　　1 月 31 日上午 10 时 40 分，绕取威海背后的日军第二师团在途经长峰寨附近时，从当地中国百姓口中得知了孙万龄、李楹部山东军队的行踪，日军于是也沿着阮家口通往羊亭方向的道路寻歼这支中国军队。

当天夜幕降临，孙万龄、李楹等军在鹿道口一带安排驻扎时，日军第二师团也已经到达了在距离鹿道口不远的羊亭集。眼见雪下得越来越大，日军遂停止行军，就地在羊亭集附近的曲家河等村庄宿营，并派出一个小队前出至警戒。未料，担任前哨的日军小队在所驻扎的村中遭到一些躲藏在房屋里的中国散兵狙击，被打死打伤士兵各一名，种种迹象表明大队的中国军队可能就在附近。深夜 24 时 30 分，第二军特务曹长鹿野俊秀带领侦察骑兵终于在鹿道口一带发现了有大支中国军队驻扎[118]。

令人难以理解的是，深夜得到的这件重要情报并没有令日军立刻做出反应，羊亭河两岸的中国军队也丝毫没有发现危险已经逼近，整整一夜双方都在平静中度过。日本士兵享受着自 29 日以来第一次畅快的酣睡，孙万龄等部中国军队则在盘算如何继续向宁海州退却。2 月 1 日上午 8 时天色大明后，伏见贞爱亲王才下令第二师团的先头部队从曲家河驻地拔营，前往鹿道口方向。中午 11 时 10 分，大雪纷飞，日军前哨 2 个中队接近羊亭河以东的港头村，正在继续行军时，突然发现港头村内有大量衣着臃肿杂乱的中国士兵，枪声即刻四起[119]。

从地理上看，对于驻守孙家滩、鹿道口一带的中国军队而言，羊亭河对岸的港头村本应该是非常重要的前哨阵地，但却仅仅部署了不到 200 名士兵防御。在日军 2 个中队攻击下，港头村的中国军队稍作抵抗，便立刻踏过冰封的羊亭河撤退，到河西找大队寻求庇护，"敌军稍作抵抗后，向大西庄及孙家滩方向退却"[120]。

羊亭河西岸孙家滩村，是中国军队主力驻扎的位置，村西南的高地上配置了可能属于曹正榜东字军的 8 门行营炮。当港头村战斗打响后，孙家滩一侧的中国军队被惊起，很快枪炮齐鸣，向对岸胡乱射击。尽管当时日军投入作战的兵力只有约 2 个中队，而且在中国军队的密集但不准确的火力威胁面前，一度被压制，但是羊亭河西岸的中国军队丝毫没有任何越河反击的打算。

慑于对岸中国军队火力较强，日军先头部队不敢轻易冒险，立刻向后方求援。经伏见贞爱亲王与第六师团师团长佐久间左马太紧急会商，日军首先派出了第五联队（缺 1 个大队）前往增援[121]。下午 1 时 5 分，顶着对岸中国军队的射击，第五联队的第十、十一中队发起冲击，由于羊亭河冰封，河面异常光滑，无法快速奔跑，在河面上小心翼翼蹒跚而行的日军，成了中国军队射击的绝佳标靶，这段宽约 80 米的开阔地成了让日军胆寒的杀戮场，羊亭河之战中日军的主要伤亡都发生在这里。"河西北方高地上约二三百敌军在树林中进行射击，猛烈的交叉火力倾注向我军。当时，河流已经结冰，河面上恰如镜面，不能疾走，只能一步一颠缓慢前进，因而这一阶段是我军伤亡最重的时候。"**122**

　　10 分钟过后，日军炮兵第六中队赶到增援，在羊亭集西北高地快速架设完火炮，开始向孙家滩方向的中国炮兵阵地发炮猛轰，日军的后续兵力在炮火掩护下也加入渡河的行列。甲午战争各个战场上已经重复了无数遍的景象再度出现，短短 15 分钟后，顶不住日军的炮火，孙家滩附近的清军溃退，日军一直追击到下午 2 时 30 分，由于风雪越来越大而被迫停止。此战日军阵亡 6 人，受伤 40 人，缴获 8 门行营炮，3 辆弹药车，威海通向烟台的陆路被日军彻底截断**123**。溃退的孙万龄等部东省各军根据李秉衡的指示，一直西撤到宁海州附近集中，与烟台守将孙金彪的 2 营嵩武军共同扼守在宁海州外围的孟良口一带，此后不久又草木皆兵，放弃宁海州，退往了烟台。

北帮炮台弃守

在威海卫方向上，1月30日失去南帮炮台群后，威海的陆地防务还剩下北帮炮台群一翼。由于背后与山东省的宁海州接壤，且有高山天险阻隔，当初设计时北帮炮台群定位为海岸炮台，主要炮台均面向海面，其中规模最大的为祭祀台、黄泥沟、北山嘴三座，与刘公岛的黄岛、旗顶山、公所后等炮台形成掎角态势，火力可以覆盖威海湾的西口海面。

威海卫建设军港开始，北帮炮台的守军就始终是戴宗骞统领的绥军，最初为4个营，甲午事起又就地添募了1营新军，总数共计5营。日军登陆荣成湾后，威海南帮炮台成了首当敌锋的前线。持积极作战态度的戴宗骞，在迷信山东巡抚李秉衡会派兵帮助防守北帮炮台的基础上，尽出绥军精锐，首先派分统刘澍德率3营绥军老营前往荣成来路堵截日军，之后自己更是亲率1营老营往南虎口设防，支援南帮外围防御，以解南帮守军兵力单薄之忧，身后的北帮炮台群仅仅只留下了1营新募兵，由军官段祺瑞担任巡查，看守各炮台。就是这仅剩的1营，按照戴宗骞的计划，当山东省援军到达北帮时，也将调往南帮设防。

戴宗骞如此做法无外乎是作了一番设身处地的考虑：东省军队是为客军，如果提出让东省军队前往日军兵锋直指的南帮前沿，令山东军队为了保卫李鸿章北洋的威海，而冒付出重大伤亡的风险，则山东省可能连一兵一卒都不会派出。现在以戴宗骞自己的绥军全数腾出手脚调往南帮火线，山东省军队只要帮助填扎绥军走后空缺的防务即可。然而令戴宗骞意想不到的是，口口声声许诺要派来军队的山东巡抚李秉衡，始终没有任何实际的举动。

1月30日南帮炮台激战中，防御南帮外围的4营绥军老营均伤亡惨重，虎山口的刘澍德3营绥军败退后残部径直往宁海、烟台方向逃散，戴宗骞亲率在南虎口

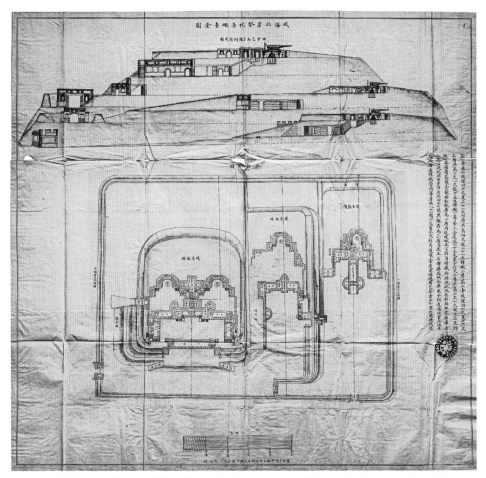

◎ 威海北岸祭祀台炮台工程图。因为炮台分布在由上至下的三个坡地上，又称三层台。俄罗斯国立图书馆藏。

作战的 1 营绥军在阵地失守后，仅有残部十余人跟随戴宗骞撤往八里墩，（位于威海卫城以南八华里处的一座高地，因古代设烽火烟墩得名，是威海卫城南方最近的一处高地。）仍然想据险扼守，旋又因为李鸿章的电令而北撤，退回到北帮的祭祀台炮台防守。

30 日傍晚，暮色茫茫，远望南帮群山，依稀能够看到一面面太阳旗。被山东巡抚李秉衡和京城内的清流派声称已经弃台潜入刘公岛的南帮巩军统领刘超佩，此刻九死一生，被几名士兵从南帮前线抬到了祭祀台炮台。撤退途中膝盖中弹受伤的刘超佩还不知道，京城里的御史言官们已经在忙着给他罗织罪名了。

望着从威海建港时就一直合作的同僚、战友，戴宗骞一脸怆然。这两名将领尽管在威海防御之策等问题上存在不同见解，甚至发生过争论，而此刻已然成了难兄难弟。一心想打好仗，始终持积极应战态度的戴宗骞，如果身处镇压太平天国、捻军的内战战场，或许真能成就为一员勇将，然而面对完全近代化的敌寇，全军尽覆也未能守住防地，一股莫名的悲伤在四周的空气里发散。寒风凛凛的炮台上，没有合适的安身之处，戴宗骞、刘超佩和随从们不得不蜷身在黑暗、冰冷的炮台弹药库内。

31日，北洋海军提督丁汝昌乘坐火轮舢板来到北帮炮台，与戴宗骞会商防御之策，重伤的巩军统领刘超佩被送往刘公岛医院疗伤。戴宗骞表示已经派人四处拦截、收集溃散的绥巩军，力图集合溃军坚守北帮炮台，不愿撤退。可是事与愿违，就在这一天，北帮仅剩的1营绥军，即原留守炮台的新募兵居然全营逃散，"在北岸之绥军，见南岸之败，死亡甚惨，六日即望风溃逃"，派在北帮支援的"广甲"舰管带吴敬荣及所部水兵二百余人也随之逃往烟台。

令人三叹的是，绥军新募兵见到恶战将临而全部逃散的情况，其原因被《东方兵事纪略》作者姚锡光归结为是戴宗骞平日克扣军饷，军心怨恨所致。现代论者大都采用此说，进而根据一些不确实的口述访谈，又编造出戴宗骞战前将大量军饷私自运往烟台的谣言。

按照清代的营伍制度，新兵入营，通常会扣1—2个月的军饷不发留作押金，待将来离营时再全数发还。此举的目的是为了防止士兵在遇到战事及其他烦难险重任务时擅自逃离，用扣留的军饷加以羁绊，与军规营律双管齐下。戴宗骞扣压军饷的做法，是通行于清代军旅的潜规则，不管这种做法合适与否，让戴宗骞一人来为时代的通行做法背负责任，显然极不公允。

另外从新募兵的情况看，即使扣留了两个月军饷作为押金，仍然未能起到强化军律的作用。见到强敌将至，大难临头，这些当兵只是为了混口饭吃的军人也还是照逃不顾，倘若连这点点金钱的羁绊也没有，可能新募军逃跑的脚步会迈得更早、更快。

2月1日，威海卫城里已经可以听到从西郊传来的羊亭河之战的隆隆炮声，木然伫立在祭祀台炮台上，面对人去楼空的要塞，戴宗骞一脸惨淡。眼下，整个北帮炮台仅剩下祭祀台炮台内戴宗骞率领的19名绥军官兵，以及不远处北山嘴炮台内的二百多名北岸水雷营学生、兵士。面对即将到来的 2 个师团日军，北帮炮台显然难免重蹈南帮覆辙。

狂风恶浪中，海军提督丁汝昌乘坐火轮舢板再次来到北帮与陆军协商防务事宜。猝然目睹炮台内的情景，同样心情惨然的丁汝昌半晌无语。以海军的视角，威海湾西口海面狭窄，装备有大量大口径火炮的北帮炮台（祭祀台炮台装备有 240 毫米、210 毫米、150 毫米口径的克虏伯要塞炮各 2 门，黄泥沟炮台装备有 210 毫米口径克虏伯要塞炮 2 门，北山嘴炮台装备 240 毫米口径克虏伯要塞炮 6 门）一旦落入敌手，火力可以轻易覆盖刘公岛，其对刘公岛和北洋舰队的危害，将更猛于南帮炮台。

最终，丁汝昌艰难地吐出了几个痛苦的字：毁台弃守……在明知道已无力防守的情况下，与其坐等日军来攻占利用，不如自行毁弃。听到这几个如同惊雷一般的字眼，戴宗骞猛然回过神来，一改方才暗淡的神情，激烈地称："守台，吾职也。兵败地失，走将焉往？吾唯有一死以报朝廷耳！他何言哉！"

即使戴宗骞明白从军事而言北帮炮台应该弃守，但他脑中的传统道德思维也决不允许他认可丁汝昌的提议，不战而主动放弃守地，在他来看是无论如何也不能接受的事情，与城池共存亡，才是符合道德标准的举动。一切恍若是撤守龙庙嘴炮台辩论时的重演，但是丁汝昌这次没有再和戴宗骞争论，几名水兵一拥而上将戴宗骞架走，北帮炮台上残存的守军也在丁汝昌命令下，跟随撤入刘公岛。

直伸入海的刘公岛铁码头在海浪的不断拍击下，显得格外的孤寂凄凉，荣成城厢籍水兵王玉清和荣成俚岛籍水兵杨宝山是今日当值的卫兵，在铁码头上迎着寒风站立守卫。白浪滔天的海面上，一艘火轮舢板时隐时现，渐渐驶近了铁码头，船上的水手熟练地抛出缆绳套住码头上的系缆桩。由于风浪太大，小舢板在码头边飘忽不定，忽高忽低，距离码头边也时远时近，王玉清、杨宝山连忙上前帮助船中一位官员模样的人物登上码头。"老弟，谢谢你们啦！"在铁码头上走出一段后，这位官员停住脚步，突然长叹，自言自语道："我的事算完了，单看丁军门的啦。"**124**

1895 年 2 月 1 日晚，内疚于未能守住威海陆路的绥军统领戴宗骞在刘公岛上吞金自尽，痛苦弥留至深夜而逝**125**。

2 月 2 日天明后，"宝筏"轮船载着 30 名"镇远"舰的水兵到达北帮炮台，随着惊天动地的巨大爆炸声，北帮炮台炮位全部炸毁。同日上午 9 时，日军第二师团

◎ 北洋海军自行破坏后的北山嘴炮台。

◎ 日军占领黄泥沟炮台，炮台设施已被北洋海军先期破坏。

进占威海卫城，不久后，已成废墟的北帮炮台也被占领，威海卫陆路全部失陷，北洋海军对外的电报、补给中断。

> 敌攻威海西炮台，破之，并抢威海城，令居民安堵如故，不戮一人。于是，威海尽失。刘公岛孤悬海中，粮草军械道绝，一军皆惊。[126]

听闻威海卫陆地全失的消息，一直以烟台防务较威海更为重要为托词，将大量精锐兵力集中在宁海至烟台一线的山东巡抚李秉衡立刻上奏，改换口径，称烟台的防务并不是特别重要，"秉衡即死守烟台，于大局毫无补救"，自己将离开烟台，前往莱州、黄县，"统筹全局"。

虽然奏章写得义正词严，但是明眼人都能看出，巡抚是害怕威海的日军进攻近在咫尺的烟台，为保自身安全躲到更远的地方去了。随着李秉衡的西去，集结在烟台周围的数十营山东军队也纷纷调往莱州一带，距离威海最近的援军抛弃威海而去。

◎ 日军占领威海后，设在城内文庙的指挥部。

坐镇烟台城内的，还有一位双重身份的官员，即登莱青道兼东海关道刘含芳。虽然因为综理登州、莱州、青州一带军政，隶属于山东巡抚，但刘含芳身兼东海关道，又隶属于北洋通商大臣李鸿章，早年在李鸿章幕府参与建设旅顺、威海等基地，实则是北洋淮系在东省的一位重要代言人。与匆匆逃离的山东巡抚李秉衡不同，刘含芳四处收拢从威海溃散而来的绥巩军，重新加以编组成军，一心准备坚守烟台。

1895 年 2 月 1 日，刘含芳致电李鸿章表露决心："……事在危急，烟吉凶亦未定，芳夫妇当与地共存亡。随侍三十四年，未有此次之难也。"**127**

注 释

1.《复丁提督》，顾廷龙、戴逸主编：《李鸿章全集》第 25 册，第 180 页。

2. 卢毓英：《卢氏甲午前后杂记》，影印本。

3.《寄丁提督》，顾廷龙、戴逸主编：《李鸿章全集》第 25 册，第 180 页。

4.《复译署》，顾廷龙、戴逸主编：《李鸿章全集》第 25 册，第 180 页。

5.《寄丁提督》，顾廷龙、戴逸主编：《李鸿章全集》第 25 册，第 180 页。

6.《寄译署》，顾廷龙、戴逸主编：《李鸿章全集》第 25 册，第 189 页。

7.《致龚鲁卿》，戚俊杰、王记华编校：《丁汝昌集》，第 219 页。

8. 威海驻守军队的情况，见民国参谋本部第二厅第六处：《甲午中日战争纪要》，第 153—154 页。另日本参谋本部编纂课：《清国陆军纪要》，第 72—74 页。据《甲午中日战争纪要》绥巩军新募之前，绥军有 4 营及马队 1 哨，巩军有 4 营。而据《清国陆军纪要》，绥军共有 5 营 1 哨，巩军仅为 3 营，此处从前者。

9.《寄威海丁提督戴道刘镇张镇》，顾廷龙、戴逸主编：《李鸿章全集》第 25 册，第 203 页。

10.《戴道来电》，顾廷龙、戴逸主编：《李鸿章全集》第 25 册，第 212 页。

11.《丁提督来电》，顾廷龙、戴逸主编：《李鸿章全集》第 25 册，第 215 页。

12.《寄丁提督戴道》，顾廷龙、戴逸主编：《李鸿章全集》第 25 册，第 215 页。

13.《戴道来电》，顾廷龙、戴逸主编：《李鸿章全集》第 25 册，第 219—220 页。

14.《复戴道》，顾廷龙、戴逸主编：《李鸿章全集》第 25 册，第 220 页。

15. 陈义杰点校：《翁同龢日记》第 5 册，第 2749 页。

16. 谢俊美编：《翁同龢集》下册，中华书局，2005 年，第 1105 页。

17.《译署来电》，顾廷龙、戴逸主编：《李鸿章全集》第 25 册，第 198 页。

18. 安维峻等：《请诛海军提督丁汝昌疏》，戚其章主编：《中日战争》第 6 册，第 533—534 页。

19. 戚其章辑校：《李秉衡集》，齐鲁书社，1993 年，第 167—168、176—177 页。

20.《寄译署督办军务处》，顾廷龙、戴逸主编：《李鸿章全集》第 25 册，第 261—262 页。

21.《寄译署督办军务处》，顾廷龙、戴逸主编:《李鸿章全集》第 25 册，第 271 页。

22.《寄威海戴道张镇刘镇等》，顾廷龙、戴逸主编:《李鸿章全集》第 25 册，第 275 页。

23.《丁汝昌致戴宗骞书》，戚俊杰、王记华编校:《丁汝昌集》，第 224 页。

24. 日本黑龙会:《东亚先觉志士记传》下卷，1936 年，第 450 页。

25. 日本海军军令部:《廿七八年海战史》下卷，第 1—2 页。

26. 日本海军军令部:《廿七八年海战史》下卷，第 6—7 页。

27.《寄丁提督》，顾廷龙、戴逸主编:《李鸿章全集》第 25 册，第 279 页。

28. 民国参谋本部第二厅第六处:《甲午中日战争纪要》，第 151—152 页。日本参谋本部编纂课:《清国陆军纪要》，第 73—78 页。

29. 戚其章辑校:《李秉衡集》，第 772 页。

30.《庐举贤才折》，苑书义等主编:《张之洞全集》第 1 册，河北人民出版社，1998 年，第 91 页。

31.《查明道员被参各款据实覆陈折》，戚其章辑校:《李秉衡集》，第 152—154 页。

32.《致烟台李抚台》，苑书义等主编:《张之洞全集》第 8 册，第 5884 页。

33. 中国史学会主编:《中日战争》第 1 册，第 53—54 页。

34.《致烟台李抚台》《李抚台来电》，苑书义等主编:《张之洞全集》第 7 册，第 5868 页。

35.《奏查明荣成县失守情形折》，戚其章辑校:《李秉衡集》，第 183—185 页。

36.《炮击登州》，戚其章主编:《中日战争》第 8 册，第 168 页。

37. 陈义杰点校:《翁同龢日记》第 5 册，第 2769 页。

38.《致黄县翁县丞电》，戚其章辑校:《李秉衡集》，第 598—599 页。

39.《寄威海水陆将领》，顾廷龙、戴逸主编:《李鸿章全集》第 25 册，第 319 页。

40.《致总理衙门电》，戚其章辑校:《李秉衡集》，第 599—600 页。

41. 日本海军军令部:《廿七八年海战史》下卷，第 49—55 页。

42.《炮击登州》，戚其章主编:《中日战争》第 8 册，第 169 页。

43. 日本运兵船队的组成情况，见日本海军军令部:《廿七八年海战史》下卷，第

13—14 页。

44.《炮击登州》，戚其章主编：《中日战争》第 8 册，第 171 页。

45.《寄威海戴统领》，顾廷龙、戴逸主编：《李鸿章全集》第 25 册，第 326 页。

46. 日本海军军令部：《廿七八年海战史》下卷，第 21—23 页。

47.《寄译署并寄小站曹军门威海戴道大沽罗镇等》，顾廷龙、戴逸主编：《李鸿章全集》第 25 册，第 326 页。

48.《寄译署》，顾廷龙、戴逸主编：《李鸿章全集》第 25 册，第 328 页。

49.《寄威海丁提督戴统领等电》，顾廷龙、戴逸主编：《李鸿章全集》第 25 册，第 328 页。

50.《刘镇急电》，顾廷龙、戴逸主编：《李鸿章全集》第 25 册，第 330 页。内容为"辰刻得成局电，绥巩军共派一千二百人，带两生炮六尊，洋枪千二百杆，超佩亲督，能击走更好，力若不支，退回整队，定与贼拼死一战"。

51.《荣成湾登陆》，戚其章主编：《中日战争》第 8 册，第 183—184 页。

52.《寄译署》，顾廷龙、戴逸主编：《李鸿章全集》第 25 册，第 331 页。

53. 日本海军军令部：《廿七八年海战史》下卷，第 26—28 页。

54.《寄威海丁提督戴道刘张各统领》，顾廷龙、戴逸主编：《李鸿章全集》第 25 册，第 333 页。

55.《寄译署》，顾廷龙、戴逸主编：《李鸿章全集》第 25 册，第 333 页。

56.《寄威海丁提督戴道刘张各统领》，顾廷龙、戴逸主编：《李鸿章全集》第 25 册，第 333 页。

57.《寄译署》，顾廷龙、戴逸主编：《李鸿章全集》第 25 册，第 334 页。

58.《张镇来电》《寄烟台孙镇》，顾廷龙、戴逸主编：《李鸿章全集》第 25 册，第 334 页。

59. 中国史学会主编：《中日战争》第 1 册，第 54 页。关于福字营的数量，《甲午中日战争纪要》中称为 2 营（第 162 页）。山东巡抚李秉衡称为 7 哨，见戚其章辑校：《李秉衡集》，第 609 页。无论是 3 队，还是 2 营或 7 哨，都是对同一支军队的不同称法。

60.《致酒馆孙分统电》，戚其章辑校：《李秉衡集》，第 606 页。

61. 威海市地名委员会办公室编:《威海市地名志》,山东省地图出版社,1995 年。

62. 日本参谋本部:《明治二十七八年日清战史》第 6 卷,第 26—27 页。

63. 民国参谋本部第二厅第六处:《甲午中日战争纪要》,第 162—163 页。

64. 民国参谋本部第二厅第六处:《甲午中日战争纪要》,第 163 页。

65. 日本参谋本部:《明治二十七八年日清战史》第 6 卷,第 27—28 页。

66.《致威海戴统领电》,戚其章辑校:《李秉衡集》,第 614 页。

67.《致威海戴统领电》,戚其章辑校:《李秉衡集》,第 614 页。

68.《戴统领来电》,苑书义等主编:《张之洞全集》第 8 册,第 6037 页。

69.《寄烟台李抚台》,顾廷龙、戴逸主编:《李鸿章全集》第 25 册,第 353 页。

70. 日本参谋本部:《明治二十七八年日清战史》第 6 卷,第 45—48 页。

71. 日本参谋本部:《明治二十七八年日清战史》第 6 卷,第 48—51 页。另见民国
参谋本部第二厅第六处:《甲午中日战争纪要》,第 164 页。

72.《寄戴道》,顾廷龙、戴逸主编:《李鸿章全集》第 25 册,第 352 页。

73.《致威海戴统领电》,戚其章辑校:《李秉衡集》,第 623 页。

74.《刘镇来电》,顾廷龙、戴逸主编:《李鸿章全集》第 25 册,第 340 页。

75.《寄刘公岛丁提督》,顾廷龙、戴逸主编:《李鸿章全集》第 25 册,第 341 页。

76.《致威海戴统领》,戚其章辑校:《李秉衡集》,第 612 页。1 月 23 日李秉衡致
电戴宗骞,称"承解军火,感甚",表明戴宗骞已将李秉衡索要的军火拨付。

77.《复戴道》,顾廷龙、戴逸主编:《李鸿章全集》第 25 册,第 344 页。

78.《寄威海戴道刘镇》,顾廷龙、戴逸主编:《李鸿章全集》第 25 册,第 347 页。

79.《寄丁提督刘镇》,顾廷龙、戴逸主编:《李鸿章全集》第 25 册,第 348 页。

80.《寄丁提督刘镇》,顾廷龙、戴逸主编:《李鸿章全集》第 25 册,第 348 页。

81.《复戴道》,顾廷龙、戴逸主编:《李鸿章全集》第 25 册,第 348 页。

82.《寄威海丁提督戴道》,顾廷龙、戴逸主编:《李鸿章全集》第 26 册,第 4 页。

83.《寄戴道刘镇》,顾廷龙、戴逸主编:《李鸿章全集》第 26 册,第 12 页。

84. 日本参谋本部:《明治二十七八年日清战史》第 6 卷,第 94—96 页。

85. 日本参谋本部:《明治二十七八年日清战史》第 6 卷,第 97—98 页。

86. 日本参谋本部:《明治二十七八年日清战史》第 6 卷,第 99—100 页。

87. 日本参谋本部:《明治二十七八年日清战史》第 6 卷，第 100—101 页。

88. 日本参谋本部:《明治二十七八年日清战史》第 6 卷，第 103—104 页。

89. 日本参谋本部:《明治二十七八年日清战史》第 6 卷，第 104 页。

90. 日本参谋本部:《明治二十七八年日清战史》第 6 卷，第 77—78 页。

91. 日本参谋本部:《明治二十七八年日清战史》第 6 卷版，第 78—79 页。

92.《威海卫陆战记》，戚其章主编:《中日战争》第 8 册，第 196 页。

93.《威海卫陆战记》，戚其章主编:《中日战争》第 8 册，第 195 页。

94.《威海卫陆战记》，戚其章主编:《中日战争》第 8 册，第 197 页。

95.《威海卫陆战记》，戚其章主编:《中日战争》第 8 册，第 198 页。

96.《威海皂埠村民张玉秀口述》，戚海莹:《甲午战争在威海》，第 135 页。

97.《威海卫陆战记》，戚其章主编:《中日战争》第 8 册，第 199 页。

98.《威海卫陆战记》，戚其章主编:《中日战争》第 8 册，第 201 页。

99.《威海卫陆战记》，戚其章主编:《中日战争》第 8 册，第 203 页。

100.《寄译署》，顾廷龙、戴逸主编:《李鸿章全集》第 26 册，第 15 页。

101.《复戴道》，顾廷龙、戴逸主编:《李鸿章全集》第 26 册，第 16 页。

102. 日本海军军令部:《廿七八年海战史》下卷，第 66 页。

103. 日本海军军令部:《廿七八年海战史》下卷，第 65—66 页。

104. 日本海军军令部:《廿七八年海战史》下卷，第 68 页。

105. 卢毓英:《卢氏甲午前后杂记》，影印本。

106.《威海卫陆战记》，戚其章主编:《中日战争》第 8 册，第 202 页。

107.《寄译署》，顾廷龙、戴逸主编:《李鸿章全集》第 26 册，第 17 页。

108.《威海卫陆战记》，戚其章主编:《中日战争》第 8 册，第 202 页。

109. 日本海军军令部:《廿七八年海战史》下卷，第 69 页。

110. 日本海军军令部:《廿七八年海战史》下卷，第 70 页。

111.《寄东抚李鉴帅》，顾廷龙、戴逸主编:《李鸿章全集》第 26 册，第 16 页。

112.《致天津李中堂电》，戚其章辑校:《李秉衡集》，第 640—641 页。

113.《致刘公岛戴统领电》，戚其章辑校:《李秉衡集》，第 641 页。

114.《致总理衙门电》，戚其章辑校:《李秉衡集》，第 642 页。

115.《寄译署》，顾廷龙、戴逸主编:《李鸿章全集》第 26 册，第 18 页。

116. 民国参谋本部第二厅第六处:《甲午中日战争纪要》，第 169 页。

117. 日本参谋本部:《明治二十七八年日清战史》第 6 卷，第 127 – 129 页。

118. 日本参谋本部:《明治二十七八年日清战史》第 6 卷，第 130 页。

119. 日本参谋本部:《明治二十七八年日清战史》第 6 卷，第 130—131 页。

120. 日本参谋本部:《明治二十七八年日清战史》第 6 卷，第 131 页。

121. 日本参谋本部:《明治二十七八年日清战史》第 6 卷，第 131 页。

122. 日本参谋本部:《明治二十七八年日清战史》第 6 卷，第 132 页。

123. 日本参谋本部:《明治二十七八年日清战史》第 6 卷，第 133—134 页。

124.《北洋舰队官兵的自述》，戚海莹:《甲午战争在威海》，第 208 页。

125.《寄译署》，顾廷龙、戴逸主编:《李鸿章全集》第 26 册，第 32 页。

126. 卢毓英:《卢氏甲午前后杂记》，影印本。

127.《刘道来电》，顾廷龙、戴逸主编:《李鸿章全集》第 26 册，第 19 页。

第五章

龙旗凋零

时间慢慢地到了子时，所有人都知道了结果：援军无望，他们已经被整个国家抛弃，那一刻，全军的意志被摧残。午夜时分，刘公岛近万军民齐聚海军公所前哀求活命。

丁汝昌眼噙血泪，面前的这些人是曾经威震东亚的中国海军，曾经和日寇在海上鏖战 5 个小时，曾经在外援断绝局面下坚守孤岛毫不屈服，还有那些终日与这支军队相伴，为他和他的海军树立"威震海疆"德政碑的刘公岛绅民。在鱼死网不破的结局已经注定时，在大厦将倾求生的本能压倒一切之时，丁汝昌再也无法也不忍心来阻挡他们要求活着的愿望。偌大个刘公岛，现在仿佛是汪洋中正在下沉的一叶孤舟。

困守孤岛

　　配合陆军攻克威海南帮炮台后，日本联合舰队于 31 日起继续尝试从海上进攻威海湾，未能料到竟被一场突如其来的风暴将计划吹得七零八落，无形中给北洋海军创造了数天调整部署的时间。

　　1 月 31 日清晨，日出海面，霞光四射，威海湾天空一片蔚蓝，万里无云，能见度极高。美丽的骄阳、晴朗的天气，对日军来说即是绝佳的战斗日，也是吉兆。日本联合舰队从当天上午 8 时起开始活动，伊东祐亨率领本队和第一、二游击队在威海湾外徘徊警戒，第三游击队（"大和""武藏""葛城"）驶近威海湾东口示威。由于威海湾入口有水雷防材拦阻，日军仍然打着引诱北洋舰队出港加以歼灭的算盘，但是港内的北洋海军始终只是靠近南帮海域炮击鹿角嘴等炮台，丝毫没有受港外日本舰队的诱惑。

　　上午 9 时，黄海海战中大难不死的"赤城"号炮舰出现在威海湾口，此刻她身为联合舰队第四游击队的旗舰，靠近舰队旗舰"松岛"时打出一组旗语，号称当天晚上将偷袭夺取日岛，请联合舰队司令予以批准。正在"松岛"舰飞桥上用望远镜观察威海湾内北洋舰队活动情况的伊东祐亨，对这个冒险的计划并不当一回事，"松岛"的横桁上升起一段无关痛痒的答复，"贵舰长自己决定吧"[1]。

　　威海湾外的诱饵行动进行到 11 时左右，风云突变，气温骤然下降，海面上风力大增，原本晴朗的天空几乎瞬间被乌云笼罩，海水也变得混浊不堪，很快狂风裹胁着暴雪劈头盖脸而至。"午前十一时左右，满天阴云密布，刮起猛烈的暴风雪，情景可谓惨淡可怕，而且午后风雪更加狂暴，三时左右变为真正的飓风，海面上立即生出一片水泡，海水逐渐混浊，十余艘舰船飘飘荡荡，如同被秋风狂吹的落叶一般。"[2]

◎ 1895 年 2 月 1 日，日本军舰"高千穗"主炮被冰冻的奇景。

　　一门心思想着布迷魂阵的联合舰队没有料到早上的晴朗天气实际是风暴的前兆，在大自然的无穷威力面前，"大和魂"显然没有一点作用。伊东祐亨见势不妙，下令大型舰只立刻退到皂埠口、鸡鸣岛等地避风，鱼雷艇队返回荣成湾避风，只留下舰只新锐的第一游击队在恶劣的海况中冒险继续警戒，以防北洋舰队乘机出港逃亡。

　　暴风呼啸了整整一晚，到第二天天明，恶劣的天气仍未结束，气温降低到了可怕的零下 21 摄氏度，日本舰上的官兵走出舰舱外时，几乎都认不出自己的军舰了，这是他们有生以来首次经历的景象。因为天气奇寒，海浪扑到军舰上就会立刻结冰，一艘艘日本军舰被冰雪完全包裹，仿佛是晶莹剔透的冰雕。

　　　　舰身左右舷结冰厚寸余。甲板上，惊涛拍打之处立即冻结，简直和玻璃一样。两舷的火炮上也结了一层晶莹的冰，看起来都觉得可怕。因此，在甲板上拉纵横绳索，绳索如同蜘蛛网一样，在甲板上步行者，皆靠此绳索避免滑倒。[3]

　　　　波浪打在舷侧立刻冻结，天窗盖、舱口盖、排水管全部冰冻，采光、人员进出均大受影响。此外火炮炮门、炮盾、舷窗都被坚冰包裹，炮膛冰冻，炮闩无法打开。整个军舰犹如是一个大型的玻璃块。[4]

鉴于天气没有好转的迹象，伊东祐亨于上午 8 时 20 分率本队、第二游击队也返航荣成湾。

一艘艘日本军舰在风暴中千难万险地绕过"东方好望角"——成山头，终于进入了风浪稍为平歇的荣成湾锚地。根据命令，各舰立刻在锚地进行加煤补给作业，等待天气转晴时重新回到威海湾海面作战。天气酷寒，日本士兵没有足够的保暖服装，不得已就将行军毯胡乱裹在身上，再在外面设法套上外套。军官们的待遇较水兵为佳，一些从岸边中国百姓家抄来的狗皮帽子、皮坎肩，都出现在了日本军官身上，整个舰队里到处都是怪模怪样的狼狈景象。

2 月 2 日清早，威海一带海面上的风力稍稍减弱，伊东祐亨通过通报舰"八重山"得到了陆军行动的情况。中午时分，天气逐渐转好，海面上风涛渐渐平歇。下午 2 时，荣成湾内避风的日本舰队开始鱼贯出行，重新抖擞精神向威海湾方向驶去，除少数舰只已经到达皂埠口外，入夜后大部在成山头通往威海湾航路上的鸡鸣岛海域锚泊待机。"松岛"舰装修考究、灯火辉煌的舰长室内，伊东祐亨望着舷外黑漆漆的海面，焦急的情绪难以名状，恶劣的天气使海军的行动推迟了好几天，而通过战报得知，这几天里山东作战军则如鱼得水，很快攻占威海卫的功绩也将收入陆军囊中，海军明日必须要发起一次正面进攻，以洗雪这么多天以来没有建立丝毫战功的耻辱。

2 月 2 日深夜，寒风呼啸的刘公岛上，提督署内的灯火忽明忽暗。绥军统领戴宗骞自尽的消息在岛上已经传开，让这个寒冷的海岛更增添了阴沉的气氛。昏黄的灯光下，海军提督丁汝昌、护军统领张文宣、营务处道员牛昶昞、已经升署左翼总兵的刘步蟾、残存各舰的舰长，以及总教习马格禄等洋员齐聚会商。前不久来到威海，自称能够大破日本海军的前巴西海军巡洋舰舰长美国人浩威（Howil）也在人群中就座。在计划失败，同伴的化学家、烈性炸药专利人宴汝德（Wilde）离开后，这位富有冒险精神的美国人居然自告奋勇留下参战。目下的局势对于北洋海军已经十分严峻，威海湾外的海域实际为日本联合舰队完全控制，威海卫陆路则被日本陆军控制，无论从海湾口还是南帮炮台，大口径火炮都可以轻易地射击到刘公岛上，刘公岛和海湾内的一举一动尽在日军眼底，无任何秘密可言。

北洋海军此时的防御力量主要包括残存的舰只以及海岛上的炮台，其中刘公岛上共有东泓、东口、公所后、黄岛等 4 处主要的炮台，均由张文宣部护军驻守。日岛上依岛建设有日岛炮台，原为巩军驻守，后丁汝昌派"康济"舰管带萨镇冰带领水兵数十名协同守御。

失去威海湾陆地后，北洋舰队的御守之策是以舰队依托海湾中的刘公岛和日岛炮台，以及阻挡在东西海口的水雷防材，防止日军舰队攻入港湾。只要日本海军无法闯入威海湾，刘公岛不失，则北洋海军还有等待外援的一线生机。采用这样的防御策略，北洋海军的命运已经寄托在了群山之外的陆路援军身上。

> 刘含芳真电：顷丁军门、牛道昶昞、张镇文宣函称：……昌等现惟力筹死守，粮食虽可敷衍一月，惟子药不充，断难持久。求速将以上情形飞电各帅，切恳速饬各路援兵，星夜前来解此危困，以救水陆百姓千万人生命，匪特昌等感大德矣……（李鸿章致总理衙门电）[5]

> ……威海南岸之炮台尽失，未闻李鸿章饬令铁舰出威海一步，是其视纶音如弁髦，抗圣谕而不顾，专于庇私人而敢于欺皇上，忍于背君父而甘于误国家，自古及今，奸邪之倒行逆施，悍然不顾，未有如斯之甚者也！今不去李鸿章，则军务无起色；不杀丁汝昌，则海军亦断无振作……[6]

◎ 北洋海军"康济"舰。

威海湾失防

　　1895 年 2 月 3 日，威海一带平均气温上升到了 11 摄氏度，狂风也完全停止。天色破晓后，刘公岛、日岛和北洋舰队各舰上的官兵都能清楚地看见威海湾外密密麻麻的日本军舰。

　　上午 9 时 45 分，由日本西海舰队司令官相浦纪道海军少将亲自坐镇，联合舰队第二游击队"扶桑""比叡""金刚""高雄"4 舰排列成单纵队队形，穿过海湾口的联合舰队本队以及观战的英、德等国军舰，贴近南帮赵北嘴炮台一侧向海湾内突进，还是执行诱饵任务，进行诱惑性炮击。5 分钟后，旗舰"扶桑"挂出旗语，命令进行战斗准备[7]。

　　驻守日岛炮台的北洋海军官兵立刻进入战备，一名士官露天站到炮台顶端，用六分仪进行测距，根据他的口令，下方炮台内的官兵启动 200 毫米口径地阱炮的液压炮架，炮管慢慢被托举露出到了炮台之外。

　　10 时 40 分，当日本第二游击队距离日岛炮台到达 4500 千米时，台官萨镇冰的一声令下，地阱炮猛然开火，借助巨大的后坐力，炮管又收回炮台之下，等待进行下一发的装填。与日岛隔海相望的刘公岛东泓炮台，护军官兵很快也接连开火，日岛、刘公岛射出的炮弹在东口海面上罗织成了一张火力网。日方史料载："其炮声之剧烈，无法比喻，似地轴也要为之折断，山河也要为之崩塌。蒙蒙硝烟遮蔽海口，硝烟之间火光闪闪，常有巨弹落于海上，水烟万丈，恰似悬起一条素练，又如白龙翻腾，以至第二游击队之四舰一时淹没与水烟之中，完全不见其踪影。"[8]

　　日军此前在威海湾口已经连续进行过多次类似的诱击活动，但从未遇到今天这般猛烈的炮火回击，西海舰队司令相浦纪道下令编队改换航向，驶往刘公岛东南方，以脱离日岛炮台的射程范围。航行过程中，第二游击队连续向左旋回转圈，用 4 舰的舷侧火力炮击日岛和刘公岛炮台。中午 11 时 50 分，在转完第三个圈后，北洋舰队仍然没受任何诱惑，第二游击队显得有些无奈，远方海湾口的本队旗舰"松岛"也打出了归队信号。

伊东祐亨此时似乎有些技穷之感，而又不甘心就此结束今日的战斗，目睹上午炮战中日岛炮台火力之凶猛，"赤城"舰前几日提出的抢占日岛的计划浮上了伊东祐亨的心头。继第二游击队归来后，第三游击队被伊东祐亨派出，被赋予了强攻占领日岛的艰难命令。

第三游击队中的"赤城""摩耶""爱宕""鸟海"4 艘同型小炮舰，因为前几日严寒天气时火炮被冰封，尚未解冻，未能加入强攻日岛的行动。12 时 57 分，满载海军陆战队的第三游击队领队舰"筑紫"率领"大和""武藏""葛城"向日岛炮台驶去。"筑紫"依仗主炮口径大、射程远，抢先向日岛、刘公岛炮台发炮攻击。日岛、刘公岛炮台不甘示弱，加以还击。炮战中刘公岛炮台的一颗炮弹命中"筑紫"左舷，横扫舰内后穿透右舷坠入海中。这颗炮弹虽然是北洋海军和炮台大量使用的实心弹，但仍给没有装甲防护的"筑紫"造成较大破坏。实心弹穿越甲板时，引爆了舰内的炮弹，舰体局部严重受损，3 名士兵被击毙，另有 5 人受伤。不敢再

◎ 1895 年 2 月 3 日，在威海湾日岛附近进行守御作战的北洋海军军舰。

作任何夺取日岛的迷梦，"筑紫"舰拖着浓烟灰溜溜地退出序列，向威海湾外的皂埠口驶去抢修。

尾随在"筑紫"之后的"大和"舰，接替起了第三游击队领队舰的任务，带领"武藏""葛城"稍稍回旋规避炮火后，于下午2时39分继续向日岛方向突击。此时威海湾口不仅日岛和刘公岛东泓炮台在向日本军舰炮击，港中北洋海军的旗舰"定远"也率领舰队驶近日岛，加入对日舰的炮战。对射半个多小时之后，第三游击队没能找到任何夺取日岛的机会，反而"葛城"舰的桅杆被北洋海军舰炮击中，加之太阳西斜，天空中又纷纷洒洒飘起雪花，下午3时45分，第三游击队剩余的这三艘军舰也折返回皂埠口锚地，当日的海上战斗宣告结束[9]。

几次诱击失败迫使伊东祐亨改变策略，不再一味苦等北洋舰队出港，而采用新的策略，即破坏威海湾入口的水雷防材。威海南北帮炮台都在日军控制下，以小型鱼雷艇贴近日军控制的威海岸边，切断防材，这样一旦海面扫出较大的缺口，即使北洋舰队不出港，联合舰队也可以直接入港决战。

根据伊东祐亨的命令，日本鱼雷艇第三艇队司令今井兼昌海军大尉派出了"第六号""第十号"两艘鱼雷艇执行任务。

"第六号""第十号"鱼雷艇属于同级的小型鱼雷艇，"第六号"鱼雷艇由法国建造，1892年3月26日竣工，"第十号"则由日本的小野滨造船所采用法国图纸和材料建造，1892年4月17日竣工。两艇均长33.75米（垂线间长），宽3.35米，排水量54吨，动力为1座汽车式锅炉和1座双缸双涨立式蒸汽机，525马力，单轴推进，航速20节。该型鱼雷艇外形低矮，整个艇身呈首尾低中间隆起的弓背形，雷艇中部是并列的两个烟囱，司令塔位于烟囱前方。紧靠司令塔之前，安装1门47毫米口径哈乞开斯单管机关炮。艇首艇尾甲板上各有一具360毫米口径露天鱼雷发射管（艇首固定式，艇尾可旋转），由于是露天安装，高速航行时可操作性不佳。

2月3日傍晚6时，夜幕降临，以铃木贯太郎海军大尉指挥的"第六号"鱼雷艇作为队长，"第六号""第十号"两艘鱼雷艇从皂埠口锚地出发，以10节航速驶向威海湾。前进至百尺所附近海岸时，为了防止引擎声惊动北洋海军的哨兵，两艘鱼雷艇改用微速缓缓地向东口防材方向靠近。

皎洁的月光下，停泊在刘公岛方向北洋海军战舰，以及在日岛附近的北洋海军警戒哨艇，都被日本官兵清晰地看在眼中，鱼雷艇上鸦雀无声，随着鱼雷艇接近东口防材，雷艇上的气氛愈发紧张。突然，日岛上方向亮光一闪，一枚火箭冲入夜空，顿时枪炮四起，枕戈待旦的北洋海军发现了不正常的迹象。被吓得魂飞魄散的日本鱼雷艇官兵以为在劫难逃，但是不久就发现日岛和哨戒艇的射击有些漫无目标。"第六号"鱼雷艇艇长铃木贯太郎决定冒险继续执行任务，让后方的"第十号"艇掉头折回，吸引北洋海军注意力，同时也要求"第十号"艇赶回驻地报告北洋海军海上警戒严密的情况。

威海湾入口的防材主要以木材纵向作框架，再用3条钢索加以连接阻拦。"第六号"鱼雷艇冒着在炮火中航行的巨大恐怖，靠近阻塞防材，试图采用引爆防材附近水雷的方法，来破坏防材。正当日本水兵小心翼翼连接电路时，南帮炮台群中的龙庙嘴炮台向日岛、刘公岛方向开火射击，吸引中国炮台注意力，掩护"第六号"鱼雷艇作业。在龙庙嘴炮台炮声的遮掩下，经过四十余分钟的努力，"第六号"鱼雷艇的破坏工作效果不佳，防材比想象的要牢固很多，仅仅只弄断了一条钢索而已。不过就在"第六号"艇作业时，威海湾东口阻塞线上的一处缺陷被日军发现，东口防材的最东端，即靠近南帮的一侧，有一个约45米的空隙。虽然这个开口距离南帮炮台很近，水深浅，大中型舰只无法通过，但是鱼雷艇如果加以小心，完全可以从这个布防缺陷，直接驶入威海湾。对此发现，"第六号"鱼雷艇如获至宝，立刻掉转返航，于当晚10时30分回到皂埠口锚地进行汇报[10]。

夜　袭

1895年2月4日上午9时58分，日军通报舰"八重山"从皂埠口锚地将"第六号"鱼雷艇昨晚的侦察报告送到旗舰"松岛"，伊东祐亨大喜过望，一个更加毒辣的策略油然而生。既然防材硬性破坏难以奏效，防材东端留出的缺口只能小型舰船通过，那么干脆放弃大型军舰直冲入威海湾决战的计划，改用小型鱼雷艇通过防材缺口进入港中偷袭北洋舰队！

命令由"八重山"带回了皂埠口锚地，伊东祐亨急不可耐地确定当晚就实施偷袭计划。由主要装备小型鱼雷艇的鱼雷艇队第二、第三艇队通过防材缺口入港偷袭，鱼雷艇第一艇队在威海湾外担任警戒，如机会合适，也应进港攻击。另外，火炮终于解冻了的第二游击队炮舰"爱宕""鸟海""赤城""摩耶"负责当晚在海湾口炮击吸引北洋舰队注意。炮舰"磐城"负责联合舰队与南帮日本陆军的联络，以便陆地炮台配合行动。本队、第一游击队在鸡鸣岛一线外海待机，以防北洋舰队逃出。

一切部署妥当后，当天联合舰队军舰继续在威海湾外盘旋引诱，以防北洋舰队觉察偷袭计划。傍晚时分，担负主攻任务的第二、第三鱼雷艇队正式下达作战命令。此前世界海战史上还没有如此规模的鱼雷艇集群出击行动，加上鱼雷艇偷袭作战本身的危险性，当命令下达时，全场鸦雀无声。对于日本鱼雷艇的官兵而言，与其说是一次偷袭，不如形容成冒死一搏，因为谁也无法估计，此一去是否还能全身而返。

时间一秒一秒过去，为了尽量选择最佳攻击时刻，直到5日的凌晨2时，即月落前一小时，日本第二、第三鱼雷艇队才起锚出发。在此之前，"爱宕""鸟海"等炮舰已经在威海湾口开始了对日岛等炮台的佯攻炮击，借以牵制北洋舰队和刘公岛、日岛炮台，同时起疲惫守军的作用。

第三鱼雷艇队先前曾多次对防材进行侦察，熟悉航路，因而排在前列。位于队伍最前方的，则是发现东口防材缺口的"第六号"鱼雷艇，其后依次为"第二十二号""第五号""第十号""第二十一号""第八号""第十四号""第九号""第十八号""第十九号"。

偷袭兵力总计共 10 艘鱼雷艇，除担任第二、三艇队旗舰的"第二十一号"和"第二十二号"外，均为同型。第二艇队旗舰"第二十一号"鱼雷艇排水量 80 吨，法国诺曼底船厂建造，是 1894 年 6 月 27 日刚刚完工的新艇，艇长 36 米，宽 4.01 米，吃水 1.19 米，装有三缸三涨立式蒸汽机 1 座，配套使用 1 座新式的水管锅炉，功率 1018 马力，航速 19.84 节；装备 1 门 47 毫米口径哈乞开斯单管机关炮，艇首固定安装 1 具 360 毫米口径鱼雷发射管，雷艇中部和后部甲板上露天安装 2 具可旋转的 360 毫米口径鱼雷发射管。

第三艇队旗舰"第二十二号"是德国造船工业的产物，和北洋海军的"福龙"鱼雷艇同出自希肖船厂，1893 年 8 月 5 日完工，排水量 85 吨。艇长 39 米，宽 4.81 米，吃水 1.07 米，动力为 1 座三缸三涨立式蒸汽机，配套 1 座汽车式锅炉，功率 926 马力，航速 18.84 节；装备 47 毫米口径哈乞开斯单管机关炮 2 门，380 毫米口径鱼雷发射管 3 具（1 具固定安装在艇首，2 具露天安装在甲板中部和后部）。

◎ 日本海军"第十四号"鱼雷艇。

凌晨 3 时 20 分，"第六号"鱼雷艇驾轻就熟地找到了东口的防材缺口，首先驶入，其余各艇鱼贯跟进。除"第十四号"鱼雷艇航行时距岸过近，在南帮龙庙嘴附近的暗礁处搁浅，以及"第十八号"鱼雷艇船艺不佳，未能通过防材缺口外，日军其余的 8 艘鱼雷艇均顺利进入了威海湾内。

按照事前制定的计划，鱼雷艇入港后立刻遮蔽艇上一切灯光，改作双纵队缓速航行，正值冬季凌晨，除了海湾口刘公岛、日岛炮台和"爱宕"等军舰的互相炮击外，威海湾内一片寂然。3 时 50 分，日本鱼雷艇队顺利到达预定攻击阵地，即威海湾中靠近南岸的杨家滩海面，而后各艇以两艇小队编组行动，右转航向 8 点（90度），以船头朝向刘公岛的四叠横队形式，做好了一切准备。

北洋海军旗舰"定远"，当时停泊在刘公岛铁码头西南方不远处的深水海面上，她的战友们则由此向东，散布在刘公岛畔的锚地。为了指挥作战，提督丁汝昌连日来都在"定远"舰上坐镇。日本炮舰今天一改常规，从凌晨时分就发起炮击，使得"定远"舰上多次鸣响警钟，似乎预示着这个黎明将有特殊的事情发生。

洋员泰莱在自己的官舱里设法入睡，但是凌晨以来接二连三的警钟、火炮声，已经让他无从睡眠。躺在军官舱里犹如摇篮般的小床上，泰莱辗转难眠，舷窗外月光渐渐隐去，他手中怀表的指针时间定格在 3 时 50 分。

"当、当、当、当"，一连串急促的警钟声再度响起，船外顿时一片喧嚣，近距离接二连三的开炮声让泰莱预感不好，立刻批衣起床，匆匆跑出舱口。此时，甲板上四处是忙碌的官兵，机关炮对着黑漆漆的海面不停地射击，桅盘里的探照灯也开始点亮，光柱在海面上来回扫视。泰莱登上尾部露天指挥台，手握望远镜四处观察，突然一个黑影出现在视线中——日本鱼雷艇[11]。

2 月 5 日晚的鱼雷艇偷袭，虽然事后看来足以载入教科书，但在进攻当时，日本鱼雷艇队实际乱成了一团，或许这恰好符合了乱战战术的真谛。

首先发动进攻的是第三艇队的旗舰"第二十二号"鱼雷艇。就在从杨家滩海面变做横阵的瞬间，司令塔内的日本士兵发现在刘公岛南方不远处有一艘大型军舰，由于船上有依稀的灯光，双桅杆双烟囱的特征被日军立刻辨识，"定远"！"第二十二号"鱼雷艇随即直扑而去。过于猛烈的动作，加上轰鸣的轮机声，立刻被日岛炮台附近的北洋海军警戒小艇发现，告警火箭在天空一闪，港中的北洋海军战舰均被惊醒，纷纷开火射击。遗憾的是，这些火光恰好给了日本鱼雷艇更进一步的目标指示。

　　仿佛捅完马蜂窝的孩子，"第二十二号"鱼雷艇看到北洋舰队的激烈反应后，可能以为偷袭要失败了，胡乱向"定远"舰射出 2 枚鱼雷后，立刻掉头往来路撤退，途中又把舵叶撞坏，最后搁浅在南帮龙庙嘴附近，被北洋海军炮火击毁，成为甲午战争中北洋海军击毁的第一艘日本军舰[12]。

　　日本鱼雷艇队的向导舰"第六号"艇眼看"第二十二号"从前方折回而不顾，继续顺路前进。当看到前方的军舰就是"定远"，准备发射鱼雷时，慌乱紧张的水兵竟然将鱼雷不慎滑出了雷管，功亏一篑。背着身后"定远"机关炮的猛击，"第六号"鱼雷艇带着六十多处弹痕亡命逃跑，于当天的清晨 5 时 50 分独自返回了皂埠口锚地[13]。

　　"定远"舰探照灯点亮后，日本"第五号"鱼雷艇被吸引，冲近以后射出 1 枚鱼雷，随后便加速撤退。与"第五号"鱼雷艇同小队的"第十号"鱼雷艇，在纵队航行时是第三艇队的队尾舰，凌晨 4 时从杨家滩海面开始发起进攻后掉队，遂四处

◎ 龙庙嘴炮台照片，左侧海面上半沉的船只就是日本鱼雷艇"第二十二号"。

寻找归队，中途无意中发现了"定远"舰。

距离300米时，艇长中村大尉激动地大喊发射鱼雷，结果首部鱼雷管出现故障，鱼雷无法施放，只露出了一段战雷头在外。于是"第十号"鱼雷艇高速左转，以甲板中部露天安置的鱼雷管再度发射，鱼雷击中了"定远"舰船尾。"第十号"艇随之高速撤离，艇中的官兵一片欢呼，但是之后就大都在纳闷为什么听不到爆炸声传来[14]。

第三艇队发起的第一波攻击结束后，第二艇队各艇继之而至，目标仍然是已经被发现位置的"定远"舰。相比第三艇队，第二艇队大部分鱼雷艇的运气更为不佳，包括领队艇"第二十一号"在内的多数鱼雷艇，或是搁浅，或是鱼雷射偏，惟有"第九号"鱼雷艇逼近了"定远"。

泰莱在尾部飞桥上见到的正是"第九号"鱼雷艇，与"定远"相距至200米时，"第九号"鱼雷艇发射一枚鱼雷，但是不知下落。艇长真野岩次郎并不甘心，冒着大小炮弹不断袭来的危险，继续指挥鱼雷艇逼近，到达50米距离时，"第九

◎ 威海之战后在修理中的"第九号"鱼雷艇，可以看到艇侧严重受伤。

号"急剧左转，用露天甲板上的旋转鱼雷管向"定远"舰尾部方向射出一枚鱼雷……[15]

泰莱猛然感到脚底一震，"中雷"，这个不祥的词眼立刻闪现。鱼雷击中了"定远"舰左舷后方的机械工程师室，造成了一个长4米，宽约半米，直接延伸到船底的破口，海水滚滚涌入舰内。正在军官舱内休息的军官卢毓英回忆："……余心怦怦而动，乃急起披衣而下船舱，脚方离梯，时炮声忽止。猛闻有声如雷，其响为生平所未闻，全船震动，头上有物乱落如雨，仅见合船之人纷纷乱窜。余知为鱼雷所中，立久不能动，见隔堵螺丝竟抽离。方移步上舱，而船已侧。"[16]

"定远"舰是设计建造于19世纪80年代初的铁甲舰，设计时鱼雷兵器尚未普及，因而船底没有装甲防护，突遭鱼雷攻击，几乎无从措手。提督丁汝昌在飞桥上焦急万状，一改以往温和的形象，大声斥喊，要求锚甲板的水手立刻砍断锚链冲向东口。因为他知道，在"镇远"舰已经受损的情况下，"定远"舰对于北洋海军而言，简直可谓是精神和实力上的双重支柱，如果这艘战舰损失了，后果不堪设想。而且这两艘军舰是光绪帝屡次三番要求不能触损的国之利器，一旦"定远"沉没，由此将在朝廷中引起怎样的奏参、抨击，其凶狠程度将更甚于倭寇的进攻。

"定远"舰的主甲板下，水兵们在奋力关闭水密门，试图堵漏，抽水。舰尾150毫米口径副炮炮位上，黑洞洞的炮口直接瞄准了正在狞笑的日本"第九号"鱼雷艇。几乎就在"定远"舰中鱼雷的瞬间，150毫米口径火炮炮声响起，"第九号"鱼雷艇轮机舱中弹，机械师中妻之宗等3人当场毙命，4人受伤，机舱内仅幸存1人。然而"定远"射出的显然还是实心弹，并未在机舱内造成大的爆炸，锅炉中残存的汽力又让这艘鱼雷艇折返行进了一段航程，最后在第二艇队"第十九号"鱼雷艇拖带下，到达龙庙嘴岸边搁浅，艇上人员撤离，天明后被北洋海军军舰俘虏，拖曳到刘公岛。

"定远"舰挣扎着在威海湾中航行，进水越来越多，船底倾斜越来越严重，丁汝昌最终痛苦地下令转向，前往刘公岛东部东泓炮台附近的浅滩抢滩搁浅。如果威海湾能够解围，这样的处理能便于将来修复"定远"，同时搁浅在浅滩上，舰上的305毫米、150毫米口径巨炮仍然可以用来守口御敌。

2月5日天明后，"定远"坐滩的情况已经众所周知，提督丁汝昌改乘火轮舢板到"镇远"舰，以"镇远"代理旗舰。损失了两艘鱼雷艇，换来重创"定远"这一辉煌战果的日本联合舰队则在酝酿更大的偷袭计划。

"定远"舰犹如一条遍体鳞伤的苍龙，无助地坐困在刘公岛东部的海滩上。和早先因为入港不慎而受伤的姊妹舰"镇远"一样，"定远"的伤口也位于水下，此时无论是天气、战局形势还是威海刘公岛基地的技术条件，都注定她已无可能在短期内被修复，这一对北洋海军实力和精神的双重支柱先后崩塌。

"定远"舰上的水兵们在军官的督促下还在拼命地抽水堵漏，但是丝毫没有裨益，海水无情地顺着船底的破口汩汩冲入，吞噬着"定远"舰的生命力。到了1895年2月5日的下午，"定远"舰锅炉炉膛中最后一点火星也熄灭了，舰内陷入死一般的冰凉。

夜幕逐渐落下，"定远"舰的居住甲板即主甲板下第一层甲板也成了一片汪洋，各种生活用品在水面上飘荡，包裹在严寒里。"定远"舰上的官兵被迫走到主甲板上寻找稍微能够遮蔽挡风的场所来挨过漫漫长夜。留在舰上的总查马格禄、洋员泰莱衣服被浸湿，已经顾不上级位尊卑，和水兵们一起挤进满是人员的炮塔里避寒。

> 此夜船上之居苦极。吾等初不思一切用物将被漂去，其后知之已晚，无从设法使诸人就岸，因船上无小艇也。时温度在冰点下多度，风又厉甚。日记载予腰以下尽湿；予暴袜，后失之。然予经此夜，幸无伤损。予振臂上下，间与马格禄在船尾炮塔内之油布下相挤。予思众人状况，尚未至甚劣；彼等能相互挤迫，如群猴焉，惟有少数冻伤。[17]

黑夜里，威海湾口的防材附近又传出阵阵轻微然而不祥的轮机声，日本联合舰队的第二次鱼雷艇偷袭又将悄然开始。

噩 耗

2月5日上午，皂埠口锚地笼罩着胜利的气氛，在此停泊的日本联合舰队各舰甲板上拥满了雀跃的人群，一阵阵"鱼雷艇队万岁！"的欢呼声此起彼伏，第二、第三鱼雷艇队各艘鱼雷艇陆续返回。首度攻击竟然就重创了"定远"舰，鱼雷艇偷袭的效果远远超乎伊东祐亨的期望值，进一步坚定了联合舰队暂停使用大型军舰强攻威海湾，改用鱼雷艇偷袭的方法消耗北洋海军有生力量的决心。

下午1时，日本各鱼雷艇队司令齐聚旗舰"松岛"的会议室，伊东祐亨下达了新一轮作战的指令。这次的主攻任务由凌晨没有参与战斗行动的第一鱼雷艇队担负，因为对日本海军最具威慑力的"定远"舰已经被重创，此次攻击的目标遂扩大为整个北洋海军的主力军舰，即见到大型军舰就应攻击，而不用将目标局限于某一艘或某几艘指定的军舰。作为第一鱼雷艇队行动的配角，第二、第三鱼雷艇队负责在威海湾西口外警戒，防止北洋海军军舰出逃。同时命令三个艇队在行动中留意切断威海湾防材水雷群的连接电线，扫清联合舰队大型军舰来日入港的顾虑[18]。

令下，日军第一鱼雷艇队司令饼原平二少佐立刻返回了自己的旗舰"第二十三"号鱼雷艇，召集所部各艇艇长会议，传达命令。下午3时，第一鱼雷艇队

◎ 刘公岛内街市及港内诸舰。

又特别安排全部艇长乘坐舢板上岸，前往已为日本陆军控制的南帮鹿角嘴一带的炮台之巅，俯瞰海湾，熟悉地形和北洋舰队军舰停泊位置，为偷袭行动预作准备。根据 5 日凌晨的经验，这次偷袭的时间还是选择在凌晨月落时分。

　　1895 年 2 月 6 日凌晨，日本联合舰队第二、三鱼雷艇队首先来到威海湾西口海面警戒。紧接着，凌晨 2 时 30 分，第一鱼雷艇的旗舰"第二十三号"号首先出发，从威海湾东口驶近鹿角嘴附近海面，寻找防材缺口，并布设路标，为后续艇指路。剩余的"小鹰""第七号""第十三号""第十一号"在旗舰出发一段时间后，也鱼贯出行。各艘艇上鸦雀无声，军旗也都被收卷起来。吸取昨日有部分鱼雷艇被北洋海军掳获的教训，此次出发的各艇都预先将重要文件上缴到锚地的鱼雷艇母舰，以防泄密。

　　正如北洋海军洋员泰莱描述的那样，6 日凌晨酷寒异常，5 艘日本鱼雷艇航行时，不断有海浪扑到甲板上，随即给甲板覆上了晶莹透亮的冰层，使得兵员在甲板上作战活动大受影响。

　　航行未久，2 时 48 分，领队的旗舰"第二十三号"寻找到了防材缺口。"第二十三号"鱼雷艇和昨日参加偷袭的第三鱼雷艇队旗舰"第二十二"号属于同级艇，二者是 1893 年 8 月 5 日在德国希肖船厂同日问世的姊妹。当日出发前，艇队司令饼原平二特意找了一艘抓捕来的中国木制渔船，拖带在"第二十三号"尾后。当到达防材缺口时，几名日本水兵蹑手蹑脚走过冰封的甲板，到艇后解开缆绳，将中国渔船锚泊在防材缺口南端，作为后续鱼雷艇的路标，手忙脚乱中，谁也没有注意到这艘路标船的位置安放得并不到位。

　　站在鱼雷艇狭窄的司令塔内，饼原平二满意地听取属下关于目标船已经锚泊就位的报告，下令通过防材缺口。正当"第二十三号"沿着防材缺口前进时，艇身突

然猛烈颠簸起来，暗夜显然可以给日本鱼雷艇以掩护，但同时自然也会增加航行的难度，迷茫的操舵手竟然将鱼雷艇开上了防材。气急败坏的饼原艇长不愿去费力倒车，干脆一不做二不休，下令加大马力前进，"第二十三号"鱼雷艇从半潜在水中的防材上驶过，上演了一幕惊险的杂技[19]。虽然侥幸脱险，但是由此引起的声响已经惊动了港内的北洋海军，四周的暗夜里开始有一些炮弹不断袭来。

凌晨 4 时左右，第一鱼雷艇队剩余各艇陆续到达东口的防材缺口附近。排在队伍最前的"小鹰"号，是当时日本联合舰队中少有的大型鱼雷艇，外形非常特殊，艇首有夸张的撞角，司令塔后的甲板上并列着 2 座烟囱。

这艘鱼雷艇 1888 年建成于英国亚罗船厂，拆散后运回日本，由横滨海军工厂组装而成，排水量 203 吨，艇长 50.29 米、宽 5.79 米、吃水 1.68 米，动力为 2 座汽车式锅炉、2 座双缸双涨立式蒸汽机，双轴推进，1217 马力，航速 17.8 节。由于艇型大，"小鹰"的鱼雷装备在同队艇中可谓最强，共装备 360 毫米口径露天固定式鱼雷发射管 4 具，另配有 2 门四管诺典费尔德机关炮。与众不同的是，英国人还给这艘鱼雷艇设计了水线带装甲，位于轮机舱的两舷，厚度为 25 毫米，使得这艘艇的生存力更胜于一般的鱼雷艇。由于"第二十三号"布下的目标船位置存在偏差，当"小鹰"到达防材缺口附近时，也一头撞上了防材，但是没有像旗舰那般勇猛地"飞"过防材，而是倒车另找缺口，经过一番波折终于发现了缺口，通过防材。

跟在"小鹰"之后的"第七号""第十三号""第十一号"3 艘鱼雷艇属于同型姊妹艇，和昨日击中"定远"的"第九号"是同级。"小鹰"号通过防材缺口后不久，"第七号"又撞上了防材，而且更为严重的是，在一番慌乱中，连接舵轮和舵叶的链条居然断裂，风浪中"第七号"犹如一片孤独的树叶，随波逐流而去，艇员一面跑到艇尾，用人力把握舵叶，以防鱼雷艇被海浪送上岸边撞碎，一面紧急修理，至天明时分才转危为安，以至未能参加本次偷袭。接连看到前列鱼雷艇受到路标船误导的狼狈之相，"第十三号""第十一号"总算聪明地改道而行，自己寻找缺口进入了海湾。由于"第七号"中途脱队，实际进入威海港内的日军鱼雷艇共计 4 艘。

北洋舰队虽然已经警觉，各处的探照灯在海面上来回扫射，可惜始终未能捕捉到目标，相反，探照灯光再次暴露了自己的战舰。对于夜间如何有效防御偷营劫寨，在那个时代各国海军都尚无妙法良招。日军第一艇队旗舰"第二十三号"首先发起攻击，当其冒险航行到海湾中部时，借着探照灯光，发现刘公岛方向中部位置有3个舰影，随即向其中最大的一艘接近。为了确保攻击的准确性，"第二十三号"并没有按照鱼雷艇攻击的规则行事，非但没有加速，反而在中国军舰射出的弹雨中以极为缓慢的航速靠近。一条白头鱼雷从"第二十三号"鱼雷艇艇首中央的鱼雷管跃出，划出一条寒光四射的白线，在击中目标的轰然巨响中，"第二十三号"加大马力，全速返航。紧随在"第二十三号"之后的"小鹰"也瞄准了这个目标。在这艘中国军舰猛烈的机关炮射击中，"小鹰"首先发射了艇首左侧鱼雷管的鱼雷，未中，进一步接近后又发射了右侧鱼雷管的鱼雷，在这艘中国军舰身上再度响起可怕的爆炸声……**20**

◎ 刘公岛保卫战期间北洋海军沉没军舰位置图。

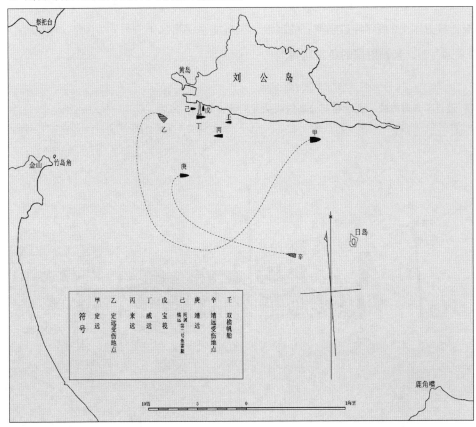

首先罹难的这艘战舰是北洋海军的装甲巡洋舰"来远"。黄海大东沟海战后，因为旅顺基地很快失陷，诸舰中受伤最重的"来远"舰始终未能修复，到威海卫保卫战时，她成了北洋海军诸主力舰中舰况最差的一艘。两条鱼雷接连命中了"来远"的左舷，在水线下各造成了直径分别为4米和1米多的破口，两个破口相距仅半米。水线下没有任何装甲保护，且舰内结构此前已经严重受损的"来远"，这次没有能够等得及和她曾经一起浴血奋战的官兵们的奋力抢救，在巨大的悲叹声中，满目疮痍的舰体向右侧翻转，露出了红色的舰底，最后整体倾覆在海中，与她的姊妹"经远"几乎是以同样的姿态告别了这支龙旗海军。由于灾难来得太快，"来远"舰内的官兵大都与他们的战舰长眠在海底，只有在露天甲板上的管带邱宝仁、驾驶二副谢葆璋等五十余人落水得救。

"来远"沉没后未久，停泊在刘公岛铁码头附近的辅助船"宝筏"突然船身震动，也在爆炸声中沉没。关于击沉"宝筏"一事，日方海军档案中并没有鱼雷艇向"宝筏"或相似船只发起攻击的记载，当时参战的各艇也没有认领这个"功绩"的。根据日方军史的解释，"宝筏"的沉没，很可能是"第二十三号""小鹰"号在攻击"来远"时，某颗射偏的鱼雷所致。

◎ 遭日军鱼雷偷袭，沉没在刘公岛铁码头旁的北洋海军"威远"舰。

日军的"第十三号"鱼雷艇原本排在"小鹰"之后进入威海湾，但是进入海湾后，很快就被茫茫夜色阻隔，和"小鹰"失散，航行过程中一度遭遇了一艘北洋海军的哨艇，吓得其艇长再也没敢向刘公岛方向突进，在沿着威海海湾游历了一番后，无功而返。尾随其后的"第十一号"鱼雷艇中途与胆怯的"第十三号"分道扬镳，自己朝向刘公岛方向冲击，迎着北洋海军战舰和刘公岛上的炮火，疯狂地一直冲击到了铁码头旁，向停泊在铁码头附近的北洋海军"威远"舰接连射出 2 枚鱼雷，锚泊中的"威远"舰无法躲避，被最后一枚鱼雷命中了右舷[21]。

"威远"属于老式的铁胁木壳军舰，防护力有限，威力惊人的鱼雷在"威远"右舷造成了一个高 4.4 米、宽 5 米的破口，处于爆炸位置的露天甲板也被冲击得隆起，形成可怕的"人"字形。"威远"舰的型深不过 5.93 米，高达 4 米多的破口几乎已经把舰舷完全炸开，如此大的伤情使得这艘战舰已经没有任何被挽救的可能，"威远"舰也含恨坐沉在铁码头旁。根据北洋海军军官卢毓英回忆，"威远"舰管带林颖启此前因为有事登岸，当晚并未在舰中，侥幸没有殉难[22]。

仅仅一个小时之间，北洋海军噩耗连连，3 艘舰船相继罹难。

总攻威海湾

朝阳升起时，刘公岛畔海面上的惨象完全呈现出来。海湾里，"来远"舰暗红色的船底在波浪间时隐时现，"威远"的桅杆、烟囱以及"宝筏"的上层建筑都还露在海面上，接连而至的力量损失，给已经身处海陆重围中的刘公岛军民再一次重重的打击。相比舰船的损失，作战意志的消亡给北洋海军带来的创伤更为可怕，粮食断绝，缺乏饮水，连日的损失，使得一些人的精神濒于崩溃，岛上已经开始有军民在绝望中自杀的悲剧发生。

"镇北"号蚊子船缓缓靠近搁浅在海滩上的"定远"舰，将舰上的官兵转渡到刘公岛上。"定远"甲板下已经彻底变成汪洋，305毫米口径主炮塔下方的转动机构、弹药库都没入水中，充当炮台继续使用的想法无法实现，现在只能撤离放弃这艘军舰。提督丁汝昌站在铁码头上迎候，目睹这些曾经在大东沟海战中无所畏惧的将士，此时一个个衣衫不整、精疲力竭、神情沮丧地从自己身旁缓缓走过，丁汝昌心头疼痛不已。突然有人在丁汝昌膝前跪倒，放声大哭，右翼总兵刘步蟾再也压抑不住对损失巨舰的内疚，"身为管带，而如此失着，实有渎职之罪，今唯一死谢之！"这样一位性格刚烈的将领，此刻竟然哭成了泪人。刘步蟾深知，失去了"定远"的北洋海军，无论对朝廷还是对外寇，都已处于绝境死路。丁汝昌瞑目长叹，一面苦苦解劝"此乃余之罪也！切莫存有此念"[23]。此前被御史言官交相攻击，差一点就被械送刑部治罪的革职提督，尽管所有针对他的罪名都是莫须有，然而在他个人的精神上，始终无法从罪人这个思维解脱……

从这一刻起，死亡这个词将如同恶咒一般，盘踞在刘公岛上空。

刘公岛以外的中国官场里，现在真正记挂北洋海军生死的只剩下一手缔造这支军队的北洋大臣李鸿章。刘公岛苦战的这段日子，李鸿章在忙于催促山东巡抚李秉衡救援威海，忙于请求各路援军加速进军，还在忙于商购南美的军舰。刘公岛至今仍在坚守的消息让李鸿章感到欣慰，忠厚朴诚的丁汝昌没有辜负自己的期望，与兵败如山倒的陆军相比，海军的表现简直是奇迹了。但是以北洋海军恶战剩余的残破军舰，究竟能够支撑多久？每当念到此处，李鸿章都不敢再往下想。"兵船屡胜，可喜，惟刘公岛孤悬海澳，四面皆贼，窃恐久战子药垂尽，无法接济，奈何！"**24**

由于电报断绝，派出的敢死密使又没有任何消息，因而北洋海军 5、6 两日舰被日军鱼雷艇偷袭伤、沉多艘主力舰的消息，刘公岛以外还尚不知晓。对于北洋海军下一步的动作，2 月 7 日，李鸿章书写一封密信，要求北洋海军设法突围，前往吴淞，并格外强调必须保证两艘铁甲舰万无一失。当天，清廷也正式颁布密旨，要求海军"相机力战，冲击敌船，乘势连樯结队，出险就夷"，尽管密旨中还有强调坚守的文字，实际上真意就是决定放弃刘公岛，命令海军突围了**25**。得到密旨，李鸿章立刻电发烟台，要求准备与烟台共存亡的东海关道刘含芳将密旨用密码抄写，选择敢死之士潜入威海，设法登上刘公岛送信**26**。此前，为了与刘公岛建立联络，刘含芳已经接连派出几批密使，然而均无下文，这次密信能否送到，也只能听天由命。

后世根据李鸿章、清政府的这几份突围令，诟病丁汝昌此后死守威海湾的行动，认为是丁汝昌不执行突围令，断送了北洋海军。但是联系一下此时北洋海军的实际情况，以及威海湾外海面上凶险的战云，即使当时这道突围令送到了丁汝昌手中，也已经是不可能完成的任务了。

就在这一天，北洋海军遭遇了威海保卫战开战以来最惨烈的恶战。

2 月 7 日早晨 7 时，又一个不眠之夜过后，刘公岛东端的东泓、东口等炮台里，各炮位正在准备上下班交接，威海湾东口外突然风云剧变，大批日本军舰列阵攻来。

两次鱼雷艇偷袭得手后，伊东祐亨判断北洋海军的士气已经非常低落，遂决定于 7 日发动对威海湾的总攻。因为威海湾两个入口有防材拦阻，日军大型舰只并不可能强攻入内，伊东计划的目的在于摧垮威海湾东口的炮台防御，如此可文可武，既可以通过彻底摧毁炮台防御，来威逼北洋舰队投降；即使北洋舰队坚持抵抗，摧毁了炮台防御后，日军也能放心大胆地破坏防材。

7 日黎明，伊东祐亨亲自率领本队"松岛""千代田""桥立""严岛"，第一游击队"吉野""高千穗""秋津洲""浪速"编为右军，以单纵队队形10节编队航速向威海湾东口附近前进，主要攻击海湾口右侧方向上的刘公岛炮台。第二游击队、第三游击队、第四游击队的"扶桑""比叡"等共计15艘军舰编成左军，也向东口攻击，目标为对日本海军而言如鲠在喉的日岛炮台。为保证一举摧毁日岛炮台，日本陆军控制的威海南帮赵北嘴、鹿角嘴、龙庙嘴海岸炮台火力，也参与对日岛炮台的攻击**27**。无论是投入兵力，还是作战决心，均为历次攻击威海卫行动之冠。

7时35分，东口炮台上一声巨响，距离"松岛"舰5800米时，张文宣统率的护军士兵们操作大炮，首先向日本联合舰队发起攻击。不久，日岛炮台的地阱炮也发出怒吼，台官萨镇冰指挥他的属下加入战斗。

与黄海大东沟海战时一样，面对远距离攻击，日本联合舰队保持队形继续航行，除了"千代田"按捺不住放了两声空炮外，其余各舰都保持沉默，等待进入合适的交火位置。3分钟后，"松岛"舰舰长得到与刘公岛炮台距离5000米的报告，遂下令左舷的120毫米口径速射炮进行试射，紧接着，7时39分"松岛"舰左舷所有炮位齐声同鸣，向刘公岛、日岛炮台倾泻弹雨，威海湾内外陷入一片炮声隆隆。

◎ 刘公岛东南炮台。

◎ 1895 年 2 月 7 日威海湾战斗现场照片，刘公岛方向腾起的一团巨大白烟是炮台发射火炮所形成。

　　仅仅过了一分钟，伊东祐亨就体验了与死神擦肩而过的恐怖。从刘公岛炮台呼啸而至的一颗炮弹，落在"松岛"舰首左舷外仅 200 米处，随后出乎所有人预料，这颗炮弹从海面上反弹而起，弹道改变，成了可怕的跳弹，从"松岛"舰飞桥甲板上空呼啸着掠过后，击中了烟囱。飞桥甲板和司令塔里的航海长高木英次海军少佐等 3 名军官被飞溅的破片击伤。望着从头顶飞过的炮弹、身边躺着痛苦呻吟的属下，伊东祐亨惊出一身冷汗。

　　相对于在海上飘忽不定的军舰来说，联合舰队瞄准、攻击刘公岛岸上的固定目标要容易得多。接战未过多久，刘公岛东泓炮台各炮位上都是烟雾腾腾，伤亡惨重。根据事后记载，2 月 7 日当天刘公岛海陆军伤亡多达三百余人，其中大部分为炮台守军，战事的激烈程度可见一斑。

　　7 时 53 分，联合舰队本队接近至距刘公岛仅 3700 米处，战况变得愈加激烈，被日本舰队忽视的炮台群开始攻击，位于刘公岛东部的东泓炮台已经瞄准日舰许久，终于等到日本舰队进入他们的射界。此时丁汝昌已经率领"镇远""靖远"等 3 艘战舰在港中发炮参战，伊东祐亨担心己方遭到不必要的损失，于是在 7 时 55 分下令向右侧回转，在刘公岛炮台前的海面上画出一个漂亮的圆弧[28]。

跟随在本队之后，日本第一游击队于 7 时 50 分开炮加入战斗。这 4 艘舰龄新、炮位多、航速快的战舰，是北洋海军最难缠的死敌，正凭借其优势向刘公岛炮台以及海面上的北洋海军舰只倾泻炮火，"各舰速射炮的效果，更加迅速、猛烈。速射炮射出的炮弹不可胜数，似银箭直泻，在敌舰周围翻起一片片水花……"

8 时 5 分，"吉野"舰距刘公岛 3500 米时，一颗实心弹从"吉野"舰上方越过，落在左舷外的海面上，形成了跳弹，跃起后击碎了"吉野"舰的六号 47 毫米口径机关炮炮盾，此后又横扫舱面，打坏了几根传令管，2 名日本士兵当即倒毙，另有 4 人受伤。

几乎在同时，一游的"秋津洲"舰被公所后等炮台的炮火击中，由于炮弹的种类还是实心弹，仅打伤 2 名士兵。

7 分钟过后，一次更可怕的打击降临到第一游击队。刘公岛炮台的一颗炮弹准确命中"浪速"舰，从舰体中部右舷的第六号煤舱射入，可惜这颗炮弹仍然是实心弹，未能在轮机舱爆炸，横越"浪速"舰内后，从左舷穿出落入海中，没有造成任何人员伤亡[29]。

血洒日岛

　　刘公岛炮台与作为右翼队的联合舰队本队、第一游击队激烈对战时，小小的日岛炮台也正在与联合舰队第二、三、四游击队以及南帮海岸炮台鏖战。略早于右翼队，由第二、三、四游击队组成的左翼队在西海舰队司令相浦纪道率领下，于上午7时以8节航速编队向日岛炮台前进，7时37分，距离5500米时，日岛炮台首先开火。

　　日岛位于威海湾东口的中央，距刘公岛约2千米。最初只是一小片礁石，威海湾构建海军基地时，鉴于这处礁石的位置重要，遂从威海南帮取土，在原有的礁石

◎ 日岛炮台。

基础上填海成为一座小岛。全岛岸线不足 1 千米，岛上地域大部分修筑成了炮台工事[30]。有别于威海其他炮台，日岛炮台因为是填海而成，无法像海岸和刘公岛炮台那样可以开挖山体构筑炮台工事，炮台实际是直接建筑在垒起的岛屿地面之上，高度较高，炮台的最高处也即日岛的最高点，海拔 13.8 米。鉴于日岛位置的重要性，以及炮台形状的特殊、面积较小，安置于这座炮台内的主要武器是 2 门地阱炮。

　　地阱炮是 19 世纪中以后首创于英国的一种全新的兵器，其主要的目的就是用于海岸要塞防御。这种火炮的炮管部分除了耳轴直径较大外，与一般的要塞炮并无太大区别，其最重要的设计在于可折叠的炮架。不同于传统的架退炮，地阱炮通常安装在大坑里（顾名思义就是地阱），或者在很高的胸墙之后，平时炮架折叠，从外部无法看到火炮的踪迹。使用时，采用液压或者气压等方式，使得炮架向上方展开，将炮管托举露出工事外。火炮发射后，炮架在后坐力的作用下，自然向下折叠，重新回到工事内部，后坐力则被以势能的形式保存下来，可以用于下一次的举升。这种炮的优势首先是所处位置隐蔽，不容易被敌方捕捉目标，其次火炮的所有操作都在工事内部完成，炮手比在普通的要塞炮台作业更安全。

　　日岛上的炮台属于典型的地阱炮台，在岛屿上直接修建高高的炮台建筑，其中部构成两个"深坑"炮位，用于安装地阱炮，所用的型号是上海江南机器制造局生产的阿姆斯特朗式 200 毫米口径 35 倍径地阱炮，炮架底部为 360 度全周旋转样式，属于那个时代最先进的地阱炮类型。为辅助地阱炮，在海拔 13.8 米的地阱炮台两侧各有海拔 10 米左右的另外两处露天炮位，共安装 2 门 120 毫米 45 倍径的克虏伯要塞炮，炮架也是可以全周旋转的样式。另外炮台上还装备 4 门机关炮。总计中、大口径火炮仅有 4 门，以这样的火力应对日方十余艘军舰以及南帮 3 座海岸炮台群的炮火，萨镇冰率领 3 名洋员和 55 名水兵奋勇作战，没有露出一点屈色。

　　上午 7 时 42 分，在距离日岛 3700 米时，排列在日军左翼队最前方的第二游击队旗舰"扶桑"开始向右侧转舵，将左舷炮位全部对准日岛，猛烈炮击。其后的各舰也纷纷按此转向，将左舷对准日岛进行炮击。左翼队军舰采取的作战方法类似风帆时代的战术，从东口驶近距日岛的合适位置时向右转向，各舰依次通过，用左舷炮火战斗，此后再进行右转，退到合适距离后左转，再用右舷炮位射击，如此周返往复。

　　与此同时，南帮炮台群中的龙庙嘴、鹿角嘴、谢家所、赵北嘴各炮台的大口径要塞炮也向日岛猛烈轰击。因为是从炮台炮位轰击固定的目标，只要预先测量好距离，命中率即会相当之高，南帮炮台成了日岛最可怕的威胁，每当地阱炮缓缓从炮位中升出坑口，便会立刻招致陆地炮台犹如雨下般的打击。根据当时在威海战地采访的香港英文报纸记者肯宁咸记载，地阱炮作战时，必须要有观测手随炮管一起升出炮台，对于这样危险的任务，并没有任何人逃避，"日岛当着南岸三炮台的炮火；地阱炮升起来后，更成了那三炮台的标的。这些炮并没有附着镜子，所以升炮的人一定要到炮台上面去，结果这人立受对方炮击，这是很危险的职任；可是那些年青的水兵仍旧坚守着这些炮，奋勇发放"[31]。

上午 8 时，当地阱炮的炮管又一次升举出炮台，观测手正在用六分仪对着海面上的日本军舰测距时，居高临下的南帮炮台上飞来一颗大口径炮弹，直接命中了一门地阱炮炮管的后部，连接炮管和炮架的铁环被击中碎裂，发出一声刺耳的响声，巨大的炮管失去依托，一头砸向炮台底部。受其阻碍，另外一门地阱炮也立刻无法使用[32]。从远处观看，小小的日岛炮台似乎成了座正在喷发的火山，炮台建筑台壁上到处都是炮弹爆炸引起的火焰、烟雾，爆炸声此起彼伏……

见到日岛炮台的地阱炮都没了声音，海面上的日本军舰更加无所顾忌，将航速降到最低，来慢慢瞄准。一场更大的灾难降临到了日岛炮台，一颗日本炮弹命中了日岛炮台的弹药库。黑烟在日岛炮台上空升起，这座炮台的武备被彻底摧毁了[33]。

性格与提督丁汝昌有几分相像的台官萨镇冰，尽管炮台已毁，但是依旧带着他的属下坚守在内，直到当天战斗结束时分，提督丁汝昌从刘公岛上用电话下达撤退命令后，才最终放弃日岛炮台[34]。

当时，敌人用赵北嘴的大炮猛轰日岛，一颗炮弹就在我眼前炸开，两个弟兄马上打死了，我脸上、脖子上溅满了泥，可没受伤。我是管炮弹的，心想多运些炮弹，好多消灭些敌人。直到后来，日岛上的火药库爆炸了，弟兄们才撤下来。[35]

日岛的炮战，要算七号那天最严重了。厨房被炸了，五个厨子陷在里面，只有三个由两个水兵经过莫大的困难和危险才救了出来。就在那一天，一座地阱炮被扑倒了。极力去把它举起，终于无效。这倒下来的炮，却又妨碍其他炮的使用。军官的驻所也因炮弹的炸裂而焚毁了。一所弹药房也爆炸了。这炮台于是受着陆上严重的炮火。最后，丁提督等决定把这炮台放弃。**36**

见到日岛炮台已然被完全压制，日本左翼队军舰大喜过望，仍旧不断地向这座炮台倾泻弹雨，得意得已经忘记了在他们的另一侧，刘公岛上的中国炮台还在不断鸣放。降低航速的日舰，给了刘公岛东口炮台绝佳的射击良机。排列在日军左翼队队列之首的旗舰"扶桑"号首当其冲，东口炮台发射的一颗实心弹正中"扶桑"的舰首左舷，穿射而入，横扫舰首舱内，打断了一些肋骨和船梯，这些物品破损后的碎片又四处纷飞，一名日本水兵的头颅被打裂，脑浆四溅，另外一人的腹部被击穿，肠子留出体外后气绝。此外还有 5 人不同程度受伤。旗舰猝然遭到攻击，加之日岛炮台已经实际被摧毁，日军左翼队不愿多做停留，遂向东口外的海面撤退而去**37**。

当"扶桑"舰驶到威海湾外海面时，一桩惊人的事件正在发生。原本攻击刘公岛炮台的本队、第一游击队都停止了炮击，忙作一团，原因是此前一群北洋海军的鱼雷艇从西口海面冲了出来。

信使突围

日本联合舰队在 1895 年 2 月 7 日向威海湾发动的大规模总攻，其总体部署存在一个严重的疏漏。从最初护送山东作战军在荣成湾登陆开始，联合舰队司令伊东祐亨就立刻布置军舰对威海湾的东、西两个出入口进行警戒、监控，防止北洋海军乘间突围。其中除了月初遭遇风暴、大雪时曾被迫暂停了一天外，其余日子日舰都在昼夜警备。但是两次鱼雷艇偷袭的战果可能让伊东祐亨过于自信，2 月 7 日日军舰队总攻威海东口时，威海西口海面上，竟然没有派遣任何军舰戒备，就是这一短暂的疏漏，立刻被北洋海军发现并且利用了。

上午 7 时 30 分以后，威海湾东口海面上炮声隆隆时，刘公岛麻井子船坞里正在准备着一场特殊的行动。将近上午 8 时，北洋海军鱼雷艇队的大型艇"左一"为首，"左二""左三""右一""右二""右三""福龙""定一""定二""镇一""中甲""中乙"共 12 艘鱼雷艇，以及"飞霆""利顺"两艘军辅船从麻井子船坞里鱼贯驶出，绕过黄岛炮台，往威海湾的西口防材的木筏门位置驶去。（根据北洋海军军官卢毓英回忆，"镇二"号鱼雷艇轮机故障，在刘公岛紧急修理后，于 1895 年 1 月 4 日、5 日进行两次试机。1 月 5 日第二次试机时，刚从铁码头开航，恰好遇到"威远"舰从前方驶过，"镇二"躲避不及与之发生碰撞，遂翻沉在铁码头附近，全艇人员均被救出。）[38]

14 艘往西口疾驶的船艇队伍里，"利顺"号轮船上搭载着一位特殊的乘客。在北洋海军中担任水手教习的李赞元，是名普通的士官，如果不是当天早晨突然被提督丁汝昌召见，且布置了一幅千钧重担，他将如同北洋海军内大部分普通的水兵一样，并不可能在历史上留下自己的名字。此刻他怀揣密信，乘坐"利顺"轮船设法突围，前往烟台求救兵，"飞霆"轮上可能也有一位与他一样身负重托的信使，而更前方飞速疾驶的 12 艘鱼雷艇，则是掩护他们突围的卫兵。

由于直至当天早晨 7 时 30 分以后日本军舰大举进攻东口时为止，西口海面日本海军没有留警戒军舰的情况才真正发生，因此突围的命令下达得异常仓促。从事后一些当事人的回忆看，即使是直接参与行动的鱼雷艇队官兵，也并不清楚整个行动的全局部署、目的为何。鱼雷艇队只知道要求他们出港攻击日舰，两艘商船只知道要突围到烟台，而这件任务以外的陆军、海军对此则完全没有预知，造成整个行动过程显得极为混乱。百年后关于这桩事件的当事人回忆、口述也是头绪万端、纷乱不已。不过将这些命令拼合到一起，可以很容易勾勒出此次突围的安排：即鱼雷艇队出港，向日本联合舰队方向佯攻，吸引日方注意，借此机会"飞霆""利顺"两艘轮船直驶烟台。

正因为此次事件发生极为突然，事前没有任何征兆，当事人尚且不能了解计划，在一些不明就里的旁人来看，于是乎就简单地理解为"出逃"。实际仔细研读一些指证鱼雷艇队早就蓄谋 2 月 7 日逃跑的说法就能发现问题，因为 2 月 7 日早晨日军没有在西口海面布置军舰的事情是突然发生的，此前的日子里任何人都不可能预料到这一点。另外，威海湾西口海面也有防材拦护，如果鱼雷艇队纯属逃跑，在黄岛至西口的航路上就会被立刻发现，如此防材的出入口根本不可能为他们敞开。

西口防材上用木筏编成的门预先已经打开，负责启开防材门的水兵并不知道要求他们这么做的目的，乘坐在舢板里看着突围的船艇一艘艘沿着防材开口小心通过，驶出威海湾，前往开阔的海面。海军大队船艇突然出口，让未得到任何通报的陆军一片惊愕，而麻井子船坞附近停泊的蚊子船则以为这是大队突围的号召，竟也纷纷解缆，准备出发。不久，黄岛炮台根据海陆军签署的陆军出、海军炮击；海军出、陆军炮击的生死状，开始炮击出港的船艇，蚊子船队顿感情况不对，又转舵重新回到锚地[39]。

忙于炮击刘公岛炮台的日本联合舰队本队、第一游击队几乎在第一时间就发现了中国鱼雷艇从西口出港的情况。伊东祐亨判断是北洋海军主力要拼死一战，先派这些鱼雷艇来扰袭，于是命令本队、一游向西口加速前进，同时做好抵御鱼雷艇的准备[40]。

19 世纪中后期鱼雷艇作战的重要战术要求是偷袭，白天大张声势出战本就违反了这一原则，危险性极大，因为如此在远距离上就被敌方发现的话，那么未等鱼

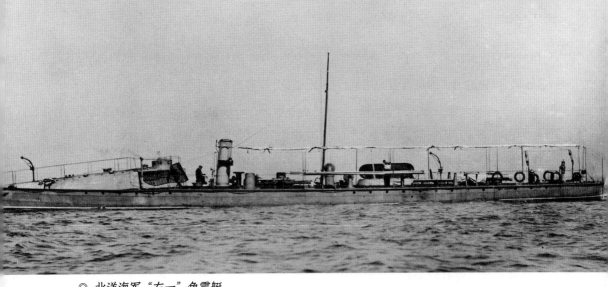

◎ 北洋海军"左一"鱼雷艇。

雷艇冲击到鱼雷的有效射程范围内，就有可能在航行中被敌方军舰编织的火力网击毁，在远距离上，鱼雷艇对大型军舰而言，简直可谓赤手空拳，没有任何招架的能力。

　　大队出口后，"飞霆""利顺"立刻沿着海岸向西侧烟台方向飞驶，这一举动让正在往东方日本联合舰队方向航行的鱼雷艇队恍然大悟，原本鱼雷艇官兵一直不明白他们的队伍里为何编入了两艘没有武装的小船，此刻谜底已经道破。望着西去的"飞霆""利顺"，以及从东侧鼓轮而来的日本第一游击队，鱼雷艇队经过片刻犹豫，从"左一"开始，全队掉头转向，往西侧方向逃去。关于这一幕变化的原因，曾在大东沟海战中挑战"西京丸"的"福龙"艇管带蔡廷干后来追述，"本来应击沉日本军舰，但被'吉野'发现，遂未能达到目的"[41]。

　　根据丁汝昌的命令，鱼雷艇队出击后仍然应该返回威海湾内，然而此刻，慑于日本第一游击队航速快捷，如果己方再回到西口，通过狭窄的防材开口重新入港，这段漫长的时间里日本军舰势必就会赶到并发起攻击，后果不堪设想，鱼雷艇队在事实上无可能安全回港的情况下，没有选择与日舰做鱼死网破的拼杀，而走上了前往烟台的逃亡路。

　　此后发生的事情对于北洋海军而言，是一场大灾难。提督丁汝昌得到鱼雷艇队没有回港，而是与"飞霆""利顺"一并去了烟台的消息后，悲愤交加。日益削弱的舰队已经让老提督伤心不已，现在又失去了鱼雷艇队，威海港的北洋海军能够利

用的舰只已经所剩无几了，这座海湾还能坚守多久？港外沿着海岸线快速航行的船
艇队，很快遭遇了一场血腥的屠戮，船艇大部分在被追击途中无法躲避弹雨，被迫
搁浅，"左一"艇管带王平登岸后成功到达了烟台，但是包括"福龙"管带蔡廷干
在内还有部分官兵被俘，"福龙""右一""镇二""飞霆"搁浅后也于次日被日舰拖
走，编入了日本舰队。担负有特殊使命的"利顺"号轮船中途被击沉，万幸的是信
使李赞元落水逃生……

问：你打算投降吗？

答：我怎能投降呢？过去陆军每每战败，原因在于互无救援之心。在我舰
队，决无这样的情形。

问：现在舰队士气如何？

答：能够终日战斗。

问：在这种时候，丁汝昌有死而后已的决心吗？

答：有。如无长期作战之意，岂不早已逃跑了吗？

问：如果我们现在释放你，你还打算再上鱼雷艇与我们作战吗？

答：有这种打算。（"福龙"艇管带蔡廷干被俘后询问笔录）**42**

藩篱尽毁

　　突然发生的北洋海军鱼雷艇队突围，打乱了2月7日恶战的节奏，日本联合舰队此后没有再对威海湾发动炮击，而是急忙调整部署，向西口海面配置了第二游击队和全部的鱼雷艇，以防港内的北洋海军其他舰只突围。

　　一夜过去，2月8日整天在表面上看来威海湾外的局势出奇的平静，联合舰队大大小小的军舰都只是在港外停泊，没有发起任何进攻行动，旗舰"松岛"上却正在酝酿一场阴谋。按照联合舰队的作战部署，2月8日这天本来也将发起如同昨日那样的总攻，但是伊东祐亨仅派出第四游击队前往威海通向烟台的海岸搜寻、拖曳之前搁浅的中国鱼雷艇，其他的军舰都取消了既定任务。

　　中午时分，伊东祐亨与统领第一游击队的常备舰队司令会议，鉴于威海湾的日岛等炮台在之前炮击中已经受损，决定一鼓作气，于2月9日直接用大型军舰攻入威海湾。为达到此目标，2月8日日军的主要作战行动就是彻底破坏威海湾东口的防材，为来日大型军舰作战开辟航道。

　　根据部署，联合舰队第一游击队的4艘军舰各派出一艘火轮舢板和人力舢板，搭载各自的鱼雷官兵，每艘舢板携带3颗水雷、2件炸药以及锤、锯等工具，组成了一支特殊的防材破坏队，由"秋津洲"舰鱼雷长志贺直藏担任领队。

　　2月8日晚上9时，第一游击队"吉野""秋津洲""高千穗""浪速"4舰排成单纵队到达威海湾东口警戒。深夜11时，8艘舢板到达了东口日岛至南帮间的海域，按照"秋津洲""浪速"的舢板在右，"吉野""高千穗"舢板在左的分工，各艘舢板停靠到防材旁边，立刻开始破坏防材。

　　日军之所以选择这段防材开始破坏，主要由于这时日岛炮台已经弃守，南帮炮台又在日军占领下，因而该段海域实际已经处于日军的控制下。比起以往几次的防材破坏行动来，这次工作环境相对安全，作业的人多，破坏造成的后果也最为严重。在一通锤击、斧砍以及炸药爆破下，至2月9日凌晨1时，威海湾东口的防材被破除开了一个宽达400米的缺口，北洋海军苦心营建的这一重要防御工事已经失去作用[43]。

防御刘公岛的力量在一点点被剥蚀，这座海岛的失守，已经越来越可能变为真实的恶魇。

原先在"定远"舰服务的洋员泰莱，现在被安排在刘公岛的军医院帮忙。8日晚上，他忙着帮助军医克尔克医生一起手术，偌大个刘公岛，当下只有这么一位正规的军医了，剩余的人早在威海卫外围战爆发时就已逃散。今人可能很难理解当时的战地治疗方法。各处受伤的官兵送到军医院，受伤部位不同，但大多没有其他的治疗方法，就只能截肢。根据泰莱回忆录的记载，当时军医院地上是成堆的残肢断臂[44]。可以想象，这对于前敌作战的将士，又是一种何等的恐惧。

北洋海军的鱼雷艇队集体出逃的各种传闻，如同瘟疫一般在刘公岛上迅速蔓延。对这件事的真实情况全无所知的陆军，认为这是海军即将全军逃离的预兆，而这加剧了他们对自己目前处境的担忧。海军战舰一艘艘沉没，威海湾尽为敌占，刘公岛上粮食已尽弹药将绝，一切已经没了希望。

2月7日当夜，大批护军官兵聚集在海军公所门前，哀求生路。"雷艇既逃，军心更乱，纷纷直向丁统领求生路。统领恐军心有变，只得温言慰之，但告各军粮草已绝，炮弹垂尽，进无以战，退无以守，且敌人奸细四布，我军一举一动，敌无不知也。"[45]

丁汝昌、张文宣来到海军公所外，好言劝慰，终于暂时抚平了众人[46]。重新返回海军公所院内，丁汝昌仰天长叹，刘公岛外的世界现在在做什么呢？是否还有人记得威海还有一支急待援兵的军队？

2月8日的北京，霜冷长街，紫禁城内的玉阶湿滑不已，大臣刚毅从养心殿陛见后退出时，不慎摔了一跤，仿佛是极为不好的预兆。翁同龢到达军机值房后，突然看到一份山东巡抚李秉衡2月7日发来的电报，电报中的消息足以让举国震惊，李秉衡称北洋海军已经覆灭了。看到这则报告，翁同龢"愤闷难言"。不久以后，很多御史言官就在纷纷起草关于撤李鸿章杀丁汝昌的奏折[47]。

李秉衡从何得知北洋海军已经全军覆没，在其电奏中没有报告。但从北洋大臣李鸿章于第二天上午发给军机处的电报，可以一窥端倪。李鸿章根据东海关道刘含芳关于北洋海军鱼雷艇队突围的报告，将其与前几日派人送密信要求北洋海军突围的安排联系到了一起，认为这必然是丁汝昌看到密令后所作的突围。但是直到现在仍未有丁汝昌突围的消息传来，想必是突围失败，北洋海军全军覆没了。

当天，李鸿章即致电军机处，提出自己的这一推想。光绪皇帝屡次强调必须保全的铁甲舰，此刻看来是全部覆没了，李鸿章预料到将会因此招来清流派如潮水般的参劾，于是自己首先引咎，请旨罢斥：

> 鸿查"定远""来远"等船先在口内击沉，丁汝昌虽带"镇远""靖远"各船艇冲出，寡不敌众，迟不如速，亦必均被击沉，是以续电有龙门港击沉舰艇之报。船沉人尽，尚不致为敌用。鸿章相距过远，救援无及，保护无方，咎实难辞，应请旨立予罢斥。**48**

仅仅靠着未经验证的推断，李秉衡竟然就急不可待放胆奏称北洋海军已经覆没，其对北洋海军、淮系长久以来的真实用心可见。而李鸿章慑于这一推理的压力，竟然随后就上奏请罪，也足证对于北洋海军能否成功突围，李鸿章心中是全无把握。

正当满朝清流就将开始针对淮系的总攻之际，2月8日黄昏，往来于上海和烟台之间的英国印度支那轮船公司"益生"号商船到达烟台，带到了一个足以让李鸿章等宽心、李秉衡等扫兴的消息。"益生"轮称，2月7日下午3时左右从威海湾外经过时，发现刘公岛上依旧飘扬着龙旗，港湾外停泊着大批日本军舰，但并没有发生战斗，也没有看见有"镇远"等军舰冲出**49**。

似乎为了进一步证明北洋海军仍在坚守，2月9日元宵节的下午，烟台登莱青道衙门冲入了一个衣衫不整的人。见到道台刘含芳，来人声泪俱下，哀求救救海军。2月7日乘坐"利顺"轮突围的北洋海军信使李赞元，在"利顺"船沉后，历经九死一生到达了烟台。

> 刘含芳删未电：即刻水手教习李赞元来烟，称于十三日早七点钟，带"利顺"小轮往开北口木筏门。时南口倭舰打仗，北口来倭船四只，开炮将"利顺"锅炉打破，船沉，逃出五人，两点钟被英提督船救起。提督船于晚三点钟

开来烟台，行至半路，折回威海，见"镇远"各船尚在口内，刘公岛炮台皆尚在等语。惟望援眼穿，水陆数千人徒增血泪。现派李赞元由水路送信，未知能到否。该弁称丁提督等受困，一言难尽，声泪俱下云……（李鸿章1895年2月9日致总理衙门电）**50**

刘步蟾之死

　　鱼雷艇队的出逃使得威海湾内的空气变得更为凝重，海陆官兵本来被日紧一日的局势压得完全绷紧的战斗精神，随着一个"逃"字的出现，无可挽回地出现了松动。弹将尽，粮已绝，舰半丧，悲观、失望甚至绝望的情绪在四处弥漫，连日的舰只损失，导致一些将士觉得看不到继续战斗的出路在何方，求生的意识开始渐渐占据上风。1895 年 2 月 8 日晚上 7 时，一些北洋海军的官兵离舰上岸，8 时大批陆军也离开炮台职守，连同岛上百姓，近千人围聚在海军公所门前，苦苦哀求提督丁汝昌放他们一条生路。

　　在当时险恶的形势下，想要保全岛军民生命，最简单直接的办法只剩下一个，那就是万般屈辱难堪的投降。前几日面对着日方送来的劝降书，愤慨道"汝等可杀我，我必先死，断不能坐睹此事"的丁汝昌，根本无法想象投降这两个字。

　　望着曾经生死与共的战友，丁汝昌心中无限感慨，作为一名传统军人，理所当然的天职是与强敌战至船没人尽。但是设身处地，在当时的处境中，如果没有外援，刘公岛势难坚守，几千条活生生的生命最后的结局可想而知，他们的生死前途此时都操握在自己手中。沉思半晌后，丁汝昌痛苦地许下诺言，如果等到 2 月 11 日还没有援军到来，那时自会给大家一条生路。"丁汝昌晓以大义，勉慰固守，若十七日救兵不至，届时自有生路。"**51**

　　海军公所门口集结的人群渐渐散去，望着苍穹里的几点寒星，丁汝昌在默默祷念，各路援军现在到了哪里？ 2 月 11 日前援军是否能够到来？

　　从此刻起，1895 年 2 月 11 日这个本来普通平常的日子，对于刘公岛全体军民都意味着是生的希望，援军如果到了，或许可以作战得生；援军如果不到，提督丁汝昌也会给他们生路。而这个日子对丁汝昌而言却可能是个死期。倘若援兵不到，放全岛军民生路，不愿目睹投降的丁汝昌所能选择的只有一死。

一夜过去，2月9日天色破晓，日本联合舰队又向威海湾发起了猛扑。

这天凌晨2时40分，由舢板小艇组成的日军防材破坏艇队成功返回，母舰"神州丸"将威海卫东口防材被破坏的情况带回皂埠口联合舰队锚地。

形势对联合舰队越来越有利，伊东祐亨决定于当天上午8时起继续攻击威海湾[52]。此次的方略是以第三游击队向刘公岛东口炮台实施牵制炮击，诱使北洋舰队到东口海面支援刘公岛炮台，陆军在威海湾北岸架设火炮轰击刘公岛，另以威海南帮赵北嘴、鹿角嘴、龙庙嘴炮台炮击北洋海军舰船，借此进一步消耗北洋海军的有生力量。虽然威海湾东口防材已经破除出了几百米的缺口、北洋舰队的主力舰只也损失殆尽，而且日岛炮台已不再是威胁，但是越到这种大胜近在眼前的时刻，胜利者往往越是谨慎小心。

清晨，威海湾外的海面上薄雾蒙蒙，排列成纵队的联合舰队第三游击队"天龙""大和""武藏""海门""葛城"5艘军舰首先向刘公岛东口方向前进，测距员测定到距离刘公岛东口炮台3700米时，第三游击队向右回转，让各战舰的舷侧朝向刘公岛炮台方向，以尽可能充分发挥火力，惊天裂地的炮声在刘公岛附近海面响起[53]。

◎ 1895年2月9日海战的实况照片，左一、二分别是正在开火的"镇远""济远"舰。

日军进攻的警报传来，北洋海军提督丁汝昌亲自登上"靖远"舰，率"平远"急驶到日岛附近海面，配合刘公岛炮台作战，并准备抵御日舰将要对威海湾内发起的冲击。日岛炮台被迫弃守后，海面开阔的威海湾东口失去了一个重要的防御支点，丁汝昌率"靖远""平远"开赴日岛海面，用意显而易见，是想用这两艘军舰担负起日岛炮台原先的重任。然而拥有水泥砖石工事防护的日岛炮台都未能抵御敌军凶猛的炮火，靠着两艘战舰是否能够挑起东口防务的千钧重担呢？

海面上日本联合舰队第三游击队，乃至远处停泊在外海警戒的第一、第二游击队都在向刘公岛、北洋海军战舰倾泻弹雨。更为严重的是，居高临下俯瞰日岛海面的南帮诸炮台也开始了炮击。

面对如此密集的弹雨，看到"靖远"舰上一些官兵显得有些慌张畏怯，提督丁汝昌毅然来到舰首 210 毫米主炮炮位旁，挺身站立在没有任何遮护的露天甲板上，身先士卒，激励士兵坚持作战。惨烈的炮战进行了一个多小时，刘公岛炮台以及日岛附近的两艘北洋海军军舰尽管人员伤亡惨重，但均丝毫没有屈色，黄岛炮台的火炮甚至还击坏了南帮鹿角嘴炮台的 1 门岸炮。可是时近中午，灾难又一次降临到了北洋海军头上。

9 时 18 分左右，南帮鹿角嘴炮台的火炮接连炮击正在港内作战的"靖远"，其中 2 颗 240 毫米直径炮弹先后从高处落下，击穿"靖远"的露天甲板，穿越舰内后，在舰首附近的水线下舷侧撕开两个破口[54]。

同样是黄海大东沟海战后未经彻底修复的军舰，"靖远"舰无力承受这样的打击，9 时 34 分舰首最先下沉，舰上的官兵还在努力地抢救自己的战舰，一面急驶向西北海面浅水处，一面堵漏抢险，但是进水越来越严重，"靖远"最终无助地坐沉在威海湾内。由于舰首舷侧破损，首部严重进水，水兵门显然关闭了首部的水密门，使得舰体的其他部位还保有浮力，最终"靖远"呈现出舰首埋入海水，舰尾翘起，舰体右倾的姿态，北洋海军又失去了一艘战舰，至此北洋海军内精锐的"致远""经远"级军舰都已不复存在。

望着军舰渐渐下沉，丁汝昌与"靖远"舰管带叶祖圭均悲伤不已，意欲与船同存亡，但被属下拥上前来救援的蚊子船。丁汝昌涕泪横流，仰天长叹，"天使我不获阵殁也！"[55]

阵亡，对很多人无疑都是极为可怕的事情，然而在已经身处绝境的丁汝昌眼

◎ 被日军用威海南帮炮台火炮击沉的"靖远"舰。

中，却是他能够获取的最好的归宿，现在竟然成了一种奢侈的愿望，可以设想，倘若丁汝昌在黄海海战或威海之战中阵亡殉国，后世对其又将是怎样的评价。现在刘公岛内外的局势对于丁汝昌而言，活着要比死亡更为艰难。

"靖远"舰沉没的情景，为日方海陆参战将士所目击，又击沉了一艘北洋海军的主力军舰，狂喜不已的日军选择了见好就收，10时49分，第三游击队停止战斗返航，退到威海湾东西口的外海海面停泊，2月9日的战斗基本停止。威海湾内，冬季海风掠过海面发出独特的呼啸声，蓝黑色的海面上还能看到"靖远"的双桅，如同是一双不甘就此沉沦的巨臂，高举着向苍天悲恸呼喊。

北洋海军此刻真正能够作战的大型军舰，实际只剩下了"平远""济远""广丙"3艘，而这3舰的中、大口径火炮都已弹药告罄，如果没有援军，威海湾的失守已然只是时间问题了。仿佛产生了某种不祥的预感，9日下午，提督丁汝昌毅然决定炸毁已经搁浅的"定远"舰。众所周知，"定远""镇远"2艘铁甲舰是北洋海军的实力、精神支柱，也是清政府、李鸿章屡次三番向丁汝昌强调，要求绝对不能闪失的国之重器，虽然重创搁浅，"定远"其实尚有等待保留至战后进行修复的希望，而下令自毁以免落入日军之手，说明丁汝昌心中的这种希望之火已经黯然。

"广丙"舰担负了这个悲痛的任务，先是用鱼雷破坏了已经处于搁浅状态的"靖远"，"靖远"舰原先浮在水面上的船体都没入了水中，继而驶近了曾经的旗舰

"定远"，在"定远"舰的中部装入 350 磅炸药。

1895 年 2 月 9 日下午 3 时 15 分，随着一声巨响，"定远"舰痛苦地猛然抖动，舰体中部被撕开一个大口子，她的心脏已被炸烂，2 座高大的烟囱倾覆在舷侧，这艘曾经是中国海军骄傲的军舰在她的战友们目送中逝去了[56]。

管带刘步蟾痴痴地站在铁码头上，看着白烟滚滚的"定远"欲哭无泪，从这艘军舰在德国伏尔铿船厂的船台上铺设龙骨开始，他们就相依相伴，从某种意义而言，刘步蟾甚至可以称为是亲眼看着"定远"诞生的父亲。将近 15 年的岁月，他们一起见证了这支海军的辉煌，也一起经历了末路的惨淡，此刻老战友已经先行一步，刘步蟾自己的命运也已注定了。

根据北洋海军军官卢毓英的记载，2 月 9 日午后刘步蟾来到其住所，谈话间有一人信手写出"千古艰难唯一死"之语。刘步蟾见到后微微一笑，扶案站起，口诵"伤心岂独息夫人"而出。当天深夜天降大雪，刘步蟾在寓所吞服从军医院取来的鸦片自尽，由于药力不够，辗转煎熬到 2 月 10 日的下午方才去世，其临终过程可谓惨极痛极[57]。刘步蟾追随自己的战舰而去，实践了"苟丧舰，必自裁"的誓言，

◎ 自爆后的"定远"舰，近处海滩上裸露出来的是水雷电缆。

时年 43 岁。

刘子香逝矣。曾几何时，马江之畔，罗星塔下，一群年轻的中国海军军官踌躇满志，前往英伦求学。

> ……该生徒等深知自强之计，舍此无可他求，各怀奋发有为，期于穷求洋人秘奥，冀备国家将来驱策，虽七万里长途，均皆踊跃就道，他日或能蔚成大器，共济时艰……[58]

援 军

　　这是一个极不平静的夜晚。除了总兵刘步蟾自杀殉国的事件外，夜 8 时 20 分，日军第三鱼雷艇队受命掩护防材破坏艇队，于 10 时再度到达威海湾东口防材缺口处，意图进一步破坏，增大破口的宽度。刘公岛炮台已经残余的北洋海军军舰很快发现了这一情况，予以炮火猛击，日方艇队在防材上又破除开一个 400 米宽的缺口后撤退[59]。

　　还是在这个夜里，风雪中来往在海边值勤的北洋海军士兵突然发现海边出现一个人影！登莱青道刘含芳为了联络上北洋海军，派出递送李鸿章电令的密使夏景春冒险抵达威海，又在严寒中，扮作卖菜的小贩，划着小船偷渡威海湾，终于到了刘公岛。（关于夏景春到达刘公岛的时间，以往的著作大都当作是 2 月 11 日，但联系夏景春此后带出的密信内容，其到达刘公岛的时间不应当晚于 2 月 9 日，本处即定为 2 月 9 日深夜。）

　　从日军占领威海卫开始，已经与外界失去联系近一周的刘公岛终于又得到了外界的消息，丁汝昌一扫愁云，大喜过望。夏景春随身带来了密码书写的李鸿章电令，经过一番译码，丁汝昌看到了老上司的指示，而脸色也随之由欣喜又成了黯然。

　　夏景春冒死携带来的电报就是 2 月 7 日李鸿章发至刘含芳处要求设法专递的突围令，其要旨是要求丁汝昌设法率舰队突围，特别强调要保住 2 艘铁甲舰，这份电令对于此刻的北洋海军，已经成了一纸幻梦。

　　丁汝昌立刻着笔书写求援信。在给李鸿章等的信中，报告了几日以来的战守情形，以及"定远"等舰损失、日岛弃守的情况，并对前日鱼雷艇没有返回威海湾异常愤怒，最后乞求援军必须在 2 月 10 日、11 日间赶到。"如十六七日援军不到，则船岛万难保全。"[60]

足以显现事情十万火急的是，丁汝昌除了给李鸿章等书写求援信外，还另外起草一封书信，专门写给早在威海卫失守前就被定为援威的军队，即从徐州出发的淮系铭军马队。丁汝昌早年的出身是铭军军官，统率徐州这支铭军马队的将领，正是与丁汝昌在剿捻战争中有战友之情的陈凤楼。由于交情深厚，且对方就是正在率军前来威海的统兵之将，丁汝昌给陈凤楼的书信格外透露出事机紧迫，"修五仁兄大人阁下：此间被围，望贵军极切。如能于十七日到威，则船、岛尚可保全，日来水陆军心大乱，迟到恐难相见。乞速救援！如弟汝昌叩"[61]。

难能可贵的是，密使夏景春此后怀揣丁汝昌的密函，又冒死偷渡返回烟台，这位勇敢的中国军官不应当被历史遗忘。但是丁汝昌满心盼望的援军，其实已不可能在 11 日之前赶到威海。

淮军陆军纷纷在朝鲜、辽东、山东折损，徐州镇总兵陈凤楼统率的铭军马队，是李鸿章淮系硕果仅存的几支精锐之一。这支军队原属铭军唐定奎部，1874 年台湾事件中，唐定奎率 13 营铭军东渡台湾抗衡日军，余下的马队 3 营 1 哨由陈凤楼统带，一直驻防在江苏徐州、宿迁一带。甲午战争时，已扩至马队 4 营（飞骑马队正营、飞骑马队中营、凤字左营、凤字右营）、步队 3 营（徐防亲兵左营、徐防新兵右营、镇安营步队），以及老湘军合字后营 1 营，凤字亲兵小队 1 队，共计 8 营 1 队[62]。

1895 年 1 月 24 日，清政府下令调陈凤楼率部北援威海，2 月 9 日时陈凤楼部实际已经到达潍县，然而山东巡抚李秉衡却并不想让这支军队去援救威海，竟然准备将陈凤楼部留在海阳、莱阳一带防备日军。又过一日，2 月 10 日，清政府下旨，以"倭人注意窥窜京畿，沿海地势平阔，须有得力骑兵"为由，又将陈凤楼部转调往天津[63]。丁汝昌字字血泪的求援信，已经召不到这支援军。

除陈凤楼部外，北洋海军可能的援军还有山东省军队和正在赶来的贵州古州镇总兵丁槐部的 5 营云贵苗兵。然而山东省军队的主力一直被李秉衡收缩在登州莱州一带，丝毫没有出援的打算。千里迢迢而来的云贵军队，于 1895 年 2 月 5 日到达潍县，其先头部队也在中法战争名将丁槐亲率下到达了黄县。然而山东巡抚李秉衡又立刻截留丁槐军，令其暂住黄县，"顾黄以应登"，原本救援威海的军队，又变做了李秉衡加强登州防御的力量。至于援救威海一事，李秉衡则抛出一个虚无缥缈的计划。

以李秉衡的计划，丁槐军在黄县必须再添募训练 20 营，作为沿海北路援军。陈凤楼在莱阳、海阳与孙万林，以及皖南镇总兵李占椿等部会合，各军"拟暂驻莱州训练"，等训练纯熟，一切准备停当后，再待章高元部嵩武军从辽东撤回，加上从天津等地调来的军队，然后再谋划如何救援威海[64]。在李秉衡这番貌似积极，实为掣肘的战略下，北洋海军和刘公岛已经被抛弃。

从战斗力而言，缺衣少枪的丁槐、陈凤楼军即使到达威海，能否战胜日军，还是个未知数。但是在丁汝昌约定的日期内，一旦威海陆地发生战斗，出现援军踪迹，对于苦守海中的海陆将士必定是重要的鼓舞，给他们以继续战斗的希望，或许尚能延缓覆灭的时间，等待正在进行的外交谈判的转圜。

现在陆军外援的希望之火已被山东巡抚李秉衡一手掐灭。

最后的战斗

2 月 10 日，离丁汝昌许诺的最后期限还有一天。

当天日本联合舰队大部分军舰都在进行装煤作业。连续几天的作战行动，使得联合舰队各舰存储的燃煤已经所剩无几，伊东祐亨见到北洋舰队的舰只损失殆尽，不再有多少出口拼杀的本钱，于是选择这一天作为舰队的补给日。除"严岛""桥立" 2 艘大型军舰在威海湾外值班警戒，"八重山"开向烟台、蓬莱一带海面警戒外，其余各舰都在皂埠口与煤船接驳装煤[65]。

联合舰队的停火，使得这天几乎成了休战日，但刘公岛上的空气并不平静。

上午，一群气势汹汹的护军士兵鼓噪而出，把护军统领张文宣拥上"镇远"舰，找海军提督丁汝昌讨生路。不久，各舰舰长，以及威海水陆营务处道台牛昶晒也来到"镇远"舰上，参加会议。众人都称人心离乱，难以再战，"诉说众心离反，不可复用"，丁汝昌激动地说道"尔等之部下欲杀汝昌，可速杀，吾岂吝惜吾身"。几天来，这位身材瘦削的老人更加憔悴了。根据时人回忆，那几天里丁汝昌或是站在军舰上，或是站在刘公岛炮台上，望着威海陆地方向久久伫立，双眼瞪得如同铜铃一样，哪怕是山外传来几声炮响、枪声，都能激励他的将士们再坚持下去，都能告诉他们，刘公岛、北洋海军没有被国家遗忘。丁汝昌如何知道，他望眼欲穿的援军此刻是怎样的情形呢！

被老提督毅然决然的无畏打动，"镇远"会议室里的人群中传出阵阵抽泣声，丁汝昌觉得人心尚可用，命令洋员德国人瑞乃尔到甲板上去劝说士兵们回到防地，继续作战。

瑞乃尔领命来到甲板上，水兵等皆想听其所言，将其围在当中。瑞乃尔从容说道："战争原是因为两国不和而发生的，在开启衅端之后，各臣民、特别是身为军人者都有为君国尽力的职责。纵然是舰船沉、枪剑折，手中没有任何兵器，也要有挥空拳奋力勇战到底的决心。有此决心，才算是克尽军人本分者也。若如此之后再投降，相信就算是敌人也会称其勇战而礼遇之，决不会肆意杀戮。请诸位努力保持自己的军人名誉，我发誓保证你们的安全。"众人闻之，跪地似有所请。瑞乃尔让水兵中出一代表，其代表进曰："目前已是山穷水尽的最后时刻，此前，水雷艇来袭，后又用我炮台火炮攻我，其炮火益发猛烈，我军舰相继覆没。故而如继续待在这里，我辈将会被杀戮，妻儿将会遭到凌辱之苦。"众口嚣嚣，言其所欲，喧噪不止，叛兆已十分显然。瑞乃尔向丁汝昌复命说："兵心已变，势难挽回。"**66**

　　如同是罚点球前的片刻暂停，2月10日的京城也非常离奇地较以往平静许多，没有了那么多雪片般的战报。今天唯一的新闻来自海外，1月初派往日本求和的特使张荫桓、邵友濂因为敕书授权不足、官爵太低，日方拒绝与其和谈，并下令驱逐。早在1894年12月，清政府面对不堪的战局就决心尽快议和。按照清政府的盘算，此举可以尽量减少国力损失，如果和谈尽早达成，例如北洋海军这些残存的军队都还有望保全，倘若战火进一步蔓延，后果更不堪设想。对此日方早已洞若观火，在没有彻底达到其包括消灭北洋海军在内的战略目的前，决不会接受任何停战、和谈的请求。

　　军机大臣翁同龢日记记载，当天光绪皇帝在养心殿的东暖阁召见翁同龢等股肱重臣，面对局势溃烂，声泪并下，翁同龢等则哑口无言，莫得一策。"问诸臣时事如此，战和皆无可恃，言及宗社，声泪并发。臣流汗战栗，罔知所措矣。孙、徐皆奏使臣事，余以为特梦呓耳"**67**。殿内殿外都是愁云惨雾。

　　2月11日是日本的纪元节，（原为日本四大节日之一，是日本历史上神武天皇即位的纪念日。1966年被日本政府改作建国纪念日。）丁汝昌许诺的限期已到。

　　威海湾外炮声再起，上午7时30分，联合舰队的第三游击队排成纵队又向威海湾东口冲来，距离3700—4000米左右时炮战开始**68**。与以往关于甲午战争的著作描述有所不同的是，被一些人认为此时士气、纪律甚至战斗力完全消亡的刘公岛护军和北洋海军，实际仍然在极为顽强地作战。根据日方记载，此日中国火炮的命中率高得让日军瞠目结舌。

　　第三游击队末尾的"葛城"舰正在炮击时，舰首左舷的170毫米口径主炮被刘公岛炮台射来的一枚实心弹直接命中，炮身断作两截，飞起的碎片除了打断很多前樯索具外，还在"葛城"左舷170毫米口径火炮炮门下方撕开一个3米宽、2米高的破口，受其波及，锚链舱里的锚链也被击断不少，甲板下的粮食仓库也被破坏。中弹过程中，主炮的一名炮手腮部以上被打烂，当即毙命，6人受伤。令日方感到万幸的是，这颗中国炮弹又是实心弹，否则后果不堪设想。本来不可一世的日本海军，突遭如此的打击，顿时有点蒙头转向，"比叡"舰舰长认为军舰左舷已经失去战斗力，遂开始机动，躲避刘公岛炮台的火力。第三游击队其他各舰见势不妙，于是干脆整队撤离，时间为上午的9时1分**69**。

　　稍作休整，发现各舰实际伤情并不严重，10时40分第三游击队卷土重来，再度向刘公岛炮台发起炮击。似乎对中方的火力产生了忌惮，此次第三游击队的射击距离扩大到了4500米。

　　可是让日方再次没有料到的是，第三游击队的领队舰"天龙"重蹈覆辙，被刘公岛炮台火力蹂躏。第三游击队的第二次炮击刚刚开始，一颗240毫米直径的实心弹竟然射入小小的舷墙炮孔，准确命中了"天龙"左舷中部的120毫米口径火炮炮位，击毙3人，打坏火炮炮架后，这颗炮弹又横扫了位于120毫米口径火炮炮位内侧露天甲板上的机舱棚，在甲板上留下一个破口后一头钻入舰体内部，又打坏了主樯的根部，穿透右舷船壳板后落入海中。"天龙"舰的大副中野信阳当时正在飞桥右翼发号施令，被左舷产生的碎片击中，整个人掉入海中毙命，飞桥上只留下一条被打断的腿。在240毫米直径炮弹横扫机舱棚时，还有大量的木片、铁片如同雨点般落到机舱内，造成机舱内的少机关士高野泰吉等5名官兵受伤。

　　"天龙"舰惊魂未定之时，后续的"大和"舰又被击中，炮弹直接打坏了"大和"飞桥上的诺典费尔德机关炮，机关炮成了齑粉。紧接着又有一颗炮弹击穿了"大和"前部，从舰内横穿而过……

　　接连的打击让第三游击队无法承受，日本海军根本未能预料，刘公岛、北洋海军还有如此的战斗力。中午11时15分，在第二游击队以及南帮炮台的火力掩护下，第三游击队灰溜溜地撤往威海湾外海。仿佛是作为最后的反击，11时55分开始，北洋海军的"广丙""镇远""平远"等舰竟然驶向南帮炮台附近发起挑战，可惜因为火力不敌，在几轮炮战后退去，2月11日的战斗到此基本结束**70**。

　　2月11日中午舰队向炮台的冲锋，成了北洋海军的绝唱。

丁汝昌之死

11日深夜的刘公岛上，所有人都在屏息聆听威海卫方向是否有援军到来的迹象，海军公所门前拥满了等待最后消息的军民。时间慢慢地到了子时，所有人都知道了结果：援军无望，他们已经被整个国家抛弃，那一刻，全军的意志被摧毁。午夜时分，刘公岛近万军民齐聚海军公所前哀求活命。丁汝昌眼噙血泪，面前的这些人是曾经威震东亚的中国海军，曾经和日寇在海上鏖战5个小时，曾经在外援断绝局面下坚守孤岛毫不屈服，还有那些终日与这支军队相伴，为他和他的海军树立德政碑的刘公岛绅民。在鱼死网不破的结局已经注定时，在大厦将倾求生的本能压倒一切之时，丁汝昌再也无法也不忍心来阻挡他们要求活命的愿望。偌大个刘公岛，现在仿佛是汪洋中正在下沉的一叶孤舟。

现在北洋海军提督丁汝昌要重新面对那份1月25日下午英国军舰"塞文"（Severn）号转递来的日军劝降书：

> 至清国有今日之败者，固非君臣一己之罪，盖其墨守成规，不谙变通之所致也。夫取士必以考试，考试必由文艺，于是掌握政权者，必须是文艺之士，文艺乃为显荣之惟一门路。时至今日，犹如千年之前！

> 三十年前之日本帝国，经历怎样辛酸遭遇，如何免于垂危之灾难，度阁下之所熟知也。当此之时，帝国认真取消旧制，因时制宜，更张新政，此国能存立之惟一重要条件。

> 夫大厦之将倾，固非一木所能支，苟见势不可为，时机不利，即以全军船舰，权降于敌，而以国家兴废之大端观之，诚以微微小节，不足拘泥。仆于是乎以声震宇内日本武士的名誉，请阁下暂游日本，以待他日贵国中兴之际，切

愿真正需要阁下报国时节到来，请阁下听纳友人诚实之一言。

今日阁下之所宜决者，厥有二端，任夫贵国毅然执着陈旧治国之道，目睹任其陷于厄运而同归于尽耶？抑或蓄留余力，以为他日之计耶……祐亨顿首。**71**

当初收到劝降书时，丁汝昌曾不屑一顾，可残酷的形势，迫使他此刻又不得不重新捡拾起这份万般沉重的书信。根据北洋海军军官卢毓英的回忆，在这最后期限到来的时刻，丁汝昌因身边的亲信僚属陈恩焘早年曾留学英国，遂回身问陈，西方国家海军处于如此境地时，会做如何处置。"盖以军火已罄，军粮已绝，无可如何，乃问计于陈恩焘。陈曰：外国兵败，有情愿输服之例。遂引某国某人有行之者。丁之意遂决。"**72**又根据北洋海军营务处候选道马复恒的汇报，当晚丁汝昌数次命令将"镇远"舰炸沉，但是已经无人执行他的命令，"水陆兵勇又以到期相求，进退

◎ 北洋海军龙旗及提督藤椅，收藏于日本皇宫振天府。

维谷，丁汝昌几次派人将镇远用雷击沉，众水手只顾哭求，无人动手"[73]。

夜半孤灯下，丁汝昌在书写一封字字诛心的信件。

同样是在夜半孤灯下，信使夏景春从刘公岛带着丁汝昌的密信已经成功到达烟台，随即有关"定远"等舰失事的情况，以及这么多天来北洋海军、刘公岛守军战斗情形的消息立刻传至清政府中枢。然而望着十万火急的军情，中枢的人们并没有打算如何去援救这支军队，反而又成了清流派攻击李鸿章、淮系的大好把柄。文笔犀利的言官文廷式，凭着满脑想象，撰写了一份弹劾北洋海军军官的奏折："……丁汝昌向来驻定远船，而定远被轰之时，乃适在镇远，其为先知预避，情节显然。自去岁以来，盈廷弹劾，严旨拿问，而李鸿章护庇益悍，卒至国家利器殉于凶人之手，此实人神所同愤，天地所不容。又刘步蟾性本壬，加之怯懦，素无一战之绩，朝廷误信北洋，委之重寄。今日之事，谁任其咎……李鸿章纵无求败之心，岂有御敌之用？皇上以天下为重，即不忍加诛，亦宜速为改移……"[74]

刚刚看到海军失利的情形，清流派就立刻将责任归结为前敌将士无用，而且又随之大做文章，要取李鸿章而代之。他们哪里顾得上注意，在被敌寇重重包围的寒冷海岛上，还有几千名断粮断水，械弹将尽的将士，正在满眼血泪，苦苦盼望着他们的朝廷派出援兵。百年以后，人们谈及北洋海军的覆没，不少人还是将责任简单地归结为单独的个体，殊不知那个腐朽的政府和政治制度才是葬送这支军队的罪魁。

"那些没有办法找到中国失败真正原因的史料作者和著作家们，正是让'奸臣们'承担了本应由中国旧体制承担的责任，从而就像保全皇帝的名誉那样，保全了中国性理名教、文物制度的地位"[75]。由此得出荒谬的结论，认为近代那些失败的对外战争，责任都完全是因为前敌的将士不勇敢、怕死、无能、没有战斗力，似乎只要更换几个大臣、将领，就能扭转乾坤，而真正的罪魁于是可以借此藏在幕后暗笑，等待下一次的重蹈覆辙。

在又书写了一份给老上司李鸿章的绝笔后，丁汝昌需要做的事情都已经安排好了。亲兵杨发帮他从军需医官那里取来的鸦片，浸泡在暗红色的葡萄酒中。丁汝昌早就表示宁愿死，也不愿意投降，既然已经作出了死这样艰难的抉择，他大可以不做任何作为，瞑目而去，一了百了，保全自己的名节。然而他又深知，他死后，几千水陆将士如要活命，以当前的形势还得选择投降，由此必然背负千载骂名，与其让数千人担负投降的恶名，不如由他丁汝昌一身肩了。如此则是丁汝昌要全军投降，全军皆无责任。在向老同事营务处道台牛昶昞交代后事之际，丁汝昌流露了心迹："只得一身报国，未能拖累万人" [76]。

丁汝昌端起酒杯，一口饮下，满脸的凄楚。

在他的桌子上有件他异常珍爱的楠木笔筒，密密麻麻的蝇头小楷题刻着明代散文家张岱的《湖心亭记》"……大雪三日，湖中人鸟声俱绝。是日，更定矣，余拏一小舟，拥毳衣炉火，独往湖心亭看雪。雾凇沆砀，天与云与山与水，上下一白，湖上影子，惟长堤一痕、湖心亭一点、与余舟一芥、舟中人两三粒而已……"张岱散文中说的是杭州西湖的湖心亭，而丁汝昌故乡安徽的巢湖之中也有那么一座湖心的小亭。

丁汝昌的视线渐渐模糊，头垂向右肩。冥冥中，他看见了故乡，那片他魂牵梦萦的土地。几十年前，也是个寒冷的冬日，一眼望不到头的乡间荒原上，有个衣不蔽体的孩子在艰难地赶路，他的父母早已双双饿死，瘦弱的孩子没有了任何依靠，要去外面的世界求一条活路……

1895 年 2 月 12 日，中国第一位近现代意义上的海军舰队司令自杀殉国，时年 59 岁。

同一天夜间，刘公岛护军统领，李鸿章的外甥张文宣亦服毒自尽。

> 三名中国海军将领，北洋舰队司令丁汝昌将军、右翼总兵兼"定远"舰舰长刘步蟾将军和张将军，在目前的战争中表现出了比他们的同胞更加坚贞的爱国精神和更高尚的民族气节，他们值得中国的人民引为骄傲。他们是通过一种令人哀伤的、悲剧性的方式——自杀，来表现出这种可贵品质的。但是，看来他们也不能找到比这更好的方式来表达情操了。的确，他们被日本人打败了，但他们在战败时不苟且偷生，而是在给上司留下信件后自杀殉国。那些信件无疑非常引人注目，但我们很难指望它们能公之于众。不管这些军官在他们的实际生活中是否像他们离开时表现的那样，但至少他们在展现一个中国人的爱国精神方面做出了贡献，他们向世人展示：在四万万中国人中，至少有三个人认为世界上还有一些别的什么东西要比自己的生命更宝贵。（美国《纽约时报》报道）

丁提督于未被围之先，已派员将水师文卷送烟，誓以必死，孤忠惨烈，极可悯伤。（登莱青道刘含芳语）

予深为不幸之老提督悲，予视其自杀，非逃避困难之怯弱行为，乃牺牲一己之生命以保全他人之生命，彼实为一勇夫，就此点论，其高出于此间任何其他中国人，不可以道里计。（英籍洋员泰莱语）

他既是一名勇敢的军人又是一位真正的绅士。他被自己的同胞背弃，进行着万难取胜的战斗，他毕生所尽最后的职责仍旧是为了自己麾下官兵的生命。而他则不惜牺牲自己，因为他深知自己无情的祖国对他的怜悯甚至比敌军还要少。当这位身心承受着巨大创伤的老英雄在午夜时分饮鸩自尽，从而获得永久的安息时，他的内心中一定充满了痛苦。（美籍洋员马吉芬语）

降　约

　　1895 年 2 月 12 日上午 8 时左右，北洋海军"镇北"号蚊子船从威海东口防材缺口驶出，航向皂埠口的日本联合舰队锚地。发现有一艘中国军舰试图出口，在威海湾外警戒的日本军舰一阵紧张，然而随后日本军舰都看出驶来的中国军舰担负着特殊的使命——"镇北"号的前桅之顶出现了一面刺眼的白旗。

　　8 时 10 分，"镇北"舰驶近日本联合舰队锚地，鱼雷艇母舰"山城丸"最先升起信号旗，向旗舰"松岛"报告，"一艘挂白旗的中国军舰驶来"。联合舰队司令伊东祐亨为慎重起见，急忙命令各舰加强戒备，同时调集了一队鱼雷艇到"松岛"近旁守护，由参谋岛村速雄海军少佐乘坐"第五号"鱼雷艇迎上"镇北"，引导其航行。

　　"镇北"舰在距离"松岛"约 600 米外的北侧锚定，放下一只舢板，9 名官兵转乘到前挂白旗，尾挂龙旗的舢板内，在锚地所有军舰的目光聚焦下，缓缓划向日方旗舰"松岛"。舢板最后在"松岛"左舷的登舰梯旁停住，望了望这艘北洋海军上下曾经立志要将其击沉的庞大军舰，"镇北"舰此行的特殊乘客，"广丙"舰管带程璧光顺梯而上，登上了"松岛"的甲板。鉴于程璧光职位低下，伊东祐亨并未与其会面，而是岛村速雄参谋与其单独会谈[77]。

　　用英语略一叙谈，程璧光即取出丁汝昌的书信，岛村速雄参谋又单独前往军官会议室，将书信交伊东祐亨。

　　　　革职留任北洋海军提督军门统领全军丁为咨会事：照得本军门前接佐世保提督来函，只因两国交争，未便具覆。本军门始意决战至船没人尽而后已，今因欲保全生灵，愿停战，将在岛现有之船及刘公岛并炮台、军械，献与贵国，只求勿伤害水陆中西官员兵勇民人等之命，并许其出岛归乡，是所切望。如彼此允许可行，则请英国水师提督作证。为此具文咨会贵军门，请烦查照，即日见覆施行。须至咨者。右咨伊东海军提督军门。[78]

虽然北洋海军投降是日本联合舰队最愿意看到的结局，但丁汝昌提出的必须保证中国水陆军民能自由离去的条件，伊东祐亨不敢独自作出决定，立刻召集第一、第二游击队司令，"松岛"舰舰长以及联合舰队参谋长等官佐商议。对丁汝昌的要求，日方军官大都表示难以接受，认为必须全部作为俘虏拘押。伊东祐亨则力排众议，称"丁提督为清国海军名将，其任职北洋水师苦心经营，十年如一日。此次战争以来，观其所为，绝非可以轻侮者。今力竭势绌，不得已寄来降书，其心境可以想见，令人同情。此时如果不答应其保全军民之要求，实有违大日本武士应有之侠义举动……"[79]经过辩论，日方始决定同意丁汝昌的要求，伊东祐亨命令以自己的名义作英文复信，并附带柿子、三鞭酒、葡萄酒等礼物，交程璧光带回。

拜读贵翰，敬悉一是，顺致问候。小官因拟于明日收纳现属台端所有之舰船、炮台及其它全部军用品，至其时刻方法等细节，当于明晨台端对本书作确答时协商。军用物品一切缴交小官之后，小官当令我舰船一艘平安护送台函中所指定之人员及台端一同至被双方认为妥善之地点。但既如前述，按小官个人之意见及关怀，希望台端前来我方，暂在我国等待战争之结束，此不但为台端一身之安全计，相信为台端之将来亦应如此也。同时，小官保证台端在日本必能受到充分待遇。但倘若台端必欲返回乡里，小官当遂台端之希望。至于台端欲以英国舰队司令长官为保证人一项，小官认为并无必要，盖台端军人之名誉，实小官所坚信不渝者也……[80]

下午3时，"镇北"舰驶离皂埠口，"松岛"舰上挂出一连串旗语，"敌军就刘公岛之炮台、武器、弹药和港内军舰全部移交日本军队事派降使至松岛舰，并请求救助人命；丁提督平安无事"。日本联合舰队各舰闻讯欢声雷动[81]。

收到日方回复时，北洋海军提督丁汝昌已经长辞人世。道员牛昶昞在沉默的刘公岛上接替重责，尽管他此刻并不是刘公岛上职位最高的官员。程璧光今天回来时透露了在日方军舰上听到的一些话语，即日方是出于对丁汝昌的尊敬才同意放军民出岛归乡。为此，牛昶昞就日方的来信所作的回复仍用的是提督丁汝昌的名义，希冀借此使得军民出岛事情善始善终。值得注意的是，牛在托名的这份信中对自己的笔迹没有丝毫隐饰，并没有模仿丁的字迹。

> 伊东军门大臣阁下：顷接复函，深为生灵感激。承赐珍品，际兹两国有争，不敢私受，谨以璧还，并道谢忱。来函约于明日交军械、炮台、船舰，为时过促，因兵勇卸缴军装，收拾行李，稍须时候，恐有不及，请展限定于华历正月廿二日起，由阁下进口分日交收刘公岛炮台、军械并现在所余船舰，决不食言。专此具覆，肃请台安，诸希垂察不宣。外缴呈惠礼三件。正月十八日，丁汝昌顿首。[82]

◎ 日本皇宫振天府仓库内景，图为北洋海军所用的鱼雷，"定远"舰的龙纹、舰钟、炮弹等。

挽　歌

2月13日上午8时30分，北洋海军蚊子船"镇中"搭载程璧光驶出威海湾，除了与昨日的"镇北"一样在前桅挂白旗外，后桅的龙旗只升到了旗杆的中央位置，标志北洋海军、刘公岛上发生了重要的丧事。

此次伊东祐亨依然没有直接会见程璧光，由联合舰队参谋长出羽重远海军大佐负责接洽。递送完那封托丁汝昌名义所作的书信后，程璧光才面露悲色告知了丁汝昌自杀一事。伊东祐亨读罢信函，认为程璧光职位太低，不足与论，改要求中国方面当天下午另派职位与丁汝昌相近的海陆军官员前来谈判。

上午11时，程璧光乘坐"镇中"离开日军锚地返回刘公岛，伊东祐亨向全舰队通报丁汝昌已死的消息，并派人通报山东作战军。同时下令全舰队除重要仪式外，一律严禁奏乐，以示对丁汝昌的哀悼和敬意[83]。

当天下午5时，作为海陆军代表，牛昶昞在程璧光陪同下乘坐前桅悬挂日本海军旗的"镇边"号蚊子船到达日军锚地，与伊东祐亨、出羽重远等联合舰队高级官员，以及山东作战军的高级官员共同在"松岛"舰上会谈。日方首先再度保证刘公岛海陆军的生命安全，表示将予以遣返，此后就投降程序、海陆官兵出岛的方式、时间、路线等进行会商，讨论至当晚11时，就降约条款基本达成共识。约定首先执行投降的程序，刘公岛海陆军名册交与日方，同时按照《万国公法》的规定，名册上的军人必须签署永不参与战事的保证书。剩余问题定于次日的下午2时继续谈判。

投降的消息传回刘公岛后，"镇远"舰管带杨用霖悲愤不禁，不愿签署永不参与战事的保状，端坐在自己的住舱内口吟"人生自古谁无死，留取丹心照汗青"的绝命诗后，将手枪对准口内自击殉国。"端坐于官舱，自饮手枪，灌脑而卒。其船诸将忽闻官舱有声如雷，急人视之，见其独坐椅上，垂首至胸。前视之，已亡矣。血穿鼻孔而出，滴落胸襟，手内手枪犹拴而不释。"**84** 这位从低层水兵逐级晋升起来的北洋海军高级将领，选择了一个异常悲壮的死亡方式。

1895 年 2 月 14 日下午 2 时，牛昶晒、程璧光按期来到"松岛"舰，交出全岛官兵名册，计有海军军官 183 人，海军学生 30 人，海军士兵 2871 人，陆军军官 40 人，陆军士兵 2000 人，共计 5124 人，并最后签订了《威海降约》。谈判中伊东祐亨表示可以归还一些军舰给中国，用于运送官兵出岛，遂问北洋海军现存舰只中哪些可以载人。程璧光回答"康济"一艘载人最多，足以满载 2000 人，伊东祐亨于是表示可以将"康济"解除武装后归还中国，用以运载丁汝昌的棺椁。"丁提督之行为实在是无懈可击，亚洲丧失了如此屈指可数的海军提督，小官实有断肠之念，为聊表哀悼之意，愿献出'康济'号，用以运载丁提督等的棺木。"

苍天似乎也在为北洋海军悲叹，在降约规定的 15 日出岛日这天，清晨 5 时起威海湾内外狂风怒号，海浪翻涌，连日本海军的大型军舰都被迫前往荣成湾避风，出岛日期于是顺延。

1895 年 2 月 16 日上午 9 时，已经解除武装的"康济"舰到达皂埠口日本联合舰队锚地接受检查。随同前往的"广丙"舰管带程璧光向日方乞求，称自己是广东水师的军官，如果只身而还，势必会受到广东水师的惩罚，希望日方考虑到其在签订降约过程中积极斡旋奔走，将"广丙"舰予以归还。同时程璧光还递交了一份央求牛昶晒书写的同样内容的信。对此伊东祐亨称包括"广丙"在内的降舰名单已经报送日本政府，无法归还"广丙"舰，不过考虑到程璧光的请求，伊东祐亨书写了一份推荐信，推荐由程璧光担任"康济"舰管带。如此，程就不用担心没有军舰交待了。（清政府下令将北洋海军编制取消后，程璧光代替萨镇冰出任"康济"管带。）除此外，牛昶晒另外还有一封书信，表示对日方归还"康济"的感谢。

> 伊东军门大人阁下：前日接覆丁军门书，承准我兵勇离岛，感谢之至，后两次芝谈亦深感佩。顷程管带归云，已承阁下许还我康济以运丁军门灵柩，并渡水师官员出口，尤为感激。用此鸣谢，肃请台安。牛昶晒拜。正月二十二日。旗书等件丁军门临终时已经烧去。**85**

当天，按照《威海降约》的规定，刘公岛中国陆军及部分海军官兵共三千余人在日军的监视下首先开始离岛，曾经是中国军舰的蚊子船由日本海军驾驶，将刘公岛护军送往威海湾北帮北山嘴登岸（原议在竹岛附近登陆，后改为北山嘴），监视至威海、宁海州交界处日本陆军警戒线外遣返[86]。

2月17日上午8时30分，日本联合舰队军舰以"松岛""千代田""桥立""严岛""吉野""秋津洲"等为先，本队、一游、二游、三游、四游成单纵队队形，从威海湾的西口驶入，进入了这片原本是北洋海军基地的海域。

上午10时20分，日本各舰均放下汽艇和舢板，开赴港内尚存的各艘中国军舰，同时海军少佐中山长明率领的刘公岛占领陆战队也乘坐"大和"舰的舢板登上了刘公岛铁码头。"镇远""平远""济远""广丙"、六"镇"蚊子船，一艘艘的桅杆上接连升起了太阳旗。很快，曾和日本海军激战的刘公岛各个炮台也被日军接管，都升起了敌人的旗帜。根据日方的档案显示，刘公岛炮台火炮、军械此后均被运回日本国内，沉没在港中的"定远""靖远"等军舰被打捞、拆解。

下午1时，日军接收完毕，"新编入我大日本帝国舰籍的十一艘军舰，和我舰

◎ 刘公岛降军乘坐蚊子船到达威海登岸。

队不到三十艘军舰及数艘运输船合在一起，严整地停泊于港内。全体舰队人员来到甲板上，由旗舰'松岛'上奏起《君之代》乐曲，同时各舰一齐奉拜，长呼短喝，喉裂声哑，挥舞帽子，雀跃庆祝，在港内游行，真是空前绝后之一大壮举，一时似万雷齐落，山河崩陷，震动四百余洲"[87]。

日军刺耳的欢呼，对北洋海军不啻是刺心的挽歌。

"康济"舰默默停泊在铁码头旁，丁汝昌、刘步蟾、林泰曾、杨用霖……一座座黑色的灵柩，慢慢抬上船。管带萨镇冰肃立在舷门旁，他将护送他的上司、同学、战友们的遗体以及残存的海军将士离开。

下午3时，天空竟然下起凄凄冷雨，撕心裂肺的一声汽笛，北洋海军和刘公岛、威海湾诀别。"康济"舰尾龙旗半升，从这片熟悉的海湾缓缓驶出，她曾经的战友此刻都屈辱地悬挂着敌国的旗帜，倘若这些战舰有灵魂，想必也会号啕痛哭。

"康济"舰离开了威海湾，越驶越远，身影慢慢消失在水天之际……

3年之后，当"康济"舰以"复济"的新名字重新回到威海湾时，（1898年5月24日上午，"复济"舰参加接收威海卫仪式，龙旗在威海上空飘扬几个小时后便降下，下午1时30分，米字旗升起，威海卫刚刚摆脱日本人统治又成了英国的租界地。）黄海海面上已经出现了一支龙旗飘飘，还是称作北洋水师的全新舰队，这支新北洋水师的骨干，便是当年"康济"运出的数千官兵。

1930年10月1日，经过历时8年的谈判，中国终于将自甲午战争起就先后沦入日本、英国之手的威海卫收回。上午10时45分，东北海军"海琛""镇海"号军舰在威海湾海中锚泊，300名中国海军陆战队士兵参加了中英接收威海卫仪式。

显得别有寓意的是，国民政府派出了一位具有海军背景的官员出任首任威海卫行政专员。南洋水师学堂毕业的徐祖善，清末曾被派赴美国麻省理工学院留学海军，一次世界大战时，在欧洲考察潜艇，并随意大利海军观战，是中国近代著名的潜艇专家。登上威海卫城的制高点环翠楼，望着碧波荡漾的威海湾，横卧海中的刘公岛，徐祖善思绪万千，满怀感慨：

> 环翠楼之重建，丁、邓二公之增祀，余既为文以记之矣。顾念威海湾之所以占于日者三年，租于英者又三十有二年，痛定思痛，胥由甲午一役，我海陆军失利之结果。当时丁、邓二公暨林泰曾、刘步蟾、张文宣诸先烈，应敌海

上，出生入死，虽败军之将不可以言勇，然或殉身以明大节，或降志以全生灵，及今思之，犹觉凛凛然有生气。今威海卫收回矣！东望刘公岛外，白云悠悠，沧波森森，我"镇远""定远"诸舰或沉或夺，均随鸭绿江水东逝以尽，惟余此阴怀耻辱之陈迹，长点照奈古山头之雪色，不可湔祓。以此思哀哀其昌极，昔陆贾作新语，意在推论秦之所以亡，以为汉戒。窃附斯义，次录《威海卫海军蹉跌记》，以告我邦人君子暨海军诸同仁，试一内省我现今海防上之设备，其得不蹈甲午之覆辙乎？如其然也，我威海卫得终归我所有乎？海桑泡幻，往事成尘，岂仅斯楼之兴废云乎哉！ **88**

◎ 1895年2月17日下午，丁汝昌等的灵柩正在运上停泊刘公岛铁码头的"康济"舰。

注 释

1. 日本海军军令部:《廿七八年海战史》下卷，第 73—74 页。

2.《威海卫海战记》，戚其章主编:《中日战争》第 8 册，第 213 页。

3.《威海卫海战记》，戚其章主编:《中日战争》第 8 册，第 213 页。

4. 日本海军军令部:《廿七八年海战史》下卷，第 77 页。

5.《寄译署》，顾廷龙、戴逸主编:《李鸿章全集》第 26 册，第 32 页。

6.《御史余联沅参奏李鸿章弁髦谕旨片》，中国史学会主编:《中日战争》第 3 册，第 372 页。

7. 日本海军军令部:《廿七八年海战史》下卷，第 82 页。

8.《威海卫海战记》，戚其章主编:《中日战争》第 8 册，第 214 页。

9. 日本海军军令部:《廿七八年海战史》下卷，第 84—86 页。

10. 日本海军军令部:《廿七八年海战史》下卷，第 124—130 页。

11. William Ferdinand Tyler, *Pulling Strings in China*.

12. 日本海军军令部:《廿七八年海战史》下卷，第 133—135 页。

13. 日本海军军令部:《廿七八年海战史》下卷，第 135—136 页。

14. 日本海军军令部:《廿七八年海战史》下卷，第 137—138 页。

15. 日本海军军令部:《廿七八年海战史》下卷，第 140 页。

16. 卢毓英:《卢氏甲午前后杂记》，影印本。

17. William Ferdinand Tyler, *Pulling Strings in China*.

18.《伊东司令长官关于第二次鱼雷艇袭击的训令》，日本海军军令部:《廿七八年海战史》下卷，第 143—144 页。

19. 日本海军军令部:《廿七八年海战史》下卷，第 145—146 页。

20. 日本海军军令部:《廿七八年海战史》下卷，第 147—149 页。

21. 日本海军军令部:《廿七八年海战史》下卷，第 150—152 页。

22. 卢毓英:《卢氏甲午前后杂记》，影印本。

23.《"定"字鱼雷艇某官员供词》，[日]春日肃著、[日]桥本海关译:《日清战争实记》第 19 编，日本春阳堂，1895 年，第 42 页。

24.《寄译署》，顾廷龙、戴逸主编：《李鸿章全集》第 26 册，第 34 页。

25.《军机处电寄李鸿章谕旨》，中国史学会主编：《中日战争》第 3 册，第 397 页。

26.《寄烟台刘道》，顾廷龙、戴逸主编：《李鸿章全集》第 26 册，第 34 页。

27. 日本海军军令部：《廿七八年海战史》下卷，第 91—92 页。

28. 日本海军军令部：《廿七八年海战史》下卷，第 92 页。

29. 日本海军军令部：《廿七八年海战史》下卷，第 94—95 页。

30. 戚俊杰主编：《中国甲午战争博物馆》，山东大学出版社，1995 年，第 71 页。

31. *The Fooll of Wei-hai-wei*, Kelly & Walsh. Limited, 1895.

32. *The Fooll of Wei-hai-wei.* 日岛炮台的具体损伤情况，见日本海军军令部：《廿七八年海战史》下卷，第 262 页。

33. 日本海军军令部：《廿七八年海战史》下卷，第 99 页。戚其章主编：《中日战争》第 8 册，第 237 页。

34. 日军占领日岛后，在炮台内发现有连接刘公岛的电话设施。日本海军军令部：《廿七八年海战史》下卷，第 262 页。

35. 戚海莹：《甲午战争在威海》，第 190 页。

36. *The Fooll of Wei-hai-wei.*

37. 戚其章主编：《中日战争》第 8 册，第 236 页。

38. "该艇复出试机，适威远驶过其前，躲避不及，致为撞覆。幸各船急下舢板往救，人未遭伤。"卢毓英：《卢氏甲午前后杂记》，影印本。

39. 卢毓英：《卢氏甲午前后杂记》，影印本。

40. 日本海军军令部：《廿七八年海战史》下卷，第 95—96 页。

41. 戚其章主编：《中日战争》第 8 册，第 243 页。

42. 戚其章主编：《中日战争》第 8 册，第 242—244 页。

43. 日本海军军令部：《廿七八年海战史》下卷，第 103—108 页。另见戚其章主编：《中日战争》第 8 册，第 239—241 页。

44. William Ferdinand Tyler, *Pulling Strings in China.*

45. 卢毓英：《卢氏甲午前后杂记》，影印本。

46. "至夜，护军各营兵麇集码头，求放生路，丁汝昌、张文宣抚慰稍安。"见《署理北洋大臣王文韶覆奏查明丁汝昌等死事情形折》，中国史学会主编：《中日战争》第 1 册，第 521 页。

47. 陈义杰点校：《翁同龢日记》第 5 册，第 2777 页。李秉衡的电报，见戚其章辑校：《李秉衡集》，第 656—657 页。

48.《寄译署》，顾廷龙、戴逸主编：《李鸿章全集》第 26 册，第 38 页。

49.《寄译署》，顾廷龙、戴逸主编：《李鸿章全集》第 26 册，第 40 页。

50.《寄译署》，顾廷龙、戴逸主编：《李鸿章全集》第 26 册，第 43 页。

51.《署理北洋大臣王文韶覆奏查明丁汝昌等死事情形折》，中国史学会主编：《中日战争》第 1 册，第 521 页。

52. 日本海军军令部：《廿七八年海战史》下卷，第 104—108 页。

53. 日本海军军令部：《廿七八年海战史》下卷，第 108 页。

54. 日本海军军令部：《廿七八年海战史》下卷，第 108 页。卢毓英：《卢氏甲午前后杂记》记述为："十六午后，靖远为南帮炮台击中水线，遂沉。"

55. 张侠编：《清末海军史料》，第 326 页。

56. William Ferdinand Tyler, *Pulling Strings in China*.

57. 卢毓英：《卢氏甲午前后杂记》，影印本。

58.《学生出洋起程日期折》，张作兴主编：《船政奏议汇编点校集》，海潮摄影出版社，2006 年版，第 130 页。

59. 日本海军军令部：《廿七八年海战史》下卷，第 108—109 页。

60.《寄译署》，顾廷龙、戴逸主编：《李鸿章全集》第 26 册，第 431—432 页。

61.《致潍县陈军门电》，戚其章辑校：《李秉衡集》，第 655—656 页。

62. 日本参谋本部编纂课：《清国陆军纪要》，第 89 页。

63.《寄东抚李》，顾廷龙、戴逸主编：《李鸿章全集》第 26 册，第 47 页。

64.《致江宁张宪台电》，戚其章辑校：《李秉衡集》，第 660—661 页。

65. 日本海军军令部：《廿七八年海战史》下卷，第 109 页。

66. 日本海军军令部：《廿七八年海战史》下卷，第 112 页。

67. 陈义杰点校：《翁同龢日记》第 5 册，第 2777 页。

68. 日本海军军令部：《廿七八年海战史》下卷，第 110 页。

69. 日本海军军令部:《廿七八年海战史》下卷，第 110—111 页。

70. 日本海军军令部:《廿七八年海战史》下卷，第 111—112 页。

71. [日]川崎三郎:《日清战史》第 5 卷，第 117—120 页。劝降书共有中文、英文两种版本，内容有较大差异，其中英文本为伊东祐亨与山东作战军司令联合署名，为正式公文，本处选用的是英文版劝降书的译本。另有中文本劝降信，可视为伊东致丁汝昌的私信。

72. 卢毓英:《卢氏甲午前后杂记》，影印本。

73.《署理北洋大臣王文韶覆奏查明丁汝昌等死事情形折》，中国史学会主编:《中日战争》第 1 册，第 521 页。

74.《翰林院侍读学士文廷式奏请将海军失律在事人员罗丰禄等分别惩处折》，中国史学会主编:《中日战争》第 1 册，第 412 页。

75. 茅海建:《天朝的崩溃——鸦片战争再研究》，读书·生活·知新三联书店，1995 年，第 19 页。

76.《署理北洋大臣王文韶覆奏查明丁汝昌等死事情形折》，中国史学会主编:《中日战争》第 1 册，第 522 页。

77. 日本海军军令部:《廿七八年海战史》下卷，第 112—113 页。

78. 丁汝昌投降书影印件。

79. [日]川崎三郎:《日清战史》第 5 卷，日本博文馆，1896 年，第 170—171 页。

80. [日]川崎三郎:《日清战史》第 5 卷，第 171—172 页。

81.《威海卫海战续记》，戚其章主编:《中日战争》第 8 册，第 248 页。

82. 牛昶昞托丁汝昌名所书投降书影印件。

83.《威海卫海战续记》，戚其章主编:《中日战争》第 8 册，第 248 页。

84. 卢毓英:《卢氏甲午前后杂记》，影印本。

85. 牛昶昞书信影印件。

86. [日]川崎三郎:《日清战史》第 5 卷，第 198—199 页。

87.《威海卫海战续记》，戚其章主编:《中日战争》第 8 册，第 250—251 页。

88. 徐祖善:《威海卫海军蹉跌记》。

附录一：甲午战争北洋海军殉国将士名录

职务	姓名	籍贯	出身	殉国战役
北洋海军提标				
北洋海军提督	丁汝昌	安徽庐江	军功	刘公岛保卫战 自杀
"定远"铁甲舰				
记名提督北洋海军右翼总兵 "定远"舰管带	刘步蟾	福建侯官	船政后学堂驾驶班 第一届	刘公岛保卫战 自杀
尽先把总"定远"舰见习生	史寿箴		天津水师学堂驾驶 班第三届	黄海海战
五品军功尽先千总北洋海军右翼 中营把总"定远"舰正炮弁	李升	直隶天津		刘公岛保卫战
尽先把总"定远"舰管炮	孙景仁	福建闽县	船生	黄海海战
"定远"舰管炮	孙毓英		威海海军枪炮学堂	
"定远"舰水手副头目	邵穆甫			
"定远"舰一等水手	袁正基	山东荣成		刘公岛保卫战
"定远"舰一等水手	张起盛	直隶天津		刘公岛保卫战
"定远"舰一等水手	王文化	直隶天津		刘公岛保卫战
"定远"舰一等水手	王兰芬			
"定远"舰三等水手	戚顺山	山东文登		刘公岛保卫战
"定远"舰三等水手	王田友			
"定远"舰水手	祁连山			
"定远"舰水手	李魁元			
"定远"舰候补水手	刘得发	山东胶州		刘公岛保卫战
"定远"舰管旗	邵长豪			
"定远"舰升火	卓板			
"定远"舰一等练勇	孔庆余	安徽庐江		刘公岛保卫战

续表

职务	姓名	籍贯	出身	殉国战役
"定远"舰管炮洋弁	尼格路士（Nicholls）	英国		黄海海战
"镇远"铁甲舰				
北洋海军左翼总兵"镇远"舰管带	林泰曾	福建侯官	船政后学堂驾驶班第一届	刘公岛保卫战中自杀
护理左翼总兵副将衔左翼中营游击"镇远"舰帮带	杨用霖	福建闽县	船生	刘公岛保卫战中自杀
北洋海军左翼中营千总"镇远"舰舢板三副	池兆瑸	福建闽县	天津水师学堂	黄海海战
"镇远"舰见习生	林徽椿	福建闽县	天津水师学堂管轮班第二届	黄海海战
"镇远"舰水手正头目	任正涛			
"镇远"舰水手副头目	张金盛			
"镇远"舰水手副头目	任振道			
"镇远"舰一等水手	于德有			
"镇远"舰一等水手	何荣祥			
"镇远"舰二等水手	张成玉			
"镇远"舰二等水手	刘玉贵	山东荣成		刘公岛保卫战
"镇远"舰三等水手	吴秀凤	山东荣成		刘公岛保卫战
"镇远"舰水手	邵聚			
"镇远"舰水手	杨春泰			
"镇远"舰水手	林金麟			
"镇远"舰三等升火	王三			
"镇远"舰管旗头目	林坤			
"镇远"舰正管旗	林孔			
"镇远"舰夫役	杨琴修	福建闽县		刘公岛保卫战

职务	姓名	籍贯	出身	殉国战役
"致远"巡洋舰				
提督衔记名总兵北洋海军中军中营副将"致远"舰管带	邓世昌	广东番禺	船政后学堂驾驶班第一届	黄海海战
升用游击北洋海军中军中营都司"致远"舰帮带	陈金揆	江苏宝山	第四批留美幼童,天津水师学堂	黄海海战
升用都司北洋海军中军中营守备"致远"舰驾驶二副	周展阶	广东	威海海军枪炮学堂	黄海海战
蓝翎北洋海军中军中营都司"致远"舰总管轮	刘应霖	广东香山	船政学堂管轮班第二届	黄海海战
蓝翎尽先补用都司北洋海军中军中营守备"致远"舰大管轮	郑文恒	福建长乐	船政学堂驾驶班第二届	黄海海战
蓝翎尽先补用都司北洋海军中军中营守备"致远"舰大管轮	曾洪基	广东	机匠	黄海海战
蓝翎北洋海军中军中营守备"致远"舰鱼雷大副	薛振声	直隶顺天	天津水师学堂驾驶班第一届	黄海海战
北洋海军中军中营守备"致远"舰枪炮二副	黄乃模	福建闽清	天津水师学堂驾驶班第一届	黄海海战
北洋海军中军中营千总"致远"舰船械三副	谭英杰	广东佛山	天津水师学堂驾驶班第二届	黄海海战
北洋海军中军中营千总"致远"舰舢板三副	杨登瀛	广东	天津水师学堂驾驶班第二届	黄海海战
五品军功北洋海军中军中营千总"致远"舰二管轮	黄家猷	广东		黄海海战
五品军功北洋海军中军中营千总"致远"舰二管轮	孙文晃	广东		黄海海战
北洋海军中军中营把总"致远"舰三管轮	钱秩	广东		黄海海战
北洋海军中军中营把总"致远"舰三管轮	谭庆文	广东香山		黄海海战

续表

职务	姓名	籍贯	出身	殉国战役
五品军功派驻管轮学生	徐怀清		天津水师学堂管轮班第四届	黄海海战
蓝翎千总北洋海军中军中营把总"致远"舰正炮弁	李宗南	直隶		黄海海战
"致远"舰正炮弁	李兰			
北洋海军中军中营外委"致远"舰副炮弁	张恩荣			黄海海战
补用把总借补中军中营外委"致远"舰副炮弁	陈书			黄海海战
补用把总借补中军中营外委"致远"舰副炮弁	阮邦贵			黄海海战
"致远"舰副炮弁	阮山玫			
拟保把总"致远"舰副炮目	张玉			黄海海战
拟保把总"致远"舰副炮目	沈维雍		威海海军枪炮学堂	黄海海战
五品军功提标把总暂代"致远"舰巡查	张多志			黄海海战
中军中营把总"致远"舰水手总头目	水连福	浙江		黄海海战
五品军功"致远"舰水手正头目	王作基			黄海海战
"致远"舰水手正头目	宁金兰			
中军中营五品军功"致远"舰水手正头目	刘心铭			黄海海战
"致远"舰水手副头目	张学训			
候补把总"致远"舰水手副头目	曲延淑			黄海海战
拟保把总"致远"舰水手副头目	吴明贵			黄海海战
蓝翎把总"致远"舰三等水手	刘相忠	山东日照		黄海海战
"致远"舰一等水手	梁细美			
"致远"舰二等水手	蒲青爱			

续表

职务	姓名	籍贯	出身	殉国战役
"致远"舰二等水手	杨振鸿			
"致远"舰二等水手	龙凯月			
"致远"舰二等水手	杨龙济			
"致远"舰水手	李信甫			
"致远"舰水手	匡米生			
"致远"舰水手	匡米方			
"致远"舰水手	仁新齐			
"致远"舰水手	邹道铨			
"致远"舰水手	陈可基			
七品军功"致远"舰鱼雷头目	施得魁			黄海海战
候补外委"致远"舰鱼雷匠	张成			黄海海战
鱼雷匠	边仲启			
鱼雷弁	张清			
候补把总"致远"舰管舱	周喜			黄海海战
"致远"舰管旗头目	王德魁			
"致远"舰升火	邵鸿清			
"致远"舰升火	王春松			
未明何职	邓世坤	广东番禺		黄海海战
管炮洋弁	余锡尔（Purvis）	英国		黄海海战
"经远"巡洋舰				
升用总兵北洋海军左翼左营副将"经远"舰管带	林永升	福建侯官	船政后学堂驾驶班第一届	黄海海战
副将衔升用游击北洋海军左翼左营都司"经远"舰帮带大副	陈策	广东番禺	船政后学堂驾驶班第四届	黄海海战
升用都司北洋海军左翼左营守备"经远"舰枪炮二副	韩锦	直隶	天津水师学堂驾驶班第一届	黄海海战

职务	姓名	籍贯	出身	殉国战役
升用都司北洋海军左翼左营守备"经远"舰鱼雷大副	李联芬	福建	船政后学堂驾驶班第六届	黄海海战
北洋海军左翼左营守备"经远"舰驾驶二副	陈京莹	福建闽县	天津水师学堂驾驶班第一届	黄海海战
五品军功北洋海军左翼左营千总"经远"舰舢板三副	张步瀛		船生	黄海海战
五品蓝翎北洋海军左翼左营千总"经远"舰船械三副	李在灿	福建	船生	黄海海战
升用游击北洋海军左翼左营都司"经远"舰总管轮	孙姜	福建	机匠	黄海海战
升用都司北洋海军左翼左营守备"经远"舰大管轮	卢文金	广东	机匠	黄海海战
北洋海军左翼左营守备"经远"舰大管轮	陈申炽	福建	机匠	黄海海战
五品蓝翎北洋海军左翼左营千总"经远"舰二管轮	刘昭亮	广东	船政后学堂管轮班第二届	黄海海战
北洋海军左翼左营千总"经远"舰二管轮	陈金镛	福建上杭	机匠	黄海海战
五品军功补用千总北洋海军左翼左营把总"经远"舰三管轮	高文德	福建	机匠	黄海海战
五品军功补用千总北洋海军左翼左营把总"经远"舰三管轮	王举贤	直隶	天津水师学堂管轮班第一届	黄海海战
五品军功候补把总"经远"舰见习驾驶学生	张海鳌	福建	船政后学堂驾驶班十一届	黄海海战
五品军功例保把总"经远"舰见习驾驶学生	罗忠霖		天津水师学堂驾驶班第四届	黄海海战
五品军功"经远"舰见习管轮学生	段绩熙		天津水师学堂管轮班第四届	黄海海战
拟保把总派驻"经远"舰枪炮副教习	江友仁		威海海军枪炮学堂	黄海海战

续表

职务	姓名	籍贯	出身	殉国战役
补用守备借补北洋海军左翼左营外委"经远"舰巡查	刘玉胜			黄海海战
五品军功补用千总北洋海军左翼左营把总"经远"舰正炮弁	任其德	福建		黄海海战
六品军功补用把总北洋海军左翼左营外委"经远"舰副炮弁	周廷禄			黄海海战
六品军功补用把总北洋海军左翼左营外委"经远"舰副炮弁	万于滨			黄海海战
六品军功补用把总北洋海军左翼左营外委"经远"舰副炮弁	傅喜三			黄海海战
"经远"舰副炮弁	任升灿			
"经远"舰炮弁	万其昌			
拟保把总"经远"舰副炮目	陈恩照		威海海军枪炮学堂	黄海海战
北洋海军左翼左营把总"经远"舰水手总头目	陶元太			黄海海战
北洋海军左翼左营把总"经远"舰水手总头目	李在灿	福建		
五品军功"经远"舰水手正头目	余得起			黄海海战
六品军功"经远"舰水手正头目	任新銮			黄海海战
"经远"舰水手正头目	任金仁			
"经远"舰水手正头目	朱国平			
"经远"舰水手头目	张绥			
五品军功"经远"舰水手副头目	姚登云			黄海海战
"经远"舰水手副头目	任金荣			
六品军功"经远"舰一等水手	邓清			黄海海战
"经远"舰一等水手	徐继昌			
"经远"舰一等水手	任成标			
"经远"舰二等水手	任玉秋			

续表

职务	姓名	籍贯	出身	殉国战役
候补枪炮教习六品军功"经远"舰三等水手	杨永霖			黄海海战
"经远"舰三等水手	任勃			
"经远"舰水手	邹允魁			
"经远"舰水手	吴世昌			
"经远"舰水手	张长胜			
"经远"舰水手	陈丕喜			
"经远"舰水手	邵发兴			
"经远"舰水手	张祥琛			
"经远"舰水手	张信			
"经远"舰水手	陈启植			
"经远"舰水手	袁福禄			
"经远"舰水手	黄新品			
"经远"舰水手	任信标			
"经远"舰管舱	张阿森			
"经远"舰舱面副头目	任俤			
五品军功"经远"舰一等管汽	吴馨泰			黄海海战
五品军功"经远"舰二等升火	翁庆平			黄海海战
"经远"舰一等升火	林瑞安			
六品军功"经远"舰二等升火	黄兆荣			黄海海战
"经远"舰二等升火	李在铨			
"经远"舰升火	邵黎			
"经远"舰升火	张祥安			
六品军功"经远"舰鱼雷头目	张永清			黄海海战
"经远"舰鱼雷头目	张文藻			
补用把总"经远"舰鱼雷匠	李观鉴			黄海海战
"经远"舰管旗	邵长振			

续表

职务	姓名	籍贯	出身	殉国战役
"经远"舰管油	高木水			
六品军功"经远"舰电灯匠	周新铿			黄海海战
"靖远"巡洋舰				
拟保把总"靖远"舰枪炮教习	汤文经	福建闽县	威海海军枪炮学堂	黄海海战
"靖远"舰水手正头目	翁庄福	福建闽县		刘公岛保卫战
"靖远"舰水手副头目	邹鸿隆	福建闽县		刘公岛保卫战
"靖远"舰水手副头目	张时舜	福建闽县		刘公岛保卫战
"靖远"舰二等水手	李守林	福建闽县		刘公岛保卫战
"靖远"舰二等水手	姜元清	山东荣成		刘公岛保卫战
"靖远"舰三等水手	樊忠信	山东胶州		刘公岛保卫战
"靖远"舰水手	邹云龙			
"靖远"舰水手	任新钊			
"靖远"舰水手	高登魁			
"靖远"舰一等管汽	李务才	广东三水		刘公岛保卫战
"靖远"舰一等管汽	任正举	福建闽县		刘公岛保卫战
"靖远"舰一等升火	杨振声			
"靖远"舰二等升火	黄如山	福建闽县		刘公岛保卫战
"靖远"舰二等升火	董阿平	福建闽县		刘公岛保卫战
"靖远"舰二等升火	林道灿	福建闽县		刘公岛保卫战
"靖远"舰锅炉匠	邵振开	福建闽县		刘公岛保卫战
"靖远"舰一等练勇	马得利	山东荣成		刘公岛保卫战
"靖远"舰一等练勇	龙振邦	山东荣成		刘公岛保卫战
"靖远"舰二等练勇	陈玉林	安徽无为		刘公岛保卫战
"靖远"舰额外夫役	陈阿武	福建莆田		刘公岛保卫战
"靖远"舰额外夫役	魏传吉	福建闽县		刘公岛保卫战

续表

职务	姓名	籍贯	出身	殉国战役
"来远"巡洋舰				
署北洋海军右翼左营守备"来远"舰鱼雷大副	徐希颜	江苏吴县	天津水师学堂驾驶班第二届	黄海海战
代理北洋海军右翼左营守备"来远"舰鱼雷大副	郑文超	福建长乐	船政学堂驾驶班第六届	临阵受伤病故
北洋海军右翼左营千总"来远"舰船械三副	邱文勋	福建侯官	船生	刘公岛保卫战
署北洋海军右翼左营千总"来远"舰舢板三副	蔡馨书		船政学堂驾驶班第十一届	黄海海战
都司用北洋海军右翼左营守备"来远"舰大管轮	陈景祺	福建侯官	船政学徒	刘公岛保卫战
署理北洋海军右翼左营守备"来远"舰大管轮	梅尊	广东新宁	机匠	刘公岛保卫战
右翼左营千总"来远"舰二管轮	陆国珍	江苏无锡	机匠	刘公岛保卫战
右翼左营千总"来远"舰二管轮	陈嘉寿	浙江镇海	机匠	刘公岛保卫战
右翼左营把总"来远"舰三管轮	杨春燕	福建闽县	机匠	刘公岛保卫战
"来远"舰见习生	陈幼泉			
六品军功拔补把总"来远"舰水手正头目	李得顺	山东胶州		刘公岛保卫战
六品军功"来远"舰水手正头目	林金贵	福建闽县		刘公岛保卫战
"来远"舰一等水手	刘吉升	山东荣成		刘公岛保卫战
"来远"舰一等水手	刘吉中			
"来远"舰二等水手	林春枝	福建闽县		刘公岛保卫战
"来远"舰二等水手	于顺元			
"来远"舰二等水手	杨辉发			
"来远"舰二等水手	杨辉耀			
"来远"舰二等水手	王福胜			
"来远"舰二等水手	黄正榜			

续表

职务	姓名	籍贯	出身	殉国战役
"来远"舰二等水手	尤川原			
"来远"舰三等水手	贾凤清	山东荣成		刘公岛保卫战
"来远"舰三等水手	陈德铨	福建闽县		刘公岛保卫战
"来远"舰水手	王连生			
"来远"舰水手	袁国仁			
"来远"舰水手	王芝秀			
"来远"舰水手	林茂祺			
"来远"舰管旗头目	邹道务			
"来远"舰一等管旗	吴大治	福建闽县		刘公岛保卫战
"来远"舰二等管旗	林缄三	福建闽县		刘公岛保卫战
"来远"舰副管油	陈经魁			
"来远"舰一等管油	邵宏灿	福建闽县		刘公岛保卫战
"来远"舰一等管油	彭泽三	福建闽县		刘公岛保卫战
"来远"舰一等管油	邱钧珩	福建侯官		刘公岛保卫战
六品军功"来远"舰一等管油	任世梅	福建闽县		刘公岛保卫战
"来远"舰三等管油	张开亮	福建闽县		刘公岛保卫战
"来远"舰三等管油	胡喜昌	山东胶州		刘公岛保卫战
"来远"舰一等管汽	陈正奎	福建闽县		刘公岛保卫战
"来远"舰一等管汽	杨云志	福建闽县		刘公岛保卫战
"来远"舰升火头目	张阿细			
"来远"舰一等升火	陈城	福建闽县		刘公岛保卫战
"来远"舰一等升火	陈溪西	福建闽县		刘公岛保卫战
"来远"舰一等升火	林振瑞	福建闽县		刘公岛保卫战
"来远"舰一等升火	林学圃	福建闽县		刘公岛保卫战
"来远"舰一等升火	吴祖奎	浙江镇海		刘公岛保卫战
"来远"舰二等升火	任祥太	福建闽县		刘公岛保卫战
"来远"舰二等升火	郑长流	福建长乐		刘公岛保卫战

续表

职务	姓名	籍贯	出身	殉国战役
"来远"舰二等升火	丁代山	安徽庐江		刘公岛保卫战
"来远"舰二等升火	彭祖烈	福建侯官		刘公岛保卫战
"来远"舰二等升火	李意	广东新会		刘公岛保卫战
"来远"舰二等升火	王鸿年	福建闽县		刘公岛保卫战
"来远"舰二等升火	王友	福建闽县		刘公岛保卫战
"来远"舰二等升火	王振明	福建闽县		刘公岛保卫战
"来远"舰三等升火	郑诗福	福建闽县		刘公岛保卫战
"来远"舰三等升火	陈维灿	福建侯官		刘公岛保卫战
"来远"舰三等升火	张振江	福建闽县		刘公岛保卫战
"来远"舰三等升火	张镇刚			
"来远"舰升火	林茂鼎			
"来远"舰电灯匠	彭肆三			
"来远"舰一等练勇	王春芳	直隶天津		刘公岛保卫战
"来远"舰夫役	林务	福建闽县		刘公岛保卫战
"来远"舰夫役	陈殿	福建闽县		刘公岛保卫战
"来远"舰夫役	刘富有	福建闽县		刘公岛保卫战
"来远"舰额外夫役	高福清	福建闽县		刘公岛保卫战
"来远"舰额外夫役	郑世枚	福建闽县		刘公岛保卫战
"来远"舰额外夫役	洪龙禄	福建闽县		刘公岛保卫战
"来远"舰额外夫役	林仲谋	福建闽县		刘公岛保卫战
"来远"舰额外夫役	周乖	福建闽县		刘公岛保卫战
"来远"舰额外夫役	王贵	福建闽县		刘公岛保卫战
"济远"巡洋舰				
尽先游击北洋海军中军左营都司"济远"舰帮带大副	沈寿昌	江苏上海	第四批留美幼童，天津水师学堂	丰岛海战
都司衔北洋海军中军左营守备"济远"舰枪炮二副	柯建章	福州	船生	丰岛海战

续表

职务	姓名	籍贯	出身	殉国战役
署中军左营守备"济远"舰二副	杨建洛	福建侯官	天津水师学堂驾驶班第二届	黄海海战
尽先守备派驻"济远"舰见习生	黄承勋	湖北京山	天津水师学堂驾驶班第三届	丰岛海战
尽先把总派驻"济远"舰见习生	王宗墀		天津水师学堂驾驶班第三届	黄海海战
六品军功"济远"舰水手正头目	王锡山			黄海海战
"济远"舰水手副头目	陈生元			
"济远"舰水手头目	陈森元			
"济远"舰水手头目	王益山			
"济远"舰一等水手	乔香山	山东福山		刘公岛保卫战
"济远"舰三等水手	葛宝发	直隶天津		刘公岛保卫战
"济远"舰一等升火	邢海山	安徽无为		刘公岛保卫战
"济远"舰三等升火	王秉臣	山东黄县		刘公岛保卫战
"济远"舰升火	崇振雨			
"济远"舰升火	王春来			
"济远"舰升火	陈基			
"济远"舰升火	陈祈			
"济远"舰升火	王阿根			
"济远"舰管旗头目	刘鸥			
"济远"舰管旗	陈正旺			
"济远"舰号兵	郭宝长			
"济远"舰号兵	宁宝书			
"济远"舰额外夫役	宋福盛	山东胶州		刘公岛保卫战
"平远"钢甲舰				
"平远"舰三等水手	陈宝春	福建闽县		刘公岛保卫战
"平远"舰水手	吴宝春			

续表

职务	姓名	籍贯	出身	殉国战役
"平远"舰夫役	王枚	福建闽县		刘公岛保卫战
"超勇"巡洋舰				
副将衔北洋海军左翼左营参将"超勇"舰管带	黄建勋	福建永泰	船政后学堂驾驶班第一届	黄海海战
升用都司北洋海军左翼右营守备"超勇"舰帮带大副	翁守瑜	福建闽县	船政后学堂驾驶班第六届	黄海海战
五品蓝翎北洋海军左翼右营千总"超勇"舰驾驶二副	周阿琳	福建	船生	黄海海战
升用游击北洋海军左翼右营都司"超勇"舰总管轮	黎星桥	广东南海	船政艺童	黄海海战
北洋海军左翼右营守备"超勇"舰大管轮	邱庆鸿	福建侯官	机匠	黄海海战
北洋海军左翼右营千总"超勇"舰二管轮	李天福	福建	机匠	黄海海战
"超勇"舰二管轮	叶莪恭		机匠	
尽先千总北洋海军左翼右营把总"超勇"舰三管轮	郑光朝	福建		黄海海战
尽先千总派驻"超勇"舰驾驶学生	叶世璋		天津水师学堂驾驶班第二届	黄海海战
五品军功例保把总派驻"超勇"舰驾驶学生	陈琜祥		天津水师学堂驾驶班第四届	黄海海战
五品军功派驻"超勇"舰管轮学生	高鹤龄		天津水师学堂管轮班第四届	黄海海战
"超勇"舰枪炮教习	黄乃钊	福建永泰		
拟保把总派驻"超勇"舰枪炮副教习	李镜堂			黄海海战
尽先把总北洋海军左翼右营外委"超勇"舰副炮弁	李英			黄海海战
"超勇"舰水手正头目	李双			

续表

职务	姓名	籍贯	出身	殉国战役
"超勇"舰水手头目	陈成串			
"超勇"舰水手	陈秉钗			
"超勇"舰水手	林学珠			
"超勇"舰水手	林福			
"超勇"舰水手	冯山			
六品军功尽先把总"超勇"舰一等管汽	李铭魁			黄海海战
"超勇"舰升火副头目	林茂略			
"超勇"舰厨役	毕士德			
"扬威"巡洋舰				
副将衔北洋海军右翼右营参将"扬威"舰管带	林履中	福建侯官	船政学堂驾驶班第三届	黄海海战
"扬威"舰候补炮首	李长温			
"扬威"舰候补炮首	王浦			
"扬威"舰水手正头目	林本立			
"扬威"舰水手副头目	马庭贤			
"扬威"舰一等水手	俊甫			
"扬威"舰二等水手	张悦			
"扬威"舰水手	陈玉超			
"扬威"舰水手	薛文元			
"扬威"舰水手	王文清			
"扬威"舰水手	王文彩			
"扬威"舰管旗头目	杨细悌			
"扬威"舰木匠头目	陈春			
"广乙"巡洋舰				
六品军功"广乙"舰见习生	何汝锦		黄埔水师学堂驾驶班第一届	黄海海战

续表

职务	姓名	籍贯	出身	殉国战役
"广乙"舰一等水手	袁怀张			
"广乙"舰三等水手	屈福友			
"广丙"巡洋舰				
蓝翎都司广东大鹏协右营守备"广丙"舰帮带大副	黄祖莲	安徽怀远	第四期留美幼童	刘公岛保卫战
"威远"练习舰				
北洋海军精练前营把总"威远"舰船械三副	冯家泳	福建侯官	天津水师学堂驾驶班第二届	刘公岛保卫战
都司衔北洋海军精练前营守备"威远"舰大管轮	陈国昌	福建闽县	船政学徒	刘公岛保卫战
北洋海军精练前营千总"威远"舰二管轮	黎晋骆	广东南海	船政学堂管轮班第一届	刘公岛保卫战
"威远"舰炮首	高大德			
"威远"舰一等水手	刘福升	福建连江		刘公岛保卫战
"威远"舰练勇	龙振邦			
"威远"舰夫役	林细弟	福建侯官		刘公岛保卫战
"威远"舰夫役	孙树林	山东福山		刘公岛保卫战
"康济"练习舰				
"康济"舰一等水手	李玉成	直隶天津		刘公岛保卫战
"康济"舰二等水手	刘中正	山东荣成		刘公岛保卫战
"康济"舰二等水手	刘桂清	安徽合肥		刘公岛保卫战
"康济"舰一等水手	林长泰	福建闽县		刘公岛保卫战
"康济"舰三等水手	李成福	福建闽县		刘公岛保卫战
"镇西"蚊子船				
"镇西"舰夫役	王大胜	福建闽清		刘公岛保卫战
"镇边"蚊子船				
"镇边"舰夫役	邓安邦	福建莆田		刘公岛保卫战

职务	姓名	籍贯	出身	殉国战役
"左一"鱼雷艇				
"左一"艇大副	吴怀仁	安徽肥东	天津水师学堂驾驶班第一届	刘公岛保卫战
"左一"艇一等水手	李魁元	直隶天津		刘公岛保卫战
"左二"鱼雷艇				
"左二"艇大副	倪居卿	浙江	天津水师学堂驾驶班第一届	
"左二"艇管轮	李绰椿		天津水师学堂管轮班第二届	
"左二"艇管轮	郭文荣		天津水师学堂管轮班第一届	
"左三"鱼雷艇				
"左三"艇管轮	霍家桢		天津水师学堂管轮班第三届	
"定远"舰载鱼雷艇				
"定远"舰载鱼雷艇管带	陈如升	福建	天津水师学堂驾驶班第一届	
"宝筏"轮船				
五品军功尽先把总"宝筏"管带	郑成富	浙江鄞县		刘公岛保卫战
派驻各舰候补员				
六品军功二等管轮学生	浦先民	安徽合肥	天津水师学堂管轮班第四届	刘公岛保卫战
尽先把总	张炳福			
尽先把总	何汝宾		天津水师学堂管轮班第二届	
尽先外委	郭耀忠			
拟保把总	王兰芬			
五品军功	张金盛			

职务	姓名	籍贯	出身	殉国战役
未明何舰何艇				
鱼雷艇副管驾	李兆瑞		鱼雷学堂	
二副	朱士桢	直隶清河		黄海海战
	汪受赏	安徽庐江		黄海海战
	汪受良	安徽庐江		黄海海战
	汪受荣	安徽庐江		黄海海战

附录二：甲午海战大事记

1894 年

2 月

15 日，朝鲜国古阜郡发生东学农民起义。

3 月

31 日，北洋大臣李鸿章上奏，申请为北洋海军购买速射炮，未果。

5 月

5 日，日本海军常备舰队主力从日本神户出发进行巡航训练，至福建福州的马祖、马尾一带停泊。

12 日，驻防朝鲜的北洋海军"平远""操江"舰配合朝鲜官军镇压东学农民军。

19 日，日本颁布《战时大本营条例》。

31 日，东学农民军攻占朝鲜南方重要城市全州。

6 月

2 日，日本内阁会议，决定以保护侨民为名向朝鲜派出军队，要求陆、海军进行动员准备。

3 日，清政府收到朝鲜王朝请求中国出兵帮助平乱的乞援照会。经清政府指令，北洋大臣李鸿章准备调动海陆军队援朝。

5 日，日本成立以明治天皇为首的战时大本营。

6 日，首批赴朝鲜清军 910 人由山西太原镇总兵聂士成率领，乘坐轮船招商局"图南"商船前往朝鲜牙山湾登陆，北洋海军派出巡洋舰"超勇"护航。

8 日，援朝清军主力 1555 人由直隶提督叶志超率领，分乘轮船招商局"海晏""海定"轮前往朝鲜牙山湾登陆。

9 日，日本驻朝公使大鸟圭介率日本警察、海军陆战队在仁川登陆，次日进入朝鲜京城。

10 日，东学农民军与朝鲜政府签订全州和约，次日农民军解散。

12 日，日本混成旅团首批部队到达朝鲜，次日进入朝鲜京城，后续部队分别在 15、27 日抵达朝鲜。

22 日，日本向中国提交有关共同改革朝鲜内政的"第一次绝交书"。

7 月

1 日，驻朝鲜的北洋海军"镇远"等主力舰撤回山东威海。北洋海军各舰在旅顺船坞进行坞修备战，同时启封鱼雷艇和蚊子船。北洋大臣李鸿章寻求英国调停中日争端。

13 日，日本海军编成警备舰队。19 日，警备舰队更名西海舰队。

14 日，日本向中国提交"第二次绝交书"。

16 日，清政府责成李鸿章向朝鲜增派陆军。

17 日，日本战时大本营决定在朝鲜挑起战争。

19 日，日本海军将西海舰队和常备舰队统编成联合舰队，由常备舰队司令长官伊东祐亨兼任联合舰队司令长官。日本战时大本营向海军发出训令，要求联合舰队前往朝鲜西海岸，袭击中国运兵船和军舰。

20 日，日本向朝鲜政府递交最后通牒，要求必须在 23 日之前就是否和中国断绝外交关系、是否驱逐在朝鲜的清军等事做出明确表态。

21 日，北洋大臣租用的德国商船"爱仁"装载援朝清军从大沽出发，驶往朝鲜牙山湾。

22 日，北洋海军"济远""广乙""威远"从威海驶往朝鲜牙山湾。北洋大臣租用的英国商船"飞鲸"装载援朝清军从大沽出发，前往朝鲜牙山湾。

是日傍晚，日本海军军令部长桦山资纪赶到佐世保，对联合舰队进行临战动员。

23 日，上午，北洋大臣租用的英国商船"高升"从大沽出发，装载援朝陆军前往朝鲜牙山湾。

是日清晨，在朝鲜的日军混成旅团攻入朝鲜王宫，控制朝鲜国王。中午，日本联合舰队从佐世保出发前往朝鲜。

24 日，清军运兵船"爱仁""飞鲸"先后抵达朝鲜牙山卸载。下午，北洋海军运输舰"操江"从威海驶往牙山湾。

是日，日本海军通报舰"八重山"侦察到牙山湾内可能有清军运兵行动。

25 日，日本海军常备舰队司令官坪井航三率领的第一游击队"吉野""浪速""秋津洲" 3 舰在朝鲜牙山湾丰岛海面袭击中国舰船，丰岛海战爆发。北洋海军损失"广乙"舰，"操江"舰被俘，运兵船"高升"被击沉。

26 日，北洋海军提督丁汝昌率舰队主力第一次出海寻敌，29 日返抵威海。

28 日，北京紫禁城内举行仪式，庆祝光绪帝 23 岁生日。

是日，丰岛海战中被日军俘虏的"操江"舰及舰上官兵抵达日本佐世保。日本陆军进攻在朝鲜的清军陆军，击败叶志超、聂士成部，次日攻占成欢。

8 月

1 日，中日两国互相宣战，清政府责成李鸿章督率北洋地区的海陆军与日本作战，要求其他沿海、沿江省份做好守御。英国、俄国、德国、意大利、丹麦、荷兰、美国、葡萄牙、挪威、瑞典陆续宣布中立。

2 日，清廷就丁汝昌第一次出巡无功而返一事责问李鸿章，丁汝昌率北洋海军主力从威海出发，第二次出海寻敌。

4 日，卫汝贵部盛军主力到达平壤，开始布防。

6 日，左宝贵部奉军到达平壤。

是日，在烟台、威海地区活动的间谍宗方小太郎向日本国内提交第十一号报告，建议引诱北洋海军出海作战。

7 日，日本联合舰队主力出海寻敌。

9 日，丁汝昌率北洋海军主力第三次出海寻敌。丰升阿部盛京练军到达平壤。

10 日，日本联合舰队主力出现在威海湾外。

12 日，北洋舰队主力接到清廷有关"速赴山海关一带，遇贼截击"的谕令，次日返抵威海，进行补给；14 日第四次出海寻敌，经过在庙岛群岛、秦皇岛、山海关、旅顺、大沽一带长时间巡弋后，22 日返抵威海。

23 日，清廷谕令"威海、大连湾、烟台、旅顺等处，为北洋要隘、大沽门户，海军各舰应在此数处来往梭巡，严行扼守，不得远离"。

26 日，光绪帝上谕，革去丁汝昌北洋海军提督职务。李鸿章上奏力争，次月 1 日，清廷收回前命，丁汝昌暂免处分

9 月

6 日，按照日本战时大本营命令，日本海军军令部长桦山资纪前往朝鲜西海岸视察联合舰队，并进行督战。

7 日，平壤守将叶志超电报李鸿章，以平壤以北防御空虚，请求派兵增援。

8 日，李鸿章电令大连湾陆军守将刘盛休，命令集结所部铭军精锐 4000 人，准备海运前往朝鲜增援，大连湾防御由铭军分统赵怀业新募的怀字军接替。

9 日，盛宣怀致电丁汝昌，要求北洋海军做好护送大批运兵船前往中朝边境的准备。次日，丁汝昌回电盛宣怀，通报北洋海军制定的护航计划。

11 日，北洋海军"致远""靖远""来远"从威海出发，护送到威海巡视的湖南巡抚吴大澂前往天津。北洋海军"利运"运输舰从旅顺开往大连湾，准备参加海运行动。

是日，日本陆军在平壤附近大同江上捕获 1 艘从中国大孤山驶来的民船，缴获部分清军将领书信，发现了有关清军正在加强大孤山一带海岸防御的信息，随即通报日本海军。

12 日，丁汝昌率北洋海军主力从威海出发，前往旅顺口。"致远"小队从天津驶向旅顺口。招商局"海定""图南"商船装运赵怀业怀字军从大沽开往大连湾。招商局"新裕""镇东"商船装运军服等补给物资从大沽开旅顺口。

是日，日本军舰"吉野""高千穗"前往威海侦察，确认北洋海军动向。

13 日，北洋海军主力与"致远"小队在旅顺口会合。威海、荣成通报在成山头外海域发现日本军舰踪迹。因计划中从上海出发的军火船"爱仁"将于 14 日到达威海，为确保该船安全，北洋海军提督丁汝昌打破护航计划，率舰队返回威海，在成山头海域警戒迎候。

14 日，当天"爱仁"没有出现，丁汝昌率北洋海军舰队主力返回旅顺口。"海定""图南"轮抵达大连湾，怀字军登陆接防。

15 日，招商局"新裕""镇东"商船从旅顺口驶抵大连湾，参加海运行动。北洋海军主力和运兵船在大连湾会合，铭军登船。

是日，日军总攻平壤，平壤战役爆发。当晚，平壤清军总统叶志超率军北逃，放弃平壤。

16日，北洋海军主力护卫增兵朝鲜的运兵船从大连湾驶抵大东沟，立即开始卸载登陆。

是日，日本联合舰队主力实施黄渤海巡海，寻找北洋海军。日本陆军占领平壤，在城内发现中国电报总局遗失的威海、刘公岛布防图。

17日，中日海军主力在黄海北部海域遭遇，中午12时48分黄海大东沟海战爆发，至下午5时过后战斗结束。海战中北洋海军"超勇""扬威""致远""经远"4舰沉没，提督丁汝昌受伤；日本海军"松岛""比叡""赤城""西京丸"4舰被重创。

18日，北洋舰队军舰陆续返抵旅顺口。

18—19日，日本联合舰队各舰陆续回到朝鲜西海岸小乳薰岬锚地，开展应急修理，并将伤员送往佐世保治疗。

19日，"济远"舰被丁汝昌派往大连湾拖救搁浅的"广甲"舰。

21日，日本以陆军第一师团、第六师团为主，开始组建第二军，大山岩任司令官。联合舰队重新编组，第一游击队并入本队，以"严岛"作为第一游击队旗舰。

22日，北洋海军提督丁汝昌受伤较重，临时由右翼总兵刘步蟾代理海军提督。

是日，日本联合舰队修理完毕，派出"浪速""秋津洲"前往威海、烟台、大连湾一带侦察北洋海军动向。

23日，当天晚间，"浪速""秋津洲"出现在大连湾外海，"济远"逃归旅顺，"广甲"舰自毁弃舰。

24日，根据清廷上谕，黄海海战中临阵脱逃的北洋海军"济远"舰管带方伯谦在旅顺被斩首。

24—28日，日本海军派"鸟海""八重山"舰到大连湾至长山群岛一线侦察，选定花园口作为第二军进攻辽东半岛的登陆地。

28日，根据北洋海军的请求，天津军械局准备了80枚"定远""镇远"305毫米口径主炮用的开花弹，由于计划失误，弹药未送往旅顺口，而运到了威海基地。

10月

5日，直隶总督、北洋大臣李鸿章上奏请明定海军惩劝章程，上谕照准。"嗣后海军各船遇敌退缩，即以军法从事"。如军舰属于作战损失，将士遇救得生，"准免治罪"。

是日，日本海军西海舰队司令长官率舰队前往威海、成山头海域巡弋，营造日军将要大举进攻山东半岛的假象。

11日，直隶总督、北洋大臣李鸿章上奏敬献祝慈禧太后寿礼，计镶玉如意9柄、赤金寿佛9尊、钻石金表9件、福寿金杯9副、七宝金炉9座等。

是日，开平矿务局"富平"轮从天津运载北洋海军急需的弹药到达旅顺口。

16日，清廷谕旨，以旅顺告警，丁汝昌统带海军不能得力，革去尚书衔、摘去顶戴。

18日，北洋海军提督丁汝昌率北洋舰队从旅顺口驶往威海，次日抵达。

23日，日本联合舰队先导舰到达花园口外海。次日凌晨，日本第二军发起登陆行动。

25日，北洋海军提督丁汝昌率舰队主力从威海出发，巡弋成山头海域。

28日，得知日军在辽东登陆，北洋海军提督丁汝昌率舰队由威海驶往旅顺口，次日由旅顺口驶往大连湾一带巡弋。

11月

2日，清政府成立督办军务处，启用恭亲王奕䜣为督办。

6日，日本第二军攻占金州。

7日，慈禧太后六十寿诞。

是日，日本第二军全部登陆完毕，总计计登陆兵力24049人，马匹2740匹。第二军先头部队占领大连湾炮台群。

13日，丁汝昌率领北洋海军主力到达旅顺口外，当晚返回威海。

14日，丁汝昌率领北洋海军主力从旅顺口驶抵威海，"镇远"舰进入威海湾时不慎触碰航标受损。

15日，凌晨，"镇远"舰管带林泰曾引咎自杀。

16日，"镇远"舰帮带大副杨用霖代理管带。

18 日，旅顺口外围的土城子之战爆发。

21 日，日军攻占旅顺，对城内进行了四天三夜的屠杀，中国军民 2 万余人惨遭杀害。

22 日，清廷革去北洋海军提督丁汝昌职务，暂时留任。

24 日，因旅顺口失守，清廷将直隶总督、北洋大臣李鸿章革职留任，摘去顶戴花翎。

12 月

8 日，清廷所派特使徐建寅到达威海调查北洋海军。

17 日，清廷谕令将丁汝昌拿交刑部治罪，次日李鸿章上奏，请求清政府收回前命。

22 日，李鸿章转奏威海海陆军将领和士绅联名信，请求留用丁汝昌。

23 日，光绪帝谕旨，允许丁汝昌暂留威海，"俟经手事件完竣，即行起解，不得再行渎请"。

是日，日本联合舰队"高千穗"舰搭载联合舰队和山东作战军参谋人员到达成山头海域侦察，选定成山头以南龙须岛附近的荣成湾作为登陆地点。

1895 年

1 月

5 日，清政府派张荫桓、邵友濂为全权大臣，赴日本求和。

10 日，日本山东作战军开始从广岛向大连湾海运集结。

16 日，日本山东作战军全部抵达大连湾，准备实施登陆山东的作战计划。

18 日，日本海军"吉野""秋津洲""浪速"炮击山东登州，营造日军将在烟台以西沿海登陆的假象。

19 日，海运日本山东作战军的第一批运输船从大连湾出发。

20 日，日本山东作战军在山东荣成湾登陆，当天占领荣成县城。

21 日，日本山东作战军第二批运输船到达荣成湾。

23 日，日本山东作战军第三批运输船到达荣成湾。

24 日，中日军队在荣成桥头集附近发生石家河之战。

25 日，日本山东作战军登陆完毕，分为两路向威海方向进攻。日方请英国军舰"塞文"向北洋海军送去劝降书。

30 日，日本山东作战军攻占威海南岸炮台群。

2 月

1 日，威海北帮炮台弃守，威海陆军守将戴宗骞被接入刘公岛后自杀殉国。

2 日，北洋海军炸毁北帮炮台火炮。

是日，日军占领威海卫城。

3 日，日本联合舰队第一次强攻威海湾，被北洋海军舰船和刘公岛炮台击退。

5 日凌晨，日本鱼雷艇潜入威海湾偷袭，北洋海军"定远"舰遭鱼雷重创。

6 日凌晨，日本鱼雷艇再次潜入威海湾偷袭，北洋海军"来远""威远""宝筏"被击沉。

7 日，北洋海军鱼雷艇队从威海湾出逃。

是日，日本联合舰队第二次强攻威海湾，被北洋海军舰船和刘公岛炮台击退。

9 日，北洋海军"靖远"舰被日军用炮台火炮击沉。同日，北洋海军将搁浅的"定远"舰炸毁，"定远"舰管带刘步蟾当晚自杀殉国。

是日，日本联合舰队第三次强攻威海湾，被北洋海军舰船和刘公岛炮台击退。

11 日深夜，北洋海军提督丁汝昌服毒，次日凌晨去世。

是日，日本联合舰队第四次强攻威海湾，被北洋海军舰船和刘公岛炮台击退。

12 日，"广丙"舰管带程璧光乘坐"镇北"蚊子船前往日本联合舰队接洽投降。是日夜，刘公岛护军统领张文宣自杀殉国。

13 日，威海水陆营务处牛昶昞和程璧光乘坐"镇边"蚊子船到达日本联合舰队位于阴山口的锚地，登上"松岛"舰会谈投降细节。当晚，"镇远"舰代理管带杨用霖自杀殉国。

14 日，《威海降约》签署。

16 日，根据《威海降约》，刘公岛上残存的北洋海军和陆军陆续乘坐蚊子船出岛，在威海北山嘴登陆，由日本海军护卫至日本陆军战线外遣散。美籍洋员浩威被日军扣留。

17 日，日军占领刘公岛、威海湾，北洋海军覆灭。

附录三：北洋海军黄海海战相关报告

北洋海军提督丁汝昌黄海海战报告

（1894 年 9 月 22 日）

天津中堂钧鉴：

十八与倭寇开战，彼时炮烟弥漫，各船难以分清，现逐细查明。

当接仗时，自"致远"冲锋击沉后，"济远"倡首先逃，各船观望星散，倭船分队追赶"济远"不及，折回将"经远"拦截击沉，余船复回归队。

"超勇"舱内火起，驶至浅处焚没；"扬威"舱内火起，又为"济远"拦腰碰坏，亦驶至浅处焚没。查战时，"定""镇"舱内亦为倭人炸弹所烧，一面救火，一面抵敌，皆无失事，"超""扬"若不驶至浅处，水手不能逃命，火即可救。"经远"同"致远"一样奋勇摧敌，闻自该船主中炮阵亡，船方离队，如仍紧随不散，火亦可救。"广甲"随"济远"逃至三山岛东，搁于礁石，连日派船往拖，难以出险，现与龚道商用驳船往取炮位，再浮不起，只得用药轰毁。切思自倭寇起衅以来，昌屡次传令，谆谆告诫：倭人船炮快，我军必须整队攻击，万不可离，若散必被敌人所算。此次"济远"首先退缩，将队伍牵乱，"广甲"随逃，若不严行参办，何以警效尤。我"来""靖"来船如不归队，"定""镇"亦难保全，余船暂请免参。

至"定""镇"异常苦战，自昌受伤后，刘镇尤为出力，并有员弁兵勇及各船阵亡、受伤者，容查明，会同龚道禀请奏给奖恤。此系中国初次海战，赏罚若不即行，后恐难期振作。

汝昌叩。先此电禀，以候钧裁。

北洋海军总查洋员汉纳根黄海海战报告

我舰队得到护卫运送大连湾陆军的运输船前往大东沟的命令，于 9 月 12 日从威海卫拔锚出发，13 日早晨抵达旅顺口。

当天正午接到有日本军舰在威海附近出没的电报，随即于下午 3 时离开旅顺口，直驰威海卫，尔后又前往成山头海域巡弋。

据此前我等获得的通报，称运送弹药的德国商船"爱仁"号于9月14驶来威海，可以想象，日本军舰必定是得到情报前来准备劫夺该船。有鉴于此，我舰队主力在成山头海域停泊警戒，派铁甲舰"镇远"号驶往威海打探，从英国船长德尔森处获悉，在威海附近出没的日本军舰是"吉野"和"浪速"。

9月14日白天"爱仁"号并没有到来，我舰队傍晚在成山头附近海域集合，一直停泊等待到晚上11时。考虑到我军还要执行护送大连湾运输船的任务，我与丁提督协商，建议舰队先开往朝鲜大同江口南面的白翎岛一带，尔后折向大同江搜索。因为按照我的判断，日本舰队必然会和其在朝鲜的陆军配合行动，如此我军在朝鲜沿岸必然能够遇到日本舰队。如果在执行护送运输船的任务之前，首找到和击溃日军舰队，我军此后就能自由出没海上，可以确实控制住前往大东沟的海上运输线。然而，丁提督先前已经接到让舰队前往大连湾会合的电报，我军只得到达大连湾，后而通报刘将军（刘盛休），督促其一接到信号，立即让运输船准备出发。

9月14日晚11时，我舰队离开成山头，15日早晨到达大连湾。

我等在大连湾接到天津以及义州发来的电报，得悉平壤守军遭日军威胁，急需调大连湾守军增援平壤后路，形势刻不容缓。此时，我等不得不彻底放弃先去朝鲜海岸巡航的计划，准备与大连湾运输船一起出发，并催促陆军赶快登船，运输船最后于夜间完成了出航准备。

9月16日凌晨1时，我舰队启航，运输船在1小时后出航，跟随在我舰队后面航行。

9月16日下午2时，我军舰船悉数到达大东沟，遂派出字母炮艇和鱼雷艇各2艘到大东沟内侦查，同时命令运输船尽可能快地卸载。接着，我舰队主力在距离港口10海里外的深水区抛锚。我舰队主力由10艘组成，即"定远""经远""靖远""致远""镇远""来远""扬威""济远""超勇""广甲"。另外以"平远""广丙"及鱼雷艇2艘在大东沟口警备，守护运输船。

就这样，舰队一直平静地停泊到翌日上午10时。

9月17日上午10时，在我舰队的南方远处出现煤烟，当即判断是日本舰队。11时30分，观察辨别出日方有8艘军舰，到了正午，确定日军为12艘军舰。

当发现烟雾升腾时，我舰队急速起锚前进，以5节速度朝敌舰方向疾驶。后来，可以清楚地辨识出日本军舰的身份。其第一线有"吉野"及双桅单烟囱一艘，还记得有"浪速"和"高千穗"。后面是二桅单烟囱的巡洋舰1艘，三桅舰1艘，"松岛"式军舰3艘，黑色大炮舰1艘，"千代田"舰1艘，运输船1艘，合计共12艘军舰。日本舰队以2纵阵向我舰逼近，随着越来越近，又取单纵阵。我军舰队以7节的速度，展开为阵型宽阔的后翼单梯阵。

双方舰队的距离迅速缩短，12时30分，我军旗舰在5200米的距离上开始射击。我等都注意到，日本舰队的单纵阵取左转22.5度袭来，我舰队依然保持后翼单梯阵，为冲击敌舰，向右稍旋转方向。待敌我舰队距离为4000米左右时，日本舰队再次转变方向，向我右翼迂回，取右舷22.5度转向来袭。我舰队不断调整航向的运动大体结束，航速迟缓的"超勇""扬威"两舰来不及跟上阵型，遭受敌舰的猛烈射击，其中1舰进行了短时间的还击。

左翼的"济远""广甲"几乎与他们一样。日本舰队在4500米的距离从我舰队的前方通过，向孤立的旗舰"定远"后方迂回，"广甲"一度随舰队阵型运动，但渐渐掉队，落在后方。战斗到最后再也没有见到2舰，其是否能够幸存，就非我等所能揣测的了。

我舰队与日本舰队相比，由于速度迟缓，只能随敌之运动而转向，被动地专心保持阵型，始终努力以舰首对敌而已。

日本舰队在我军外围两次旋转，双方交火持续不间断。战斗酣时，我舰队以8大舰对之，其中铁甲舰则唯有2艘而已。日本舰队在我舰队周围作旋转运动，我等认为彼必形成两大群队，果然敌舰队分成两群。第一群队由速度快捷的大巡洋舰7艘编成，另一群队由5艘编成，两群队取若干距离排列。

此时，"致远"及经远未等命令就冲出阵型（信号旗及索具已经焚毁），"致远"从旗舰"定远"前方通过，向日本1舰直驶而去，接着，同型两舰即"来远""靖远"也直驶上去。由此，战斗自然分成数个局部战斗。巡洋舰4艘对日本的第二群队（5艘），而旗舰作战极其艰难。唯确知日本舰队向朝鲜半岛方向退却一事。

其第一群队（7艘）在约4000米的距离作旋转运动，与我军2艘铁甲舰对峙。此时，"定远""镇远"二舰相互依靠，随着敌舰队的运动，进行半径更小的旋转，保持舰首对敌。尔后不久，双方距离缩短至2000米，又少顷，达到1000米的近距离，此后再也没有更接近过。

日本舰队的战术是凭借速度优势，与我军保持一定距离，发挥速射炮的优势，这是不辨自明的事，日本舰队得以取胜即依靠于此。我舰队的战术与之相反，在于尽力缩短距离，发挥我巨炮之力。

战斗中间，发现"致远"舰突然迅速向右舷倾覆沉没，这大概是日本第一群队（本队）的巨炮发射的1颗炮弹命中所引起的。

其后，"靖远"及"来远"起火，远远向海岸驶去，"超勇""扬威"及"经远"也能看到。"定远""镇远"与日军第一群队之间继续进行炮战，直到下午5时。

此次战斗中，日军的速射炮大收其利，向我舰如雨注般倾泻炮弹，我2艘铁甲舰发生火灾达数次，上层建筑悉数遭到破坏，唯没有被损坏的是铁板保护的门扉。

在战斗激烈的时段，我等发现日军的十号舰着火沉没，"松岛""吉野"也发生大火。"吉野"（应为"松岛"）中了大口径炮弹2颗，分别是"定远"和"镇远"发射，中弹时，"吉野"（应为"松岛"）被白烟笼罩，我等计划待到其舰体从烟雾中露出，迅速用左侧炮火实施攻击，但等待其烟雾散去等了许久。此时，1艘"松岛"型军舰接近至距我舰2000米的距离，使得我方注意力被转移，改以左侧炮火射击该舰。

"吉野"舰（应为"松岛"）接着发生火灾，我无法确言此3舰（"吉野"以及"松岛"型2艘）的战损情况，但根据我等判断，"吉野"（应为"松岛"）必定无法逃脱沉没的命运。

日军第一群队想要集中力量击溃我2艘铁甲舰的目的十分明显。此次海战的数周之前，我舰渴望能够补给开花弹，然而"定远""镇远"铁甲舰每舰仅有55颗，平均每门只不过只有14颗。海战开始一个半小时后，已经一颗不剩，之后不得不使用实心弹继续射击，但是日本军舰没有铁甲，实心弹对其的破坏效力极其微弱。经对我2艘铁甲舰在此战中发射的炮弹进行合计，30.5公分炮共发射197颗，15公分炮射弹268颗。

下午4时许，"定远"发生猛烈火灾，灭火消防十分艰难。当时火灾引起的浓烟遮蔽舰首，甚是妨碍主炮的操作。为了灭火，甚至向首楼里灌进了4英尺深的水。

据我舰队一名指挥官说，下午5时许日本舰队退出战斗。我舰致力于追击敌舰，但因距离太远，即是射击也难奏效，这是我舰所观察的实际情况。4 时 45 分，日本舰队停止射击，转向 45 度，向西方奔向羊岛及海洋岛方向。我舰队追击了 1 小时，日本舰队更改变方位，驰向南方。

在此阶段，编成日本舰队第二群队的二三艘舰与第一群队汇合之后，也离开战场疾驶，是再明白不过的事实。

为了确认日本舰队确实退却，我舰队还继续等待观察了一些时间，等看到日本舰队方向只剩下少许烟雾后，遂放缓速力再次遄北而去，收拾舰队。此时，仍在起火的"来远"和"靖远" 2 舰与我舰汇合，"广丙""平远" 2 舰和在江口（大东沟口）防卫的 2 艘鱼雷艇也相继来会合。此等数舰在战斗初期曾来到战场，位于外线，并与敌舰相遇战斗。

鱼雷艇"福龙"在很近的距离向日本运输船先后射出了 3 枚鱼雷，最终没有奏效，我想这应该是由于射击距离过近，鱼雷从敌船龙骨下通过的原因。

另据我舰的推测，"镇远"舰首鱼雷发射管发射的 1 枚鱼雷似是因位目标距离过远，导致航向不准而没有奏效。另外"广丙"号也发射了 1 枚鱼雷。最后，蚊子船发射了 1 枚鱼雷（原文如此），也是距离过远没有奏效。

我等直接指挥的 2 舰（2 艘铁甲舰）始终以强大的自身威力对抗敌舰，且能抵挡敌舰大口径速射炮的射击。

我舰上层建筑虽然受损甚大，但没有一颗炮弹击中我舰水线部位。30.5 公分炮及炮座由于设计得宜，其掩蔽部内的兵员受伤者极少。经战后检查，两座炮台的状况与战前相比，没有一点不同。我舰 15 公分炮虽仅以很薄的炮罩掩蔽，但却完全没有受到损害。从上述事实推测，落到我舰的无数炮弹，并非是由于日本军舰射术精准，而是因为日本炮弹投射量非常充沛所致，这是显而易见的。可以说，速射炮的优势，以事实证明了。另外，日本舰队的机动也无可挑剔之处。

日本舰队利用其航速之快捷，为装备于两舷的速射炮提供了很大的作战便利，其始终保持着进行炮战的有效射程距离，丝毫没有采取进入我巨炮的破坏射击之下，靠近战侥幸取胜的冒险行动。

战斗到最后，日舰第一群队的 7 艘舰中，仅剩 3 艘；第二群队诸舰也取各个方向，散乱而去。

我舰集合诸舰，而后派一艘鱼雷艇到运输船处通知其同归旅顺口，而后驶向旅顺口。此时，运输船登陆应该已经结束，且通告他们我舰队受伤严重、弹药匮乏，我等考虑无法亲自前往接应运输船。况且日本舰队也损害巨大，不可能来攻击运输船了。

北洋海军总查洋员汉纳根黄海海战补充报告

我北洋舰队的得失，在 9 月 17 日灾厄日中显露，其中一部分我已经秉陈所见，但就此次作战的得失再稍作补充报告，相信乃是我的本分。

我在进入舰队之初，详细了解了我舰队的编队能力。据我所见，在许多不足中最为重要的是新制定的密码信号规则不够完备。在指挥由 12 艘军舰组成的舰队时，这种密码信号体系根本无法适应繁杂紧急的指挥所需。

此外，我舰队各舰的航速及吃水深度参差不齐，所以编队行动时很难精确地变换阵型、严格地保持位置，这也是我所亲眼所见。这种问题，加上新密码信号规则的问题（以及对信号的含义理解不足），被进一步加重。

由于我军毫不懈怠，经常出航，还使得我舰队舰员根本无暇熟习新定的密码信号规则，硬要使之遵守新定的信号，恐会带来进一步的麻烦，所以决定变更之。

正因为此，我没有把组成我舰队的 12 艘军舰当作是一个整体，而是将之视为各自独立的战斗单位。舰队在平时，统一处在提督的统率下，而在战斗期间，则需要让其各自为战。所以海战前各舰长接到的战术规则如下：

一、形式同一的诸舰，要努力协同动作，相互援助。

二、以始终保持舰首向敌的位置，作为基本的战术。

三、诸舰尽可能地随旗舰运动。

9 月 17 日，我舰队与敌舰队相遇的时候，敌舰队先是以 2 纵阵前行，后又采取单纵阵。我舰队根据刘总兵（刘步蟾）的意见，采取后翼单梯阵。

然而，敌方采取右舷 22.5 度转向迂回向我军右翼，我军不得不迅速调整阵型的朝向。

敌舰改变阵型时，"定远"射出一弹，战斗立即开始，之后，我舰没有再发信号。

最初击中我舰的 1 颗敌弹破坏了舵机室，杀伤 2 名舵手，并且将信号旗烧失殆尽。我诸舰遭遇敌舰包围，最初的阵型已经紊乱，尔后，各舰进行各自为战的运动就不足为怪了。

形势虽然如此，我军诸舰在战斗前半期，还能够严守前述的三条规则，然而随着敌舰队不断地围绕旋转，我诸舰最终难于遵守第三条，而且我阵型也因不断地转向调整而使得序列大乱，我方的一些军舰数次阻碍遮挡了我"定远"舰的射击。

在此情况下，"致远"舰长邓及"经远"舰长林，见我舰队阵型过于拥挤，便驶出阵型外，注全力欲击沉日本舰队第二群队的诸舰，这无疑就是他们冲出阵外的不二原因。

这一行为用意勇敢，且能锐意决断。"致远"号攻击奏效、击沉敌舰是我辈之所知晓的。虽如此，其勇敢的动作反而成为自取其败的原因，这也是我辈所知晓的。"经远"号也是如此。此二舰不仅失去姊妹舰的援助，而且与我主力舰队失去了联系。由于遭受日本舰队第二群队猛烈炮击，"致远"最终沉没，"经远"号起大火，已无可救援。

"来远""靖远"2舰本来有与"致远""经远"共运动之势，忽然发生火灾，不得已而停止。

"超勇""扬威"及"广甲"在战斗一开始就发生火灾且出现大损处，以至于不得不脱离战线，靠近海岸。

故与敌舰第一群队持续交战的，只有"定远""镇远"。而且敌舰第一群队是日本舰队中选取最具强势的7舰编成的。在攻击我2舰长达4小时的战斗中，敌舰虽然竭尽全力，却非但没有奏功，反而受大害，在失去2舰后，不得不退出战场。如果天津军械局能供应"定远""镇远"2舰所需的开花弹，我确信不疑的是，我们将能击沉这7艘日本军舰。

我舰弹药之不足，早在一个月前就已经通知军械局，但军械局对此毫无反应。当时"定远""镇远"除已有的64颗开花弹外，要求再补给360颗，使2舰的弹数达到总共424颗，每门炮可以分摊53颗。然而，军械局却公然说按照规定，给2舰补充58颗开花弹就已经很充足了。我等后来以电报催促多次，最终没有再送来开花弹。战时我舰不得已而使用实心弹，因为日本军舰没有一艘是装甲的，所以实心弹的攻击效力甚是薄弱，只不过给其造成小损害。如果军械局不是这般无谓的顽固，我军必将击溃日本舰队。

北洋大臣李鸿章大东沟战状折

（光绪二十年九月初七日，1894 年 10 月 5 日）

奏为海军在大东沟口外接仗力挫贼锋，并查明兵船管带各员死事惨烈情形，恳恩优恤，恭折仰祈圣鉴事。

据海军提督丁汝昌呈称，海军各兵舰奉调护送招商局轮船装运总兵刘盛休铭军八营陆兵赴大东沟登岸，于八月十七日丑刻由大连湾开行，午后抵大东沟，即派"镇中""镇南"两船、鱼雷四艇护送入口，"平远""广丙"两船在口外下碇，"定远""镇远""致远""靖远""经远""来远""济远""广甲""超勇""扬威"十船距口外十二海里下碇。

十八日午初，遥见西南有烟东来，知是倭船，即令十船起碇迎剿。我军以夹缝雁行阵向前急驶，倭人以十二舰鱼贯猛扑，相距渐近，我军开炮轰击，敌队忽分忽合，船快炮快，子弹纷集。我军整队迎敌，"左一"雷艇亦到，各船循环攻击，坚忍相持。至未正二刻，"平远""广丙"二船、"福龙"雷艇续至。

"定远"猛发右炮攻倭大队各船，又发左炮攻倭尾队三船，中其"扶桑"舰，三船即时离开，旋即回队，围绕我军夹击包抄，开花子弹如雨，一排所发即有百余子之多，各船均以船头抵御，冀以大炮得力。

敌忽以鱼雷快船直攻"定远"，尚未驶到，"致远"开足机轮驶出"定远"之前，即将来船攻沉。倭船以鱼雷轰击"致远"，旋亦沉没，管带邓世昌、大副陈金揆同时落水。

"经远"先随"致远"驶出，管带林永升奋勇督战，突中敌弹，脑裂阵亡。"济远"先被敌船截在阵外，及见"致远"沉没，首先驶逃，"广甲"继退。"经远"因管带既亡，船又失火，亦同退驶。倭始以四船尾追"济远""广甲"，因相距过远折回，乃聚围"经远"，先以鱼雷，继以丛弹，拒战良久，遂被击沉。

"超勇"舱内中弹火起，旋即焚没。"扬威"舱内亦被弹炸，又为"济远"当腰触裂，驶至浅水而沉。该两船管带黄建勋、林履中随船焚溺同殒。

"来远""靖远"苦战多时，"来远"舱内中弹过多，延烧房舱数十间，"靖远"水线为弹所伤，进水甚多，均即暂驶离队，扑救修补。"平远""广丙"及"福龙"雷艇尾追装兵倭船，为敌所断，未及归队。此时仅余"定""镇"两舰，与倭各舰相搏历一时许，巨炮均经受伤，"定远"只有三炮、"镇远"只有两炮尚能施放。丁汝昌督同各将弁誓死抵御，不稍退避。敌弹霰集，每船致伤千余处，火焚数次。一面救火，一面抵敌。丁汝昌旋受重伤，总兵刘步蟾代为督战，指挥进退，时刻变换，敌炮不能取准。又发炮伤其"松岛"督船，并合击伤其左侧一船，白烟冒起数丈。

"靖远""来远"修竣归队，"平远""广丙"、鱼雷各艇亦俱折回，倭船多受重伤，复见诸船并集。当即向西南一带飞驶遁去，我军尾追数里，敌船行驶极速，瞬息已远，然后收队驶回旅顺。

"济远"一船已先回旅，"广甲"一船在三山岛搁礁拖救不起。该两船管带方伯谦、吴敬荣，业经电请分别从严参办。

所有"致远""经远""超勇""扬威"四船管带邓世昌等力战阵亡应从优议恤请奏前来。

臣查大东沟一战，我以十船当倭十二舰，倭舰虽不及"定""镇"两铁舰之精坚，而船快炮快实倍于我。我军奋力迎击，血战逾三时之久，为地球各国海战向来罕有之事。各将士效死用命，愈战愈奋，始终不懈，实属勇敢可嘉。此次据中外各将弁目击，攻沉倭船三艘，而采诸各国传闻，则被伤后沉者尚不止此数，内有一船装马步兵千余，将由大孤山登岸袭我陆军后路，竟令全军俱覆，而我运送铭军八营驶抵口内，得以乘间陆续起岸，不至被其截夺，关系大局匪细，实赖海战保全之功。若非"济远""广甲"相继遁逃，牵乱船队，必可大获全胜。独幸"致远""经远"冲锋于先，"定远""镇远"苦战于后，故能以寡击众，转败为功。此则方伯谦之罪固不容诛，而邓世昌、刘步蟾等之功亦不可没者也。

提督丁汝昌统率全军，身当前敌，受创后犹复舆疾往来，未尝少休，激励将士，同心效命。当时交战情形，迭经臣电致总理各国事务衙门，先后奏闻在案。八月二十九日钦奉电旨：东沟之战，倭船伤重，"镇远""定远"各将士苦战出力，著李鸿章酌保数员，以作士气等因。钦此。当经恭录转行钦遵查照，容俟查明核实奏保。其力战阵亡之管带、大副等自应先行奏请恩恤，以慰忠魂。

"致远"管带提督衔记名总兵借补中军中营副将噶尔萨巴图鲁邓世昌，"经远"管带升用总兵左翼左营副将穆钦巴图鲁林永升，"致远"大副升用游击中军中营都司陈金揆，争先猛进，死事最烈，拟请旨将邓世昌、林永升照提督例，陈金揆照总兵例，交部从优议恤。邓世昌首先冲阵，攻毁敌船，被溺后遇救出水，自以阖船俱没，义不独生，仍复奋掷自沉，忠勇性成，一时称叹，殊功奇烈，尤与寻常死事不同，且官阶较崇，可否特旨予谥，以示优异而劝将来，出自逾格恩施，非臣所敢擅拟。

"超勇"管带副将衔左翼左营参将黄建勋，"扬威"管带副将衔右翼右营参将林履中，力战捐躯，同堪悯恻，拟请旨各照原官升衔交部从优议恤。

其余阵亡、伤亡、受伤员弁，应俟查明，奏请分别照章恤赏。

所有海军接仗及管带员弁阵亡各缘由，理合恭折由驿具陈，伏乞皇上圣鉴训示。

谨奏。

附录四: 日本海军黄海海战相关报告

联合舰队司令长官伊东祐亨报告
清国盛京省大孤山海面战况

……

本月 16 日, 本官从大同江前横亘于长直路岬东北的大岛东的临时锚地出发, 以第一游击队为前锋, 率本队及"西京丸"(军令部长座舰)、"赤城"先开赴海洋岛。17 日上午 6 时 30 分, 抵达该岛锚地海面, 遂立即派"赤城"舰前往港内侦查, 未发现异常, 便直奔大孤山海面大鹿岛锚地。

上午 11 时 30 分许, 发现东北偏东方向(舰首右侧方向)有煤烟, 似是数艘轮船所发出, 断定必是敌舰队, 众官兵踊跃欢喜不已。

下午零时 5 分, 挂大军舰旗于桅杆顶, 命令各舰进入战斗部署, 此时士气益振。接着, 令"西京丸"和"赤城"由本队的右侧转移至左侧航行, 以免被敌攻击。此时, 在舰首的左前方向也发现两艘敌舰, 随即下令第一游击队攻击位于右侧之敌。此时, 第一游击队已经奔向敌阵之右翼, 似将上述攻击右侧之敌的信号错误理解成攻击敌之右翼, 其首先冲向敌舰队中央, 接着渐次左转, 向敌右翼冲去, 本队也只能同一行动。

此时, 敌方的阵型是不规则的单横阵或后翼梯阵, "定远""镇远"位于中央, "来远""经远"型舰居其左右, "靖远""致远"型又居其左右, 其他小舰置于两翼, 舰数合共是 10 艘。

零时 50 分, 大约在五六千米的距离上, 敌方首先对我第一游击队开火, 我第一游击队大抵在 3000 米左右距离上开始应炮猛击, 并通过敌方右翼。

此时, 敌阵中坚各舰分别将舰首转向我本队(两翼数舰的航行已开始混乱, 其航向各不相同), 似欲向我军冲击, 且不断发炮。

我本队注意保持单纵阵, 一边前进一边猛烈发射火炮。但是, 殿后的"比叡"和"扶桑"被敌舰逼近, "比叡"舰长考虑如果继续沿着原航向航行, 可能会被敌舰从侧面冲击, 于是大胆地转向"镇远"和"经远"中间贯穿航行, 继之又和数舰

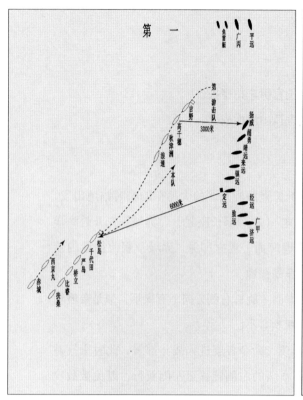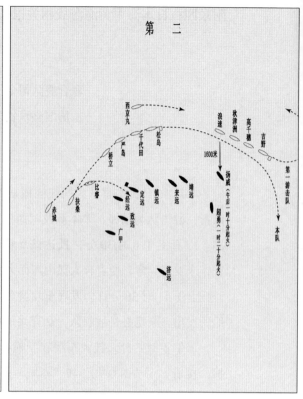

◎ 第一、第二图

激战，在摆脱危险后，重向本队驶来，其战状颇为壮烈。此时，本队已通过敌方阵前，渐次转向右方，采取迂回向敌舰队背后的运动，此时敌舰队已不存在所谓的阵型。

（在此时，发现从陆地方向还有军舰和鱼雷艇驶出加入敌队，据后来的报告称，共有鱼雷艇6艘，军舰合共似新加4艘。）

此前，第一游击队通过敌阵前，渐次向右转向，但如果仍转向右，便会与本队殿后舰的炮火相向，所以第一游击队便改向左方画了一个大圈，左转了16点方向，看起来，像是把本队夹在其与敌队之间，欲向和本队相反的航向前进，此时是下午1时二三十分左右。

此时，本官发出信号，命令第一游击队追随在本队后航行，第一游击队对此信号不够理解，企图从本队左侧追赶、超越本队。但是这时，本队渐渐向右转向，第一游击队司令官最终明白他无论如何也超不过本队，而且由于发现"比叡""赤

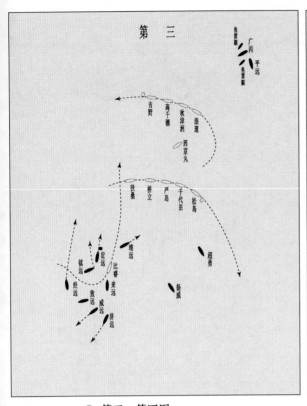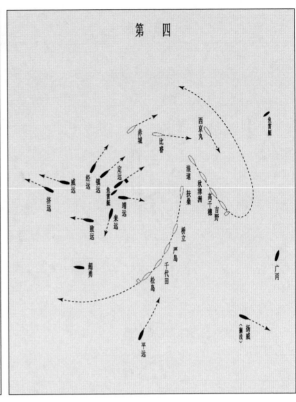

◎ 第三、第四图

城"深陷危地,遂断然反转方向,向左转向16点,决心救援,以极大速度向敌舰队与"赤城"间冲去,接着,以左舷炮轰击通过。此时,恰好与本队形成夹击敌舰之势。

此时分,本队与敌队(在右舷方向)的距离过远,遂暂时停止炮击。

(此间,看到"扬威"冒着火焰从我前方通过,逃向大鹿岛方向。"平远"从我前方横切而过,来到我队左舷,我队猛烈射击之,战况混杂,"平远"最终发生火灾。此时已过下午2时半。此时,还发现"广丙"在"平远"前面向陆地方向逃去。又,"超勇"在海战开始不久即中弹起火,此时燃烧正盛。而且据称,"经远"也在此前后起火。)

此时,大约由第五图变成了第六图的形势(此时"定远"前部发生火灾),本队及第一游击队对"定远""镇远"等舰形成夹击,第一游击队约如第七图那样运动,追击逃走的敌舰(最终击沉"来远")。本队大体如第七图运动,攻击"定远"

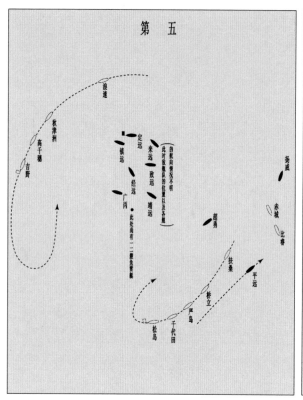
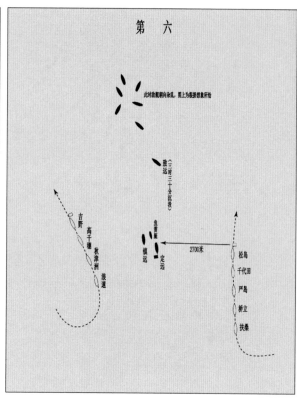

◎ 第五、第六图

和"镇远"。（在第六图时，"松岛"被"定远"的30.5公分炮击中前部炮房，炮房及其附近受损严重，且发生火灾，时间是3时26分。）又，在此图时（3时30分），发现敌之"致远"（或"靖远"）沉没。

此间，"镇远""定远"与其余诸舰汇合，与本队和第一游击队相距甚远，而且渐近日落，战斗终于中止。当我向第一游击队发出归队信号时，已过下午5时半。此时敌舰已航向南方，似往威海卫逃走。然而，考虑到夜战不仅容易导致我本队阵型混乱，且现在敌方伴有鱼雷艇队，遂认为继续追击将与我不利，决定采取翌日天明后在威海卫海面断其逃路之策。

由于"松岛"受损甚烈，认为无论如何不再适合作为旗舰，所以夜间8时许改以"桥立"为旗舰，命"松岛"返回吴港。遂率余舰（此时，"西京丸""比叡"下落不明，据称看到向东方航行）采取想象中大约会和敌舰平行的航线前行，以等待天明到威海卫附近截击敌舰。但是根本没有见到敌舰只影，遂重返昨日的战场（此

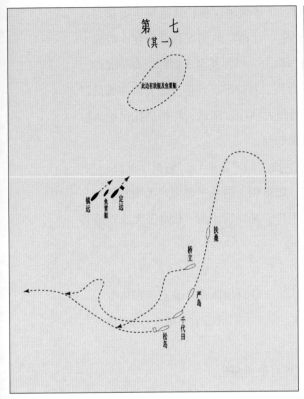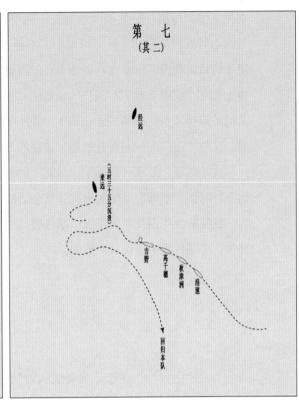

◎ 第七图（一）（二）

时，"赤城"离开本队向大同江归航）。

在昨日战场附近，远远见到有轮船冒出煤烟，还没有见到其船体时，其就逃走不知所踪。昨日"扬威"一边起火一边在浅滩搁浅，遂命"千代田"用外装鱼雷破坏其舰底，然后归航。19日凌晨终于回到锚地，见"西京丸"及"赤城"已安全到达。听说"比叡"舰之前已经返回这里，后又出发经海洋岛奔向前日战场寻找本队。

以上即是本队及第一游击队战斗概况。此战中，"西京丸"与"赤城"各自被与本队分隔，各陷非常之危险中。"西京丸"曾一度处在两艘敌舰和两艘鱼雷艇的攻击中，并在只有50米的地方遭鱼雷攻击，所幸鱼雷从船底穿过，从一侧冒出，侥幸摆脱了沉没之难。听说该舰舰体、烟囱、通风筒等处几乎都受到无数弹丸攻击，所幸从破损之患中挣脱，得以回到大同江口临时泊地。而"赤城"也一度陷入敌舰之重围，苦战异常。最终，舰长等10名死亡，20名负伤，主桅折断，原以为难免沉没，但第一分队长及航海长不顾伤痍，巧妙驾驶军舰，从战场中退却，约三四小时后，又重归本队，可谓令人不胜感慨。"比叡"的情况如前所述，苦战中遭2枚鱼雷攻击，所幸没有被命中，但遭猛烈炮击，损害甚多（据称似有一榴弹击中士官室，瞬间杀死了军医长、少军医、主计长、看护手、看护负伤者的部署员以及机关炮弹库员、预备舵索员等），遂暂且回归大同江口锚地，将伤员托付给运输船，又与"海门"一起再赴战地，该舰昨日晨归航。

战斗结果，敌军"来远"、"致远"（或"靖远"）、"扬威"、"超勇"沉没，"定远""经远""平远"发生大火灾，其余诸舰，均重创，这几乎是确定无疑的了。

我舰队的死伤及损伤情况，据各舰另纸报告，甚详细。但"松岛"无法知道其详情，应是各舰中损伤最严重的。

联合舰队司令长官伊东祐亨

明治二十七年9月21日

二、常备舰队司令官坪井航三报告

致联合舰队司令长官伊东祐亨阁下

9月17日第一游击队战斗

第一游击队战斗序列：

（一）"吉野"（司令官旗舰）；（二）"高千穗"；（三）"秋津洲"；（四）"浪速"

9月17日上午第一游击队以单纵阵居本队之前，于6时乃至7时在右方望见海洋岛而驶过，向大孤山镇海域巡航而去。

因为估计正午12时将抵达巡航目的地大孤山镇海面，此日早晨早餐时，余即下令提前一小时开始午餐，改至11时。"吉野"舰长河原也下令全体部下提前准备午餐。

上午10时20分，在东北偏东方向远远看见有轮船的煤烟冒起，遂发信号报知本队。

上午11时，遥见煤烟不是由1艘，而是由七八艘以上的舰队组成小队纵阵所扬起的感觉，遂再发信号给本队。此时，第一游击队以编队航速的半速，即6节的速度航行。这是因为与本队的距离稍远，而减速等待本队与我接近的缘故。当时本队的阵型是三舰群阵（每 3 艘军舰一个组合）的单纵阵，当"发现敌舰队"的信号旗升起时，立即变成了单舰为单位的单纵阵。

正午 12 时过 5 分，本队发出战斗准备信号。尔后，发出如下命令：到达适当距离可开炮。当时，第一游击队的航向是东北偏东，在我前面右方有 10 艘以上的强大的敌舰队，在左前方有两艘敌舰。

下午 12 时 18 分，本队旗舰下令"邀击右翼之敌"。此时分，第一游击队与本队的距离已到达适当位置，遂改回原编队航速，即 8 节。

12 时 30 分，依本队旗舰命令，航速增加到 10 节。之后我向第一游击队各舰发出"注意距离""注意航速"等命令。之所以如此，并非我队各舰不能保持适当距离，实际上各舰的单纵阵队形很好，但无疑需要更进一步地确保单纵阵严整不可侵犯。我在出征之初就做好打算，不管敌舰队以何种阵型来攻，我只用严正的单纵阵来猛烈击破敌阵。为达此目的，在此前的侦查巡航中，也会努力督促练习单纵阵。我曾就航速、距离等问题，对第一游击队各舰长进行训话，让各舰长每每有不容置辩之感。这些在此放过不谈，现今眼前遭遇敌之大舰队，全力以赴就在此时，这是本旨之所示。

观察右前方的敌舰队阵型，其最坚固的二艘铁甲舰"镇远""定远"位居中央尖角处，总体呈凸梯阵，也似横阵，构成钝角姿态。相向而行的我舰队航行为东北偏东，恰似指向其中坚，初一看去，有直冲而去的态势，毫不退缩，及至临近，我军稍将航向转向左方，以完成邀击之令旨，若击溃其右翼，就不难挫敌全军之士气。获得此海胜利的根本系于第一阶段战斗取得了成果，这是毋庸置疑的。其原因就是敌阵无法获得充分发挥其战斗力的速度，而造成其迟缓的，则是其混乱的阵型。

午后 12 时 50 分，与敌相距大约 6000 米。在如此远的距离上，敌方各舰开始发炮，其炮弹大多落在我队近旁。当时，有来自东方的微风，敌军火炮发射后产生的硝烟横亘在其舰前方，因而列于其左翼的敌舰难于辨认。此时，我命令舰速提高到 14 节。第一游击队 4 舰开始发炮的时间虽各不相同，但大抵都在 3000 米的距离上开火。尤其是"吉野"舰，是在准确测距之后才开始发炮，并继续不断地精确测距，所以命中率最高（参照第一图、第二图）。

就这样，第一游击队以猛烈炮火击敌，一边航行通过敌阵前，将航向逐渐右转，形成半月形。由于以最猛烈的炮火射击其右翼的"扬威""超勇"二舰，先是"超勇"，接着是"扬威"都燃起了大火，各自苦苦挣扎，不仅不能自如航行，且其前者终于沉没，后者最终也没能防止沉没。在如此猛烈的炮战是，于彼我硝烟横亘中，发现我本队第五号舰"比叡"最接近敌之中坚位置（参照第三图）。

敌舰队在此战场的运动，并不只是以凸梯阵，单纯前进，而是屡屡变换方位和方向，努力专赖舰首火炮向我，制我。我本队猛击敌舰队而过，观彼追逐我之形势，已形不成坚固的队形，有如不规则的单纵阵或梯阵。

继之，第一游击队仍在向右方迂回。如此一来，与本队末尾舰的发炮相向而对。遂下令挂出"速力12海里"的信号，暂且等待与本队成一直线。但如果等待到达其位置，与敌之距离就相隔太远。因此，于午后1时20分，断然实行左方16点的转弯（迂回），将本队夹在敌舰与我第一游击队中间通过，并奔向彼

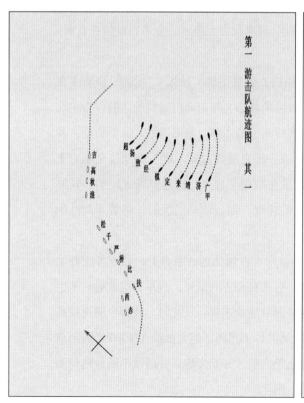

第一游击队航迹图 其一

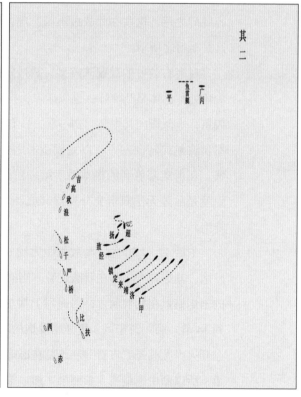

其二

（敌）方。

其左方 16 点的迂回前进到此处，"西京丸"赶来，不得不让其通过。

此时，"赤城""比叡"都陷于极度困境（参照四图）。

但正在此时，本队旗舰挂起了"第一游击队快来"的信号。

当此之际，救援"赤城""比叡"虽说是迫切紧急，但也顾不得二舰，遂断然做出变换左方 16 点的方向，采取与本队旗舰并行的运动。正欲前出到其先头，而本队转向右方 4 点许的方向。所以，无论用怎样大的速力，要达其目的，只能空费时间，不得已，只得挂出"速力 10 海里"的信号，采取跟在本队后尾继行的运动（参照第五图）。

渐次行至本队第六号舰"扶桑"附近时，1 时 55 分，"比叡"挂出"火灾"的信号，而且发现该舰正向东方航行。

午后 2 时 20 分，桦山军令部长座乘的"西京丸"挂出"'比叡''赤城'危

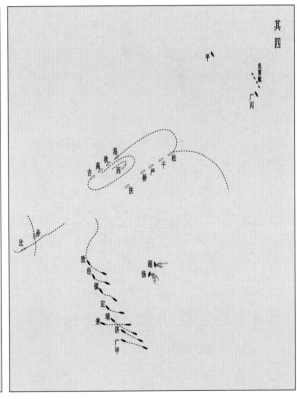

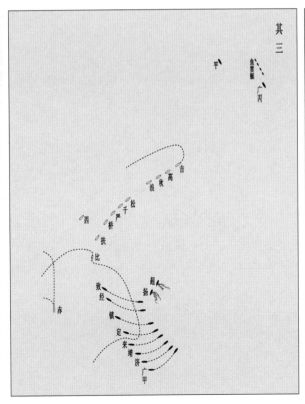

险"信号，此时，我本队已将其方向变换，朝向敌舰，呈用右舷炮炮击敌舰队的形势。所以我判断现在正是左转，断然救援"比叡"及"赤城"的好时机，遂下决心实行变换左方 16 点的方向（参照第六图），快速向赤城与敌舰队之间的方向奔去。

第一游击队的末尾舰"浪速"不得不让"西京丸"从其前面通过，以至落后掉队，几陷孤立，我甚焦心，经激战，总算抵近其位置。

午后 2 时 30 分，"西京丸"挂出信号，由于距离过远，难辨其意，唯确认一点："发生故障。"

"吉野"此时见与敌舰队的距离是 3000 米，开始炮击。

猛射激战时，敌之前半队以右先锋梯阵似的阵型向我逼来，后半队向"比叡""赤城"追击，后复归相合，以单纵阵一边向我炮击一边通过。此时，彼舰后半队中，发现有一艘水雷艇正向我冲来，却不能逼近我。

此次攻击虽最为苦战，恰好与本队形成夹击敌舰队之势（参照第七图、第八

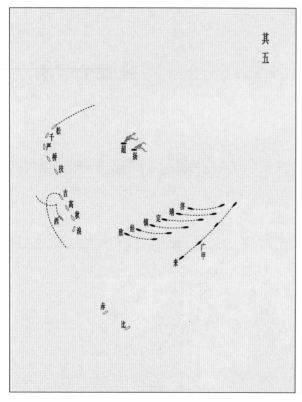

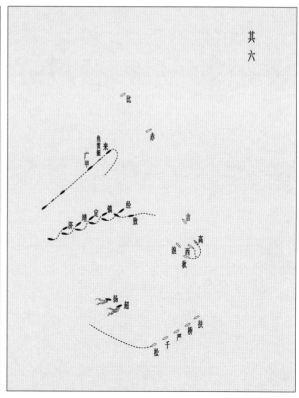

图）。其势已使敌舰身陷苦境。"致远""经远"都引起大火灾，而且不能够消防。敌阵之溃乱越来越呈急迫之状。

见此快哉情现状，先前发现挂"发生故障"信号的令人担心的"西京丸"，顾盼之时，得知其已脱离战场，位居东方，摆脱了危险。另外，深陷危险之中的"赤城"也远离敌人去了东方。不仅如此，追击的敌舰已经回归，一边炮击，一边通过。此时是午后2时54分。

我下令向左方16点旋回，速力减至14海里，一边整集第一游击队，一边追敌而去（参照第九图）。

见敌之所向正指向我本队，第一游击队仍不停歇地追击前进（参照第十图）。

大约相距3700米，采取右8点方向变换，以12海里的速度与本队方位成直角前进，欲与其形成十字交叉炮火，攻击敌之右翼（参照第十一图）。这一计划因时间稍有迟缓，本队已在左方望敌而通过。此时，已经是午后3时10分，敌之大舰

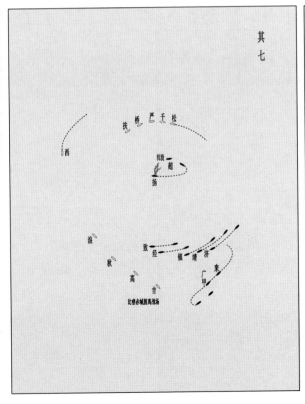

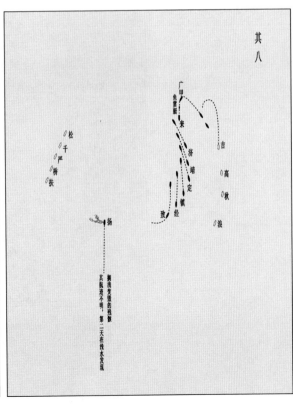

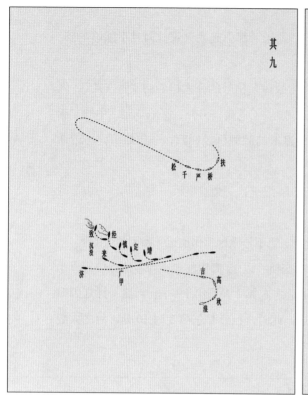

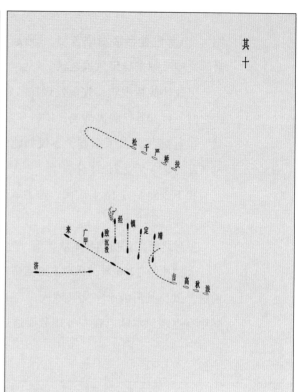

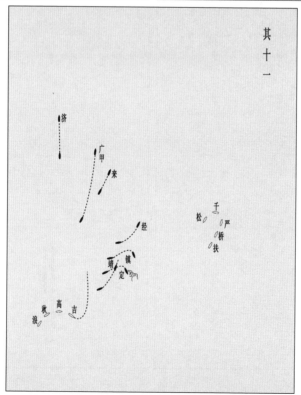

"定远"前部发生大火，深陷苦境之中。

午后 3 时 30 分，"致远"向右舷倾覆，其他如"经远"仍与火灾苦斗，而且受到破坏，陷于进退不能的境地。至此，敌阵终于溃乱，并见其遁散而去。其遁散者是："济远"、"广甲"（先前的报告错报"威远"）、"来远"、"经远"、"靖远"、"平远"、"广丙"。"济远"先他舰而逃，"广甲""来远""经远""靖远"继之，皆向大连湾方向逃逸。"广甲"等四舰欲沿沿岸浅处通行逃走，而"平远""广丙"向北方而去。

在此情景下，留在后面的"镇远"几乎是停止状态，看来以极慢的速度向西南方向，与陷于火灾的"定远"同处孤立状态，似正被我本队五舰攻击（参照第十二图、第十三图）。

在此，我断定大胜之结局正在于此机，遂决定向大连湾方向逃逸的彼数舰追击而去，并下令注意水之深浅，增减速度。在追击中，4 时 16 分"靖远"发出某种信号，"经远"转方位向大小鹿岛驶去，"靖远"也转向该岛方向（参照第十四图、

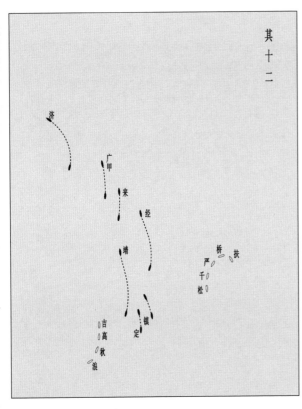

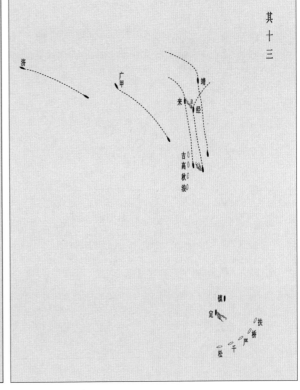

第十五图）。

此时，外部没出现明显损伤的敌舰只有"靖远"和"来远"，"经远"则仍然与火灾苦斗。

据此形势，遂决定第一游击队应该先击破的是铁甲舰"来远"。于是命令"吉野"测定所在位置，确认水之深浅，然后加大航速，直向"来远"追逼而去，并猛烈攻击。

午后过5时，彼舰旋转向东，正准备让"吉野"击沉该舰，此时彼舰已经发生大火灾，且甚为炽烈，终于向左舷倾斜，遂命令中止射击。午后5时30分，彼舰向左舷倾覆，最终沉没。

此时，确认其没有搭载舢板（参照第十六图）。

此后，命令舰队方位转向大孤山镇海面方向，欲追击"靖远"及"经远"。

行进途中，午后5时45分，本队旗舰发出"回归本队"信号，遂又转变方位，

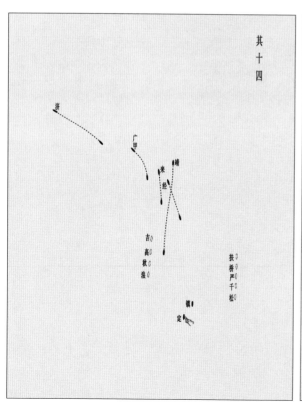

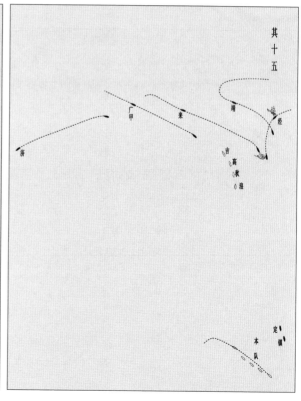

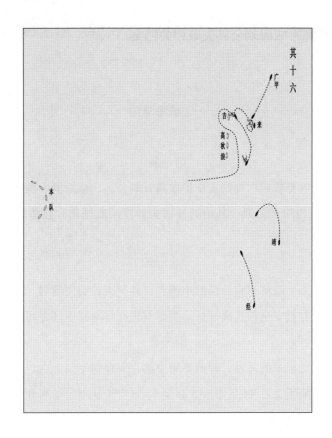

向其靠近。此时发信号报告击沉"来远"。

当与本队回合时，已到日之将沉时。

此次海战中，敌舰队中除了沉没的舰只外，受火灾及损伤，不经大修理，难以复出者甚多。而且可以察知，其军人死伤者也极多，这是毋庸置疑的。

如此判断，彼方势力损失甚大。

以上即是第一游击队战斗队现况及始末。

此队四舰勇猛奋战，舰长以下充分地完成了其本分。

谨报告如上。

常备舰队司令官坪井航三

明治二十七年十月十日

附录五：北洋海军威海刘公岛失事相关档案

一、威海降约

第一条

中方应提交需要依照本规约安全护送离开刘公岛、威海的中国、外国军官及其他官员的官职、位阶和名簿。其中的外国人要注明其国籍，兵勇等只要提供人数即可。

第二条

具有中国海军、陆军军官身份的中国人、外国人，要先签署、提交永不参与战事保证书，保证在被安全护送离开后不再参与现在日本与中国之间的战争。

第三条

刘公岛上中国陆军的武器、弹药要集中储存保存到专门地点，将位置通报日本军队。中国军队应于2月14日下午5时至15日中午从刘公岛离开，在威海的竹岛上岸，而后从15日中午开始，服从日本卫兵护送，至日军威海卫占领区以外遣散。

第四条

中国北洋海军的各舰船，以及刘公岛各炮台，应由目前负责刘公岛北洋海军及陆军的军官指定数组委员，办理向日本海军交接缴交事宜。该委员等应在2月15日中午以前提交其所负责的舰船、炮台及其中现存火炮、步枪等武器清单。

第五条

中国海陆军官及担任军官职务的外国人，根据本条约第十条的规定，可以乘坐"康济"舰离开威海。

第六条

离开威海的中国海陆军官及外国人，其携带离开的物品只限于私有动产（武器除外）。日军认为必要时，有权进行检查。

第七条

中方应劝告刘公岛居民尽量继续留在岛内居住。

第八条

日军从 2 月 16 上午 9 时开始登陆刘公岛，接收中方的炮台、军用品及军舰。伊东司令长官认为，本次谈判达成后，日方有权根据需要随时派军舰进入威海湾内，中国北洋海军军官及任职海军的外国人可以暂时留在各自军舰内，但北洋海军水兵等必需在 2 月 15 日中午（即中国陆军离开刘公岛、登陆威海）后即开始登陆威海，按照中国陆军的同一路线，由日本卫兵送至日军战线外遣散。

第九条

妇孺老幼以及其他非战斗人员欲离开刘公岛的，可以从 2 月 15 日早晨开始乘坐舢板，在刘公岛东西口接受负责警戒岛的日本鱼雷艇或汽艇检查后始得离开，此项检查只涉及人及行李。

第十条

伊东司令长官为了慰藉对其国家克尽义务的北洋海军丁提督之灵，不接收北洋海军的"康济"舰，该舰可任由代表威海卫中国海陆军的牛道台处置，丁提督等的灵柩可在 2 月 16 日中午至 2 月 23 日间搭乘该船离开。"康济"舰应保证解除武备，并在 2 月 15 日上午接受日本海军军官对此的检查。

第十一条

本条约签署后，刘公岛中国海陆军不得抵抗日本海陆军，如果发生抵抗，本条约就归于无效，日本海陆军可立即重开战斗。

威海水陆营务处牛昶晒
光绪二十一年正月二十日签

联合舰队司令长官海军中将伊东祐亨
明治二十八年二月十四日

二、署理北洋大臣王文韶为复奏查明丁汝昌等死事情形事奏折

（光绪二十一年二月十三日，1895 年 2 月 9 日）

署理北洋大臣，直隶总督臣王文韶跪奏：为遵旨查明据实复陈，恭折仰祈圣

鉴事。

窃臣于光绪二十一年正月二十四日钦奉本日电旨：丁汝昌、刘步蟾、张文宣死事情形，虽据德 国兵舰传述，惟情节究未详悉，仍著王文韶确切查复，再候谕旨。等因。钦此。当经转饬山东登莱青道刘含芳详细查明据实具奏去后。兹据刘含芳会同威海营务处候选道牛昶昞、北洋海军营务处候选道马复恒禀称：威海防务南北两岸、刘公岛水陆各军，自去秋七月初十日倭舰来攻，时有战事，均经戴宗骞、丁汝昌等先后电报在案。

查正月初五日，倭以水师添载陆兵，于东口之东二十余里登岸，会合荣成东来大股，扑犯南岸炮台。绥、巩两军倚长墙御战，伤亡甚多，势不能敌，两军稍却。倭以大股包抄合击，丁汝昌亲登"靖远"，督率"镇南""镇西""镇北""镇边"五舰及各雷艇，齐向倭队轰击，约毙倭千余人，而南岸三炮台已为倭海上之兵攻入，戴宗骞率亲军退守北岸三台，南岸统带刘超佩因左腿受枪子伤，赴刘公岛医院医治。方南岸炮台未失之前，丁汝昌恐台有失，反资敌用，于初三日分派左翼雷艇管驾王登云等伏地雷于炮下，苟至不守之时，即自轰毁，讵守台官弁不许埋伏，仓猝之间，虽将膛后钢圈抢出，急切轰台，并未大损，故是日失台之后，倭即以龙庙嘴之炮击我舰艇，"广丙"大副蓝翎尽先都司广东大鹏协右营守备黄祖莲中炮阵亡，舰兵均有伤亡。

初六日，又派"来远""济远"分击鹿角嘴、龙庙嘴炮台，亦未得轰尽。

初七日，丁汝昌因北岸北山嘴守台勇丁渐有潜逃，恐北三台又为敌得，则岛舰无救，亲往商之戴宗骞将北三台之炮预为轰毁，以除后患。是夜，戴宗骞吞金死。

初九日，南岸三台之炮倭已修好，与口外倭舰水陆夹攻，岛舰御敌竟日，伤亡已多。夜间倭以雷艇来冲，南口各台以快炮御击而退。

初十夜五鼓，倭雷艇乘月落后潜入南口，击伤"定远"。各舰艇御敌，将倭舰两艘擒获，至十一日天明，"定远"下沉，倭舰二十二艘猛攻南口，彼此互有伤亡。

十二日寅刻，倭以雷艇六艘傍南岸山根偷进南口，击沉"来远""威远"两舰，"宝筏"小火轮，三船官弁伤亡二百余员名。至午后，倭于北三台山顶设快炮击我黄岛及舰艇，岛上居民男女老少数千人麇集码头，哀求生路，抚慰方散。

十三日寅刻，倭六艇两口齐冲，为台舰之小炮击退。天明，口外倭舰及两岸所失各台四面夹攻岛舰，东口三倭舰冲入鏖战，台炮击伤倭三舰，各舰方退。是日台、舰弁兵伤亡三百余员名，伤心惨目，莫可言状。早间开战之后，大小十三雷艇，"利顺""飞霆"小轮皆逃，冲出西口而去。至夜，护军各营兵麇集码头求放生路，丁汝昌、张文宣抚慰稍安。

十四日寅正，倭六艇又冲入两口，放雷未中而逃。天明后，南三台倭炮又攻岛舰，"靖远"伤亡四十余人，岛上学堂、机器厂、煤厂、民房均有毁伤，岛内民人亦多伤亡，与各船水手又复哀求生路。丁汝昌晓以大义，勉慰固守，若十七日救兵不至，届时自有生路。

十五日天明，倭以四十余舰全至东口海外排列，以战船在前开炮，意将直冲进口，南北两岸又开炮夹击。至午初，"靖远"被赵北嘴大炮击沉，丁汝昌正在船督战，船沉之时，丁汝昌与副将叶祖珪坚意与船均沉，乃被在船水手拥上小轮船。护军以黄岛大炮回击鹿角嘴台，毁掉倭大炮一尊，东台炮伤其两船而退。是日，岛舰伤亡共一百余人。

十六日寅正，大雪，倭雷艇四艘乘雪偷进西口，放雷未中，为小炮击退。至辰正，两岸倭炮又击岛舰，至午初而止，舰多受伤，兵民伤亡数十人。是夜，刘步蟾仰药死。

十七日寅初，倭雷艇又乘风雪进口，放雷未中，仍被小炮击退。天明，口外倭舰、两岸倭炮又复水路夹攻，倭舰仍前全列海外。巳刻，战舰十余又直向东口冲入，东炮台大炮击伤倭两舰，各舰方退，南岸大炮犹攻不息。至未初，知援兵无期，奈口外倭舰雷艇布满，而各舰皆受重伤，子药将尽，无法冲出，水陆兵勇又以到期相求，进退维谷。丁汝昌几次派人将"镇远"用雷轰沉，众水手只顾哭求，无人动手。夜间，舰艇又来攻击，"康济"中炮受伤。水陆兵民万余人哀求活命。丁汝昌见事无转机，对昶晔等言，只得一身报国，未能拖累万人。乃与马格禄面商，不得已函告倭水师提督伊东云，本意决一死战至船尽人没而后止，因不忍贻害军民万人之性命，倭军入岛后，中外官兵民人等不得伤害等语。派"广丙"管驾程璧光送往倭船。程璧光开船之时，丁汝昌已与张文宣先后仰药，至晚而死。杨用霖以手枪自击死。

以上各节，昶晔、复恒亲见确实情形。半月以来，其阵亡官弁兵勇之在海者，尸骨不及捞获，在岸者随时掩埋。今运来七柩，为丁汝昌、刘步蟾、张文宣、杨用霖、戴宗骞、黄祖莲及牙山阵亡已恤之济远大副沈寿昌之柩。合并声明。等情前来。

臣博采在津舆论，与张文宣、杨用霖均尚有恕词，其职分较小，各员事权不属，但能一死，便为全节。除饬刘含芳再将此外死事各员弁续行详细查明汇案禀请奏恤外，所有遵旨确查具奏缘由，理合具实复陈，伏乞皇上圣鉴。

谨奏。

三、威海之围
[德] 瑞乃尔

我们失去了陆上的炮台后，部分炮台的火炮即被日军用来转向我们射击，致使我们的兵力损失益发严重，且被困在几艘军舰和一座连只老鼠都跑不出去的小岛上。我们四面被围，酷寒的天气；日军在夜晚对我军舰进行鱼雷袭击；最后我方鱼雷艇队的临阵脱逃，这使得我们舰上和岸上的军队彻底陷入绝望。高级军官自杀以得解脱，水兵们希望战斗，却失望地发现军舰仍停泊在刘公岛边，而所有和大陆的通讯都被切断了，敌军占领了威海沿岸，并深入内陆数英里。刘公岛炮台里的守军看到我们的鱼雷艇队在 2 月 7 日逃跑，由此认为 我们大舰不久也会抛弃他们逃跑，任他们由入侵的敌军摆布，这意味着，根据他们从旅顺口的目击者那里听到的消息的推论，刘公岛上所有的人——男人，女人，小孩都将被日本人屠杀。因此，当天夜里，他们决定为了他们自己行动起来，他们在无军官带领的情况下集体走上刘公岛街头，大喊大叫，四处开枪，他们甚至想夺取一两艘海军的军舰，这样就可以在紧急状况下有一个最后的避难所了。后来几个军官跑来，希望洋员帮助应对他们自己手下的士兵，情况对洋员和中国军官来说都变得非常严重。

洋员们，除了马格禄和浩威留在军舰上以外，其他人因为没有办法帮助中国官兵做更多的工作，当时都住在刘公岛上。当晚，他们在岛上的俱乐部开会，一致认为士兵中出现的怯懦情况，是因为他们不知道在文明国家中有光荣的"有条件投降"，而且洋员们相信，如果告诉他们在文明的战争中是不存在杀害那些苦战到最后的降军的事情的话，他们或许仍然会坚持战斗。洋员们深思熟虑后邀请牛道台（威海水陆营务处道员牛昶昞）加入会议，因为这是能采取的阻止守军暴乱的最好方法了。牛来了，和他一起来的还有马道台（马复恒）以及一些中国海军军官。他们都承认士兵们暴乱了，情形非常严重。洋员们通过我进行翻译，向这些中国官员提出了他们先前讨论的解决办法，并建议应该向丁提督说明，在欧洲国家中通行的"有条件投降"这种形式，他应以公告告知陆上和舰上的士兵，如果他们能坚持战斗到最后一刻，则保证他们最后的生命安全，用这种方法来给予他们持续战斗的力量。道台答应他将就此写一封信给丁提督，于是会议便结束了。泰莱先生随即在他的房中根据记忆写了一封信给马格禄，阐明了当前的情况。当他向我读这封信的时候，我认为它没有表达正确的意思，但我也不予理会了，因为现在已经没有时间来再写一封，当时是凌晨 1 点。

2 点钟时，格卫龄医生和我被陈游击（陈恩焘）和林颖启舰长叫醒，他们以牛道台的名义让我们去旗舰向丁提督解释情况，他们说牛给丁的信已经送去了。格卫龄从隔壁喊来了泰莱，这位先生说愿意和我一起去，而格卫龄和中国人却出乎我的意料并未同行。

在旗舰上我们发现两个提督（丁汝昌、马格禄）都在睡觉，且给他们两人的信都未拆封。丁在读了信后说道："我当然会救兵勇们的性命，我也认为你们建议的是唯一可行之途，但我必先死，断不能坐睹此事。"我回答道，当前需要的只是让士兵们了解光荣的有条件投降的用处，以使军令得以恢复，并给他们战斗到最后的勇气，但如果提督坚持自尽，这在我们看来是十分可怕的，而且无积极作用，我们恳请他就当我们的来访并未发生过。丁然后决心等几天，因为他期盼陆上的解围。丁提督与我在桌子一边用中文交谈时，马格禄和泰莱在另一边用英语说着同样的话题，我听到马格禄不停地喊："如果他们不愿意战斗，那该怎么办"，随后丁问起马格禄对此的看法，他答不上来。

当时所有出席的人都未想到，整个过程中，水兵们都在上层甲板的天窗口听着。那么为什么单单只有我受到了指责呢，是因为我后来如此健忘？不然的话，我还不如干脆拒绝接受这次任务，因为我不能也不会对一个像丁提督这样的官员窃窃私语！但要么是丁没有想到水兵们在听着，要么是他并不考虑这样做的后果，否则的话，他在静静地读完牛道台的信后，就不会就此话题与我交谈了。自从我开始身不由己地从事自己并不擅长之事以来（那时是在大陆上），这是我在威海卫战役时唯一的一次作为中间人、顾问或翻译，这是因为我认识到当前的问题对于我为之服务的国家而言至关重要，且是有益的。

这一悲剧的第二幕于 2 月 10 日早上在"镇远"号上上演。我觉得，当时舰上几乎聚集了舰队中所有的官兵。我被一些水兵喊来，如我所料，这是根据丁提督的命令。

在舰上会议室，我看到张将军（张文宣）也和丁在一起，他后来告诉我，他是被强行带上军舰的，马道台和舰队的管带们也是如此，他们看上去都十分沮丧，有些还在痛苦地哭泣，毫无疑问舰队已经发生了大哗变，所有人看上去都十分无助。丁一直静静地坐着，悲伤地望着那些在他身边的人们，突然他站起身来，走近一群管带说道："尔等之部下欲杀汝昌，可速杀，吾岂吝惜吾身，令我如他们所求将舰队驶出投降万万做不到"。我正要离开这悲苦的一幕时，丁让我到甲板上去向水兵们讲讲道理，试着让他们回到自己的军舰和战斗岗位上去。我立即答应了，除了军官以外的所有人都跑到甲板上听我要说些什么。

我解释战争是如何因两个君主统治的冲突而爆发的，它又是如何成为各行各业的人的职责，尤其是陆海军军人的职责，要打败敌人以保护自己君主的权利。我继续说道："你们必须尽一切手段战斗到最后，你们还有军舰，还有大小火炮，步枪和刺刀，而且如果所有这些都没了，你们还有拳头保护你自己（我提高了嗓门）。如果最后你仍然被打败了，也并不是说你接下来就一定会被杀掉。你们的提督有拯救你们性命的办法，因为如果你们表现得非常英勇，敌人会尊重你，敬佩你"。

此时人群中有人喊："那旅顺口的事又怎么说呢?"

我答道："旅顺的守军残暴又怯懦，激怒了敌人。我以性命担保，这不会在这里发生，这是因为"，我总结道，"如果你战斗到最后就会赢得荣誉"。他们立即都跪倒在地，做着乞求的姿势嚷嚷起来。当然我坚持只听一个代表的发言，于是他们推出了一个人来到我面前。

他说："目前已是山穷水尽，我们没办法再继续战斗，你说到军舰、大炮和其他武器，但是军舰都锚泊着，所以舰上的武器也就没意义了，每天晚上敌人都用鱼雷击沉我们的军舰，我们随时处在被淹死的危险中。我们情愿开着军舰出去战斗，我们不想停在这里白白送命，我们知道我们的家人也会因此脸上无光，还会被株连处死。"同时他们又再次聚拢，且一起异口同声大喊起来。

显然这一哗变已难控制，于是我去找丁提督，向他建议，将他的军舰都炸沉，把炮台也炸掉，徒手投降。丁也知道没别的去路了，因为他不敢，或是他的上级不同意他尝试率领他的舰队残部突围，他立即同意了这一建议，并下令做好准备，一旦得到他的命令就炸沉所有军舰。我发现管带们显然都同意了这一命令，但说来也奇怪，这些准备一直未能进行，这似乎是因为水兵们不愿毁掉他们逃跑的最后工具——他们的军舰。

我离开军舰后，丁提督希望愿意遵守命令并坚持战斗的水兵回到他们的舰上去，其他的都登岸去岛上。极少有人回到军舰上，但他们也不准备服从其长官的命令。当时我不知道这一安排，我在那天下午又重返舰上，正在甲板上走着，有个洋员告诉我军纪恢复了，所有人都希望继续抵抗。虽然这只是搪塞之词而已，我当时也相信了，并跑下甲板来到会议室里，为这一转机向可怜的丁提督表示祝贺。我立即发现自己是被骗了，丁提督坐在会议室的一个阴暗角落里，极为孤独，他的表情是如此悲哀，令人同情，这对于所有认识他的旁观者而言都是令人心碎的。他依然是那么彬彬有礼，他直到最后仍极有礼貌且心地善良，他站起来，和我握了握手，随后长叹一声，我试图让他振作起来，让他忘掉关于自尽等颓丧念头，但他只是叹息着。我仍然无法相信，在这一见面的 36 小时后他就离我们而去了。我一生中从未遇见过，即使是在基督徒中，比丁提督更慷慨，更慈善，或更英勇的人。

第三幕是发生在丁提督与张将军服毒自尽的时候。2 月 12 日的凌晨 4 点，牛道台来到我住处，在告诉了我丁和张已于凌晨 2 点去世的可怕消息后，他问我关于时局的建议。他申辩道，没有一个领导者，我们别无他路，唯有投降。我告诉他，他现在身担全部责任，为了荣誉他应当尽可能抵抗更久。他建议由现在正统领舰队的马格禄写一封降书，并由他将其带给敌军。我提醒他，日本人极有可能不接受他的投降，因为他不是中国人，如果我们一定要投降的话，他，这位道台，应自己去见伊东司令并商议停战，但在此之前，他要照丁提督已经答应的那样，把军舰和炮台自行毁掉。他刚同意了我的要求，有四五个人就闯了进来，即浩威、马格禄和两三个中国海军军官，其中有吴提标（吴应科）和陈游击（陈恩焘）。

浩威完全没注意到牛道台，进来就说："现在怎么样了？"

我回答说丁提督与张将军都去世了。浩威听了像个恶棍般地叫道：在这个国家里什么秘密都守不住。然后转身对身后的人说道："我建议我们继续执行我们的计划。"我答道，我们想要知道这是什么计划，郝威说道："这就是，丁提督写一封降书给伊东司令等等。"我立即对此表示抗议，说道，一个死人怎么可能再写信呢。

马格禄此时加入了谈话，他说丁提督留下了一封对于这种状况下事件处置的信。我要求看这封信，但却是徒劳的。在一段我与浩威之间的私人插曲之后（我之后就几乎没见过这个人了），浩威拿起一张宣纸，在上面用铅笔写下如下文字，他一边写一边大声读道："丁提督致伊东司令，为免不必要的流血我恳请将我的舰队和军港降于阁下，并为此请求遣散所有中外官兵。"我抗议这些行为，并声明在投降前须毁掉所有的军舰和炮台。吴提标说："现在做这些已经太晚了，明天一早敌人就将进港"。我说："不可能，敌人不知道丁提督死了，而且在目前情况下，我请你不要急急忙忙的，而是仔细考虑一下这重要的一步"。他无言以对。这片写着浩威铅笔稿的小纸条被一位海军军官拿过去，翻译成了中文，盖上丁提督的大印，并由其中一艘挂着白旗的炮艇送去了日本旗舰。

浩威与马格禄等人的这一计划是有系统的，他们知道丁与伊东是多么好的朋友，他们同样害怕毁掉军舰和炮台会激怒敌人，或许将对他们——这个团伙中的人更加严苛。而且他们中间有一个主犯，他有充分的理由害怕在见第一面时就被枪毙或绞死。

于是洋员们心中最优秀的中国人，丁提督，不仅失去了他的官衔，他的舰队，他的命运和他的生命，而且因为一些恶棍冒险家的低劣把戏，他还失去了他死后的荣誉，而这对于这个国家中他这样地位的人来说是必不可少的。

以上是根据我一切所知和所信写成。谨颂台安。

后 记

海军是技术特征鲜明的军种，舰船装备是其至为重要的实力构成部分，如果不能对装备技术有所了解，显然无法对其制度、训练以及军事活动作出客观、深入的理解和评价。正是建立于这样的认识之上，我在研究中国近代海军及海战史之初，就把舰船、火炮等技术装备的研究作为入门之途，过程之中从技术视角发现问题、分析问题，以此为基础，再对近代海军、海战等相关历史进行观察、分析和评价。本书正是我采用这样的方法研究海战史的最早系统成果，写作过程也是一段十分难忘的时光记忆。

我推开研究中国近代海军史的大门，大致是在 2000 年前后，当时按照"先熟悉装备技术、后分析事件人物"的认识，借着参与设计建造"定远"纪念舰的契机，首先对北洋海军的主要舰船装备进行逐一研究，梳理舰史脉络，考证舰船构造，把握技术发展特征。对舰船武备有了基础理解后，开始尝试用"技术"这把尺子衡量分析北洋海军史、甲午战争史上的很多历史事件，很多聚讼不已的历史问题，通过从技术装备视角的诠释，往往能取得迎刃而解的成果。2006 年，凭着这些累积，我以每月写作一篇的进度，不间断在《现代舰船》杂志的专栏发表甲午海战史文章，从丰岛迷雾到喋血黄海、威海悲歌，累积连载了 19 篇。2007 年底，以这组文章为基础进行整理结集，在 2008 年由吉林大学出版社出版了《碧血千秋——北洋海军甲午战史》一书，这是国内第一本将军事技术、军事制度的分析大量运用到甲午战争研究中的著作，也是本书书稿的最早基础。

2014 年，甲午战争 120 周年之际，中信出版社以《甲午海战》的新名出版《碧血千秋》的修订版，出版后得到师友们的佳评和读者们的热情反馈，但我也几乎立即意识到这本书必然还会经历一次更大程度的修订。对甲午战争研究而言，2014 年是个很特殊的年份，具有某种里程碑式的意义。这一年除了全社会以空前的热度纪念、讨论、反思甲午战争，形成了对这方面研究的难得关注热潮外，甲午战争研究本身也出现种种可能获得更大发展的征兆。这一年在辽宁丹东大鹿岛附近黄海海域，寻找到了甲午海战中战沉的"致远"舰的踪迹，由此开启了持续多年的甲午战争北洋海军沉舰的考古发掘；这一年，越来越多的国内研究者开始关注、挖掘日本保存整理的甲午战争史料，很多意想不到的重要原始档案被寻获，显示了甲午战争研究的活力；还是这一年，围绕甲午战争的历史意义和现实价值，学术界、军队都展开了重要的讨论，为以更高的站位开展这一研究提供了指引。这些迹象表示甲午战争研究正在向前快速发展，也就是从这一年起，根据新获得的材料、新产生的观点不断更新、修正自己在甲午战争研究上的观点，以及对《甲午海战》这本书不断进行标记、修订、补充，成为我工作和生活中很重要的部分。

十年过去，甲午战争 130 周年来临，应中华书局编辑吴冰清先生之邀，我十分忐忑地交出了经历持续修订的书稿，这是《甲午海战》的重要修订版。与十年前的版本相比，本书在保持上一版的章节结构、文字风格基础上，依托新的研究成果，对之前书中的很多内容进行了极大程度的修订，乃至整章节的重写。这不仅体现的是我自己的研究更新，也是近十年来甲午战争史领域研究发展的某种局部展现。在本书中，黄海海战北洋海军阵形，"致远"舰撞击日舰，方伯谦案等甲午海战中的热点问题，都有全新的论述。同时，本着对坚持历史话语权的思考，本书尝试摆脱既往甲午战争史研究中广泛存在的一个问题，即因为日本有关甲午战争史的军史材料积累时间长、内容较为系统，且早在甲午战争后就编印了多种系统的军史著作，长期以来，中国的甲午战争研究中大量参考和引用日方的著作、档案，由此实际上形成了中国现代的甲午战争叙事中有关战争分期、战役发展阶段划分等方面依循着日本军史话语模式叙述的严重问题。本书以中方史料为基础，努力再现中方视角下的战役规划、发展，以日本和其他国家史料作为对比和补充，相信这种研究方式在未来的一段时间里，将会成为甲午战争研究的一个重要的开拓方向。

甲午战争是中国近代化进程中遇到的当头棒喝，凭着扩张政策快速崛起的日本明治政府，向东亚的邻国发动侵略战争，缺乏准备的清王朝应对失据，步步被动，以战争的惨败为落后就会挨打的真理增加了一条诠释。除了惨痛的教训之外，甲午战争带来的还有惊醒千年大梦的警钟价值，从此近代中国人再无闪避，开始坚定不移地朝着寻找进步的道路探索。同时，甲午战争失败的巨大悲剧中，还有一缕民族的精神之火在闪耀，面对强敌毫无畏惧，牺牲奋斗不息，这一点在甲午战争中的海上战场体现得尤为突出。经历过近代化训练，装备着近代化舰船的北洋海军，是那个时代中国最先进的武装力量，在战场上也的确展现出了可贵的勇气和坚韧顽强。北洋海军在威海湾刘公岛的无奈覆亡，所昭示的并不是近代化的无用，而恰是近代化的必要性，是近代化的不足导致了这支军队的悲剧和国家的悲剧。彰显牺牲奋斗的烈士，鼓舞志气，思索失败的根层原因，警钟长鸣，应是甲午战争留给中国人的永恒价值。

本书在 2014 年以来的修订过程中，得到了师友们的诸多启发和帮助。非常特别的是，为了充分寻找古战场实地的感受，2017 年和 2024 年，我还和甲午战争博物院王记华先生、四川日报王国平先生两度对甲午辽东战场进行深入的田野调查，丹东、东港、大鹿岛、庄河、大连、旅顺等地的迟立安、刘勇、王德亮、张义军、周美华、赵克豪等朋友们给予了无私的帮助和指引，从鸭绿江到旅顺口，爬山、登岛、出海，寻找战场遗迹，感受实地形势，受益良多，很多感受体现在了本书中。本书的修订还得到甲午战争历史研究的前辈学者关捷先生、姜鸣先生的鼓励，山东威海高洪超先生、重庆刘致先生、江苏无锡王鹤先生、贵州凯里余锴先生以及我在福州的同事、朋友们都对本书的修订长期关心支持，大连的王德亮先生为本书的修订提供了珍贵的史料作为参考和补充，在此一并致以感谢！

甲午战争历史研究的持续和深入开展，与研究者和各界人士的共同守望息息相关。

谨以本书献给甲午战争历史的守望者们。

陈悦

2024 年 8 月 24 日于福州